高速铁路路基冻胀机理及控制技术

蔡德钧　杨国涛　赵国堂　闫宏业　崔颖辉　著

科学出版社

北京

内 容 简 介

本书以现场实测、室内试验、数值模拟及理论分析为手段，在季节性冻土区路基冻胀的基本规律、粗颗粒土填料冻胀机理、路基冻胀与无砟轨道平顺性的相互作用关系等方面开展了研究，提出了适用于季节性冻土区的高速铁路路基冻胀综合监测系统及防控技术。

本书共分6章。第1章介绍了季节性冻土的基本特征、季节性冻土冻胀防治的工程措施及高速铁路无砟轨道路基结构及标准；第2章以东北某高速铁路为例介绍了季节性冻土区高速铁路路基冻胀规律；第3章介绍了高速铁路路基填料的冻胀机理；第4章介绍了路基冻胀与无砟轨道平顺性相互作用关系模型及管理标准；第5章介绍了季节性冻土区高速铁路路基防冻胀新结构与新材料；第6章介绍了高速铁路路基冻胀综合监测及维护系统。

本书可供从事铁道工程、岩土地震工程的广大设计、科学研究人员阅读，也可作为高等院校相关专业师生的参考用书。

图书在版编目（CIP）数据

高速铁路路基冻胀机理及控制技术 / 蔡德钧等著 . —北京：科学出版社，2022.9

ISBN 978-7-03-054334-9

Ⅰ.①高… Ⅱ.①蔡… Ⅲ.①高速铁路-铁路路基-研究 Ⅳ.①U213.1

中国版本图书馆CIP数据核字（2017）第215819号

责任编辑：王　钰 / 责任校对：赵丽杰
责任印制：吕春珉 / 封面设计：东方人华设计部

科 学 出 版 社 出版

北京东黄城根北街16号
邮政编码：100717
http://www.sciencep.com

北京中科印刷有限公司 印刷

科学出版社发行　　各地新华书店经销

＊

2022年9月第 一 版　　开本：B5（720×1000）
2022年9月第一次印刷　　印张：17 1/2
字数：332 000

定价：208.00元

（如有印装质量问题，我社负责调换〈中科〉）

销售部电话 010-62136230　编辑部电话 010-62137026

作 者 简 介

蔡德钧，男，汉族，1978 年出生，浙江温州人，中国共产党党员，博士，研究员，中国土木工程学会土力学及岩土工程分会青年工作委员会委员、地基处理专业委员会委员和交通岩土工程专业委员会委员。2001 年在石家庄铁道大学获得学士学位，2004 年、2011 年在中国铁道科学研究院分别获得硕士和博士学位。2014 年至今任中国铁道科学研究院铁道建筑研究所副所长。

主要从事高速铁路路基工程、路基综合检测技术及无砟轨道病害整治等方面的研究工作，先后在高速铁路桩网结构低矮路堤动力失效机理、铁路现浇泡沫轻质土路基应用、高速铁路路基工程长期监测技术和设备、时速 400km 特殊严寒地区高速铁路线桥隧关键技术、无砟轨道路基病害分类及冒浆整治技术等方面取得丰硕成果。负责或参加完成国家级、省部级科研课题 30 余项。发表学术论文 90 余篇，其中 EI 检索 32 篇。获得中国铁道学会科学技术奖特等奖 2 项、一等奖 4 项、二等奖 4 项。

序

　　自 2012 年 12 月 1 日世界上第一条严寒地区高速铁路——哈大高速铁路开通运营以来，我国高速铁路不仅营业总里程突破 4 万 km，而且季节性冻土区高速铁路建成通车里程也已超过 7000km，均位居世界第一。为减少冬季养护维修工作量，我国穿越季节性冻土区的哈尔滨—大连、哈尔滨—齐齐哈尔、沈阳—丹东、盘锦—营口、天津—秦皇岛、郑州—宝鸡、兰州—乌鲁木齐等高速铁路全面采用了无砟轨道，运营里程超过 4300km，是季节性冻土区高速铁路主要的轨道结构形式。

　　我国高速铁路对无砟轨道平顺性的管理标准为毫米级，从而要求在无砟轨道寿命期内路基沉降变形累计值在 1.5 ～ 3cm 范围内。一般来说，无砟轨道的设计寿命要达到 60 年，这个标准对于具有流变性质的土体来说是十分严苛的。人们一直以来很少关注路基冻胀和路基沉降的差异性，虽然二者直观上只是路基上拱和下沉的不同，但从机理上来说却有本质的区别。通常情况下路基沉降变形主要是地基的沉降，其在从地基面向路基面的传递过程中，波长有所增大而幅值有所衰减；路基冻胀则起始于路基面，随着冻结深度从基床表层到底层，再向路基本体深部发展，路基面上的冻胀变形量不断增大。如果路基初始变形具有同样的波长和幅值，那么沉降变形传递到路基面上时比冻胀变形的波长要大、幅值要小，对轨道不平顺和无砟轨道结构层受力的影响要弱。路基冻胀和路基沉降的不同还在于沉降变形是随时间的累积变形，它对无砟轨道的影响是渐变的；而冻胀变形则受温度控制，每年循环往复一次，路基冻胀上拱和融化回落对轨道平顺性的影响都是在短时间内发生的，无砟轨道结构层也在路基上拱和回落过程中经历从受拉到受压的转换。掌握路基冻胀发展机理及对无砟轨道结构的作用，便可以为解决季节性冻土区高速铁路路基冻胀技术难题探寻到一条正确的途径。

　　蔡德钧研究员和他的团队很好地利用了这个途径。当哈大高速铁路开通运营的第一个冬季，列车运行速度从夏季的 300km/h 降到 250km/h 时，研究团队通过监测掌握了路基冻胀分布的时空规律。这个时空规律对指导养护维修非常重要，并且它应当是季节性冻土区路基土冻胀的一般规律。研究团队继而把精力投入理论研究中，在粗颗粒土填料冻胀机理研究实现突破的基础上，构建了无砟轨道-

路基结构冻胀模型，提出了基于轨道平顺性控制的路基冻胀管理标准，建立了冻胀变形监控体系，使冬季列车运行速度达到 300km/h，这对我国严寒地区高速铁路技术体系达到世界领先水平起到推动作用。

《高速铁路路基冻胀机理及控制技术》一书，作为第一本全面阐述严寒地区高速铁路路基建造及轨道维护技术的专著，揭示了高速铁路粗颗粒土路基填料冻胀机理及路基冻胀对无砟轨道影响的一般规律，提出了路基冻胀管理标准和控制技术，不仅丰富和发展了我国高速铁路路基的基础理论和建造技术，也为无砟轨道结构原理的完善及设计、建造与维护技术的发展提供了支撑，对我国严寒和寒冷地区高速铁路的建设和运营管理具有重要的意义，对推动世界高速铁路技术的发展具有重要作用。

高速铁路的发展方兴未艾。随着我国"八纵八横"高速铁路网络建设的不断推进，严寒和寒冷地区高速铁路的建造与运营管理技术仍需不断深化和完善；为更好地服务"一带一路"倡议，实现我国高速铁路标准向国际标准的引领性跨越，以及我国高速铁路技术体系的创新发展仍需不断努力。为此，我希望广大科技工作者，能够借鉴蔡德钧研究员及其研究团队的经验，在学科交叉上擦出智慧的火花，在产学研用上挖掘出协同创新的巨大潜力，为我国铁路技术的进步和铁路事业的发展做出新的、更大的贡献。

中国科学技术协会副主席

中国工程院院士

前　言

高速铁路路基冻胀现象是影响季节性冻土区高速铁路平顺性最为核心、关键的问题，涉及冻土力学、非饱和土力学、热力学等诸多学科。冻胀分析模型的发展经历了由第一冻胀理论模型、第二冻胀理论模型，到流体动力学模型、刚冰模型、热力学模型等的过程。但是，这些理论模型主要针对细颗粒土冻胀问题，传统的冻胀理论认为：粗颗粒土的土颗粒粒径较大，其颗粒表面化学能较小，表面极少存在薄膜水，并且土体的孔隙率较大，冻结过程主要是由其孔隙液态水结晶转变成固态水，并不产生或者极少产生水分正向迁移。从东北地区的高速铁路建设运营情况来看，粗颗粒填料在一定的条件下也可以产生明显的冻胀。目前，国内外学者对粗颗粒土冻胀的研究主要集中在细颗粒含量、含水率、矿物成分对冻胀的影响规律方面，针对粗颗粒土填料冻胀机理的研究成果较少，路基冻胀与轨道结构平顺性的影响关系研究尚属空白，导致尚无明确的路基冻胀管理标准，从而影响寒区高速铁路运营安全与效率。本书针对上述问题，从高速铁路路基冻胀基本规律、路基粗颗粒土填料冻胀机理、路基冻胀与无砟轨道相互作用关系及新型防冻胀结构等方面开展了研究，初步提出了高速铁路粗颗粒土填料的冻胀模型及控制技术，希望能够为我国高速铁路冻胀控制研究提供一些新的思路。

本书的具体内容分述如下：

第 1 章　绪论。本章简要介绍了我国冻土区的分布特征、冻土的工程特性及土体冻胀理论，以及我国土体冻胀分类方法、既有铁路路基的防冻胀结构、冻胀病害及防治措施等，同时系统地介绍了我国季节性冻土区采用的无砟轨道结构形式、高速铁路无砟轨道路基结构及无砟轨道路基控制标准。

第 2 章　季节性冻土区高速铁路路基冻胀规律。本章简要介绍了我国季节性冻土区高速铁路建设情况，以东北某高速铁路路基冻胀综合监测体系为例，在其全线设置 62 个监测断面，用于监测路基冻结深度、冻胀空间分布及冻结指数关系，重点介绍了季节性冻土区路基冻胀的变化规律。

第 3 章　高速铁路路基填料的冻胀机理。本章简要介绍了冻胀理论的发展现状，通过系列室内试验、微观扫描、数值模拟及理论分析，重点介绍了粗颗粒土填料的冻胀机理，分析了簇团结构对粗颗粒土冻胀的影响。

第4章 路基冻胀与无砟轨道平顺性相互作用关系模型及管理标准。本章以现场测试数据为基础，介绍了路基冻胀对无砟轨道影响的计算模型构建方法，重点分析了路基冻胀对典型无砟轨道结构的不平顺性和受力变形的影响规律，并介绍了相应的冻胀管理标准的确定方法。

第5章 季节性冻土区高速铁路路基防冻胀新结构与新材料。本章分别介绍了季节性冻土区高速铁路路基设计原则，路基冻结深度计算方法，级配碎石标准划分及渗透性级配碎石研究，掺水泥级配碎石、渗水盲沟、混凝土基床、路基保温结构及沥青混合料封闭层等新技术。

第6章 高速铁路路基冻胀综合监测及维护系统。本章介绍了以水准监测、自动监测和轨道检测构成的高速铁路路基冻胀综合监测系统，同时介绍了运营期高速铁路轨道维护技术。

本书先后得到了中国铁路总公司专项课题"哈大高速铁路运营长期连续观测技术及冻胀整治技术研究"（编号：Z2012-062）、中国铁路总公司综合试验项目"高寒地区高速铁路路基冻胀综合防治技术试验"（编号：Z2013-038）、中国铁路总公司重点课题"高寒地区高速铁路微冻胀填料冻胀机制及分类标准研究"（编号：2015G002-I）等的支持。

本书总结了中国铁道科学研究院集团有限公司冻土研究团队多年来的部分研究成果，也参考了大量国内外其他学者的研究成果，作者尽可能在参考文献中列出，但难免存在遗漏，在此对广大研究者和同仁一并表示感谢！

由于作者水平有限，书中不足和疏漏在所难免，恳请广大读者批评指正，作者将十分感激，并将在今后的研究中不断改进与完善。

蔡德钩

2017 年 3 月

目　　录

第1章 绪 论

1.1 季节性冻土的基本特征

1.1.1 我国季节性冻土的分布特征

土体由固、液、气等多相介质组成，当其中的液态水在温度降至0℃或0℃以下时冻结成固态冰，成为含有冰的岩土，称为冻土。按岩土冻结状态保持时间的长短，冻土可分为多年冻土、季节性冻土和短时冻土。冻结数年至数万年以上的称为多年冻土；冻结半月至数月，或冬季冻结、夏季全部融化的称为季节性冻土；冻结状态保持几小时至半月的称为短时冻土。

多年冻土分布面积约占全球陆地面积的23%，主要分布在俄罗斯、加拿大、中国和美国的阿拉斯加等地。我国多年冻土面积约占陆地国土面积的21.5%，主要分布在青藏高原、帕米尔高原、西部高山、大小兴安岭、松嫩平原北部及东部地区一些高山顶部；季节性冻土遍布在不连续多年冻土的外围地区，广泛分布于东北、华北、西北及内蒙古地区，分布面积约占陆地国土面积的53.5%，其中深季节冻土（冻结深度大于1m）约占陆地国土面积的1/3，主要分布于东北三省、内蒙古、甘肃、宁夏、新疆北部、青海和川西等地。

我国季节性冻土的冻结一般从每年秋季开始，即9月，东北北部、新疆北部（阿尔泰山）和青藏高原东部率先开始冻结；到10月，冻土的冻结面积显著增加，冻结南界延伸至河北、山西、陕西等省的南部地区及我国西部大部分地区；11月，冻土的冻结深度有所加深，黑龙江、内蒙古中北部、新疆北部和青藏高原部分地区的冻结深度达到了25cm，而东北北部地区的冻结深度超过50cm。冻土深度在次年2月达到最大，内蒙古、东北三省的冻结深度普遍达到100cm以上，大兴安岭、小兴安岭和内蒙古中北部地区的冻结深度达到200cm以上；在西北地区，除了南疆地区的冻结深度在50cm以下外，其他地区的冻结深度都大于50cm，新疆北部山区有冻结深度超过100cm的冻土。3～5月，随着气温的逐步升高，冻土在全国范围内由南向北逐渐消退。

1.1.2 冻土的工程特性

冻土的冻胀和融沉特性是其区别于一般土体的最基本特性。

土体的冻结过程中，水分迁移和冰晶原位冻结作用是其产生冻胀的直接因素，其中水分迁移量主要取决于土质、水分、温度3个方面。

土体的粒度组成对冻胀的影响主要取决于土颗粒与水相互作用的能力。当粒径为 0.002 ～ 0.05mm 时，土体具有最大的冻胀性，冻结期间向冻结前缘带的水分迁移非常强烈，可形成厚度不等的冰透镜体，属于强冻胀或超强冻胀；当粒径小于 0.002mm 时，土颗粒的分散性增大，导致水分迁移量减小，冻胀性也相应减弱。在水分、温度及冻结条件相似的情况下，各类土的冻胀性强弱顺序为粉质土、亚砂土＞亚黏土＞黏土＞砾石土（粒径小于 0.05mm 的颗粒含量超过 12%）＞粗砂＞砂砾石。

纯净的粗颗粒土在冻结过程中不会发生水分向冻结锋面迁移的情况，而是出现向下排水的现象，这使其在冻结过程中冻胀量很小或不发生冻胀。当粗颗粒土中含有细颗粒土且随着细颗粒土含量不断增加时，由于相同质量的细颗粒土比表面积远大于粗颗粒土，土与水的相互作用能力不断增大，相应土的冻胀敏感性也不断增大。表 1-1 为不冻胀细颗粒土含量的界限值。

表 1-1　不冻胀细颗粒土含量的界限值

区域		含量界限值
国外	德国	砾石（细颗粒土含量 ≤ 8%）
	日本	砾石（细颗粒土含量 ≤ 15%）
		砂（细颗粒土含量 ≤ 5%）
	法国	砾石（细颗粒土含量 ≤ 5%）
	美国	砾、砂（细颗粒土含量 ≤ 5%）
	瑞典	砾石（细颗粒土含量 <10%）
	波兰	粗颗粒土（细颗粒土含量 ≤ 5%）
国内	中华人民共和国交通运输部	碎石类土、砾砂、粗砂、中砂（细颗粒土含量 <15%）
	中华人民共和国住房和城乡建设部	细砂（细颗粒土含量 <10%）
	中华人民共和国水利部	粗颗粒土（粒径小于 0.05mm 的土含量 ≤ 6%）

细颗粒土包括粉粒和黏粒，均属于冻胀敏感性土。细颗粒土的土性一般用塑性指数（I_P）表示，塑性指数的大小与土的颗粒组成、矿物成分及土中盐离子的成分和浓度等因素有关。冻胀率随塑性指数的增加而增大，但当塑性指数大于 10 时，黏粒增加，颗粒表面能增加，强结合水增加，阻碍了水分的迁移，使冻胀量减弱；当塑性指数小于 10 时，即细颗粒土以粉粒为主时，水分迁移较为有利，冻胀量大。

土中的水分是引起土体冻胀的必要条件。在一定土质条件下，土中水分的多少是引起土体冻胀性强弱的重要因素之一。土体中水分的保留主要依靠吸附作用和毛细管作用，细颗粒土主要依靠吸附作用，粗颗粒土主要依靠毛细管作用。在无外界补水源的前提下，土体的冻胀性强弱主要取决于土体的初始含水率。当土体的初始含水率达到某一临界值时，土体才会发生膨胀，并且冻胀量随着土体含水率的增大而增大，最终趋向一个定值。对于粗颗粒土来说，由于其孔隙率较大，当土体的初始含水率较小时，水分结晶产生的体积增大不足以填充其孔隙，一般不会产生很大的冻胀量。在有外界补水源的情况下，尽管土体的初始含水率较小，但在冻结过程中外界水源的补给可以大大增强土体的冻胀性。除降水和积水外，地下水也是外界水源的重要组成部分。土体的冻胀量和冻胀强度与地下水位距冻结线间的最小距离密切相关。剧烈水分迁移带一般在冻结线以下 0.3 ~ 0.4m 的范围内。根据试验结果，碎石类土无毛细管作用，砂性土的毛细水上升的最大高度为 0.6m，粉质土为 1.5m，而黏性土较粉质土小，上升的速度也较慢。因此，取地下水位距冻结锋面的最小距离为界线（砂性土取 1.5m，黏性土取 2.0m），超过此界线可不考虑地下水的影响。

土的冻结过程实际上也是土中热量的传递过程。当大气温度低于初始冻结温度时，土体中的水分开始发生迁移，产生冻胀。土体的冻结温度与土质及含水率有关，在同一土质条件下，土体的冻结温度随着含水率的增大而相应升高。黏性土温度降至 −5 ~ −3℃ 时，土体冻胀率变化最大，此时的冻胀量占最大冻胀量的 75% 左右。

大气温度的变化速率决定土体的冻结速率，同时也影响土体的冻胀量。冻结锋面在土体中的推进速度反映了土中某一时刻冻结锋面的热平衡状态。当冻结锋面经过已冻区域向上传递的热量大于未冻区域通过热传导方式传递上来的热量时，在冻结锋面上就会析出冰晶体。一般情况下，当外界温度骤然降低时，冻结锋面向下推进速率较快，冻结速率也较快。此时，土中的弱结合水和毛细水来不及向冻结区域迁移、积聚就被冻结成冰，毛细水的补给通道也被冰层堵塞，水分的迁移和积聚无法继续进行。因此，土体并无明显的冻胀。如果气温下降较慢，负温持续时间较长，有外界补水源时，粗颗粒土中的毛细水不断向着冻结锋面迁移积聚，土中出现明显的冰晶体，冰晶体的产生使粗颗粒土的孔隙率减小，不利于排水作用，从而导致冻胀现象的产生。

荷载作用对冻胀的影响主要表现为荷载对冻结温度的影响，即在附加荷载条件下，土体中水分的冻结温度会降低，外荷载越大，冻土中的未冻水含量越大，含冰量越小。同时，荷载还使未冻水向冻结锋面以下运动，进而对冻胀起抑制作用。

冻土的融沉实质上是，当冻土融化时，在自重压密作用下土体不断进行排水、固结下沉的过程。在这个过程中，冻土中冰转变为水时的相变体积缩小，并且在此过程中产生孔隙水的消散与排泄。对于粗颗粒土来说，土中粉黏粒含量不大于 12% 时，融沉性一般变化不大，其值均小于 4%；当粉黏粒含量大于 12% 时，融沉性则随着粉黏粒含量的增加而急剧增大。

1.1.3　土体冻胀理论及其发展

传统的土体冻胀理论一般基于水分迁移机理，即季节性冻土冻结时，冻结层随冻结锋面自上而下移动，土中水分向冻结锋面迁移，并发生聚冰作用。由于水冻结时产生 9% 的体积膨胀率，且冰层及冰透镜体的形成将引起土体体积增大，产生冻胀。

1885 年，俄罗斯学者提出了水分迁移理论之一的"冻结孔隙的毛细管理论"，这一理论第一次提出土的冻胀是由水沿着裂隙和"冻结孔隙"形成的毛细管上升而产生的水分向冻结锋面迁移引起的 [1]。然而，这一理论中"冻结孔隙"的形成并未被试验验证。随后的 100 多年，各国学者和工程师们开展了大量试验工作，相继提出了第一冻胀理论、第二冻胀理论、刚性冰模型和分凝势模型等，逐步完善了冻胀理论。

第一冻胀理论，也称为毛细理论，由 Everett[2] 于 20 世纪 50 年代后期提出。该理论阐述了土中水分由未冻区向冻结锋面迁移、聚集形成连续冰透镜体的原因，认为水分的迁移是在冻胀压力和抽吸压力作用下产生的。该理论一度被冻土界广泛接受，并得到深入的研究和发展。然而，随着研究技术和试验手段的不断完善及试验数据的不断积累，人们发现毛细理论不适用于计算细颗粒土中的冻胀压力，而且也不能解释不连续冰透镜体的形成原因。

1972 年，Miller[3] 发现冰透镜体的形成位置距冻结锋面有一段距离，据此提出了冻结缘理论，即第二冻胀理论。该理论首次提出了冻结缘这一概念，即饱和土的冻结过程涉及 3 个部分，上部是冰透镜体形成区，中间是冻结的边缘区域（冻结缘），下部是未冻区域。在冰透镜体形成区，大量的冰透镜体积聚并产生冻胀；在冻结边缘区域有孔隙冰形成，但该区域的土体的含水率和导湿率较低，不会产生冻胀；而在未冻区域内，由于温度梯度的存在，水分发生自下而上迁移，不产生冰晶体。在该理论中，中间部分的冻结缘在冻胀过程中起着重要作用，冰透镜体的增大是由冻结缘处的水分迁移引起的，并且温度梯度决定了冻结缘的厚度。第二冻胀理论的提出克服了第一冻胀理论的不足，尤其是冻结缘概念的提出为研究人员指明了方向。

第二冻胀理论虽然解释了冻胀中冰透镜体的形成过程，但对冻结缘的形成机理、如何准确划定冻结缘并未做出合理的解释。1983 年，O'Neill 等 [4] 基于第二冻胀理论提出了刚性冰模型，从力学性质方面解释了冰透镜体的形成。该理论把孔隙冰和孔隙水之间的应力看成中断应力，当有效应力足以抵挡外荷载时，冻结缘内就会产生新的冰透镜体。然而，刚性冰模型的推导过程中做了较多的假定，因此，该模型是否符合真实冻胀机理值得商榷。

20 世纪 80 年代及以后最具代表性的成果是 Takagi[5] 提出的分凝冻胀理论，认为冻胀最基本的原因是在冰－水界面上，土粒和薄膜水层支撑着冰透镜体的重力，薄膜水层中的应力决定着土的冻胀应力，薄膜水层顶部与土颗粒之间有一定的空隙，当冰透镜体冻结时，水从相邻区域被抽吸过来以保持薄膜水最原始的厚度。若土颗粒保持不变，而只有冰透镜体增长，就会发生冻胀现象。

土体冻胀是自然界客观存在的一种物理现象。虽然经过 100 多年的研究和探索，人们对冻胀机理的认识不断加深，但是，由于试验手段的局限、分析方法的差异和工程属性的不同，到目前还没有一种通用的冻胀理论适用于实际情况，因此有关工程冻胀机理的研究仍将需要结合实际开展大量工作。

1.2　季节性冻土冻胀防治的工程措施

1.2.1　季节性冻土的自然区划

在影响土体冻胀的 3 个主要因素中，温度是冻胀产生的基本条件，水分是冻胀产生的必要条件。在季节性冻土分区中，一般用冻结指数 F 表示温度作用，用潮湿系数 k 表示水分的影响。

1）冻结指数是指 0℃ 以下气温与天数的连续乘积，其中天数是从日平均气温低于 0℃ 的第一天开始至日平均气温升温超过 0℃ 那一天之间的时间。它与土体冻结深度有直接的关系，冻结指数越大，冻结深度越大。冻结指数的应用一般选择 10 年中的最大值，我国公路部门据此将季节性冻土区一级分区按冻结指数分为重冻区、中冻区及轻冻区（表 1-2）。

表 1-2　公路季节性冻土区分类

冻区划分		冻结指数 F /（℃·d）	潮湿系数 k	大地标准冻结深度（10 年最大值）/m	相应地区及城市范围
Ⅰ 重冻区	Ⅰ$_A$	$F \geqslant 2000$	$k \geqslant 0.5$	1.0～2.8	黑龙江大兴安岭、伊春、鹤岗、牡丹江
	Ⅰ$_B$		$0.25 \leqslant k < 0.5$	1.0～3.0	黑龙江黑河、绥化、佳木斯，吉林松原，青海玉树
	Ⅰ$_C$		$k < 0.25$	1.0～2.5	吉林白城，新疆阿勒泰、哈密
Ⅱ 中冻区	Ⅱ$_A$	$800 \leqslant F < 2000$	$k \geqslant 0.5$	0.6～1.5	吉林通化、吉林、白山
	Ⅱ$_B$		$0.25 \leqslant k < 0.5$	0.8～2.2	辽宁沈阳、本溪、锦州、阜新、营口，青海西宁，河北石家庄、邢台
	Ⅱ$_C$		$k < 0.25$	0.7～2.4	青海共和，新疆乌鲁木齐、石河子、塔城、博乐，内蒙古呼和浩特，甘肃酒泉
Ⅲ 轻冻区	Ⅲ$_A$	$0 \leqslant F < 800$	$k \geqslant 0.5$	0.15～0.8	辽宁丹东，山东临沂，陕西安康
	Ⅲ$_B$		$0.25 \leqslant k < 0.5$	0.10～1.0	甘肃临夏，陕西西安，山西太原、阳泉，河北秦皇岛、唐山、保定，北京，天津，河南开封，山东济南、青岛

2）潮湿系数是区域内年降雨量和年蒸发量的比值。潮湿系数不仅影响大地的冻结深度，也影响地下水位及工程结构的工作环境和抗冻性能。综合分析全国季节性冻土区冻结深度与潮湿系数的关系，把潮湿系数 k 分为 A、B、C 3 个区，形成冻土区二级分区中的潮湿区、中湿区和干旱区，从而把全国季节性冻土区在一级分区基础上划分为 I_A、I_B、I_C、II_A、II_B、II_C、III_A 和 III_B 8 个二级区划。

由表 1-2 可以看出，土体冻结深度是季节性冻土区工程结构设计最为重要的指标。公路部门在冻结深度和冻结指数实际调查中发现，在 I 级重冻区，当冻结指数为 2000℃·d 时，大地的冻结深度平均为 1.5～1.6m，转换为公路的冻结深度后去掉路面结构层厚度，路基的冻结深度为 1.3～1.4m。如果路基填料选用冻胀率较小（2%～3%）的填料，路基顶面产生的冻胀值为 26～42mm，基本能满足路基容许总冻胀值的要求（表 1-3）。如果冻结指数大于 2000℃·d，则冻结深度增加，就需要进一步降低路基填料的冻胀率或采取其他的防冻胀方法。可以看出，在不同自然区划内，土体冻结深度不同，采取的工程措施也将不同。

表 1-3　满足路面平整度要求的路基容许总冻胀值

（单位：mm）

公路等级	现浇水泥混凝土	沥青混合料
高速铁路、一级	20	40
二级	30	50

1.2.2　土体冻胀的分类

在工程结构设计中，土体冻胀的分类一般以土体冻胀对结构影响的敏感性为依据。如表 1-4 所示，根据土体平均冻胀率将我国既有铁路划分为不冻胀、弱冻胀、冻胀、强冻胀和特强冻胀 5 个类别，从而将不同土质及相对应的初始含水状况和地下水补给情况纳入 5 个类别下，为冻胀防治措施的提出奠定了基础。

表 1-4　铁路冻土的分类标准

冻胀类别	平均冻胀率 η/%	土的类别	冻前含水率 ω/%	冻结期地下水位距冻结面的最小距离 h_w/m
I 不冻胀	$\eta \leqslant 1$	粉黏粒质量不大于 15% 的粗颗粒土（包括碎石类土、砾、粗、中砂）、粉黏粒质量不大于 10% 的细砂	不考虑	不考虑
		粉黏粒质量大于 15% 的粗颗粒土、粉黏粒质量大于 10% 的细砂	$\omega \leqslant 12$	>1.0
		粉砂	$\omega \leqslant 14$	>1.0
		粉土	$\omega \leqslant 19$	>1.5
		黏性土	$\omega \leqslant \omega_P + 2$	>2.0
II 弱冻胀	$1 < \eta \leqslant 3.5$	粉黏粒质量大于 15% 的粗颗粒土、粉黏粒质量大于 10% 的细砂	$\omega \leqslant 12$	$\leqslant 1.0$
			$12 < \omega \leqslant 18$	>1.0

续表

冻胀类别	平均冻胀率 η/%	土的类别		冻前含水率 ω/%	冻结期地下水位距冻结面的最小距离 h_W/m
II 弱冻胀	$1<\eta \leqslant 3.5$	粉砂		$\omega \leqslant 14$	$\leqslant 1.0$
				$14<\omega \leqslant 19$	>1.0
		粉土		$\omega \leqslant 19$	$\leqslant 1.5$
				$12<\omega \leqslant 22$	>1.5
		黏性土		$\omega \leqslant \omega_P+2$	$\leqslant 2.0$
				$\omega_P+2<\omega \leqslant \omega_P+5$	>2.0
III 冻胀	$3.5<\eta \leqslant 6$	粉黏粒质量大于 15% 的粗颗粒土、粉黏粒质量大于 10% 的细砂		$12<\omega \leqslant 18$	$\leqslant 1.0$
				$\omega>18$	>0.5
		粉砂		$14<\omega \leqslant 19$	$\leqslant 1.0$
				$19<\omega \leqslant 23$	>1.0
		粉土		$19<\omega \leqslant 22$	$\leqslant 1.5$
				$22<\omega \leqslant 26$	>1.5
		黏性土		$\omega_P+2<\omega \leqslant \omega_P+5$	$\leqslant 2.0$
				$\omega_P+5<\omega \leqslant \omega_P+9$	>2.0
IV 强冻胀	$6<\eta \leqslant 12$	粉黏粒质量大于 15% 的粗颗粒土、粉黏粒质量大于 10% 的细砂		$\omega>18$	$\leqslant 0.5$
		粉砂		$19<\omega \leqslant 23$	>1.0
		粉土		$22<\omega \leqslant 26$	$\leqslant 1.5$
				$26<\omega \leqslant 30$	>1.5
		黏性土		$\omega_P+5<\omega \leqslant \omega_P+9$	$\leqslant 2.0$
				$\omega_P+9<\omega \leqslant \omega_P+15$	>2.0
V 特强冻胀	$\eta>12$	粉砂		$\omega>23$	不考虑
		粉土		$26<\omega \leqslant 30$	$\leqslant 1.5$
				$\omega>30$	不考虑
		黏性土		$\omega_P+9<\omega \leqslant \omega_P+15$	$\leqslant 2.0$
				$\omega>\omega_P+15$	不考虑

注：1）平均冻胀率为地表冻胀量与冻层厚度减地表冻胀量之比。

2）盐渍化土不在表列。

3）塑性指数大于 22 时，冻胀性降低一级。

4）当充填物大于全部质量的 40% 时，碎石类土冻胀性按充填物土的类别判定。

5）ω_P 表示塑限含水率。

1.2.3 铁路路基的防冻胀结构

国内外铁路路基的防冻胀结构设计基本遵循防排水的技术路线，将填料标准和结构设计相结合，达到防治冻胀的目的。

德国采用在非渗水性基床和道砟之间铺设厚度为 20cm 的路基保护层（渗透系数 $K \leqslant 10^{-6}$m/s）或在砾或砂中间铺设塑料隔水层的措施，以减少或消除水对路基的影响（图 1-1）；对于新建线路，根据冬季的寒冷程度将德国划分为 3 个冰冻作用区，路基表层按冰冻作用区设置防冻保护层（表 1-5），防冻保护层起到保护基床表层的作用，并具有抗冻胀的功能[6-7]。在冻结深度范围内用细颗粒（粒径 0.06mm 及以下）含量小于 5% 的砾或砂填筑（渗透系数 $K=1 \times 10^{-5} \sim 1 \times 10^{-4}$cm/s）；底层土质为细颗粒含量小于 15% 的砾或砂。

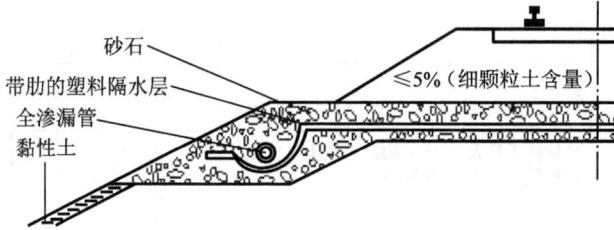

图 1-1　德国的塑料隔水层结构

表 1-5　德国路基防冻层设计

线路类型		防冻层最低层厚 /m			抗冻形式
		冰冻作用Ⅰ区	冰冻作用Ⅱ区	冰冻作用Ⅲ区	
新建线路	新建主干线	0.5	0.6	0.7	完全抗冻
	城铁、新建次干线	0.4	0.5	0.6	部分抗冻
	其余线路	0.3	0.4	0.5	
维修保养 既有线路	$v>160$km/h	0.3	0.4	0.5	部分抗冻
	$v \leqslant 160$km/h	0.2	0.25	0.3	

注：v 为线路运营速度。

　　法国普速和高速铁路均以有砟轨道为主要轨道结构形式，路基防水所用的材料和设置位置与德国相似，即在路基表面级配碎石层下设置防污染层，防污染层由砂垫层中间铺合成毡或土工纤维布进行防水防污（图 1-2）[8-9]。

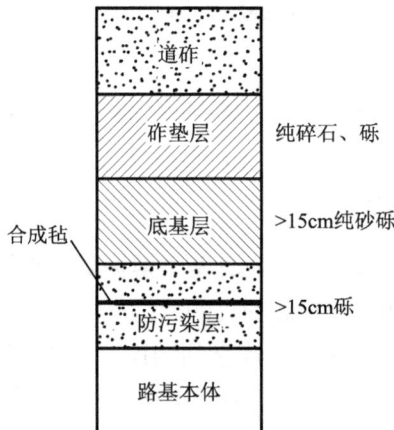

图 1-2　法国铁路路基防冻胀结构

日本铁路路基一般采用冻结指数推算冻结深度，然后在冻结深度内填筑不冻胀填料进行抗冻[10]。根据最近 100 年间实测冻结指数通过概率方法确定设计冻结指数。防冻胀结构是在路基表层铺设厚度为 5cm 的沥青混合料，基床填筑非冻胀土质或采用保温措施。非冻胀材料中砂的细颗粒（粒径小于 0.075mm）含量小于 5%，砾的粒径要求在 4.7mm 以下，且细颗粒含量小于 15%。

我国既有普速铁路对防冻胀设计重视不够，在设计规范中规定路肩高程要高出冻前地下水位或冻前地面积水水位，其要加上毛细水强烈上升高度及有害冻胀深度，再加 0.5m。当路肩高程不能满足上述要求时，应当采取引排地面积水或降低地下水位、基底设毛细水隔断层、在有害冻深范围内采用弱冻胀土作为填料、采用聚苯乙烯泡沫塑料板隔温层等措施，但在早期开通运营的铁路中满足上述要求的线路并不多。秦沈客运专线建设时，形成了将路基作为结构物修建的理念，并将路基分为基床表层和底层，在基床底层顶面设置了不透水的两布一膜隔离层，防止水向下部路基内渗透。

1.2.4 冻胀病害及防治措施

随着人类活动范围的扩大，冻土区的建筑、水利、交通等工程越来越多。从铁路而言，第一条穿越多年冻土地区的铁路是俄罗斯的西伯利亚大铁路，它从莫斯科出发到太平洋海岸的符拉迪沃斯托克，全长 9446km，在东西伯利亚外贝加尔靠东部地段穿过了 2200km 以上的多年冻土区。20 世纪 70 年代末，修建了第二条西伯利亚大铁路（贝阿铁路），全长 3500km，通过多年冻土区的长度为 2500km。作为阿穆尔—雅库特铁路干线的组成部分，别尔卡基特—托莫特—雅库茨克铁路从 1985 年开始建设，全长 818km，线路穿过高低不平的永冻土带，大部分位于多年冻土区。北美的冻土铁路网主要分布在多年冻土区的南部，其中 1904 年修建的阿拉斯加铁路，线路长 756km，通过多年冻土区的长度为 378km。加拿大在多年冻土区建有 5 条铁路，最早的哈德逊湾铁路建于 1910 年，全长 820km，穿越多年冻土的长度为 611km。此外，在马尼托巴和魁北克多年冻土地区也修建了干线铁路。

我国是世界冻土大国，既有穿越多年冻土区的青藏铁路（全长 1142km）及建设在大小兴安岭地区的牙林线和嫩林线（长 800km），更有分布广泛的修建在季节性冻土区的铁路，其中哈尔滨、沈阳、呼和浩特、兰州、乌鲁木齐等铁路局及青藏铁路公司管辖的大部分铁路处于冻土区。

无论是季节性冻土还是多年冻土，铁路路基表层都存在一层冬冻春融的冻结－融化层。作为路基的冻融层，铁路路基表层在冻融过程中会引起土体性质的变化，发生路基变形、冻胀、沉降和裂缝等现象，严重影响铁路行车安全和运输效率。据统计，1984～1990年俄罗斯贝阿铁路路基的冻害数量增加了4倍，年增幅为25%～53%，到1990年约有1/3的线路路基需要治理和大修。我国既有普速铁路路基设计标准较低，对路基表层填筑抗冻胀填料的重要性认识不足，加上路基排水不良，从而造成运营阶段路基冻害较为普遍的现象。根据2004年路基冻害统计数据，哈尔滨铁路局管辖的线路路基冻胀变形15mm以上的冻害有16123处，长度达到334.4km，其中冻胀变形量超过50mm的有121处，长度为4.323km；沈阳铁路局管辖的线路产生冻害的有1376处，总长度达到34.5km；呼和浩特铁路局管辖的线路发生冻害的有78处，总长度为13.7km。

　　既有线路季节性冻土区路基治理的主要方法如图1-3所示，可以概括为以下4种方法。

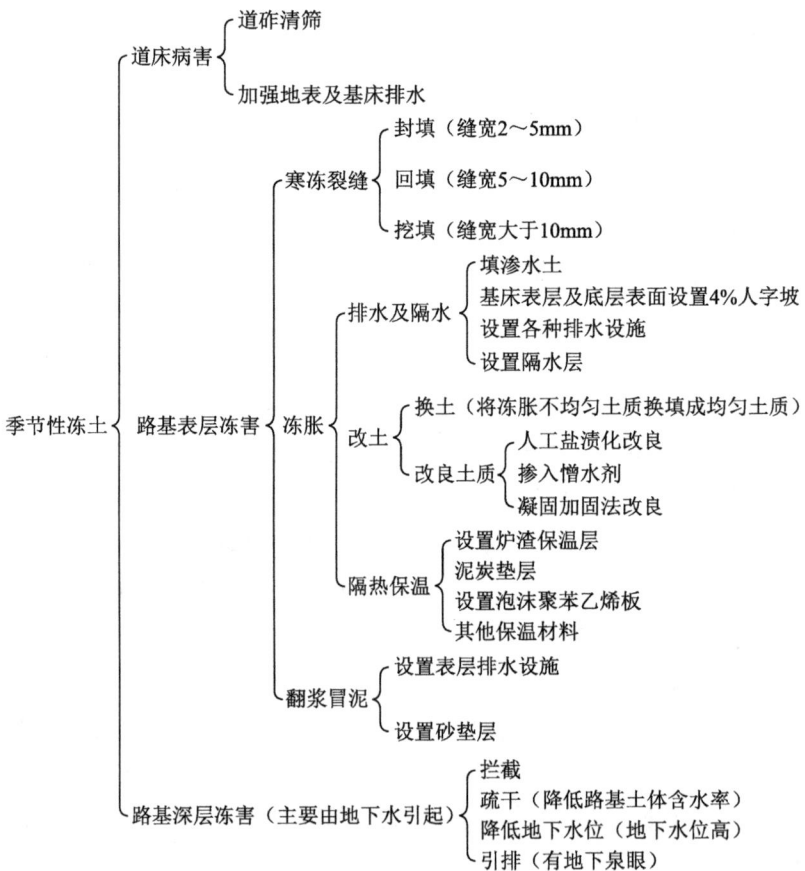

图1-3　既有线路季节性冻土区路基治理的主要方法

1）路基换填法。换填法是指用非（弱）冻胀性材料置换天然地基的冻胀性土，以达到削弱或基本消除路基冻胀的目的。该方法是一种比较彻底的整治路基冻害的方法，缺点是造价高、占用铁路天窗时间长、对铁路线路正常运营干扰大，一般在路基冻害特别严重的区段才会采用。

2）路基排水隔水法。水是产生路基冻胀的决定性因素，只要能够有效地降低土体的含水率，就能达到减弱路基冻害的目的。因此，排水隔水法就是一种通过采取一定的措施，如降低地下水位、排走地表水、排出路基本体水等，来减小冻结深度范围内路基土的含水率、隔断外部水源补给的方法。排水隔水法具有花费低、施工简单、对列车行驶干扰少等优点，因此其是整治路基冻害的首选措施。在路基工程中，排水隔水法通常包括扩大或加深路基边沟、布设截水沟、布设砂桩、加设不透水隔水层等。

3）路基保温法。保温法是指在路基表面或浅层设置保温层，即隔热层，减少外界气温对路基中水分的影响，以降低冻结深度，从而达到减少路基冻胀的目的。目前有很多材料可用作隔热材料，如草皮、树皮、炉渣、陶块、泡沫混凝土、玻璃纤维、聚苯乙烯泡沫等。这些材料一般都具有耐久性、小的吸水性及不易变质等特性。如果隔热材料承受荷载作用，还要求其具有足够的抗压强度。我国常用的材料是 EPS (expanded polystyrene，可发性聚苯乙烯) 或 XPS (extruded polystyrene，挤塑式聚苯乙烯) 保温板。

4）物理化学方法。物理化学方法通过改变土体中物质与水之间的相互作用，降低土体中水分的迁移强度，并且使土体冻结温度降低，达到减弱或消除路基冻胀的目的。常用的物理化学方法包括人工盐渍化改良、憎水物质改良及土颗粒聚集或分散改良等。

1.3 高速铁路无砟轨道路基结构及标准

1.3.1 季节性冻土区无砟轨道结构形式

我国东北地区高速铁路无砟轨道结构主要采用 CRTS Ⅰ型和Ⅲ型板式轨道，西北地区高速铁路无砟轨道结构主要采用双块式无砟轨道。

CRTS Ⅰ型板式轨道的结构示意图如图 1-4 所示。轨道板长度一般为 4.962m，宽度为 2.4m，厚度为 190mm，采用 C60 混凝土预制；板下水泥沥青（cement asphalt，CA）砂浆充填层厚度为 50mm，弹性模量为 300MPa；底座板为钢筋混凝土结构，长度一般以 3 块轨道板为 1 个单元，宽度为 3.0m，厚度为 300mm，采用 C40 混凝土现场浇筑成型。

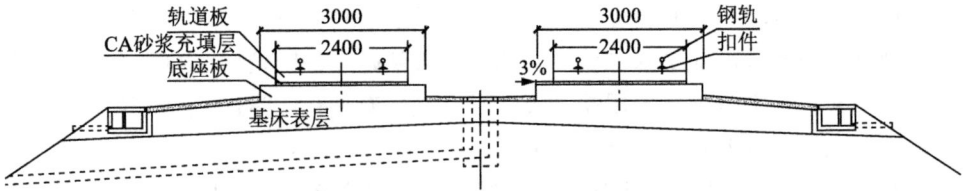

图 1-4　CRTS I 型板式轨道的结构示意图

CRTS III 型板式轨道的结构示意图如图 1-5 所示。轨道板长度一般为 5.6m，宽度为 2.5m，厚度为 0.2mm，采用 C60 混凝土预制；板下自密实混凝土层厚度一般为 90mm，强度等级与轨道板相同，现场浇注硬化后与轨道板形成复合结构；底座板为钢筋混凝土结构，长度一般以 2～4 块轨道板为 1 个单元，宽度为 3.1m，厚度为 0.3mm，采用 C40 混凝土现场浇筑成型；底座板上设凹槽，与现场浇筑的混凝土形成凹凸限位结构；底座板与自密实混凝土间设置两布一膜隔离层，以方便轨道板的养护维修。

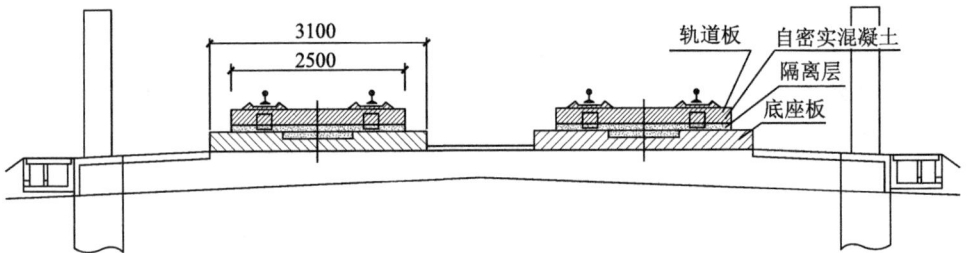

图 1-5　CRTS III 型板式轨道的结构示意图

双块式无砟轨道的结构示意图如图 1-6 所示。双块式轨枕为钢筋桁架连接的块式结构，混凝土块采用 C60 混凝土预制；道床板一般为钢轨混凝土连续结构，由现场浇注 C40 混凝土将预制双块式轨枕连接成一个整体，宽度为 2.8m，厚度为 0.26mm；支承层一般为连续结构，由水硬性材料或 C15 素混凝土现场浇筑成型，宽度为 3.4m，厚度为 0.3mm；道床板、支承层、路基面等相互之间依靠摩擦力相互约束。

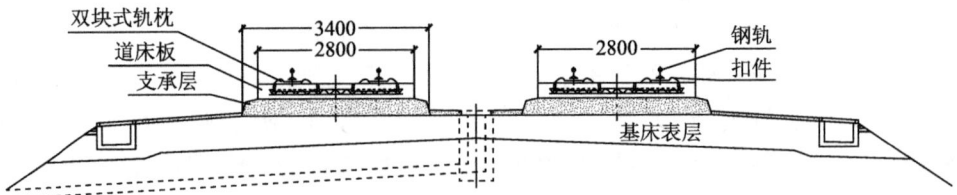

图 1-6　双块式无砟轨道的结构示意图

高速铁路对轨道结构的平顺性要求非常高，如表 1-6 和表 1-7 所示。无砟轨道结构铺设精度均在毫米级，养护维修动态管理标准一般要求在毫米级范围内控制，达到厘米级就需要进行养护维修工作或采取限速管理等措施。

表 1-6　我国高速铁路轨道铺设精度

运营速度 / (km/h)	$200<v\leqslant250$					$250<v\leqslant350$				
项目	高低	轨向	水平	扭曲	轨距	高低	轨向	水平	扭曲	轨距
精度	2mm/10m 2mm/5m① 10mm/150m②	2mm/10m 2mm/8a③ 10mm/240a④	2mm	2mm/3m	±1mm	2mm/10m 2mm/5m① 10mm/150m②	2mm/10m 2mm/8a③ 10mm/240a④	2mm	2mm/3m	±1mm

① 基线长 30m。

② 基线长 300m。

③ 测点间距为 8a，基线长度为 48a，a 为扣件节点间距（m）。

④ 测点间距为 240a，基线长度为 480a。

表 1-7　我国高速铁路无砟轨道动态管理标准

运营速度 / (km/h)		$200<v\leqslant250$				$250<v\leqslant350$			
轨道不平顺管理级别		Ⅰ级	Ⅱ级	Ⅲ级	Ⅳ级	Ⅰ级	Ⅱ级	Ⅲ级	Ⅳ级
高低 /mm	波长 1.5～42m	5	8	11	14	4	6	8	10
	波长 1.5～70m	6	10	15	—				
	波长 1.5～120m					7	9	12	15
轨向 /mm	波长 1.5～42m	5	7	8	10	4	5	6	7
	波长 1.5～70m	6	8	12	—				
	波长 1.5～120m					6	8	10	12
轨距 /mm		+4 −3	+6 −4	+8 −6	+12 −8	+4 −3	+6 −4	+7 −5	+8 −6
水平 /mm		5	8	10	13	5	6	7	8
扭曲（基长 3m）/mm		4	6	8	10	4	6	7	8
车体垂向加速度 / (m/s²)		1.0	1.5	2.0	2.5	1.0	1.5	2.0	2.5
车体横向加速度 / (m/s²)		0.6	0.9	1.5	2.0	0.6	0.9	1.5	2.0
轨距变化率（基长 3m）/‰		1.0	1.2	—	—	1.0	1.2	—	—

注：Ⅰ级为日常保养标准，Ⅱ级为舒适度标准，Ⅲ级为临时补修标准，Ⅳ级为限速标准。

1.3.2　高速铁路无砟轨道路基结构

我国高速铁路路基的结构示意图如图 1-7 所示，主要由基床、基床以下路堤及地基组成，其中基床分为基床表层和基床底层 2 层结构。基床表层厚度无砟轨道为 0.4m，有砟轨道为 0.7m，基床底层厚度为 2.3m。

季节性冻土区高速铁路的路堑采用路堤式路堑，基床表层采用级配碎石，基床底层换填厚度根据路堑内土层条件和冻结深度来确定。

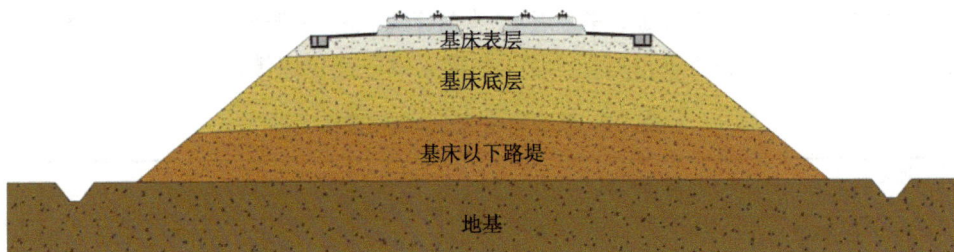

图 1-7　高速铁路路基的结构示意图

高速铁路路肩和线间的路基面一般采用纤维混凝土或沥青混合料覆盖，防止水的渗入。

我国普速铁路路基的结构示意图如图 1-8 所示，同样由基床、基床以下路堤及地基组成，其中基床分为基床表层和基床底层，基床表层厚度为 0.6m，基床底层厚度为 1.9m，总厚度为 2.5m。

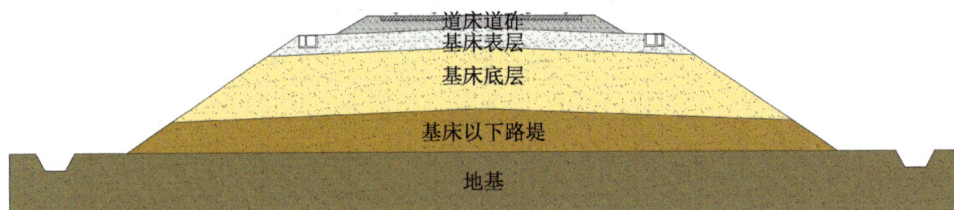

图 1-8　普速铁路路基的结构示意图

我国公路路床分为上路床和下路床两部分（图 1-9），轻、中及重交通的公路路床厚度为 0.8m，特重、极重交通的公路路床厚度为 1.2m。对于特种轴重的公路，需通过计算路基工作区深度来确定路床厚度。对于路床的层位划分，从工程经济性考虑，上路床为 0 ～ 0.3m；下路床则按交通荷载等级进行划分，对于轻、中、重交通公路为 0.3 ～ 0.8m，对于特重、极重交通公路为 0.3 ～ 1.2m。

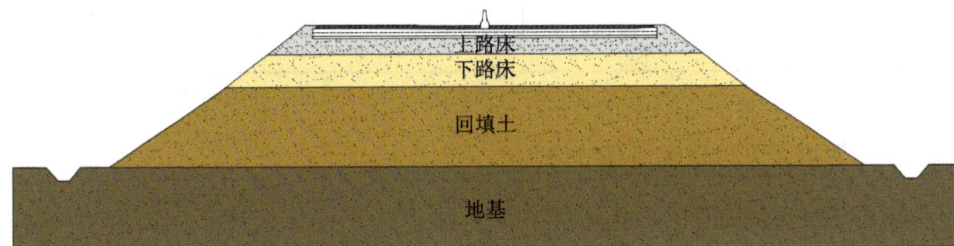

图 1-9　公路路床的结构示意图

1.3.3　高速铁路无砟轨道路基的控制标准

我国无砟轨道路基的工后沉降应符合线路平顺性、结构稳定性和扣件调整能力的要求。工后沉降不宜超过 15mm，且较均匀[11]。另外，当调整轨面高程后的竖曲线半径（R_{sh}）满足 $R_{sh} \geq 0.4v^2$ 的要求时，允许的工后沉降为 30mm。

高速铁路路基基床表层应填筑级配碎石，无砟轨道及严寒、寒冷地区有砟轨道级配碎石压实后的渗透系数 K 应大于 5×10^{-5}m/s，压实标准应符合表 1-8 的要求。基床底层采用 A、B 组填料或改良土，A、B 组填料粒径级配应符合压实性能要求。严寒、寒冷地区的冻结深度大于基床表层厚度时，其冻结深度影响范围内 A、B 组填料的细颗粒含量应小于 5%，且填筑压实后的渗透系数 K 应大于 5×10^{-5}m/s，基床底层填料及压实标准应符合表 1-9 的规定。

表 1-8 基床表层填料的压实标准

项目	级配碎石
压实系数 k	≥ 0.97
地基系数 K_{30}/（MPa/m）	≥ 190
动态变形模量 E_{vd}/MPa	≥ 55

表 1-9 基床底层填料的压实标准

项目	化学改良土	砂类土及细砾土	碎石类及粗砾土
压实系数 k	≥ 0.95	≥ 0.95	≥ 0.95
地基系数 K_{30}/（MPa/m）	—	≥ 130	≥ 150
动态变形模量 E_{vd}/MPa	—	≥ 40	≥ 40
7d 饱和无侧限抗压强度 /kPa	≥ 350（550）	—	—

注：括号内为严寒、寒冷地区化学改良土考虑冻融循环作用所需强度值。

由于路基基床填料颗粒级配要求严，压实标准高（表 1-10 和表 1-11），与天然土壤和公路、堤坝、建筑等构筑物基础的差异很大，需要研究其冻胀变形规律。

表 1-10 严寒及寒冷地区高速铁路路基基床表层级配碎石粒径级配

方孔筛孔边长 /mm	0.1	0.5	1.7	7.1	22.4	31.5	45
过筛质量分数 /%	0 ~ 5	7 ~ 32	13 ~ 46	41 ~ 75	67 ~ 91	82 ~ 100	100

表 1-11 严寒及寒冷地区高速铁路路基基床压实标准

项目	级配碎石	化学改良土	砂类土及细砾土	碎石类及粗砾土
压实系数 k	≥ 0.97	≥ 0.95	≥ 0.95	≥ 0.95
地基系数 K_{30}/（MPa/m）	≥ 190	—	≥ 130	≥ 150
动态变形模量 E_{vd}/MPa	≥ 55	—	≥ 40	≥ 40
7d 饱和无侧限抗压强度 /kPa	—	≥ 550	—	—

第2章 季节性冻土区高速铁路路基冻胀规律

路基作为轨道的基础，由于受复杂的地质、地势、气候、温度等条件影响，已经成为线路结构中最薄弱、最不稳定的环节。为确保高速铁路线路的质量、列车的安全及正常运行，必须严格控制路基变形。一般情况下，填料自重、轨道结构自重、列车自重、高速铁路冲击、塑性变形积累等因素是引起路基变形的原动力。但是，季节性冻土区存在路基冻胀这一特殊现象，冻胀会造成路基的不均匀变形，直接影响轨道的平顺性，这是目前寒区高速铁路所面临的较大挑战之一。现阶段，冻胀是季节性冻土区高速铁路路基中客观存在的宿疾，不能绝对消除，比较科学合理的办法是将冻胀变形控制在一定范围之内，使其稳定有效地保障高速铁路列车安全运行。

充分掌握季节性冻土区高速铁路路基的冻胀规律是开展此类病害整治的首要任务，本章以东北某高速铁路项目为工程背景，结合运营以来的监测数据，分析在路基冻胀变形规律方面取得的一系列研究成果。

2.1 季节性冻土区高速铁路基本情况

目前，我国正在东北、西北等季节性冻土区开展大规模的高速铁路建设。截至2018年9月，东北地区已建成并投入运营的高速铁路有哈大、哈齐、长吉、盘营和吉图珲等高速铁路；在建的包括京沈、哈佳等线路；西北地区已建成有兰新、郑西、大西、西宝等线路，总里程达到8000km。

此外，我国于2013年提出"一带一路"倡议，其中包括将修建北京到莫斯科的欧亚高速铁路运输走廊，全长超过7000km。这些高速铁路穿越了冻土广泛分布的高寒地区，面临着冻土路基冻胀问题。因此掌握季节性冻土地区高速铁路的冻胀时空特征对于优化完善高速铁路的设计、建设及维护措施非常关键。

2.2 东北某高速铁路路基冻胀综合监测体系

自2012年以来，我国在路基冻胀监测和检测方面已经形成了基于人工水准观测、自动监测、轨道动态检测等多种方式相结合的综合监测体系，对路基冻胀变形进行了全方位的长期监测，积累了丰富的基础数据资料，形成了一系列成果[12]。本章对近年来的实践成果进行梳理，探讨在典型季节性冻土区高速铁路设置自动监测系统的方案，可为我国乃至世界高寒地区高速铁路建设及运营期间的冻胀监测提供参考。

2.2.1　监测断面的选择

为分析季节性冻土地区高速铁路的冻胀时空特征,先后在东北某高速铁路沿线设置了62个监测断面,分布在全线13个区间段,涵盖了某高速铁路沿线路基重点关注冻胀区段,其中第一批设置了42个典型监测断面,如表2-1所示。监测项目包括基床不同层位冻胀、基床填料含水率和路基温度场等方面;监测部位包括基床路肩、线间和盲沟等位置。根据某高速铁路开通后的路基冻胀情况,随后全线又增设了20个自动监测断面,如表2-2所示。

表 2-1　某高速铁路沿线自动监测断面

序号	断面里程	路基形式	整治措施	监测内容
1	K186+330	路堑	保温、封缝、盖缝	温度、水分、冻胀变形
2	K186+350	路堑	保温、封缝、盖缝	温度、水分、冻胀变形
3	K186+370	路堑	保温、封缝、盖缝	温度、水分、冻胀变形
4	K186+400	路堑	保温、封缝	温度、水分、冻胀变形
5	K186+430	路堑	保温、封缝	温度、水分、冻胀变形
6	K186+460	路堑	保温、封缝	温度、水分、冻胀变形
7	K186+600	路堑	两侧设盲沟	温度、水分、冻胀变形
8	K186+630	路堑	两侧设盲沟	温度、水分、冻胀变形
9	K186+650	路堑	两侧设盲沟	温度、水分、冻胀变形
10	K186+730	路堑	未进行保温处理	温度、水分、冻胀变形
11	K186+740	路堑	未进行保温处理	温度、水分、冻胀变形
12	K186+750	路堑	未进行保温处理	温度、水分、冻胀变形
13	K186+910	路堤	未进行保温处理	温度、水分、冻胀变形
14	K186+940	路堤	保温、封缝	温度、水分、冻胀变形
15	K186+970	路堤	保温、封缝	温度、水分、冻胀变形
16	K112+935	路堤	未进行保温处理	温度、冻胀变形
17	K112+955	路堤	未进行保温处理	温度、冻胀变形
18	K113+515	路堑	未进行保温处理	温度、冻胀变形
19	K113+535	路堑	未进行保温处理	温度、冻胀变形
20	K284+397	路堑	未进行保温处理	温度、冻胀变形
21	K284+407	路堑	未进行保温处理	温度、冻胀变形
22	K284+862	路堤	未进行保温处理	温度、冻胀变形
23	K284+882	路堤	未进行保温处理	温度、冻胀变形

续表

序号	断面里程	路基形式	整治措施	监测内容
24	K721+836	路堤	未进行保温处理	温度、冻胀变形
25	K721+856	路堤	未进行保温处理	温度、冻胀变形
26	K722+436	路堑	未进行保温处理	温度、冻胀变形
27	K722+456	路堑	未进行保温处理	温度、冻胀变形
28	K778+956	路堑	未进行保温处理	温度、冻胀变形
29	K785+186	路堤	未进行保温处理	温度、冻胀变形
30	K865+377	路堑	未进行保温处理	温度、冻胀变形
31	K866+897	路堤	未进行保温处理	温度、冻胀变形
32	K902+352	路堑	未进行保温处理	温度、水分、冻胀变形
33	K902+402	路堑	未进行保温处理	温度、水分、冻胀变形
34	K902+452	路堑	未进行保温处理	温度、水分、冻胀变形
35	K958+814	低路堑	未进行保温处理	温度、冻胀变形
36	K958+884	低路堤	未进行保温处理	温度、冻胀变形
37	K1084+359	路堑	未进行保温处理	温度、冻胀变形
38	K1086+529	路堤	未进行保温处理	温度、冻胀变形
39	K1144+389	扶余站内路堑	未进行保温处理	温度、冻胀变形
40	K1144+809	路堤	未进行保温处理	温度、冻胀变形
41	K1193+904	路堤	未进行保温处理	温度、冻胀变形
42	K1232+975	路堑	未进行保温处理	温度、冻胀变形

表 2-2　某高速铁路沿线新增自动监测断面

序号	断面里程	路基形式	监测内容
1	K130+145	路堑	温度、变形、水分
2	K144+195	路堑	温度、变形、水分
3	K145+945	路堑	温度、变形
4	K147+554	过渡段	温度、变形
5	K148+700	过渡段	温度、变形
6	K155+675	路堤	温度、变形
7	K166+600	路堤	温度、变形、水分
8	K196+481	路堤	温度、变形
9	K301+599	路堤	温度、变形、水分
10	K330+217	路堤	温度、变形
11	K356+612	路堤	温度、变形、水分
12	K301+599	路堤	温度、变形
13	K330+217	路堤	温度、变形
14	K356+612	路堤	温度、变形

续表

序号	断面里程	路基形式	监测内容
15	K777+500	路堑	温度、变形
16	K977+865	路堤	温度、变形、水分
17	K986+218	路堤	温度、变形、水分
18	K1001+003	低路堤	温度、变形
19	K1004+384	路堑	温度、变形、水分
20	K1153+000	路堑	温度、变形

2.2.2　传感器的选择

为掌握季节性冻土地区高速铁路的冻胀时空特征，需要对高速铁路沿线路基基床的不同层位冻胀、填料含水率和路基温度场等参数进行实时监测。经过长期的调研和改进，形成了一套能够适应于季节性冻土区冻胀监测的传感器，主要包括位移传感器、温度传感器和水分传感器，如图 2-1 所示。

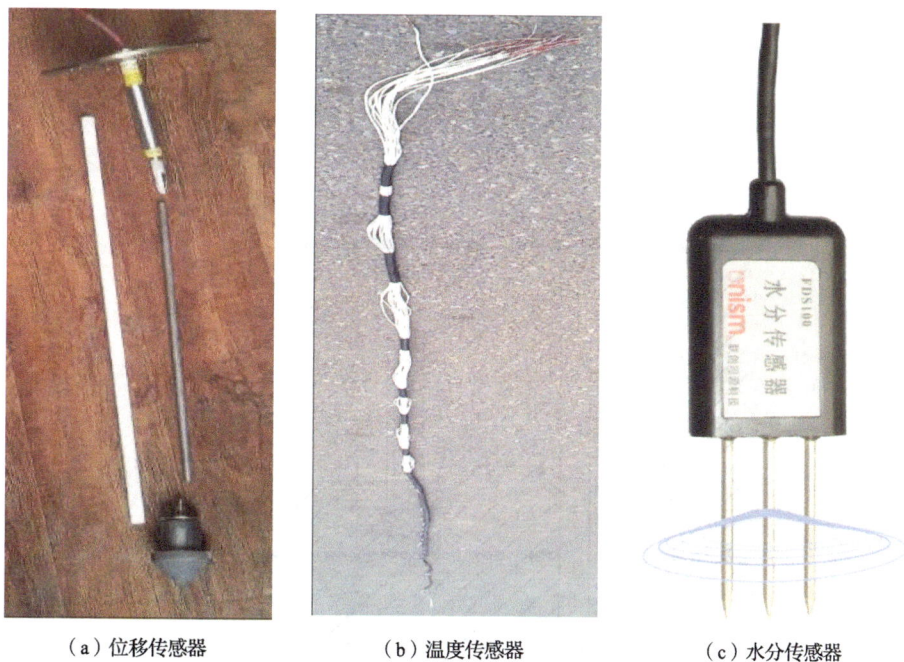

（a）位移传感器　　　　　　（b）温度传感器　　　　　　（c）水分传感器

图 2-1　现场监测的传感器

所有传感器均需做温度修正，其中，温度传感器采用德国 PT100A 型产品，测量范围为 $-200 \sim +850℃$，允许偏差值为 $\pm(0.15+0.002|T|)$。电阻和温度变化的关系为 $R=R_0(1+\alpha T)$，其中 $\alpha=0.00385$，R_0 为 100Ω（在 0℃的电阻值），T 为摄氏温度。

2.2.3 传感器的布置

图 2-2 ～图 2-4 为现场监测的传感器布置示意图，监测部位包括基床路肩、线间和盲沟等位置。

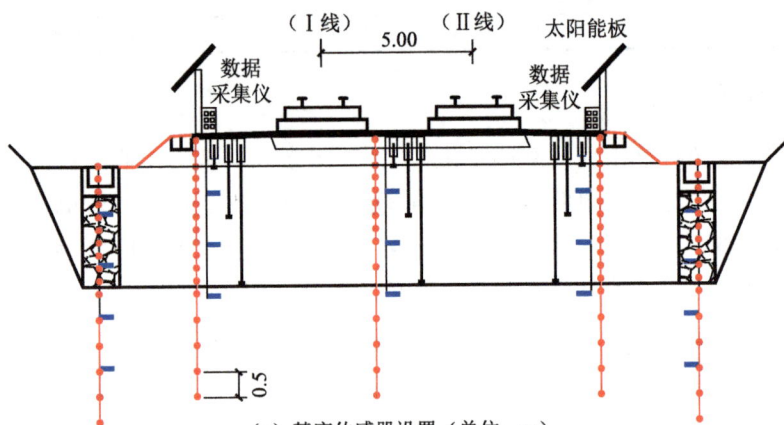

（a）基床传感器设置（单位：m）

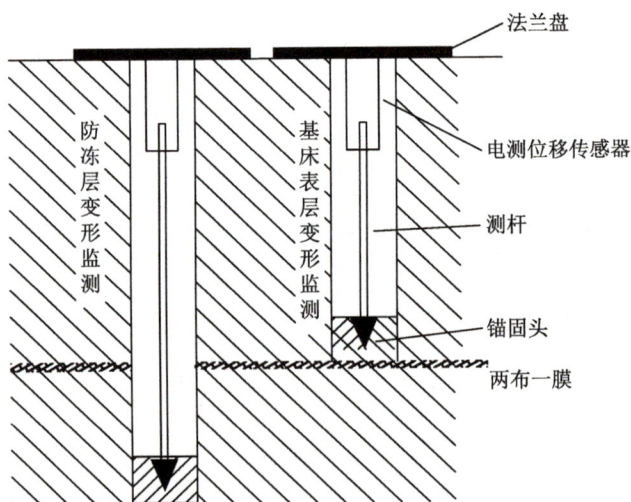

（b）冻胀分层观测

图 2-2 传感器布置示意图

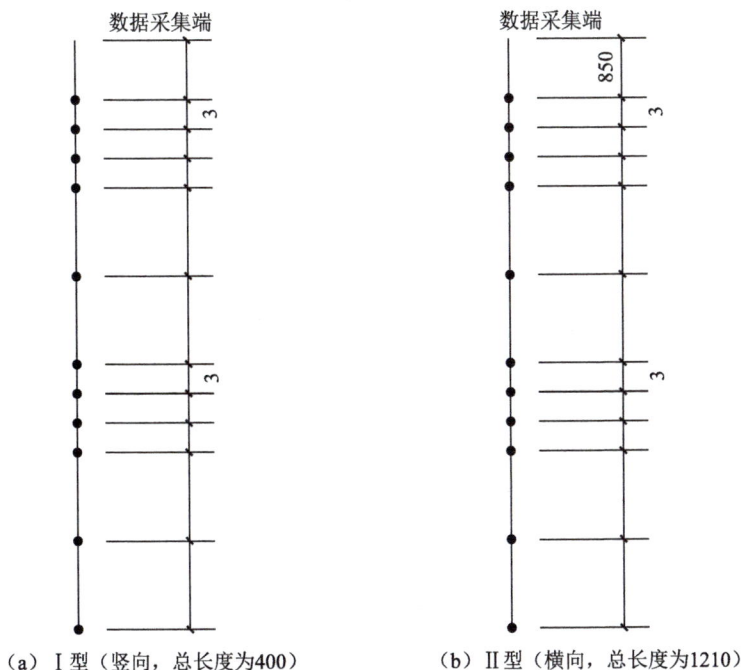

（a）Ⅰ型（竖向，总长度为400）　　　（b）Ⅱ型（横向，总长度为1210）

图 2-3　温度传感器布置示意图（单位：cm）

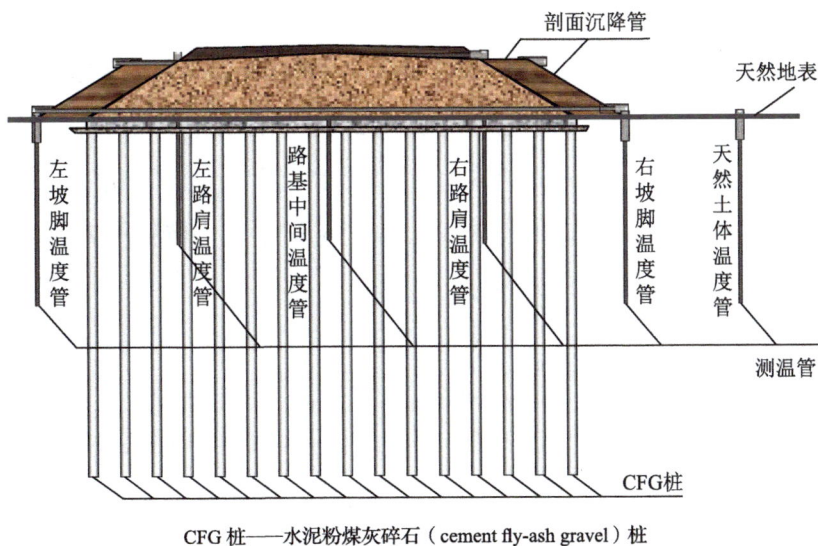

CFG 桩——水泥粉煤灰碎石（cement fly-ash gravel）桩

图 2-4　测温管元件埋设示意图

2.3　东北某高速铁路路基的冻胀时空特征

东北某高速铁路是我国一条典型季节性冻土地区的高速铁路,涉及季节性冻土的不同工况,掌握其路基冻胀时空分布规律对我国其他季节性冻土高速铁路的建造和运营具有重要意义。本节将基于此高速铁路的监测数据,研究高速铁路季节性冻土路基的冻胀时空特征 [13-14]。

2.3.1　冻结深度的变化规律

影响路基冻结深度的因素主要有大气温度、太阳辐射、土的热物理性能和含水率、冻结时间、地形地貌、表面覆盖情况等,其发展主要受地面气温的影响。当冬季气温降至 0℃并在此上下波动时,路基表层反复出现短时冻结 - 融化现象。随着气温稳定下降和每天保持 0℃以下低温时段的延长,冻结深度持续增长,此阶段通常降温速率较大、冻结深度发展较快。随后气温持续缓慢下降,路基冻结深度持续稳定发展,历经冬季的最冷时期,此阶段持续时间较长,其间若突发大幅度的气温变化,冻结深度会产生明显的变化。总体上,冻结深度发展相比气温变化有一定的滞后。随着气温回升至 0℃以上,冻结的路基表层开始融化,在融化解冻初期,由于气温在 0℃附近反复波动,路基表层会反复出现融化 - 冻结现象,同时深层冻结线逐渐上移,表现为双向融化解冻的过程。随着气温的进一步升高,冻土层双向融化的速度逐渐加快,冻结层厚度逐渐变小,直到表层融化线与冻结深度线重合,路基冻结层全部融化。

1. 冻结深度时程发展特征

图 2-5 和图 2-6 分别为 2012 ～ 2013 年和 2013 ～ 2014 年某高速铁路 K722+436 断面路基冻结指数和冻结深度时程曲线,对比图中冻结指数和冻结深度的发展变化情况可知,在达到最大值之前,冻结指数时程曲线从发展形态和趋势上与冻结深度时程曲线十分相似,表明冻结指数可较好地反映气温对冻结深度的影响特性。

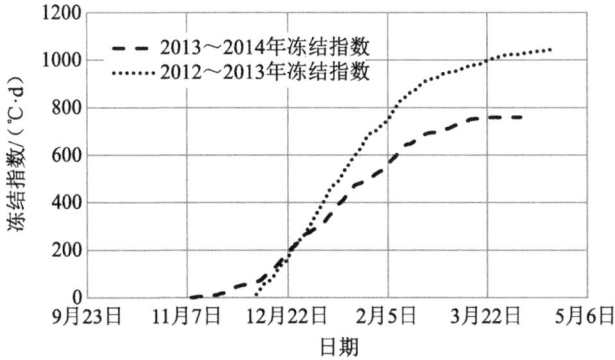

图 2-5　K722+436 断面路基冻结指数时程曲线

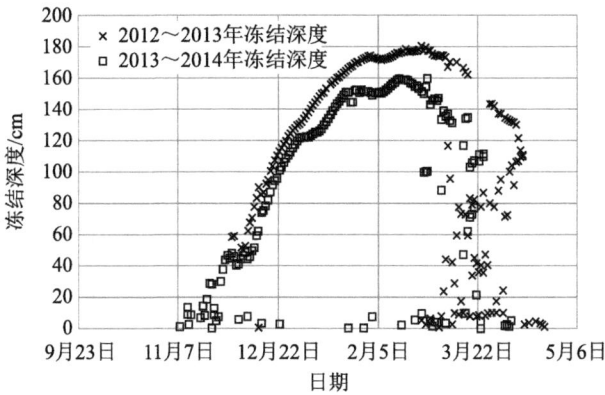

图 2-6　K722+436 断面路基冻结深度时程曲线

　　图 2-7 为某高速铁路全线不同里程监测断面冻结深度发展曲线。由图 2-7 可知，全线不同里程的冻结深度基本上呈一种"嵌套"形式，小里程位置冻结深度时程曲线包在大里程冻结深度内。中间虚斜线为全线最大冻结深度到达线，该线将各监测断面的冻结深度基本上分成 2 个发展阶段：第 1 阶段为冻结深度持续发展阶段，其特征为冻结深度一直持续增大，直至达到最大，冻结深度发展速率基本随着里程的增大而增大，冻结深度发展速率为 1.1 ~ 2.9cm/d；第 2 阶段为双向融化阶段，其特征为深层冻结线位置逐步上升，而表层同时出现融化现象，从图 2-7 中可以看出，深层融化线上升速度约为 1.4cm/d，而表层融化线融化速率约为 3.9cm/d，全线 4 月底 5 月初路基全部融透。

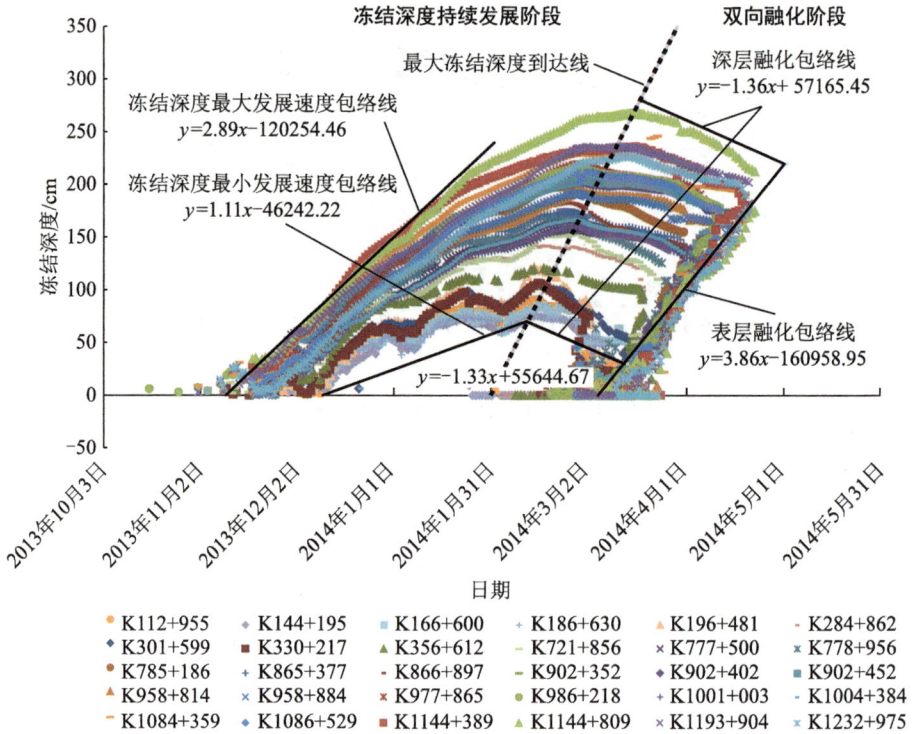

图 2-7　某高速铁路全线不同里程监测断面冻结深度时程曲线

2. 最大冻结深度沿线路的分布特征

图 2-8 为 3 年最大冻结深度沿全线的分布,可知冻结深度沿此高速铁路全线基本上随里程呈线性分布,3 年冻结深度的线性拟合值基本平行,后 2 年最大冻结深度拟合线较为接近,与 2012 ～ 2013 年最大冻结深度拟合线相差约24cm。

图 2-9 为 3 年全线自动监测断面最大冻结深度对比。由图 2-9 可知,2013 ～ 2014 年冻结深度整体上小于 2012 ～ 2013 年,3 年冻结深度的平均差值为 24cm,2014 ～ 2015 年的冻结深度与 2013 ～ 2014 年的冻结深度较为接近。通过对比 3 年冻结指数可知,2013 ～ 2014 年和 2014 ～ 2015 年的冻结指数偏小,导致冻结深度偏小。2012 ～ 2013 年路基冻胀自动监测断面冻结深度最大值位于 K1144+809 处,达到 300cm。后两年该断面冻结深度依然为全线最大,达到268cm。

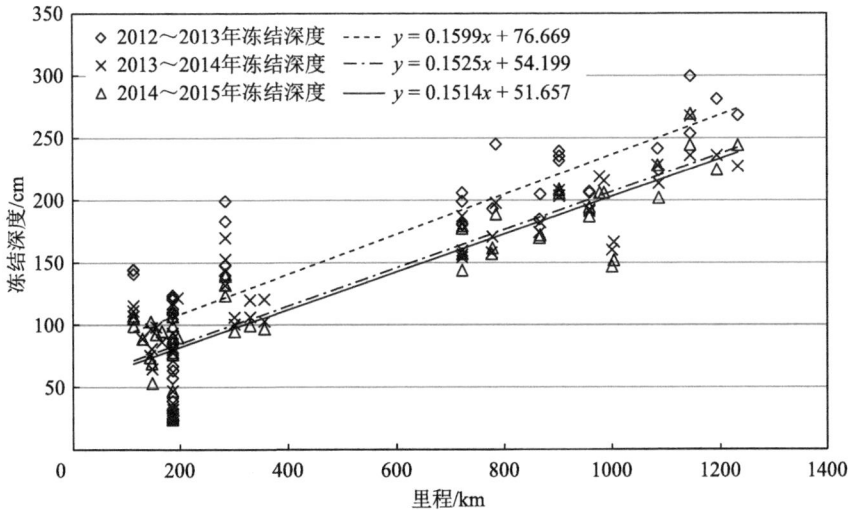

图 2-8　最大冻结深度沿线分布

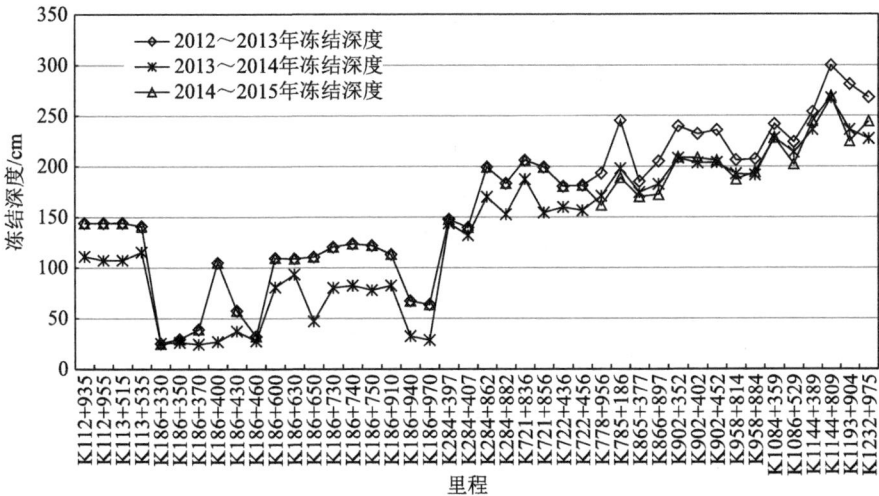

图 2-9　3 年最大冻结深度对比

　　图 2-10 给出了 3 年全线自动监测断面最大冻结深度到达日期和融透日期对比。由图 2-10 可知，2013～2014 年最大冻结深度到达日期和融透日期均比 2012～2013 年有所提前，2014～2015 年的最大冻结深度到达日期与 2013～2014 年基本重合。后两年较 2012～2013 年，以线性拟合曲线作为比较基准，最大冻结深度到达日期基本上提前 7d 左右，而融透日期则提前 15～25d。

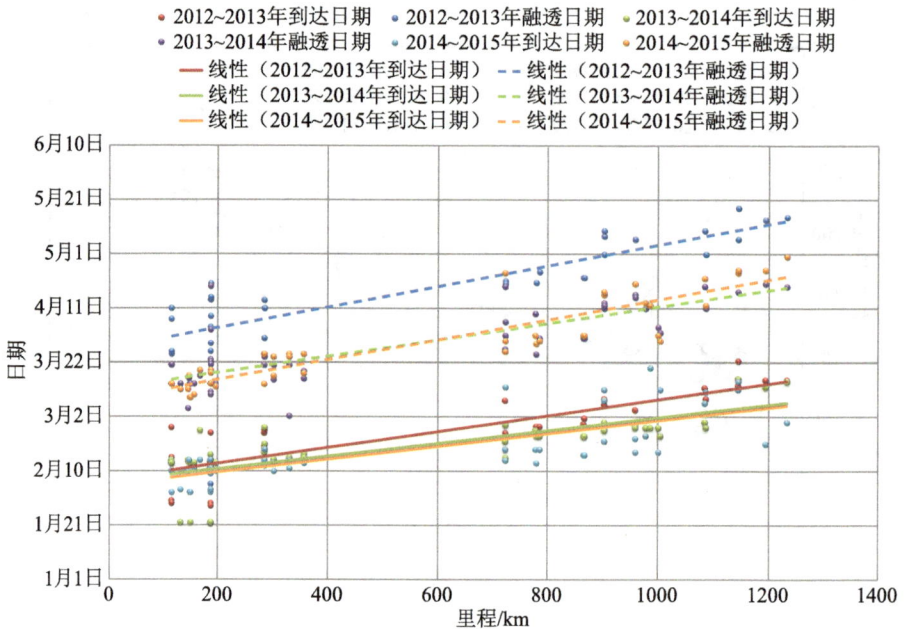

图 2-10　3 年全线自动监测断面最大冻结深度到达日期和融透日期对比

3. 冻结深度与标准冻结深度

表 2-3 为某高速铁路路基监测断面标准冻结深度与最大冻结深度，由表可知各里程路基监测断面最大冻结深度明显大于当地标准冻结深度：2012～2013年增大系数为 1.16～1.65，平均为 1.43；2013～2014 年增大系数为 0.76～1.45，平均为 1.21；2014～2015 年增大系数为 0.79～1.41，平均为 1.16。由于填料的导热系数较高、含水率较低，路基监测断面最大冻结深度明显大于标准冻结深度。

表 2-3　某高速铁路路基监测断面标准冻结深度与最大冻结深度

断面里程	路基监测断面标准冻结深度/cm	2012～2013 年		2013～2014 年		2014～2015 年	
		路基监测断面最大冻结深度/cm	增大系数	路基监测断面最大冻结深度/cm	增大系数	路基监测断面最大冻结深度/cm	增大系数
K112+935	93	145	1.56	115	1.24	105.1	1.13
K186+740	106	124	1.17	81	0.76	83.7	0.79
K284+862	118	195	1.65	156	1.32	139.4	1.18
K721+856	148	201	1.36	179	1.21	143.8	0.97
K778+956	166	193	1.16	171	1.03	161.7	0.97
K785+186	137	245	1.79	198	1.45	188.7	1.38
K866+897	150	205	1.37	182	1.21	172.1	1.15

续表

断面里程	路基监测断面标准冻结深度/cm	2012～2013 年			2013～2014 年			2014～2015 年		
		路基监测断面最大冻结深度/cm	增大系数		路基监测断面最大冻结深度/cm	增大系数		路基监测断面最大冻结深度/cm	增大系数	
K902+352	148	240	1.62		208	1.41		208.8	1.41	
K958+884	156	207	1.33		191	1.22		194.4	1.25	
K1084+359	182	242	1.33		228	1.25		228.2	1.25	
K1144+809	197	300	1.52		268	1.36		269.5	1.37	
K1193+904	205	281	1.37		236	1.15		224.5	1.10	
K1232+975	205	268	1.31		227	1.11		224.1	1.09	
平均值	—		1.43			1.21			1.16	

4. 冻结深度与冻结指数关联分析

为掌握路基冻结深度与冻结指数的关系，本节收集了某高速铁路沿线路基监测断面 3 年冻结指数与最大冻结深度统计结果，如表 2-4 所示。

表 2-4　某高速铁路监测断面冻结指数与最大冻结深度统计结果

里程	2012～2013 年		2013～2014 年		2014～2015 年	
	冻结指数/(℃·d)	最大冻结深度/cm	冻结指数/(℃·d)	最大冻结深度/cm	冻结指数/(℃·d)	最大冻结深度/cm
K112+935	406.4	144.1	166.6	111.3	149.5	105.1
K112+955	406.4	144.1	166.6	107.3	149.5	107.2
K113+515	406.4	144.3	166.6	107.3	149.5	98.9
K113+535	406.4	140.9	166.6	115.5	149.5	105.4
K196+481	781.8	0.0	465.3	121.8	467.9	89.7
K721+836	1099.9	205.9	755.2	187.1	837.5	177.2
K721+856	1099.9	199.0	755.2	154.2	837.5	143.8
K722+436	1099.9	180.2	755.2	159.6	837.5	179.3
K722+456	1099.9	181.1	755.2	156.4	837.5	157.0
K301+599	816.0	—	447.0	106.0	448.0	98.0
K330+217	978.5	—	577.0	106.0	608.5	85.0
K356+612	1031.5	—	617.0	121.0	703.5	114.0
K777+500	1263.5	—	770.0	158.0	819.5	155.0
K778+956	1263.5	193.0	770.0	171.0	819.5	162.0
K785+186	1456.0	245.0	882.0	198.0	967.5	184.0
K865+377	1390.5	185.0	878.5	174.0	927.0	172.0
K866+897	1390.5	205.0	878.5	182.0	927.0	170.0
K902+352	1571.0	240.0	1054.5	208.0	1055.0	209.0
K902+402	1571.0	232.0	1054.5	203.0	1055.0	206.0
K902+452	1571.0	236.0	1054.5	204.0	1055.0	206.0

里程	2012～2013 年		2013～2014 年		2014～2015 年	
	冻结指数 /（℃·d）	最大冻结深度 /cm	冻结指数 /（℃·d）	最大冻结深度 /cm	冻结指数 /（℃·d）	最大冻结深度 /cm
K958+814	1664.5	206.0	1129.5	193.0	1139.5	187.0
K958+884	1664.5	207.0	1129.5	191.0	1139.5	191.0
K977+865	1801.0	—	1219.5	219.0	1212.5	206.0
K986+218	1801.0	—	1219.5	216.0	1212.5	204.0
K1004+384	1801.0	—	1219.5	166.0	1212.5	150.0
K1084+359	2088.5	242.0	1500.0	228.0	1433.5	228.0
K1086+529	2088.5	224.0	1500.0	214.0	1433.5	200.0
K1144+389	1936.5	254.0	1483.5	236.0	1430.5	243.0
K1144+809	1936.5	300.0	1483.5	268.0	1430.5	270.0
K1193+904	2077.0	281.0	1611.5	236.0	1571.5	235.0
K1232+975	2086.5	268.0	1639.0	227.0	1533.0	250.0

根据表 2-4 拟合最大冻结深度与冻结指数关系曲线，如图 2-11 所示。结果表明，路基监测断面最大冻结深度与冻结指数呈对数关系，即 $y=106.93\ln x-555.54$（y 为路基监测断面最大冻结深度，x 为冻结指数）。

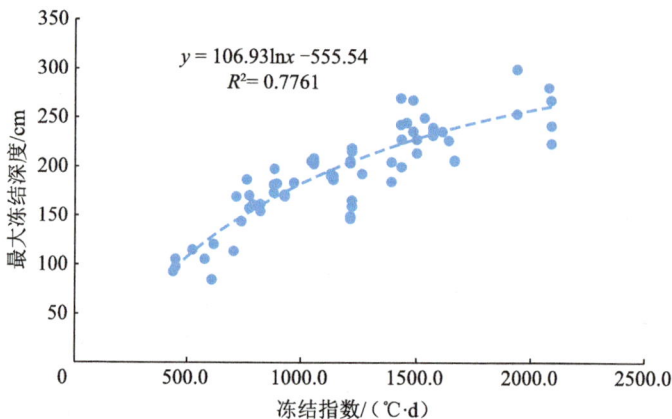

图 2-11　路基监测断面最大冻结深度与冻结指数的拟合关系曲线

2.3.2　冻胀的变化规律

高速铁路对线路变形控制的要求极高，路基冻胀会降低线路平顺性和运营安全性。但由于区域气候环境的多变性、水文地质条件的复杂性及建设过程中水控制措施的粗放性等诸多不利因素的影响，季节性冻土地区高速铁路路基的冻胀往往不可避免。因此，开展高速铁路路基长期冻胀监测以掌握冻胀规律至关重要。一方面，在建设阶段通过分析高速铁路路基冻胀水平和分布情况，可评价路基土水控制措施的施工质量及设计合理性，为高速铁路路基动态设计、施工验收提供依据，为完善防冻胀结构设计提供支撑；另一方面，在运营阶段通过分析冬季时线路的平顺性和路基冻胀发生发展的规律，可明确冬季的线路维护时机，有利于调配有限的人力、物力，制订合理的维护措施，提升高速铁路的冬季维护水平，促进我国季节性冻土地区高速铁路冻胀维护标准的完善。

1. 冻胀随时间的变化

监测结果表明，某高速铁路沿线大部分非保温地段自动监测断面的冻胀变形随时间发展变化规律基本一致，其冻胀发展变化过程可划分为初始冻胀、快速冻胀、稳定冻胀和融化回落 4 个阶段，如图 2-12 ～图 2-14 所示。

从不同纬度路基冻胀变形的时程曲线也可总结出如下规律：

第一阶段：初始冻胀。气温在 0℃上下波动，路基的冻胀变形随之上下波动反复，范围在 5mm 以内。

第二阶段：快速冻胀。该阶段气温逐步降低且在 0℃以下持续时间延长，冻结深度逐渐增加，冻胀变形快速增长，冻胀变形基本由基床表层冻胀形成，该阶段持续时间为 10 ～ 20d。

另外，由图 2-12 ～图 2-14 可知，虽然某高速铁路纬度跨度较大，但监测数据显示，不同纬度监测断面第二阶段冻胀的起始时间并没有按纬度顺序开展。可以看出，K284+862 监测断面的冻胀起始时间基本上集中在 2012 年 11 月 15 日～18日，而 K721+836 和 K186+740 监测断面起始冻胀时间则较为滞后，基本上集中在 2012 年 12 月 3 日～6 日。

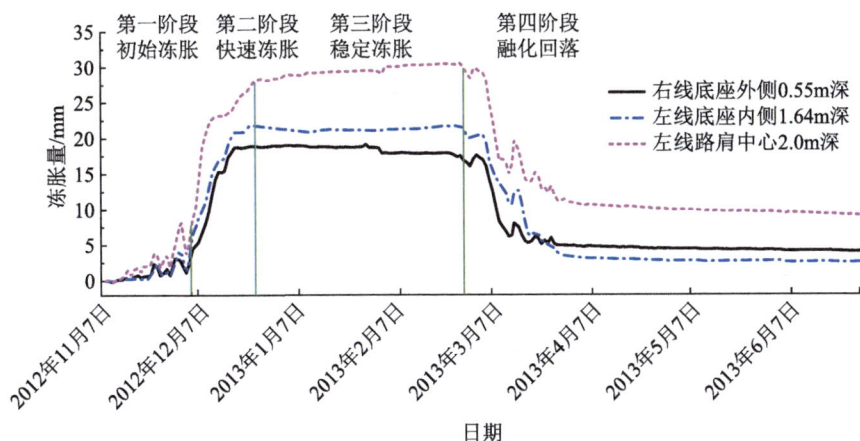

图 2-12　K186+740 自动监测断面冻胀发展过程（营口鲅鱼圈）

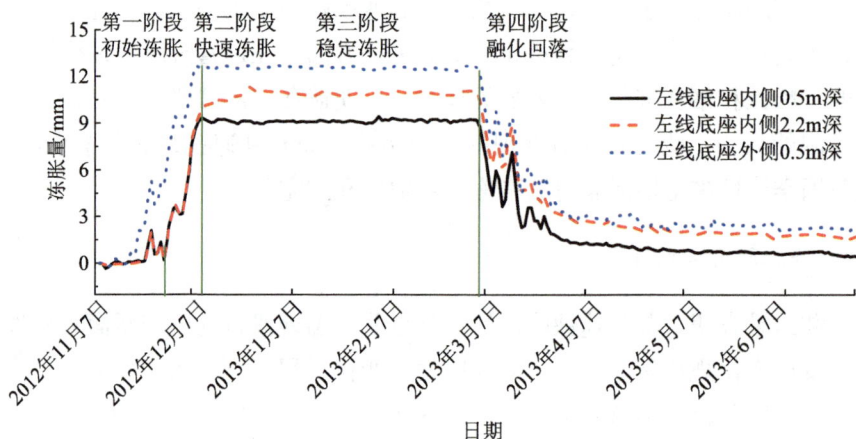

图 2-13　K284+862 自动监测断面冻胀发展过程（鞍山）

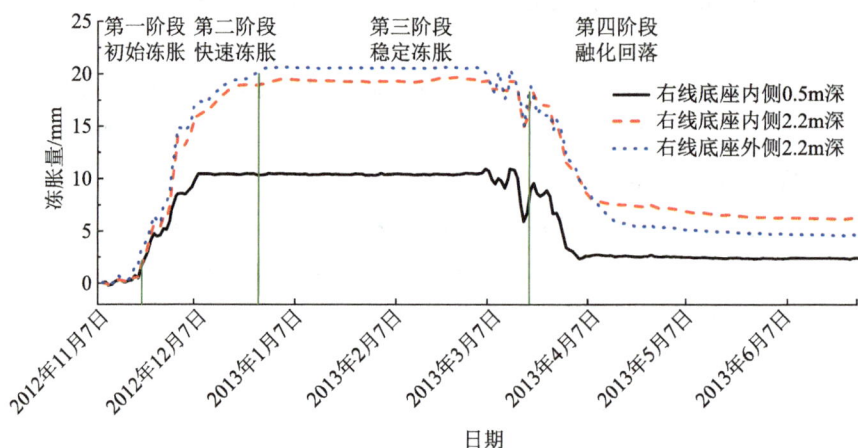

图 2-14　K721+836 自动监测断面冻胀发展过程（沈阳）

　　第三阶段：稳定冻胀。该阶段随着气温的持续降低，冻结深度逐步增大并超过表层厚度，冻胀变形增长趋势减缓，基床表层冻胀变形基本稳定，变形增加部分主要来自深层冻胀。该阶段持续时间较长，从 12 月中旬持续到次年 2 月下旬。该阶段前半部分，冻结深度随着温度在 0℃以下波动而继续增加，增速较快；后半部分，随着气温缓慢升高，冻结深度增长开始变缓。这个阶段的冻胀发展特点与东北某高速铁路在基床底层顶面设置两布一膜隔水层有一定关系，隔水层的存在隔断了地表水向基床底层的渗透，总体上隔水层以下的填料受地表降水的影响较小，相对于隔水层上部级配碎石处于较为干燥的状态。

　　第四阶段：融化回落。随着日平均气温升高至 0℃以上，路基冻土层开始双向融化，监测位置发生融化回落变形，并且随着温度在 0℃上下波动，基床出现反复冻融变形，个别地段的变形反而呈现波动中增加的现象，说明存在短时融化雪水进入基床表层，不能及时排出，随即又被冻结造成冻胀变形反而增大的现象。

该阶段随着温度回到 0℃以上，并围绕 0℃波动，基床表层也开始出现融化现象，基床浅层开始出现 0℃位置线，随着温度起伏呈不稳定态势；同时深层 0℃位置线开始转而向上发展，基床出现双向融化的趋势。

图 2-12 为 K186+740 自动监测断面冻胀发展过程。由图 2-12 可知，与非保温地段冻胀发展模式不同，保温地段监测位置的冻胀变形基本上可划分为 3 个阶段，即没有出现第二阶段。这是由于保温板的设置减缓了冻胀的发展，减小了冻结深度，春季气候转暖温度开始回升时，冻结深度依然未超过基床表层的厚度，同时冻胀变形也转为融沉变形。从图 2-12 中可知，该监测位置的深层和浅层冻胀发展曲线始终基本上重合在一起。

图 2-13 为 K284+862 自动监测断面冻胀变形，可知该监测断面也呈现出类似变化趋势，即没有出现第二阶段，而是处于一直上升态势，直到天气回暖出现融化回落，这可能与此处基床的填料有密切关系。

2. 冻胀空间分布特征

（1）最大冻胀统计

图 2-15 为 2012～2013 年、2013～2014 年和 2014～2015 年全线自动监测断面最大冻胀量。由图 2-15 可知，2013～2014 年冻胀量整体上小于 2012～2013 年，2014～2015 年冻胀量处于其他两年冻胀量之间。2012～2013 年路基自动监测断面最大冻胀变形位于 K186+630，达到 37.5mm；2013～2014 年最大冻胀变形位于 K722+456 断面，达到 19.9mm；2014～2015 年最大冻胀变形位于 K186+630 断面，达到 33.8mm。图 2-16 为 3 年最大冻胀量沿里程分布图，图 2-17 为 3 年最大冻胀量所占比例分布情况，由图可知，对于（0，10）冻胀量区间，2014～2015 年较 2013～2014 年最大冻胀量所占比例有所增加，在其他冻胀量区间则基本持平。

（2）冻胀分层统计

图 2-18 为表层冻胀量占整体冻胀量的比例，可见，表层冻胀量所占比例整体偏大且基本持平，2012～2013 年平均为 68%，2013～2014 年平均为 65%，2014～2015 年平均为 67%。

表层（级配碎石层）冻胀量占整体冻胀量比例偏大，主要是由于路基基床表层底部的两布一膜的存在。冻融季节，表层水在此汇集后不能有效向外排出，导致隔水层顶部的级配碎石发生较大冻胀。

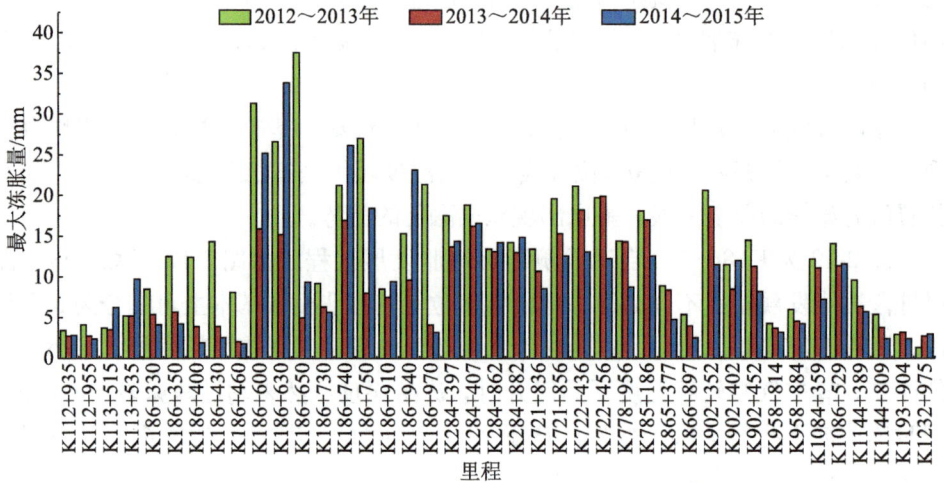

图 2-15　3 年全线自动监测断面最大冻胀量

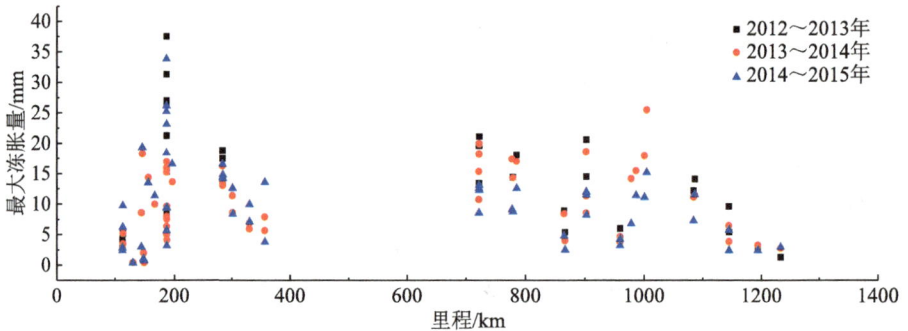

图 2-16　3 年最大冻胀量沿里程分布图

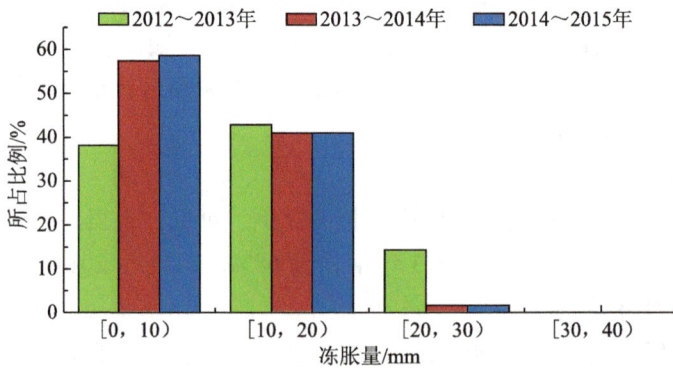

图 2-17　3 年最大冻胀量所占比例分布

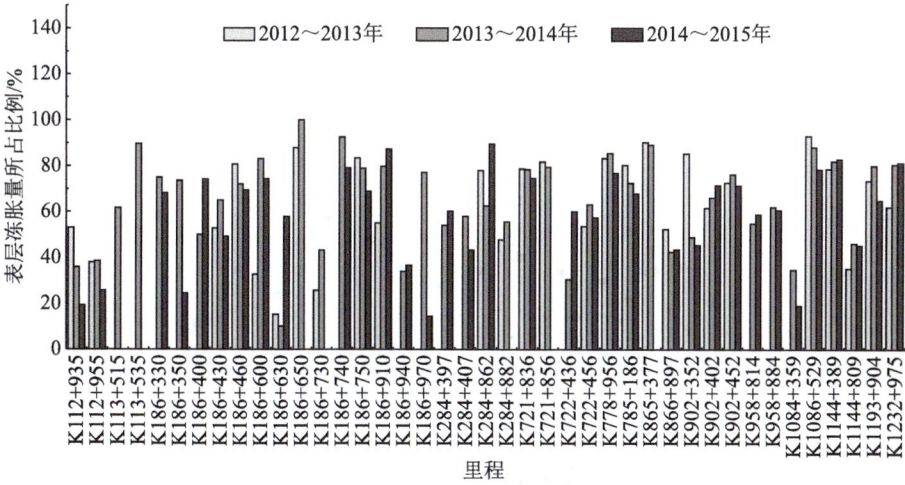

图 2-18　表层冻胀量占整体冻胀量的比例

个别自动监测断面，如 K284+397、K1004+384、K1000+650 和 777+500 等的底层冻胀变形不可忽略，其冻胀特点为冻胀随冻结深度一直增大。

（3）主要冻胀发生深度归一化分析

从图 2-19 中可以看出，归一化冻胀比（即冻胀量 / 最大冻胀量）与冻结深度关系曲线呈非线性关系。冻结深度在浅层路基发育时，冻胀比增长较为剧烈；当冻结深度发育至路基深层时，冻胀比增长较为平缓。根据统计的所有断面，当冻结深度达到 110cm 时，绝大部分监测断面达到最大冻胀量的 90%（图 2-20）。

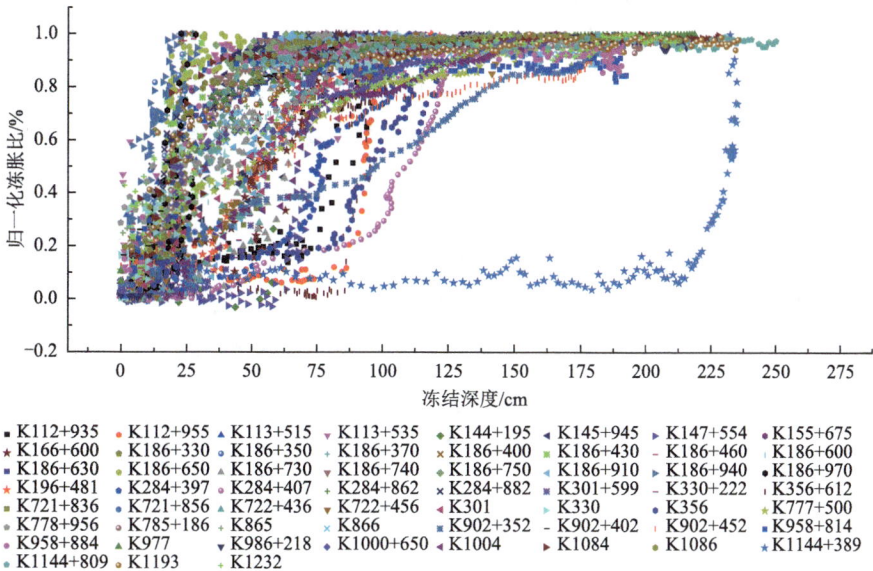

图 2-19　归一化冻胀比与冻结深度关系曲线

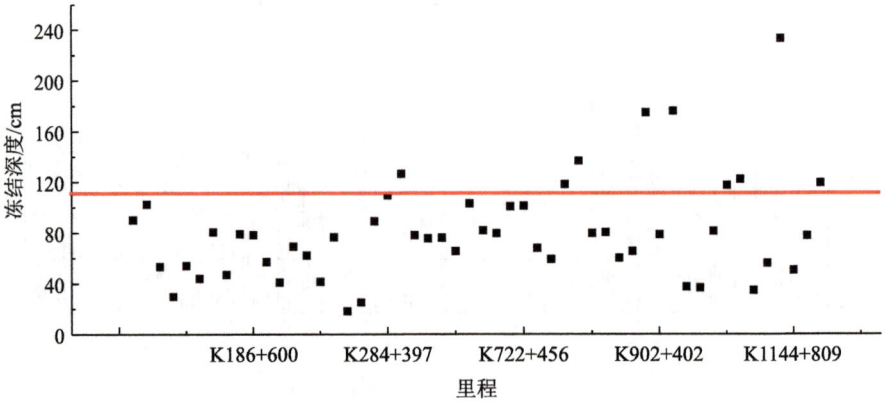

图 2-20　冻胀量达到最大冻胀量的 90% 时的冻结深度分布

3. 冻胀在深度上的分布特征

(1) 最大冻胀量与最大冻结深度的关联分析

图 2-21 为某线最大冻胀量与冻结深度关系图。从图 2-21 中可以看出，最大冻胀量和最大冻结深度的关系呈一种较为分散的关系。某线南段较北段冻结深度小，冻胀量的分布没有明显的规律，说明冻结深度并不是影响冻胀量的主要因素。

(2) 最大冻胀量和冻结指数的关联分析

图 2-22 为某线最大冻胀量与冻结指数关系图。从南向北选取了 6 个地段的最大冻胀量及其相应的冻结指数，从图 2-22 中可以看出，最大冻胀量和冻结指数数据较为离散，没有明显的规律，说明冻结指数不是影响冻胀量的主要因素。

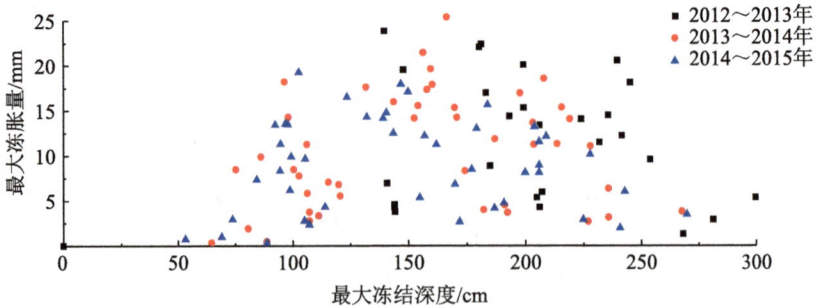

图 2-21　最大冻胀量与最大冻结深度关系图

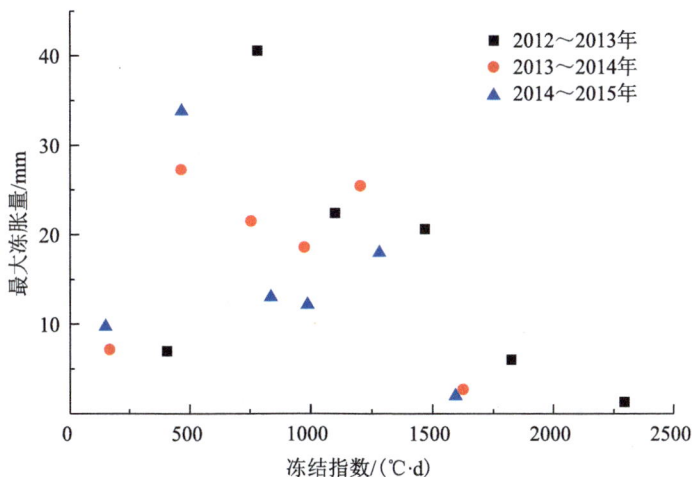

图 2-22　最大冻胀量与冻结指数关系图

（3）最大冻胀量与冻结指数发展速率的关联分析

图 2-23 为最大冻胀量与冻结指数发展速率关系图。从南向北选取了 5 个地段的最大冻胀量及其相应的冻结指数发展速率，从图 2-23 中可以看出，最大冻胀量和冻结指数发展速率数据同样较为离散，没有明显的规律，说明冻结指数发展速率也不是影响冻胀量的主要因素。

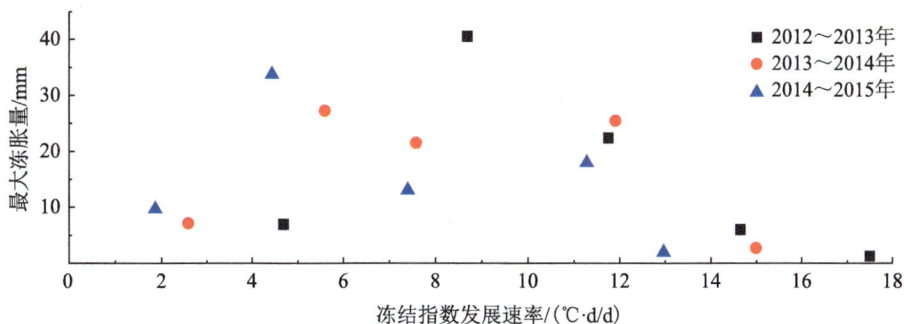

图 2-23　最大冻胀量与冻结指数发展速率关系图

（4）底座板与路肩冻胀关系

针对 2012 年运营情况，2013 年入冬前沈大段新增 11 个断面。与 2012 年安装的位置有所不同，此次增加了轨道结构变形的监测，同时也对底座板外侧路基面冻胀变形进行了监测，如图 2-24 所示。

图 2-24   新增断面设备安装情况

图 2-25 和图 2-26 为 K166+600 和 K301+599 路基监测断面冻胀监测时程曲线。由图 2-25 和图 2-26 可知，在冻胀发展过程中，路基监测断面的冻胀变形大于轨道结构的冻胀变形，冻胀起始时间个别路基监测断面发展较早，但大部分路基监测断面的冻胀是同时发展的。

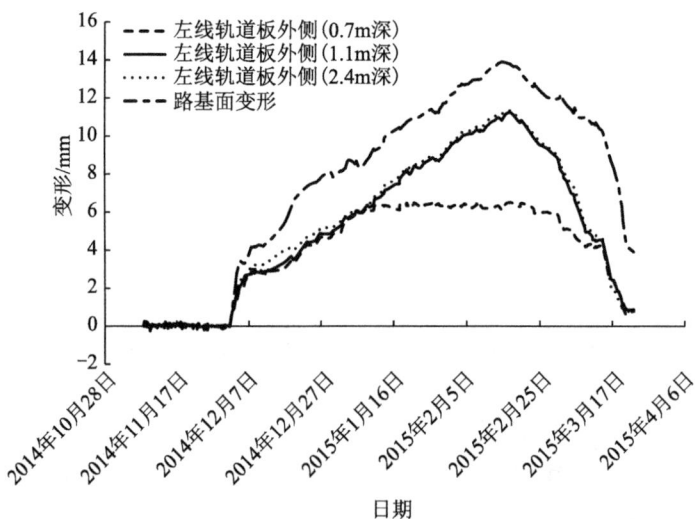

图 2-25   K166+600 路基监测断面冻胀监测时程曲线

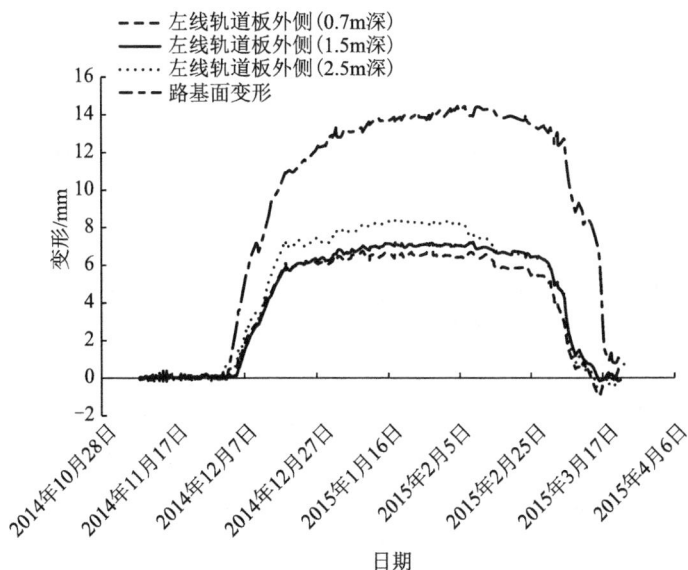

图 2-26　K301+599 路基监测断面冻胀监测时程曲线

　　表 2-5 为新增路基监测断面监测结果。由表 2-5 可知，路基监测断面的冻胀变形总体上不小于底座板的变形，二者冻胀处于同一个级别上，说明路基监测断面的冻胀变形可反映轨道结构的变形。通过对比底座板冻胀与路肩冻胀变形之间的比值可知，去除小于 2mm 冻胀变形的断面，比值基本在 0.50 ～ 1.00 范围内，两年监测的平均值均为 0.78。

表 2-5　新增路基监测断面监测结果

序号	里程	2013 ～ 2014 年冻胀量				2014 ～ 2015 年冻胀量				路基结构
		底座板/mm	路肩/mm	比值	比值的平均值	底座板/mm	路肩/mm	比值	比值的平均值	
1	K130+145	0.42	1.48	0.28		0.91	1.26	0.72		路堑
2	K144+195	8.37	15.91	0.53		3.57	9.77	0.37		过渡段
3	K145+945	19.73	23.02	0.86		19.30	24.15	0.80		路堑
4	K147+554	1.92	1.93	0.99		0.11	0.12	0.92		过渡段
5	K148+700	0.40	0.42	0.95		0.20	0.21	0.95		过渡段
6	K155+675	14.33	18.41	0.78	0.78	13.30	17.40	0.76	0.78	路堤
7	K166+600	9.89	9.72	1.02		11.30	13.90	0.81		路堤
8	K196+481	13.17	12.65	1.04		16.40	16.50	0.99		路堤
9	K301+599	8.48	13.18	0.64		8.28	14.34	0.58		路堤
10	K330+217	7.17	10.25	0.70		10.95	10.97	1.00		路堤
11	K356+612	7.61	11.13	0.68		13.54	14.54	0.93		路堤

　　注：求比值的平均值时，不包括小于 2mm 冻胀变形的断面。

小　结

本章利用东北某高速铁路作为平台，在其沿线布设了大量监测断面，对各个监测断面的温度、含水率及冻胀变形进行了实时监测，通过对监测数据的综合分析，掌握了严寒地区高速铁路路基的冻胀时空特征，总结如下：

1）东北地区高速铁路冬季气温波动趋势大致可分为温度下降、低温持续、温度回升 3 个阶段，进入冬季后沿线各城市冻结指数先呈缓慢增长趋势，然后随着温度急降，冻结指数增长速度也加快，随后随着气温的回升，冻结指数增长缓慢。

2）冻结指数与路基冻结深度的相关程度较高，可采用冻结指数来分析大气温度对路基冻结深度的影响，冻结指数时程曲线从发展形态和趋势上与冻结深度都非常相似；冻结深度发展速率和融化速率也呈现出随线路里程增大而增大的趋势。

3）季节性冻土区高速铁路冻胀发展变化过程可划分为初始冻胀、快速冻胀、稳定冻胀、融化回落 4 个发展阶段。

4）基床表层冻胀量所占整体冻胀量的比例较大，基床表层 110cm 内为冻胀产生的主要范围，与最大冻胀量的 90%。

第3章 高速铁路路基填料的冻胀机理

3.1 土体冻胀规律与理论发展现状

粗颗粒土在自然界分布广泛，储量丰富，具有压实性能好、透水性强、抗剪强度高、地震荷载作用下不易产生液化等优良的工程特性，在哈大、哈齐等高速铁路路基建设中得到了广泛应用。粗颗粒土的冻胀特性一直是专家和学者关注的问题，目前形成了较为集中的定论，认为：粗颗粒土的土颗粒粒径较大，其颗粒表面化学能较小，表面极少存在薄膜水，并且由于土体的孔隙率较大，冻结过程主要是其孔隙液态水结晶转变成固态水，并不产生或者极少产生水分正向迁移，通常被认定为冻胀不敏感性材料。然而，前述的某高速铁路路基冻胀规律从宏观层面揭示了粗颗粒土在一定组合情况下的冻胀特性，与现阶段的传统冻胀理论形成了鲜明的对比和反差。因此，在前面宏观规律研究的基础上，借助先进的技术手段，从细观、微观角度深入剖析粗颗粒路基土的冻胀机理和特性至关重要，也为后续寻找便捷有效的防治途径奠定基础。

迄今为止，国内外已有不少学者开展了细颗粒土冻胀规律、冻胀机理等方面的研究，随着铁路、公路工程的大发展，关于粗颗粒土填料冻胀特性、冻胀影响因素等方面的研究也逐渐增加，现对其分述如下。

3.1.1 细颗粒土冻胀理论及其发展

关于土体冻胀现象和理论的相关研究至今已经超过半个世纪，主要着重研究土体的冻胀特性、冻胀机理及冻胀预报模型等方面的问题。

1）冻胀敏感性土体的冻胀特性方面，目前的研究主要集中于土的粒度成分对土体冻胀的影响。大量研究文献指出，土颗粒的大小对土体冻胀性有显著影响。不同土颗粒大小反映出土粒表面力场的差异性。这种表面效应指标是颗粒的比表面积。颗粒由大到小，其比表面积由小到大，与水相互作用的能量也增高，这种能量是水分迁移的重要动力。这种能量的差异性直接影响着土体冻结过程中水分迁移能力的差异，并导致冻胀量和冻胀特性不同。有数据表明，在土颗粒粒径大于0.1mm的饱和粗颗粒土中，冻结过程中不存在未冻土中液相水向冻结锋面迁移的可能性，而是大量出现排水现象。因此有研究人员提出这种土应归到弱冻结土范围，同时应将冻胀性土的判别粒径进一步减小。日本北海道开发局土木工程研究所试验发现，对于砂土，粒径小于0.074mm的颗粒含量组分质量分数小于6%，且土颗粒组分质量分数小于6%时，此类土不冻胀或者冻胀性极弱[15]。有些试验资料表明[16]，颗粒粒径为 0.1～0.05mm 的纯净细砂，即使在试验前充分饱水，并置于饱水的粗砂铁槽上，其冻胀率也仅为 1.14%～1.40%，属于弱冻胀性土。

2）冻胀敏感性土体的冻胀机理方面，比较有代表性的是第一冻胀理论和第二冻胀理论。Everett[2] 于 1961 年首先提出了第一冻胀理论（即毛细理论），但该理论无法解释不连续冰透镜体是如何形成的，并且低估了细颗粒土中的冻胀压力；Miller[3] 于 1972 年针对毛细理论的不足提出了冻结缘理论，即在冻结锋面和最暖冰透镜体底面存在一个低含水率、低导湿率和无冻胀的带，称为冻结缘，该理论称为第二冻胀理论。1973 年，苏联学者崔托维奇[17] 对冻土物理力学试验、理论和实际应用进行了系统的阐述，标志着冻土研究领域进入新的发展阶段。随后 Konrad 等[18]、Penner[19] 及 Takeda 等[20] 分别对冻结缘的形成和特征进行试验和理论分析，推动了第二冻胀理论的发展。我国对于冻胀机理的研究，主要集中于冻结缘参数的测试及成冰机制。何平等[21] 对多年冻土区地下较厚冰层的成冰机制与特性进行了系统的研究，指出了分凝冰透镜体的形成原因。李萍等[22] 对正冻土中不连续分凝冰的发育规律进行研究，通过受控试验的反演分析验证了不连续分凝冰有单薄冰层、双冰层和厚冰层 3 种发育模式。王家澄等[23] 研究了不同边界条件对冻土的冷生组构形成的影响，得出温度和压力条件影响温度梯度、冻结速率、水分迁移速率、方向和迁移量，从而影响水的相变速度、成冰位置和数量。徐学祖[24]、王家澄等[23] 对温度梯度诱导冻土中薄膜水迁移所引起冻胀的量化进行了研究，考虑在土、水、温、盐和力等因素的影响下，得到未冻水含量变化的综合预报模式及冰分凝温度的确定方法。

3）冻胀敏感性土体的冻胀模型方面，Harlan[25] 于 1973 年提出了正冻土的水热耦合模型，该模型建立在部分已冻土的未冻水运移与非饱和土的水分运移基础上。20 世纪 80 年代初期，O'Neill 等[4] 根据 Miller 的第二冻胀理论提出了刚冰性模型（rigid ice model）。Sheng[26] 于 1994 年基于刚冰性模型提出了一个有趣的研究模型，并进一步提出了能处理现场条件，如层状土、非饱和土和保温层的可操作模型。20 世纪 80 年代与刚冰性模型并驾齐驱的模型还有分凝势模型（segregation potential model），Konrad 等[18] 于 1981 年把分凝势定义为正冻土冻结缘中水分迁移率与温度梯度的比值。随后，徐学祖等[27] 研究发现分凝势模型适合温度梯度已知的条件下，对于分稳定热状况条件，分凝势不是常数，因此不再用分凝势解决冻胀问题。20 世纪 90 年代以来，热力学模型（thermodynamics model）开始提出，Fremond 等[28] 于 1991 年在质量、动量和能量及熵平衡定律的基础上，利用局部平衡状态及为自由能和耗散势选适当的表达式来求导多孔介质的基本方程。

上述模型主要针对天然的冻胀敏感性土进行研究，不能适应低细颗粒含量粗颗粒土这种微冻胀填料冻胀变形预测和分析计算的要求。

综观国内外文献和工程实践发现，细颗粒土是影响冻胀敏感性的一个重要因素。然而目前对细颗粒土冻胀性能的研究往往只考虑单一因素影响（如温度、湿度等），但是，在实际环境下路基材料遭受多种环境因素的耦合交互作用，而并非单一因素的简单叠加。细颗粒土中的水迁移、热迁移与成冰过程本质上是多孔多相介质带相变的固 - 液 - 气 - 热耦合问题，目前国内外的工作大多停留在试验探索阶段。Aboustit 等[29] 于 1982 年较早研究了弹性多孔介质中不考虑水的压缩性和热膨胀性时固 - 液 - 热耦合变分原理。Mctigue[30] 提出了可压缩的固 - 液两相介质具有不同的热膨胀性的固 - 液 - 热三场耦合理论，但忽略了介质的热传导性。Noorishad 等[31] 首次提出了饱和裂隙介质的固 - 液 - 热耦合方程。Thomas 等[32] 建立了变形非饱和土中热、水及气相互作用的理论模型；Gatmiri[33] 提出了考虑土骨架非线性变形的固 - 液 - 热耦合模型，较全面地考虑了固相的变形非线性、液体的可压缩性和热膨胀性及热的传导与对流。以上研究均针对高温下的三场耦合问题，一般不涉及含相变过程的冻土。1973 年，Harlan[25] 提出了土体冻结过程中水 - 热迁移耦合数学模型，其工作核心内容是基于冻土中的热、质迁移来进行数值模拟，从此冻胀研究进入了多场耦合问题的研究阶段。随着对冻胀现象的研究，在伴有相变过程中的冻土三场耦合问题方面，冻胀预报模型包括经验模型及半经验模型、流体动力学模型、刚冰模型、热力学模型。

1) 经验模型及半经验模型。Arakawa[34] 和 Knutson[35] 分别于 1966 年和 1973 年提出了冻胀经验模型，这些模型通过现场或室内冻胀试验确定冻胀经验公式，直接引入数学模型而建立；Takashi 等[36] 于 1978 年基于冻胀的物理本质，考虑冻胀经验公式，建立了半经验模型；陈肖柏等[37] 于 1991 年通过试验提出了一种黏性土的冻胀预报模型，其主要是将冻胀率和冻胀速率表示为众多因素（初始含水率、干容重、冻结速率、等下水位等）的复杂的幂函数与指数函数的乘积形式。经验及半经验模型为冻胀量的量化提供了基础。

2) 流体动力学模型。在 Harlan[25] 首次提出正冻土中的热、质与水分相互作用的耦合模型以后，不少学者在这种思路下提出了各种类似模型。该模型在考虑液体和土介质特性的情况下，从液体动力学观点出发，在流体迁移的水动力数学描述中类推应用了达西（Darcy）定律，根据非饱和土中的水分迁移与非完全冻结土中的水分迁移理论，通过简化假定，把复杂的冻胀融沉机理综合因素归纳为未冻水含量随温度变化的关系，提出了冻土中热质迁移与水分迁移相互作用的流体动力学模型。该模型的特点是不考虑分散冰透镜体的形成，也不能考虑外荷载的影响，当含冰量超过孔隙含量的某个百分数时，发生冻胀，冰透镜体或富冰带的位置就简单确定为水流通量发散性最大的深度。

3）刚冰模型。基于 Miller 的第二冻胀理论，O'Neill 等[4] 提出了刚冰模型，该模型认为冰水相之间的压力是模型输入的重要参数之一，且在冻结缘内当有效应力足以抬起上部荷载时，新的冰透镜体就会形成。该模型假设冻结缘中的冰与正生长的冰透镜体紧密连在一起，当冻胀发生时，孔隙冰能通过微观的复冰过程移动，因此，冻胀的速率应与刚性冰体的移动速率一致。随后 Holden 等[38]、Piper 等[39]、Ishizaki 等[40] 继续改进和简化了刚冰模型。但是在该模型中涉及许多土物理、力学参数，如冻结缘中的应力比例因子、未冻水含量和导湿系数，其中一些物理参数难以测得，因此该模型的应用受到一定的限制。

4）热力学模型。基于质量、动量及能量守恒及熵不等式的基本理论建立的热力学模型，反映了事物的本质。水－热－力三场耦合的热力学模型由 Duquennoi 等[41] 首次提出，后来经过 Fremond 等[42] 的进一步改进而成。Fremond 等[42] 认为土骨架、未冻水及冰是构成饱和冻土的三相体，通过选择合适的自由能和耗散势表达式可以建立局部动力平衡及本构方程，该模型能够计算冻结中孔隙水吸力、热质迁移及冻胀。然而该模型仍在发展中，目前尚无法在工程中应用。国内部分学者从热力学和混合物理论出发，建立了固液两相介质伴有相变的水、热二场耦合模型。该模型属于非线性的伯格斯（Burgers）方程，相对于经典的斯蒂芬（Stefan）线性热传导方程，可以描述冻结过程中的水热耦合效应。在冻土中骨架、冰、水、气多孔多相介质的基础上，建立了冻土多孔多相微元体的平衡方程、多孔固液介质的质量守恒方程及多孔多相介质的热量、能量守恒方程，建立了饱和正冻土的水热力耦合控制微分方程的理论构架。何平等[21] 认为，土冻结过程中，除水分场、温度场发生变化外，土体的密度场也发生变化，因此考虑土骨架的变形是必要的，并依据连续介质力学、热力学原理，提出了土体冻结过程中的三场耦合方程。

下面为典型的细颗粒土冻胀理论和方程。

1）Everett 毛细理论[2]。通过毛细理论对土体冻胀进行估算，但无法解释土体冻胀过程中不连续分凝冰的形成原因。毛细理论认为，冻胀压力及抽吸力是产生冰透镜体的原因，并与土多孔基质有关。Everett 等曾提出一个针对多孔介质冰生长时严密的平衡热动力方程：

$$P_i = P_w + \frac{2\sigma_{aw}}{r_{iw}} \tag{3-1}$$

式中，P_i 为冰透镜体底部的稳定冻胀压力；P_w 为孔隙水压力；σ_{aw} 为空气－水界面的表面张力；r_{iw} 为冰－水作用界面的曲率半径。

一旦冰透镜体底面产生的抽吸力降低到其原始值，冻胀现象即告终止，因为此时入流水中断，所以冰透镜体的生长及由此产生的冻胀现象终止。

2）Miller 冻结缘理论 [3]。Miller 针对毛细理论的不足提出了冻结缘理论，Miller 认为第二冻胀理论包含了冰锋面的形成，直至其进到冰透镜体下静止土颗粒的孔隙中。饱和粒状土中冻胀驱动力归结为孔隙冰、孔隙水、温度的相互作用及冻结缘区中吸附薄膜的膨胀特性。此时克劳修斯－克拉珀龙（Clausius-Clapeyron）方程为下列形式：

$$\frac{P_{\rm w}}{\rho_{\rm w}} - \frac{P_{\rm i}}{\rho_{\rm i}} = \left(\frac{L}{K}\right)T_{\rm f} \tag{3-2}$$

式中，$P_{\rm w}$ 为孔隙水张力；$P_{\rm i}$ 为孔隙冰压力；$\rho_{\rm w}$ 为水的密度；$\rho_{\rm i}$ 为冰的密度；L 为相变潜热；K 为水的绝对冰点温度；$T_{\rm f}$ 为孔隙水结冰温度。

有效应力方程可表示为

$$\sigma_{\rm e} = P + XP_{\rm w} + (1-X)P_{\rm i} \tag{3-3}$$

式中，$\sigma_{\rm e}$ 为有效应力；P 为荷载应力；X 为冰压力和孔隙水张力对有效应力的相对贡献的分配系数。

对于 X 的取值：当冻结缘边界土中无冰时，$X=1$；在冰透镜体增长底部的全部非吸附水冻结处，$X=0$。

可见，土体冻结时，冻结缘内冰透镜体生长时，孔隙水张力和孔隙冰压力是变化的，冻结缘的厚度由温度梯度控制，当温度梯度增大时，冻结缘的厚度及其水流阻抗减小。

3）水动力学模型——Harlan 方程 [25]。Harlan 对造成寒区工程病害的主要原因之一——聚冰冻胀作用进行深入探讨，提出了著名的 Harlan 方程。Harlan 模型为一个温度场和水分场的耦合方程组，该方程组描述了部分冻结土的水热迁移问题。

假设空气和水蒸气迁移对于水分迁移的影响很小，忽略不计。一维冻结过程的质量控制方程为

$$\frac{\partial}{\partial x}\left(\rho_{\rm w} k\left(x, T, \tau\right)\frac{\partial T}{\partial x}\right) = \frac{\partial(\rho_{\rm w}\theta_{\rm u})}{\partial t} + \Delta S \tag{3-4}$$

式中，x 为空间坐标；T 为温度；τ 为土水势；k 为导湿系数，是空间、温度、土水势的函数；$\theta_{\rm u}$ 为未冻水含量；t 为时间；ΔS 为单位时间内体积含冰量的变化。

总水头定义为

$$\Phi = \varphi + G_{\rm a} + G_{\rm z} \tag{3-5}$$

式中，φ 为土水势；$G_{\rm a}$ 为空气压力；$G_{\rm z}$ 为重力势，在水分迁移过程中，空气压力可忽略不计。

一维冻结过程的能量控制方程为

$$\Phi\frac{\partial}{\partial x}\left[\lambda(x,T,t)\frac{\partial T}{\partial x}\right]-c_w\rho_w\frac{\partial(V_xT)}{\partial x}=\frac{\partial(\bar{c}T)}{\partial t} \tag{3-6}$$

式中，λ 为导热系数，是空间坐标、温度、时间的函数；c_w 为水的体积比热容；V_x 为水流速度；$\bar{c}$ 为等效体积比热容。

对于冻胀量的计算，水动力学模型认为，土体中的含冰量超过某一临界值，土体即产生冻胀，且冻胀量等于超出的冰体积。水动力学模型形式简单、计算方便，能够对土体冻结过程中的温度场、水分重分布进行研究，得到了广泛的应用和发展。

Harlan 模型尚存在不足之处：①不考虑外荷载对于土体冻结过程的影响；②分凝冰的出现会造成冻土结构间断，水动力学模型没有考虑分凝冰的形成；③简单地认为水分通量发散性最大的深度即为最暖分凝冰所在位置。

4）刚性冰模型。由 O'Neill 等 [4] 提出的刚性冰模型，以冻胀计算为目的，以刚性孔隙饱和颗粒土为研究对象，提出了重结冰假设，即相变区内的孔隙冰与正在生长的分凝冰刚性连接，孔隙冰的移动速率与分凝冰的分凝速率相同。

土体一维冻结过程中，刚性冰模型的质量、能量控制方程分别为

$$(\rho_i-\rho_w)\frac{\partial I}{\partial t}-\frac{\partial}{\partial x}\left[\frac{k}{g}\left(\frac{\partial u_w}{\partial x}-\rho_w g\right)-\rho_i V_i I\right]=0 \tag{3-7}$$

$$\sum(\rho c\theta)_n\frac{\partial T}{\partial t}-\frac{\partial}{\partial x}\left(K_h\frac{\partial T}{\partial x}\right)-\rho_i L\left(\frac{\partial I}{\partial t}+V_i\frac{\partial I}{\partial x}\right)=0 \tag{3-8}$$

式中，I 为体积含冰量；g 为重力加速度；u_w 为孔隙水压力；V_i 为冻胀速率；ρ 为各组分密度；c 为各组分比热容；θ 为各组分体积含量；K_h 为导热系数；L 为相变潜热。

在分凝冰底端应用质量守恒定律，可以得到分凝速率为

$$V_i=\frac{-k\left(\frac{\partial u_w}{\partial x}-\rho_w g\right)}{\rho_i g(1-I)} \tag{3-9}$$

饱和冻土中体积含冰量 I 是以孔隙水压力 u_w 和温度 T 的函数组合形式作为自变量的函数，其函数表达形式可表示为

$$I=I(Au_w+BT) \tag{3-10}$$

式中，A、B 为常数。

刚体冰模型针对土体冻胀问题提出，对分凝冰反复形成及生长过程进行描述，但其计算复杂，且在某些观点上存在争议：①刚性整体，以相同的冻胀速率移动。部分学者认为，孔隙冰也是一种固体颗粒，其作用与土颗粒类似，冻土中的应力

状态与未冻土有所区别。②刚性冰模型所提出的分凝冰形成准则认为，等效孔隙压力大于外荷载时，土颗粒之间脱离接触，土骨架断裂。

　　5）水热力耦合模型。Shen 等[43]基于耦合思路建立了水热力耦合模型，忽略重力作用及对流换热的影响，土体一维冻结过程中的质量、能量控制方程分别为

$$\frac{\partial \theta_u}{\partial t} + \frac{\rho_i}{\rho_w}\frac{\partial \theta_i}{\partial t} = \frac{\partial}{\partial x}\left(k\frac{\partial u_w}{\partial x}\right) + \frac{\partial}{\partial z}\left(k\frac{\partial u_w}{\partial z}\right) \tag{3-11}$$

$$c\frac{\partial T}{\partial t} = \frac{\partial}{\partial x}\left(\lambda\frac{\partial T}{\partial x}\right) + \frac{\partial}{\partial z}\left(\lambda\frac{\partial T}{\partial z}\right) + L\rho_i\frac{\partial \theta_i}{\partial t} \tag{3-12}$$

式中，z 为方向。

　　应用克拉珀龙（Clapeyron）方程描述土体中孔隙水压力与温度之间的关系：

$$\frac{u_w}{\rho_w} - \frac{P_i}{\rho_i} = L\ln\frac{T_k}{T_0} \tag{3-13}$$

式中，T_k 为热力学温度；T_0 为起始温度。

　　水热力耦合模型没有考虑分凝冰的形成及生长问题，对于冻胀的计算，采取了与水动力学模型相同的做法，即当冻结土体中的体积含冰量大于某一临界值时，产生冻胀。

　　6）水热耦合分离冰模型。饱和颗粒土一维冻结过程中，水热耦合分离冰冻胀模型的控制方程如下：

$$c_v\frac{\partial T}{\partial t} = \frac{\partial}{\partial x}\left(\lambda\frac{\partial T}{\partial x}\right) + L\rho_i\frac{\partial \theta_i}{\partial t} \tag{3-14}$$

$$\frac{\partial}{\partial x}\left(k\frac{\partial P}{\partial x}\right) = \frac{\partial \theta_u}{\partial t} + \frac{\rho_i}{\rho_w}\frac{\partial \theta_i}{\partial t} \tag{3-15}$$

式中，c_v 为体积比热容。

　　冻胀量 h 的计算式如下：

$$h = \int_{t_1}^{t_2} V_i \mathrm{d}t \tag{3-16}$$

式中，V_i 为分凝速率。

　　水热耦合分离冰冻胀模型建立了能够描述水热迁移瞬态过程的数学方程，并采用固－液交界面水膜压力改进了分凝冰形成准则。

　　但该模型仍存在不足之处：①没有考虑外荷载对土体冻结过程的影响；②采用刚性孔隙假设，即冻结过程中，土体孔隙不发生变化；③分凝冰形成准则物理意义不清。

3.1.2　粗颗粒土冻胀研究发展现状

实测资料表明，某高速铁路开通运营的第一个冬季，由 20000 多个监测点观测到的数据可知，平均冻胀量为 5mm，最大冻胀量达到 25mm，其中路基表层冻胀约占冻胀量的 76%；吉图珲客运专线 2013～2014 年周期的监测结果表明：冻胀量小于 8mm 的占 83.10%、8～12mm 的占 10.89%、12～16mm 的占 4.44%、16～20mm 的占 1.13%、大于 20mm 的占 0.44%，超过 8mm 处冻胀主要发生在基床表层 100cm 范围内[44]；2015～2016 年冬季，丹大线共发现冻害 127 处总长 1119m，最大冻胀高度为 29mm（4 处），平均冻胀高度为 11.9mm[45]。由此可见，高速铁路路基冻害问题已经严重影响了高速铁路的日常运营，并且路基基床表层在冻胀量中所占比例较高，这与传统冻胀理论中粗颗粒土不易发生冻胀的理论相悖，迄今尚未从机理上解释级配碎石的冻胀现象，因此病害陷入了"年年需治理，治标不治本"的严重窘境。

依据传统的冻胀理论，从东北地区的高速铁路建设运营情况来看，粗颗粒土在一定的条件下也可以产生明显的冻胀。

张以晨等[46]对 5 种粗颗粒土 13 种不同含泥量土料在不同含水率、饱和度和密实度状态下进行了一系列封闭系统下的冻胀模拟试验，研究了各种粗颗粒土的冻胀率–含水率（η-ω）关系，并对其进行线性分析，提出了粗颗粒土的冻胀规律。根据所建立的各种不同粗颗粒土的 η-ω 经验关系式得出各种土料以及粗颗粒土相应于不同冻胀等级和类别的界限含水率值，并与现有的规范进行对比。

王天亮等[47]为了得到同时满足冻胀率和击实效果的最大细颗粒土含量，通过葡氏击实和冻胀试验，研究了不同细颗粒土含量、不同干密度条件下细圆砾土填料的冻胀特性。其研究结果表明，9% 细颗粒土含量下细圆砾土试样的压实效果最好；细圆砾土试样的冻结过程可以划分为快速冻结区、过渡区、似稳定区和稳定区；细颗粒土含量低于 10% 时，细圆砾土属于弱冻胀填料；同时满足冻胀率和压实效果的最大细颗粒土含量为 9%；细颗粒土含量相同时，细圆砾土试样的冻胀率随干密度的增加，先增大而后减小，即存在一个最不利干密度；冻结 48h 后，细圆砾土试样冻土段的含水率均大于初始含水率，其不同位置含水率分布曲线呈 S 形，且随着细颗粒土含量的增加逐渐呈现倒三角形分布；细圆砾土试样干密度的增大有效地阻断了水分迁移路径。

李安原等[48]通过室内试验和现场监测，提出了粗颗粒土的冻胀敏感性与土的级配、初始含水率、温度、外荷载等诸多因素有关，认为在一定的组合条件下，粗颗粒土也可以发生显著的冻胀，并以认识高速铁路路基冻胀特性为目的，在分类梳理有关粗颗粒土冻胀特性研究文献的基础上，简要论述了粗颗粒土的冻胀理论及其发展现状，重点论述了有关影响粗颗粒土冻胀特性的几个关键因素——细颗粒土含量、水分特征及温度状况方面的研究成果和存在的问题，讨论了研究粗颗粒土冻胀模型及其冻胀机理时应关注的问题，以更好地评价、防治公路和铁路路基土冻胀。

Chamberlain[49] 总结了关于冻胀敏感性评价的分类，指出大部分评价冻胀敏感性的方法是基于细颗粒含量和级配特性，并且从统计学的角度分析得出级配是关系到土体冻胀敏感性的最重要的参数。对于土的级配和矿物成分对冻胀的影响，国内外学者做了大量试验。Bilodeau 等 [50] 研究了级配对 3 种不同粗骨料冻胀敏感性的影响，发现随着土的孔隙度增加，其分凝势随之降低。试验结果表明，细颗粒含量对分凝势值有很大影响。

Vinson 等 [51] 研究了细颗粒粒径大小对粗颗粒土冻胀敏感性的影响，并建立了冻胀率和分凝势的相关关系，指出颗粒粒径越小，相关系数越大。

Konrad 等 [52] 通过室内试验研究表明，细颗粒土的含量小于 7% 时，冻胀量较小，但是随着补水量的增加，粗颗粒土的冻胀量随之增加，将 1% 的冻胀率作为判别粗颗粒土冻胀敏感性的标准。同时，Konrad 等 [52] 研究了不同矿物成分含量对土颗粒冻胀的影响，认为级配良好的粗颗粒土的冻胀性随着细颗粒含量和高岭土含量的增加而增强，证明了分凝势不仅随着细颗粒含量增加而增加，也随着细颗粒含量中的高岭土含量增加而增加。Rieke 等 [53] 认为，随着细颗粒活性增加，分凝势由于未冻水被活性颗粒吸附而减小。

Fourie 等 [54] 通过研究 3 种不同颗粒大小的粗颗粒土的渗透性，并利用计算机断层扫描（computer tomography，CT）观测冰晶体的形成和消失过程，得出级配良好的粗颗粒土初始不透水冰层的形成位置接近土体表层的结论，这与我国在东北地区高速铁路路基上观测到的现象较为一致。

姜龙等 [55] 在研究季节性冻土区公路路基砂类土冻胀时发现，在封闭系统中，只有当土体中的初始水分含量达到某一临界值时，土体才会发生冻胀，并且冻胀量随着土中含水率的增大而增大，最终趋向一个定值。

彭万巍 [56] 研究了 4 种不同掺合料砂石在不同冻结速率下冻胀率变化关系，得出冻结速率的大小直接影响着土的冻胀强度，而与冻结历时关系不大的结论。

陈肖柏等 [57] 通过对不同级配的砂砾料在不同冻结速率下的冻胀敏感性进行试验并对试验结果进行分析、讨论得出，砂砾料的冻胀率随着冻结速率的降低而呈幂函数关系递增。冻结锋面在土中的推进速率反映了土中某一瞬间冻结锋面的热平衡状态。当冻结锋面经过已冻区域并且向上传递的热量大于未冻区域通过热传导方式传递上来的热量时，在冻结锋面上就会有冰晶体的析出。

田亚护等[58]通过试验，详细研究了动、静荷载作用下细颗粒土的冻胀特性。试验结果表明，静荷载、列车动荷载对土的冻胀都具有一定的抑制作用，且随着外荷载值的增大，细颗粒土的冻胀率逐渐减小，当静荷载值等于动荷载幅值的一半时，动、静荷载对细颗粒土的冻胀影响基本相同。童长江等[15]结合工程实践研究了荷载对浅基础地基土冻胀变形的抑制作用，试验表明外荷载加大，冻胀速度急剧减小；外荷载对地基土冻胀抑制作用的影响系数随着基础下冻结土层的增加而减小。

从粗颗粒土冻胀问题试验、研究结果总结来看，国内外专家就以下几点基本达成了共识。①粗颗粒土的冻胀敏感性会随着细颗粒含量的增加而增强，随着土体中细颗粒含量的增加，土体在冻结过程中水分的迁移能力增强，土体的冻胀性随之增强。②在封闭系统中，粗颗粒土的冻胀性随着初始含水量的增加而增加，并最终趋于稳定；而在开放系统中，粗颗粒土的冻胀性能将大大提高。③当温度降低速度较快时，土中的弱结合水和毛细水来不及向冻结区域迁移积聚就被冻结成冰，毛细水的补给通道也被冰层堵塞，水分的迁移和积聚无法继续进行；当温度降低较慢时，负温持续时间较长，在外界补水条件下，粗颗粒土中的毛细水不断向冻结锋面迁移积聚，土中出现明显的冰晶体，从而导致冻胀现象的产生。

3.2　高速铁路路基级配碎石的冻胀试验

大量研究结果表明，细料的含量、渗透系数、粗颗粒土的持水性能及上覆荷载等因素对高速铁路路基的冻胀特性具有显著影响，本节将基于大量的室内试验对路基表层级配碎石的冻胀性能进行分析和探讨。

3.2.1　级配碎石的持水性能

在高速铁路路基建造、运营过程中，大气降水和地下水均会对路基含水率造成影响。大量统计数据表明，东北地区路基冻结之前最后一场降雨雨量对随后的冻结周期的冻胀量有极大的影响，降雨后路基入渗水来不及排出，造成当年路基冻胀量显著增大。在设计试验时，根据击实试验结果，配制满足规范规定的试样，拌和均匀后放置8h。随后将试筒上泄水孔用浸湿的滤纸贴上，防止细颗粒流失，将配制好的土样按压实标准分5层击实入试筒中，将装满土样的试筒完全浸入水中，持续时间为2h，将浸泡好的试样缓慢提出水面，并挂于静水天平底部的挂钩上。记录不同时间的天平读数，刚开始每5s读一个数，30min后每5min读一个数，随着时间的延长可放大读数间隔，当 10min 内试样质量变化不超过 1g 时停止试验。计算并绘制试样含水率与时间关系曲线，当曲线趋于水平时的含水率即为土样持水率，如图 3-1 所示。哈齐高速铁路某段现场级配碎石的持水率试验结果表明，粗颗粒土的自然持水率试验基本为 3.0% ～ 7.9%，细颗粒含量越少，其自然持水率越低，当细颗粒含量为 0 时，其持水率基本为 3% ～ 5%。

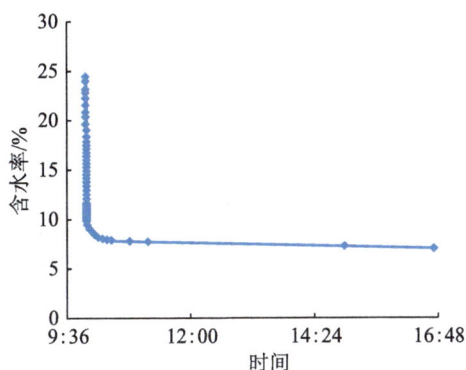

（a）填料持水率试验　　　　　　　（b）填料含水率与时间关系曲线

图 3-1　填料持水率试验及填料含水率与时间关系曲线

3.2.2　细颗粒土对填料渗透系数的影响

本节针对砾以下颗粒的影响，展开了冻胀和渗透试验研究。首先测试填料的渗透性能，采用哈齐高速铁路现场级配碎石，逐级筛分制样，具体如下：去除其中部分细颗粒、去除 0.075mm 以下细颗粒、去除 0.50mm 以下细颗粒、去除 1.00mm 细颗粒、去除 1.70mm 细颗粒等。根据《铁路工程土工试验规程》（TB 10102—2010）开展渗透系数试验。试样饱水后，自由渗透 24h，然后进行冻胀试验，得到最不利条件下填料的冻胀率，试验结果如图 3-2 所示。由图 3-2 可知，随着砾以下颗粒的不断去除，试样的冻胀率不断降低，去除 0.075mm 以下粒径后，粗骨料的冻胀率均小于 0.65%。若不考虑填料压实问题，细颗粒含量越少，则冻胀率越低。

由试验数据可拟合出渗透系数与冻胀率关系曲线如图 3-3 所示，从图 3-3 中可以看出，冻胀率在一定条件下和渗透系数呈负指数关系，本节试验采用的级配碎石可用 $y = 0.0038x^{-0.57}$ 表征，随着粗颗粒土渗透性增大，冻胀率迅速减小。

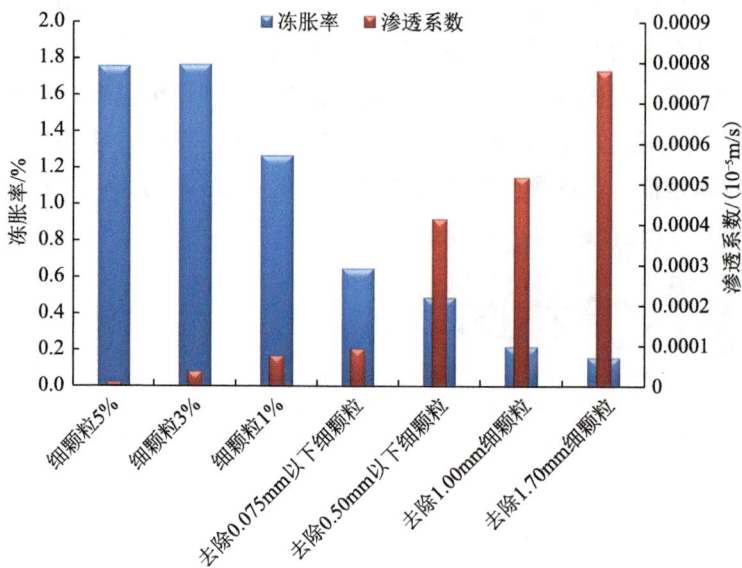

图 3-2　细颗粒含量对冻胀率和渗透系数的影响

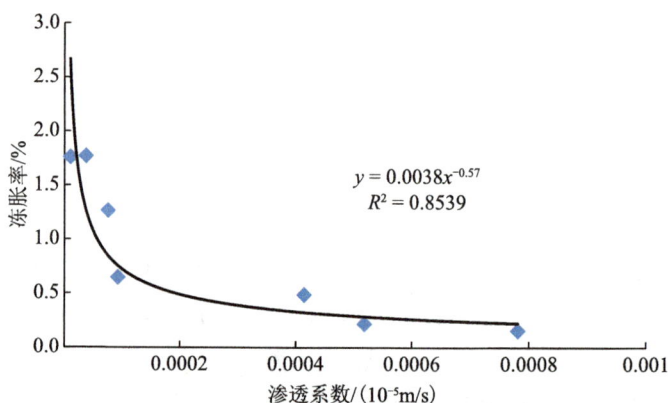

图 3-3　渗透系数与冻胀率关系曲线

3.2.3　上覆荷载对冻胀的影响

姜洪举等[59] 的研究表明,上覆荷载对冻胀有一定的抑制作用。为了明确上覆荷载对冻胀率的抑制程度,开展了不同上覆荷载下的冻胀试验,试验方法如图 3-4 所示,图 3-5 为不同上覆荷载与冻胀率关系曲线。结果表明,上覆荷载对土的冻胀性具有一定的抑制作用,当上覆荷载超过 30kPa 时,级配碎石冻胀率降低 50% 左右。

图 3-4　上覆荷载下冻胀试验

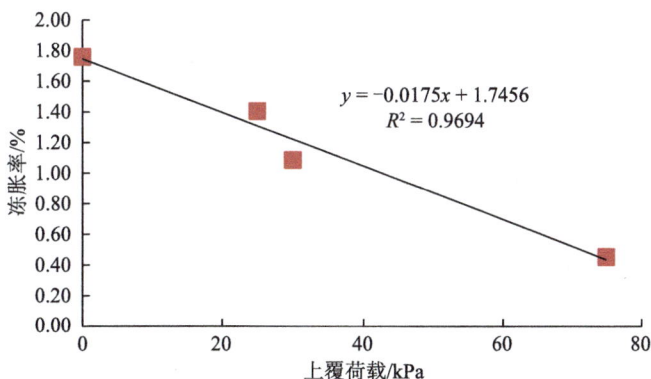

$y = -0.0175x + 1.7456$
$R^2 = 0.9694$

图 3-5　不同上覆荷载与冻胀率的关系曲线

3.3　高速铁路路基土体的冻胀试验

研究表明，影响土体冻胀的因素很多，其中土质、温度、含水率是影响土体冻胀的 3 个主要因素。除此之外，土体的一些物理力学性质对土体冻胀也有着较大的影响，包括土的密实度、填料的渗透性、含水率、细颗粒含量等。本节通过大量试验，探讨不同条件下高速铁路路基土的冻胀特性。

3.3.1　土的密实度

土的密实度是铁路路基压实质量控制指标，同时也是影响土体冻胀性的重要因素。土的密实度的相关参数包括干密度、压实度及孔隙率等。

1. 干密度

当土的干密度较小时，土颗粒间有充分的孔隙空间任冰自由膨胀，而不致引起土颗粒间的分离、位移，此时土体的冻胀强度甚微。随着土体干密度的增大，自由水充填土孔隙的程度也增大，即饱和度增高，土体的冻胀性增大。当土体达到某一标准干密度时，土中孔隙最小，达到最佳的颗粒团聚条件，这时土的干密度便能使保证水分迁移的薄膜机构处于最有利条件，冻胀强度达到最大。此后随着土的干密度增大，土体冻胀性逐步减小。

对 19 种不同细颗粒土进行室内冻胀试验，试验结果如表 3-1 所示。

表 3-1　细颗粒土的干密度与冻胀率的关系

编号	干密度 / (g/cm³)	冻胀率 /%	编号	干密度 / (g/cm³)	冻胀率 /%
1	1.701	0.44	3	1.950	0.26
2	1.791	0.70	4	1.892	0.46

编号	干密度 / (g/cm³)	冻胀率 /%	编号	干密度 / (g/cm³)	冻胀率 /%
5	1.658	2.40	13	1.814	0.09
6	1.843	0.58	14	1.777	0.02
7	1.649	0.31	15	1.590	0.21
8	1.746	1.04	16	1.746	1.31
9	1.746	1.65	17	1.628	0.27
10	1.649	1.98	18	1.455	0.44
11	1.649	3.13	19	1.746	3.18
12	1.795	0.18			

由图 3-6 可以看出，细颗粒土的冻胀率随着干密度的增加而增加，当干密度增加到某一数值后，冻胀率达到最大值，当干密度超过这一数值后，冻胀率将随着干密度的增加而减小。由图 3-6 可以看出，这一数值大致在 1.70g/cm³。

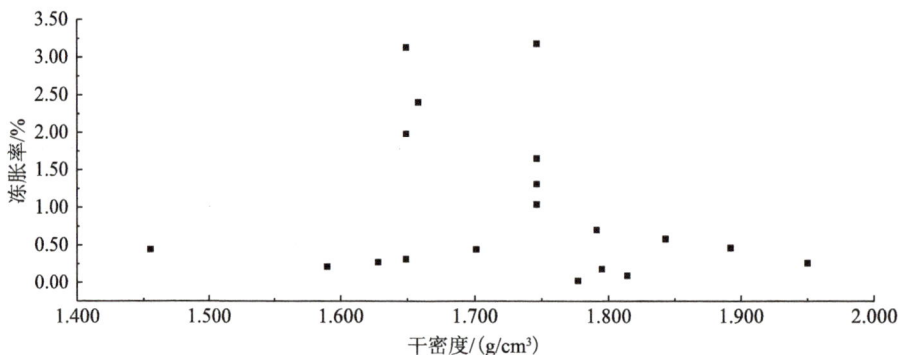

图 3-6　干密度与冻胀率的关系曲线

2. 压实度

针对细砂，本节做了几个含水率相近但压实度不同的冻胀试验，图 3-7 为相同含水率情况下，冻胀率随压实度变化关系曲线。试验结果表明，在含水率相近的情况下，细砂冻胀量随着压实度增加而增加，当压实度增加到某一数值后，冻胀量达到最大值，其后，冻胀将随着压实度的

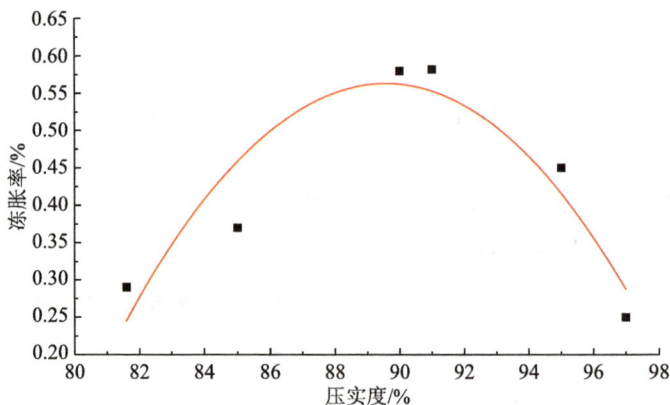

图 3-7　压实度与冻胀率的关系曲线

增加而减小。

3. 孔隙率

孔隙率是指土中孔隙体积与总体积之比，图 3-8 为粗颗粒土孔隙率与冻胀率的关系曲线。大量试验数据统计结果表明，当粗颗粒土孔隙率小于 17% 时，土体冻胀率小于 0.5%；当孔隙率小于 22% 时，土的冻胀率小于 1.0%，属于弱冻胀性土；当孔隙率超过 35% 时，冻胀率也较低，但此时难以满足压实要求。

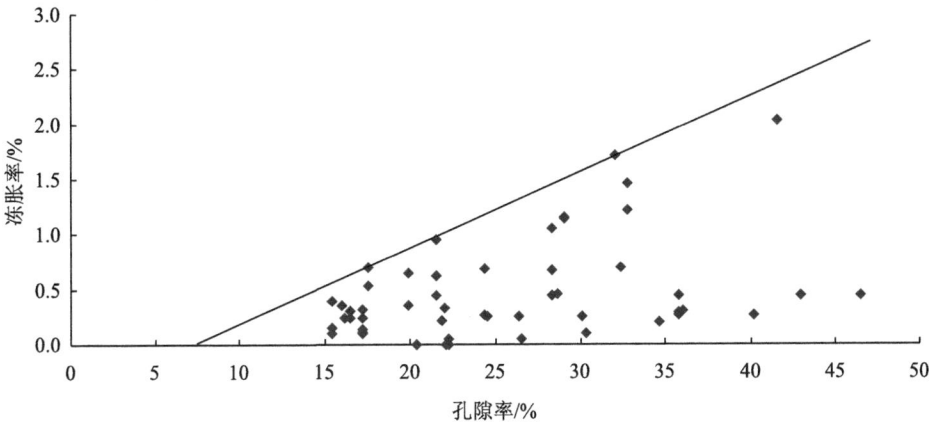

图 3-8　粗颗粒土孔隙率与冻胀率的关系曲线

3.3.2　填料的渗透性

根据调查，我国东北地区雨季主要集中在 6 ~ 8 月份，且雨量集中，如果不采取防水措施，雨水基本可以渗透路基；如果土体渗透系数大，渗入路基土中的水分很快就排出路基，使土体中含水量低，且在低温情况下不易产生水分迁移，有利于达到路基防冻胀要求。

本节共对 24 组不同填料进行了冻胀试验，待冻胀试验结束后，将该土样完全解冻，并对该土样进行补水饱和，静置 24h 后再次进行冻胀试验。

图 3-9 为 24 组不同土样进行一次冻融试验后，补水饱和并静置 24h 后的冻胀试验结果。试验结果表明，当渗透系数大于 10^{-3} 后，土体冻胀率小于 1%，属于弱冻胀土。

对上述试验结果进行回归分析，回归分析结果如图 3-10 所示。由图 3-10 可见，土的渗透系数与土的冻胀率具有较好的相关性，土的冻胀性与渗透系数呈负指数关系。

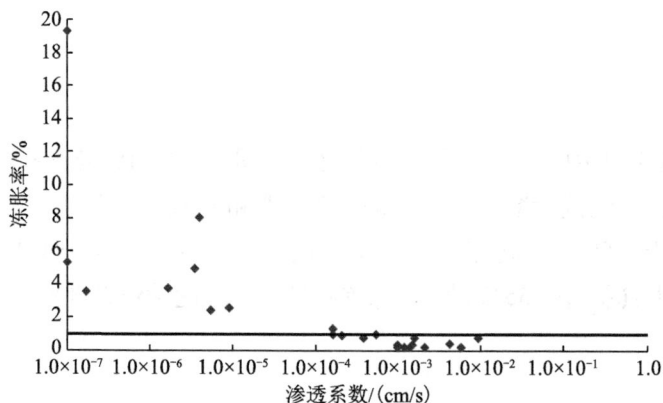

图 3-9　土体渗透系数与冻胀率的关系曲线

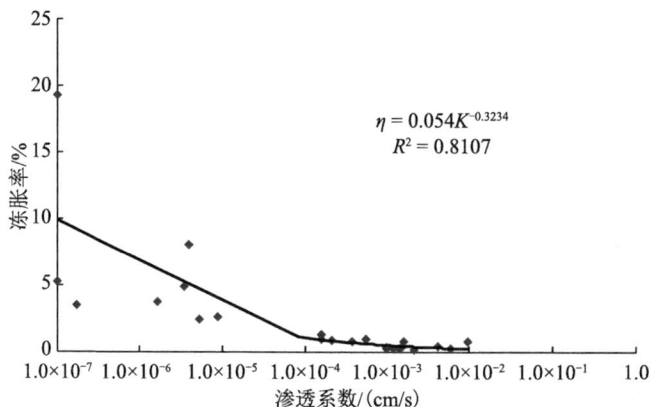

图 3-10　回归分析结果

土的渗透系数与冻胀率的关系可用式（3-17）表示：

$$\eta = 0.054K^{-0.3234} \tag{3-17}$$

式中，η 为冻胀率；K 为渗透系数。

3.3.3　含水率

水是引起土体冻胀的 3 个主要因素之一。对于高速铁路路基填料，试验分别分析了塑限含水率、最佳含水率、体积含水率与冻胀率的关系，分析结果如下。

1. 塑限含水率

表 3-2 为塑限含水率、试验含水率与冻胀率的关系，根据表 3-2 绘制了塑限含水率、试验含水率与冻胀率的关系曲线，如图 3-11 所示。

表 3-2 塑限含水率、试验含水率与冻胀率的关系

编号	塑限含水率 ω_p/%	试验含水率 ω/%	$(\omega-\omega_p)$/%	冻胀率 /%
1	19.2	18.5	−0.7	0.27
2	19.2	20.5	1.3	0.44
3	17.0	14.3	−2.7	0.00
4	17.0	16.3	−0.7	0.00
5	13.8	10.5	−3.3	0.02
6	15.1	14.9	−0.2	0.00
7	22.2	18.5	−3.7	0.16
8	22.2	15.3	−6.9	0.18
9	22.2	18.1	−4.1	0.58
10	22.2	18.1	−4.1	0.31
11	15.0	15.8	0.8	0.04
12	15.0	17.1	2.1	1.65
13	15.0	17.1	2.1	1.98
14	15.0	19.7	4.7	3.13
15	12.7	9.5	−3.2	0.00
16	12.7	11.5	−1.2	0.00

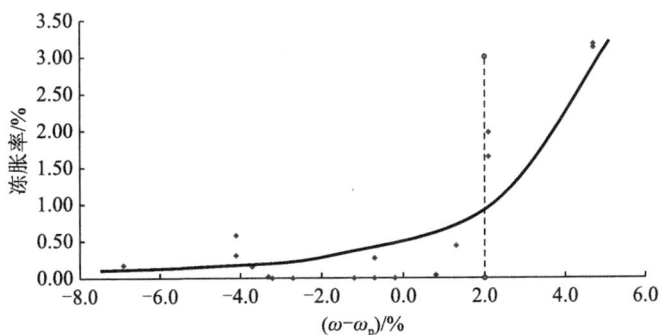

图 3-11 塑限含水率、试验含水率与冻胀率的关系曲线

试验结果表明，当 $\omega-\omega_p \leqslant 2.0\%$ 时，土的冻胀率很小，一般小于 1.0%，属于弱冻胀，但当含水率继续增加时，土的冻胀强度将显著增加，由此可以认为细颗粒土含水率 $\omega \leqslant \omega_p+2.0\%$ 时，属于弱冻胀土。

2. 最佳含水率

由表 3-3 及图 3-12 可以看出，当 $\omega-\omega_o \leqslant 4.6\%$ 时，土的冻胀很小，属于不冻胀土，但当超过这一数值后，土的冻胀将显著增加。试验结果表明：当土的含水率 $\omega \leqslant \omega_o+4.6\%$ 时，属于弱冻胀性土。

表 3-3　最佳含水率、试验含水率与冻胀率的关系

编号	试验含水率 ω/%	最佳含水率 ω_o/%	$(\omega-\omega_o)$/%	冻胀率 /%
1	18.5	16.2	2.3	0.27
2	20.5	16.2	4.3	0.44
3	14.3	13.2	1.1	0.00
4	16.3	13.2	3.1	0.00
5	10.5	9.3	1.2	0.02
6	12.5	9.3	3.2	2.04
7	14.9	14.8	0.1	0.00
8	18.5	15.5	3.0	0.16
9	18.1	15.5	2.6	0.58
10	18.1	15.5	2.6	0.31
11	15.8	11.2	4.6	0.00
12	15.8	11.2	4.6	0.04
13	17.1	11.2	5.9	1.65
14	17.1	11.2	5.9	1.98
15	19.7	11.2	8.5	3.13

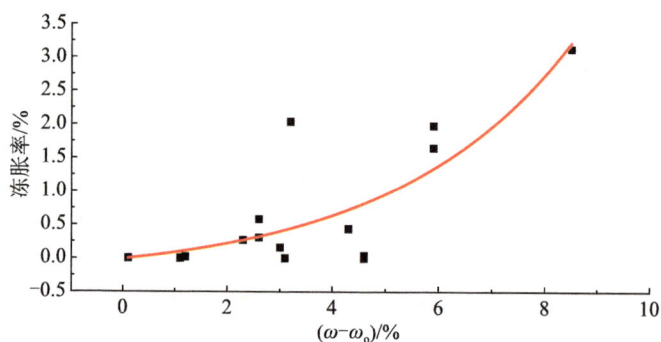

图 3-12　最佳含水率、试验含水率与冻胀率的关系曲线

3. 体积含水率

体积含水率 θ 是指土体中水的体积与土体总体积之比，采用式（3-18）计算：

$$\theta = \frac{V_w}{V} \tag{3-18}$$

式中，V_w 为土体中水的体积；V 为土体总体积。

根据式（3-18）计算出各个试样的体积含水率，表 3-4 列出了各个试验体积含水率与冻胀率的关系。

表 3-4 体积含水率与冻胀率的关系

编号	体积含水率 /%	冻胀率 /%	编号	体积含水率 /%	冻胀率 /%
1	7.39	0.00	29	21.85	0.69
2	8.26	0.00	30	11.01	0.45
3	13.17	0.32	31	14.24	0.67
4	11.07	0.24	32	9.60	0.25
5	6.80	0.10	33	7.02	0.27
6	13.61	0.24	34	22.75	0.33
7	10.97	0.11	35	17.49	1.16
8	9.13	0.36	36	17.49	1.14
9	13.90	0.40	37	16.04	1.22
10	7.68	0.14	38	16.57	1.46
11	9.96	0.30	39	17.10	1.05
12	5.15	0.00	40	15.31	0.44
13	6.39	0.05	41	18.27	0.70
14	17.60	0.21	42	17.94	0.26
15	19.46	0.25	43	19.29	0.46
16	16.61	0.54	44	12.66	0.36
17	15.80	0.62	45	10.74	0.22
18	16.61	0.70	46	17.78	0.75
19	15.80	0.95	47	15.49	0.79
20	5.78	0.24	48	13.83	0.40
21	14.87	0.65	49	18.21	1.30
22	5.83	0.10	50	18.21	1.00
23	5.52	0.35	51	14.48	0.96
24	14.12	0.15	52	19.28	0.92
25	5.95	0.29	53	11.85	0.24
26	12.59	0.27	54	15.27	0.78
27	9.74	0.05	55	11.34	0.35
28	8.30	0.10	56	10.31	0.23

根据表 3-4 得出体积含水率与冻胀率的关系曲线,如图 3-13 所示。

由图 3-13 可以看出,当体积含水率低于 12.00% 时,土体冻胀随含水率变化不敏感;当体积含水率大于 12.00% 后,随着体积含水率的增加土体冻胀显著增加;当土体体积含水率低于 15.00% 时,土体冻胀率小于 1.00%,属于弱冻胀性土。

4. 粗颗粒土含水率与冻胀关系

前面研究了细颗粒土含水率与冻胀关系,本节将研究粗颗粒土含水率与冻胀关系,表 3-5 列出了细颗粒含量为 2.0% ~ 3.2% 及 4.5% ~ 6.0% 时,粗颗粒土在不同含水率下的冻胀率。

根据表 3-5 可以得出粗颗粒土含水率与冻胀率的关系,如图 3-14 所示。

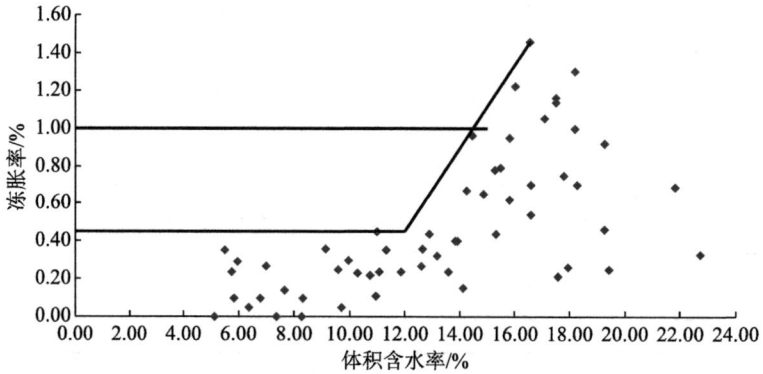

图 3-13　体积含水率与冻胀率的关系曲线

表 3-5　粗颗粒土在不同含水率下的冻胀率

编号	细颗粒含量 /%	含水率 /%	冻胀率 /%
1	3.2	6.0	0.36
2	3.0	8.1	0.75
3	3.0	6.3	0.4
4	3.0	5.4	0.24
5	3.0	7.0	0.2
6	3.0	7.0	0.23
7	2.0	5.0	0.23
8	4.9	12.0	12.0
9	4.5	7.6	7.6
10	5.0	5.0	5.0
11	6.0	4.5	4.5
12	5.0	2.5	2.5

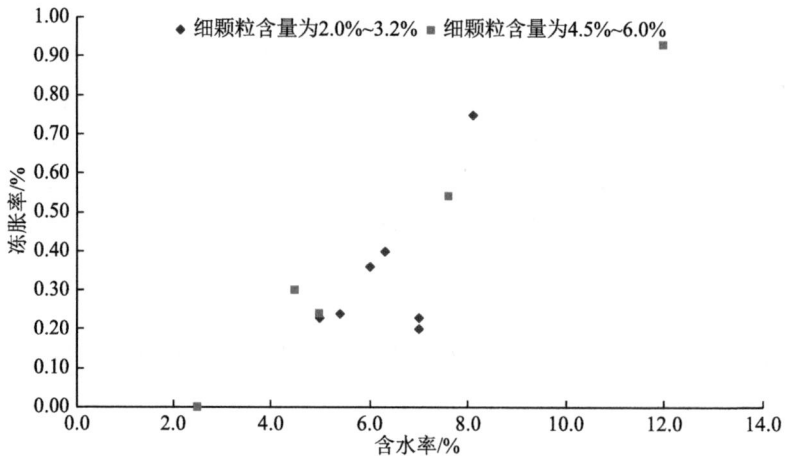

图 3-14　粗颗粒土含水率与冻胀率的关系

由图 3-14 可以看出，细颗粒含量为 2.0%～3.2% 及 4.5%～6.0% 时，粗颗粒土冻胀率均随着含水率的增加逐渐增加。

3.3.4　细颗粒含量

当粗颗粒土中小于 0.05mm（或 0.074mm）的粉、黏粒成分含量很小时，粗颗粒土不会发生冻胀或冻胀量很小，但随着粗颗粒土中细颗粒含量的逐渐增加，土的冻胀性会逐渐增加，本节针对 15 组含水率相近的粗颗粒土进行了冻胀试验，试验结果如表 3-6 所示。

表 3-6　粗颗粒土细颗粒含量与冻胀率的关系

编号	细颗粒含量 /%	含水率 /%	冻胀率 /%
1	1.0	5.2	0.22
2	3.0	8.1	0.32
3	5.0	7.0	0.79
4	3.0	6.3	0.40
5	18.0	8.3	1.30
6	18.0	8.3	1.00
7	11.0	6.5	0.96
8	9.0	8.6	0.92
9	3.0	5.4	0.24
10	6.0	6.9	0.78
11	5.0	5.5	0.35
12	4.5	7.6	0.54
13	8.4	7.6	0.62
14	10.3	7.6	0.70
15	10.4	7.6	0.95

根据表 3-6 得到粗颗粒土细颗粒含量与冻胀率的关系曲线，如图 3-15 所示。

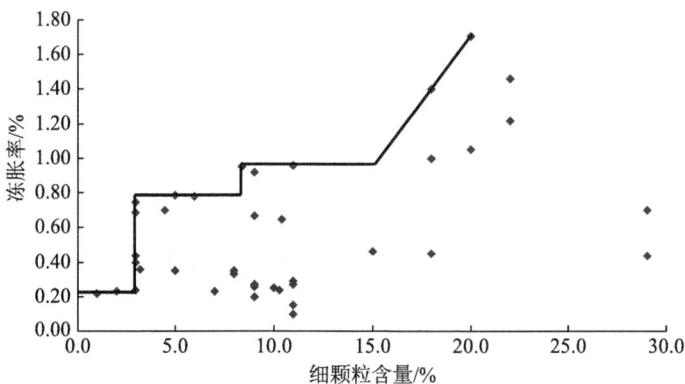

图 3-15　粗颗粒土细颗粒含量与冻胀率的关系曲线

由图 3-15 可以看出，随着细颗粒含量的增加，粗颗粒土冻胀性逐渐增加。当细颗粒含量低于 3.0%，土的冻胀率在 0.20% 左右，基本不冻胀；当细颗粒含量为 3.0% ～ 15.0% 时，土的冻胀率小于 1.0%，属于弱冻胀性土；当细颗粒含量超过 15.0% 之后，随着细颗粒含量的增加，土体冻胀敏感性显著增加。

3.3.5 细颗粒填充率

冻土体内部温度引起的变形包括 3 部分：一是未冻水发生相变而变成冰的体积膨胀，即原位冻胀，这部分变形是温度引起的变形；二是在细颗粒较为集中的部分，水分发生迁移，挤压粗颗粒骨架造成变形，这是最主要的部分；三是土颗粒的热胀冷缩变形，这部分变形一般认为是高阶无穷小，次要的，可以忽略不计。

对于粗颗粒土，水分主要由其内细颗粒所持有，砾粒持有含水率可以忽略不计。粗颗粒土发生冻胀要满足两个条件：其一，外界温度达到冻结温度；其二，在低温情况下，粗颗粒土内细颗粒间的水冻结后，体积增量大于粗颗粒土孔隙体积。因此，研究粗颗粒土细颗粒填充率与土体冻胀关系对于判断土的冻胀特性具有一定意义。

粗颗粒土中砾粒体积 V_1 采用以下公式计算：

$$V_1 = \frac{M_1}{\gamma_{d1}} \tag{3-19}$$

式中，M_1 为大于 0.075mm 粒组总质量；γ_{d1} 为砾粒密度。

细颗粒土体积 V_2 采用以下公式计算：

$$V_2 = \frac{M_2}{\gamma} \tag{3-20}$$

式中，M_2 为小于 0.075mm 粒组总质量；γ 为对应的土样压实度情况下细颗粒土干密度。

体积填充率 S 采用以下公式计算：

$$S = \frac{V_2}{V_总 - V_1} \times 100\% \tag{3-21}$$

式中，$V_总$ 为粗颗粒土总体积，即粗粒骨架、细粒填充物以及剩余空隙体积之和。

一般土的土粒容重变化幅度不大，因此按表 3-7 中规定的经验数值选用。

表 3-7　土粒容重与密度的经验数值

类别	砂土	轻亚黏土	亚黏土	重亚黏土	黏土
土粒容重 γ_s / (kN/m³)	26.0 ～ 26.2	26.2 ～ 26.4	26.4 ～ 27.6	26.5 ～ 26.7	26.5 ～ 26.9

续表

类别	砂土	轻亚黏土	亚黏土	重亚黏土	黏土
土粒密度 γ_{s0} / (g/cm³)	2.65～2.67	2.67～2.69	2.69～2.71	2.70～2.72	2.70～2.74

土粒构成分析研究表明，砾含量在 40% 以下时，砾粒组还没有起骨架作用，因此本节主要分析细颗粒含量低于 55% 的粗颗粒土。根据以上公式计算，得出粗颗粒土细颗粒填充率与冻胀率的关系，如表 3-8 所示。

表 3-8　粗颗粒土细颗粒填充率与冻胀率的关系

编号	孔隙填充率 /%	冻胀率 /%	编号	孔隙填充率 /%	冻胀率 /%
1	0.178	0.00	28	0.334	0.69
2	0.056	0.00	29	0.325	0.45
3	0.198	0.32	30	0.298	0.67
4	0.316	0.24	31	0.302	0.25
5	0.198	0.10	32	0.274	0.27
6	0.561	0.36	33	0.330	0.33
7	0.513	0.40	34	0.529	1.16
8	0.198	0.14	35	0.529	1.14
9	0.363	0.30	36	0.465	1.22
10	0.242	0.00	37	0.465	1.46
11	0.107	0.05	38	0.639	1.05
12	0.272	0.54	39	0.606	1.71
13	0.380	0.62	40	0.222	0.44
14	0.503	0.70	41	0.381	0.70
15	0.445	0.95	42	0.406	0.26
16	0.562	0.24	43	0.385	0.46
17	0.397	0.65	44	0.178	0.36
18	0.582	0.10	45	0.056	0.22
19	0.498	0.35	46	0.316	0.79
20	0.582	0.15	47	0.198	0.40
21	0.222	0.29	48	0.198	0.24
22	0.179	0.27	49	0.363	0.78
23	0.118	0.05	50	0.242	0.35
24	0.104	0.10	51	0.107	0.23
25	0.637	0.44	52	0.928	2.42
26	0.334	0.69	53	0.859	2.60
27	0.325	0.45			

根据表 3-8 绘制出粗颗粒土孔隙填充率与冻胀率的关系曲线，如图 3-16 所示。

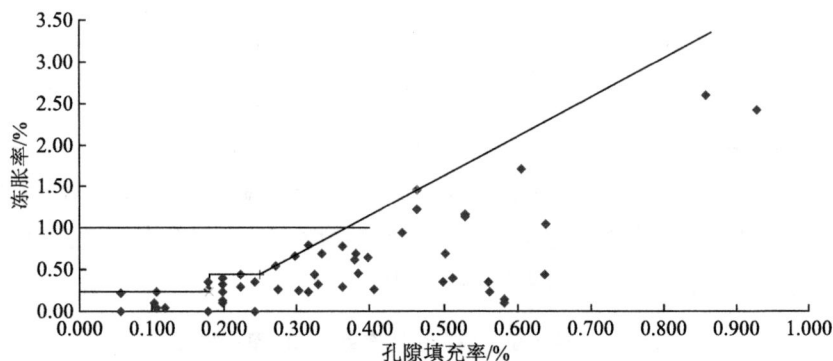

图 3-16　粗颗粒土孔隙填充率与冻胀率的关系曲线

由图 3-16 可以看出，在细颗粒土孔隙填充率小于 0.180% 时，粗颗粒土冻胀率小于 0.20%；当填充率小于 0.250% 时，冻胀率小于 0.50%；当填充率低于 0.370% 时，冻胀率小于 1.00%，属于弱冻胀性土。当细颗粒土填充率低于 0.250% 时，随着细颗粒含量的增加，土体冻胀变化不明显，土体冻胀不敏感；当填充率大于 0.250% 时，随着填充率的增大，粗颗粒土冻胀率显著增加，土体属于冻胀敏感性土。

3.3.6　开敞系统与封闭系统

表 3-9 列出了几个试样在开敞系统与封闭系统下土的冻胀率。

表 3-9　开敞系统与封闭系统下土的冻胀率

编号	细颗粒含量 /%	冻胀率 /%	
		封闭系统	开敞系统
1	3.2	0.00	0.36
2	1.0	0.00	0.22
3	3.0	0.32	0.75
4	5.0	0.24	0.79
5	3.0	0.10	0.40
6	18.0	0.24	1.30
7	18.0	0.11	1.00
8	11.0	0.36	0.96
9	9.0	0.40	0.92
10	3.0	0.14	0.24
11	6.0	0.30	0.78
12	5.0	0.00	0.35
13	2.0	0.05	0.23
14	45.0	0.21	2.42
15	45.0	0.25	2.60
16	55.0	0.44	19.3

根据表 3-9 得出了开敞系统与封闭系统下土的细颗粒含量与冻胀率的关系曲线，如图 3-17 所示。

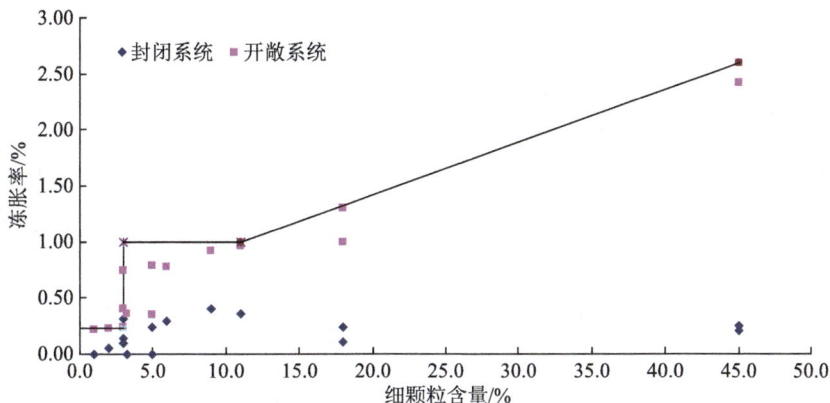

图 3-17　开敞系统与封闭系统下土的细颗粒含量与冻胀率的关系曲线

由图 3-17 可以看出，在细颗粒含量低于 3.0% 时，开敞与封闭情况下冻胀变化不明显，属冻胀不敏感性土；当细颗粒含量在 3.0% ~ 10.0% 时，开敞系统冻胀率较封闭系统有明显增加，但在这个区间，随着细颗粒含量增加，土体冻胀量增加不明显，且冻胀率小于 1.00%，属弱冻胀性土；当细颗粒含量大于 10.0% 后，随着细颗粒含量的增加，在开敞系统下土体冻胀率较封闭系统下土体的冻胀率显著增加，属冻胀敏感性土。

3.4　高速铁路路基填料结构状态与水分分布特征分析

前述两节从宏观试验角度对高速铁路路基级配碎石填料和路基土体的冻胀规律性进行了深入的研究和探讨，在此基础上，本节借助先进的 CT（X 射线）技术，从微观角度剖析高速铁路路基填料的结构状态及水分的分布特征。

3.4.1　CT 技术在岩土工程中的应用

目前，研究岩土土体内部变形、裂纹扩展及破坏的手段有扫描电子显微镜（scanning electron microscope，SEM）、声发射（acoustic emission，AE）方法及 CT 方法等。3 种方法中 SEM 及 AE 法均有一定的局限性，如 SEM 法扫描的试样较小，矿物颗粒效应明显，且仅能实时观测到试样表面变化；而 AE 利用了加载过程中介质内部应力波传播现象，但其结果与材料内部裂纹扩展参数难以建立定量联系，且目前常用设备的采样率过低，即使对低频动态加载时的观测要求也常难以满足。

1990 年中国科学院寒区旱区环境与工程研究所冻土工程国家重点实验室将 CT 技术应用到岩土领域，并配合专用加载设备，取得了系列研究成果。CT 设备主要由放射源和探测器组成，基于透射射线理论的 CT 图像重构技术已经成熟，并得到广泛的应用，其基本思想如下：被测物体放置在放射源与探测器之间，放射源发出的射线穿透被测物体后必然引起射线强度、速度、频率等物理量数值上的变化，这些数据的变化将会被探测器检测到。在每一个方向上都会有一组射线穿透被测物体，被测物体包含在这组射线所组成的几何区域中，所测数据集称为此方向上的 CT 投影，通过转动或平移改变射线源（或探测器）位置，则可以得到不同方向的 CT 投影，据此可重构 CT 图像。在 CT 装置中，放射源可以是（超）声波、电磁波、微波、核磁共振（nuclear magnetic resonance，NMR）、X 射线及其他粒子流，其中 X 射线应用最为广泛。近年来，利用计算机断层 X 射线技术在岩土材料内部结构及在各种荷载作用下结构的变化过程的研究方面取得了长足的进展。

岩土材料微观结构包括内部的密度分布情况、孔洞的大小及分布、微裂纹的演化及硬核物质的分布。被检测层面上 CT 数的大小及其分布规律可较好地反映岩土材料损伤的变化过程，并且可以对 CT 检测结果进行定量的分析处理。通常需要给出该层面上的均值和方差，CT 数分布规律的研究为进一步建立岩土材料损伤的本构模型提供了有效的途径。在土壤科学中，需要研究土壤中大孔隙的大小、数目、形状和连通性，过去由于缺乏充足的非破坏性定量技术，测量大孔隙是非常困难的，20 世纪 90 年代，CT 技术开始引进到土壤科学中，使用 CT 技术可以结合分形维数来描述土壤中大孔隙的结构。CT 技术能够详细研究冻土的强度、微观变形机制和结构损伤等变化特性及其与试验的负温和围压、土的含水率和容重、轴向荷载的振动频率和振动次数等主要影响因素之间的关系。

施斌等[60-62]用 CT 技术对由砂、膨润土、高岭土、硅粉和玻璃球等组成的土体模型在外力作用的条件下原位观测土体裂隙发展过程。卢再华等[63-64]对南阳重塑膨胀土在干湿循环过程中裂隙的演化进行了 CT 试验研究，分析了裂隙损伤变量随累计干缩体积变化的规律；利用与 CT 机配套使用的非饱和土三轴仪，对非饱和原状膨胀土在三轴剪切试验过程中内部结构的变化进行了动态、定量和无损检测，得到了土样内部损伤结构演化清晰的 CT 图像和相应的 CT 数据。刘增利等[65-66]对冻土单轴压缩进行了 CT 动态测试，给出了冻土单轴压缩过程中不同承载阶段细观结构损伤的演化特征，并采用冻土附加损伤的概念，给出了冻土在受荷载作用下产生的微裂纹与 CT 数之间的关系、冻土密度与 CT 数及冻土内部损伤量与 CT 数之间的关系模型。孙星亮等[67]利用 CT 扫描技术对冻结粉质黏土在三轴剪切过程中结构损伤的变化进行动态观测，分析了三轴剪切过程中的冻土细观变形机理和结构损伤的演化机理。徐春华[68]开展了不等幅值循环荷载下冻土残余应变研究及其 CT 分析，根据冻土试样融沉前后 CT 测试数据及扫描图像，定量地分析了土样结构微裂纹发展、密度变化规律，并对冻土特有的融沉形成机理给予了解释。郑剑锋等[69-70]利用两种粉质黏土试样分别以不同冻结方式进行冻结，并对试样进行了无损 CT 扫描，通过冻结前后的实测 CT 数变化，得出轴向冻结方式对冻土试样内部含水率的变化影响要小于径向冻结方式。赵淑萍等[71]利用 CT 扫描系统配套使用的可控温三轴试验仪，对不同温度条件下的冻结兰州黄土进行了一系列的 CT 扫描试验，研究了 CT 数的变化情况及温度对土体 CT 数的影响。

3.4.2　细颗粒土级配碎石的 CT 三维重构

通过 CT 三维重构技术，课题组对细颗粒土级配碎石结构进行重构，分析不同细颗粒掺量对级配碎石内部结构，如孔隙率、碎石孔隙分布等关键特性的影响，通过渗水试验确定不同试样的饱水度，对不同饱水度的细颗粒土级配碎石进行完全低温冷冻处理，分析其内部水分结冰情况下孔隙的变化及冰层的位置。

本节试验采用美国 Xradia 公司生产的型号为 MicroXCT-400 的高分辨 3D-X 射线显微镜 CT，其空间分辨率 <1mm，如图 3-18 所示。

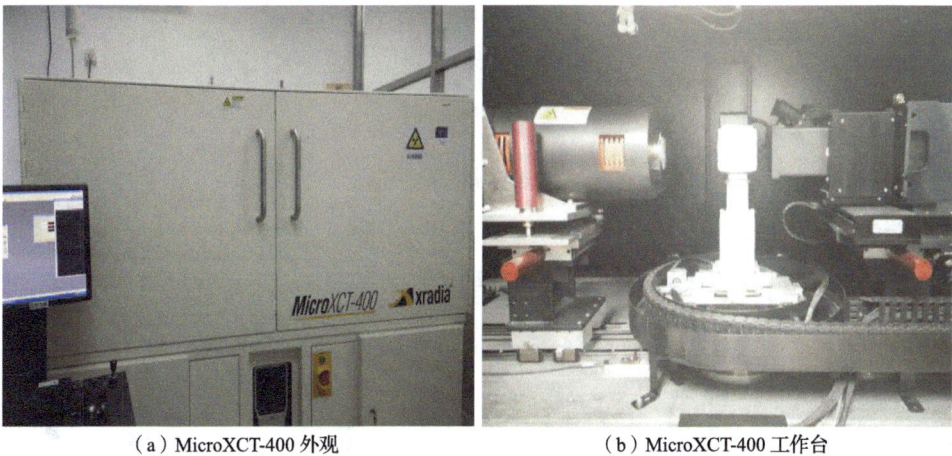

（a）MicroXCT-400 外观　　　　　（b）MicroXCT-400 工作台

图 3-18　MicroXCT-400 的高分辨率 3D-X 射线显微镜 CT

本节试验采用有机玻璃筒作为试验容器，有机玻璃筒外径为 65mm，壁厚5mm，筒内直径为 55 ～ 60mm。将筛分好的各粒径碎石按照现场施工级配曲线进行配置，细颗粒掺量分别为 0、3%、5%、8%、10% 和 15%，搅拌均匀后，分3 次装入试验模具中，每次装入 1/3 高度，每装一层用 2kg 铁锤分 30 次击实，落锤高度为 150 ～ 200mm。CT 试验试样的制取如图 3-19 所示。

（a）细颗粒土（＜0.075mm）　　　　　　（b）不同细颗粒掺量的试样

图 3-19　CT 试验试样的制取

分别选取不同细颗粒土掺量的级配碎石试样，控制试样饱水度为 30%、50%、80%、100%，达到指定饱水度后，放入低温冷冻箱中低温冷冻处理 24h，使试样内部水分完全结冰发生冻胀，冻胀后将试样取出并迅速对样品表面包裹与模具相匹配的 EPS 泡沫板进行保温处理，维持冻结状态，如图 3-20 所示。

（a）初始试样　　　　　　　（b）吸水试样　　　　　　　（c）结冰试样

（d）冻融后试样状态　　　　　　　（e）冻结试样及保温措施

图 3-20　细颗粒土级配碎石的吸水和冻结状态

将控温处理完成的试样迅速放入 CT 设备中，将圆柱体试样粘牢在样品架上，放入扫描设备的样品台位置，调节好试样与 X 射线发射源之间的距离，设置参数信息，进行扫描，如图 3-21 所示。得到结果后进行图像数据处理，并与不含水试样相对比，得到水分在其中的存在状态和冻胀对微结构和孔隙等的影响。对比分析不同细颗粒土掺量的冻胀试样，分析细颗粒土掺量对级配碎石冻胀的影响。

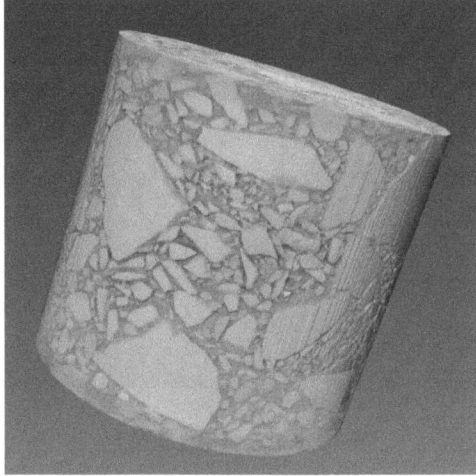

图 3-21　细颗粒土级配碎石试样

3.4.3　微冻胀填料结构状态与水分分布特征分析

借助 CT 技术对冻土细观变形机理和结构损伤的演化过程进行分析，能够很好地表征细颗粒料在可能骨架中的存在状态和水分分布。

1.　存在状态

细颗粒土在石骨架中的分布情况可以通过碎石分布状态、孔隙分布、孔隙率等来表示。细颗粒料（<0.075mm 细颗粒土）、粗骨料（级配碎石）、孔隙等在 CT 设备中射线扫描下对 X 射线吸收或穿透效果不同，因此反映在 CT 图像中的灰度值不同，再通过相关的 CT 图像分析软件对所得结果进行处理分析，如图 3-22 所示。

本节试验研究了 0、3%、5%、8%、10% 和 15% 共 6 种细颗粒土掺量的级配碎石，如表 3-10 所示。通过 CT 技术进行含细颗粒土试样的三维重构，得到细颗粒土填料在粗颗粒骨料中的存在状态及分布情况。随着细颗粒料掺量的增加，骨料内孔隙率逐渐降低。细颗粒土级配碎石中的孔隙如图 3-23 所示，孔隙率越低说明细颗粒料在骨料中的分布越均匀，填充骨料之间的孔隙越多。

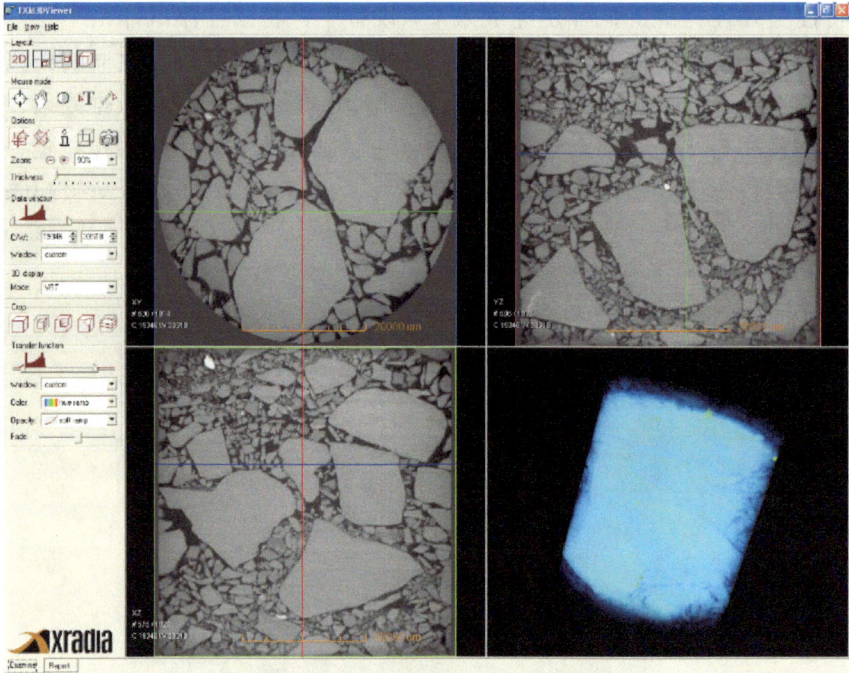

图 3-22　CT 图像处理过程

表 3-10　细颗粒土掺量及对应压实密度

试样编号	细颗粒土掺量 /%	试件总质量 /g	试验筒质量 /g	试样净质量 /g	压实密度 / (g/cm^3)
1	0	364.4	99.1	265.3	2.03
2	3	366.7	100.2	266.5	2.04
3	5	383.6	99.3	284.3	2.17
4	8	383.6	98.1	285.5	2.18
5	10	388.9	99.7	289.2	2.21
6	15	401.6	100.0	301.6	2.31

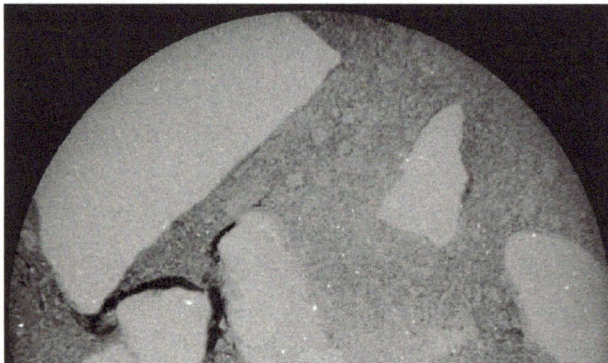

图 3-23　细颗粒土级配碎石中的孔隙

　　图 3-24 展示了细颗粒土掺量 0、3%、5%、8%、10% 和 15%（共 6 种）的 CT 图像。CT 图像处理过程如图 3-25 所示。

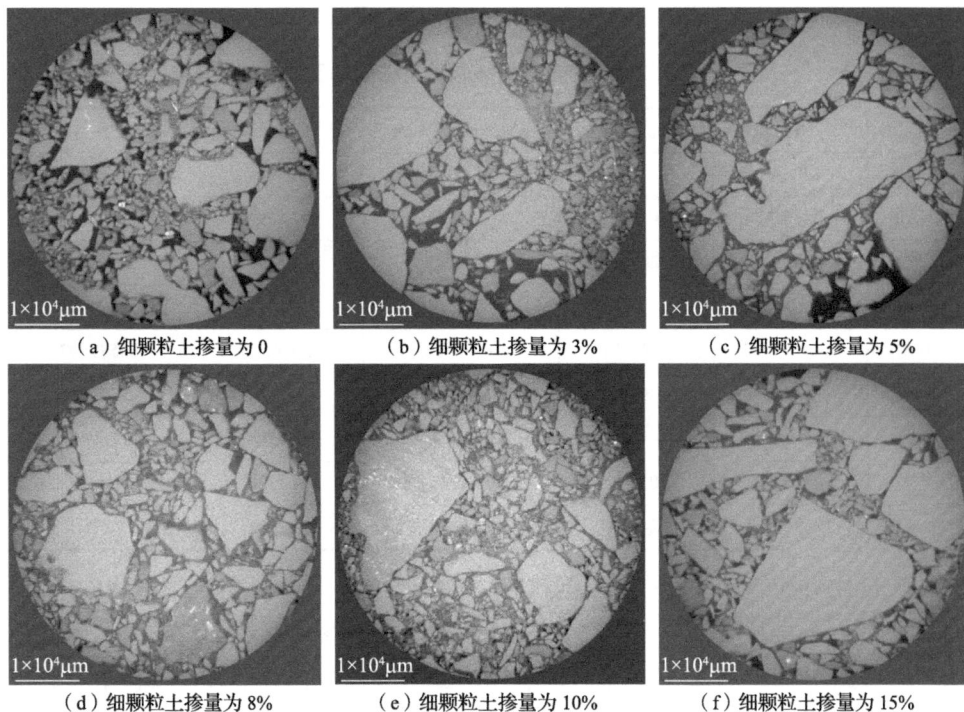

（a）细颗粒土掺量为 0　　　　　（b）细颗粒土掺量为 3%　　　　　（c）细颗粒土掺量为 5%

（d）细颗粒土掺量为 8%　　　　　（e）细颗粒土掺量为 10%　　　　　（f）细颗粒土掺量为 15%

图 3-24　不同细颗粒土掺量级配碎石的 CT 图像

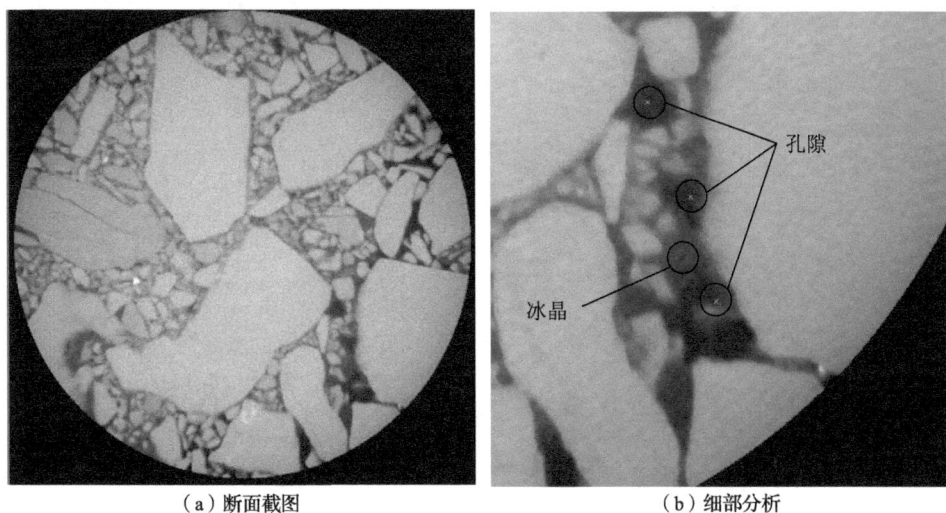

（a）断面截图　　　　　　　　　　　（b）细部分析

图 3-25　CT 图像处理过程

为统计细颗粒土级配碎石孔隙率，对 CT 图像采用灰度值二值化方法，即将图像分为孔隙和非孔隙结构。在统计孔隙率时，只分析孔隙和非孔隙两相的灰度值（或者 CT 数），孔隙和非孔隙两相的数据统计结果如表 3-11 所示。

表 3-11   二值化方法统计细颗粒土级配碎石孔隙结果

项目	体积 /mm³	面积 /mm²	X 方向重心 /mm	Y 方向重心 /mm	Z 方向重心 /mm
平均值	13864.9	21304.4	15.0032	12.7261	27.8539
最小值	4366.77	20133.7	14.0079	12.8794	27.6103
最大值	23363.1	22475.1	15.9985	14.5728	28.0975
中值	0	0	0	0	0
方差	9.02147×10^7	1.37×10^6	0.990613	0.716847	0.0593507
峰值	−2	−1.93903	−1.981	−2.02702	67.7395
偏差	0	−0.00130707	−0.000495224	−0.00080449	−0.269495
孔隙	4366.77	20133.7	15.9985	14.5728	28.0975
非孔隙	23363.1	22475.1	14.0079	12.8794	27.6103

二值化方法统计孔隙率简洁且准确。除此之外，还可根据三维重构的结果，对孔隙的大小进行统计并制作体积云图。图 3-26 为掺细颗粒土级配碎石内孔隙大小及三维分布，从图 3-26 中可以看出，随着细颗粒含量增大，填料中大孔隙减少，微小空隙增多。

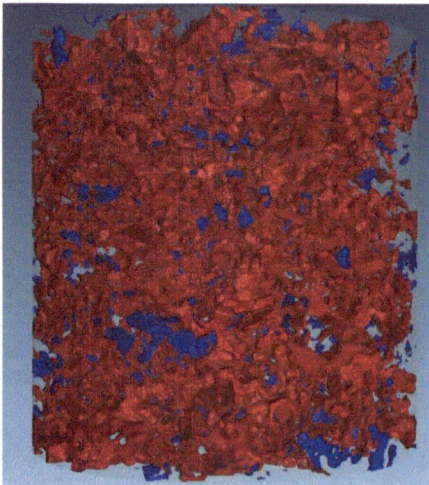

（a）细颗粒土掺量为 0   （b）细颗粒土掺量为 3%

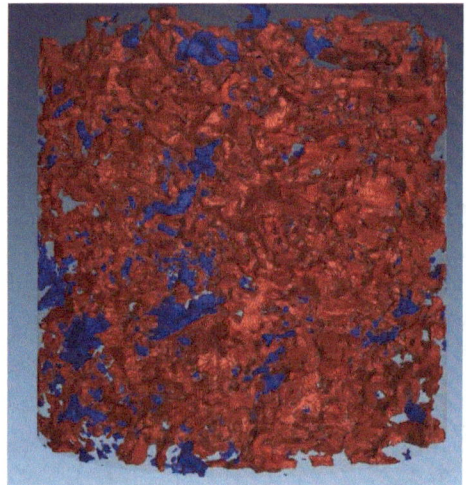

图 3-26   掺细颗粒土级配碎石内孔隙大小及三维分布

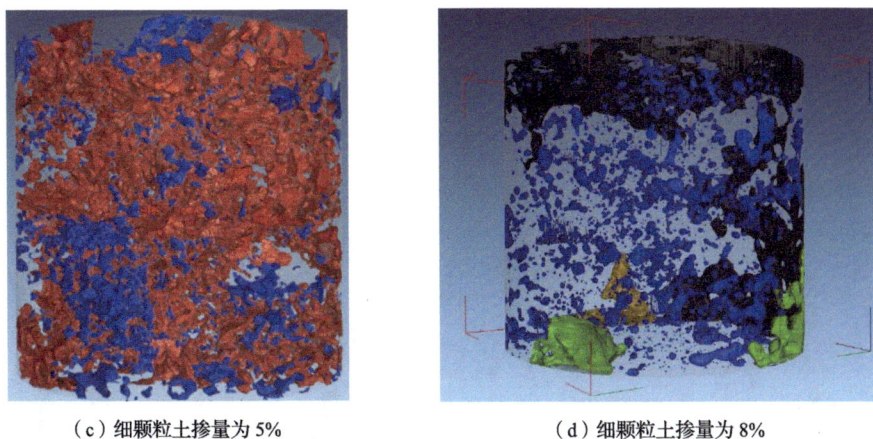

（c）细颗粒土掺量为5%　　　　　　　　　（d）细颗粒土掺量为8%

图 3-26（续）

将 CT 结果导入 CT 图像处理软件中，根据灰度阈值数据统计结果，采用上述二值化方法，得到不同细颗粒土掺量的级配碎石孔隙率，如图 3-27 所示。当不掺加细颗粒时，试样孔隙率为 23.4%；当细颗粒土掺量增加至 15% 时，孔隙率降至 14%。

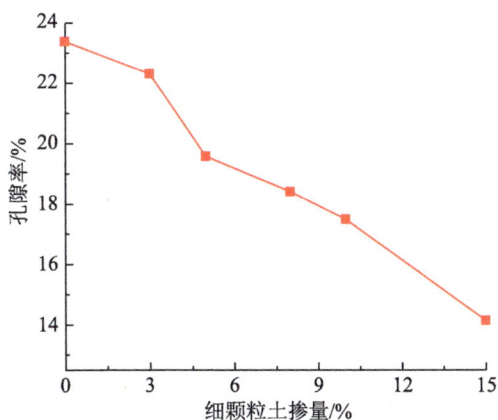

图 3-27　细颗粒土掺量对孔隙率的影响

2. 水分分布

在 X 射线下，水分和孔隙在 CT 结果图像中无太大差别，因此对不同细颗粒土掺量的级配碎石进行饱水处理，使水分完全填充孔隙中。对饱水试样进行扫描，分析水分在掺细颗粒土级配碎石中的分布，在二维图像中分析得到水分的分布后，三维重组得到立体图像，更能直观地反映水分在细颗粒土级配碎石中的分布，如图 3-28 所示。

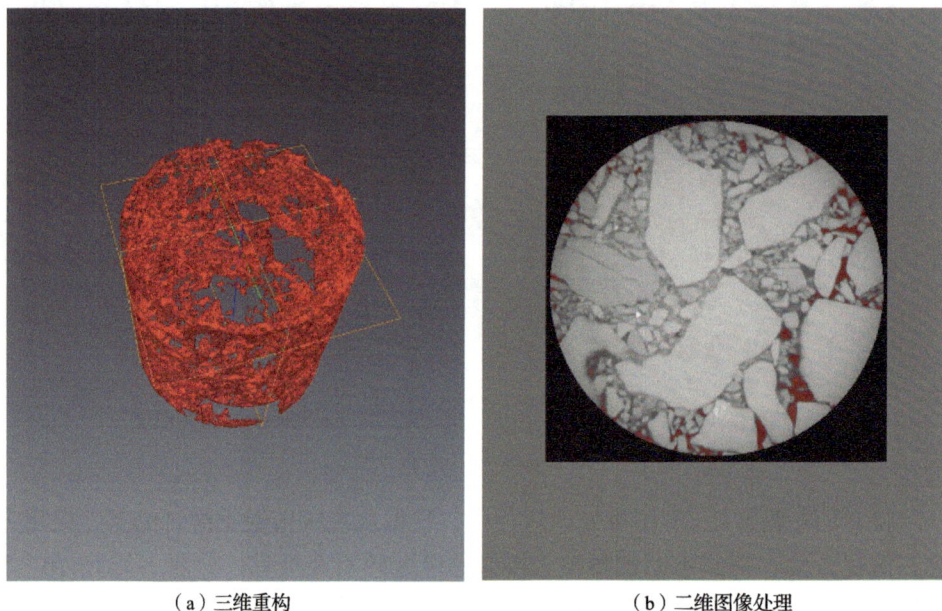

（a）三维重构　　　　　　　　　　　（b）二维图像处理

图 3-28　水分在细颗粒土级配碎石中的分布

分析图 3-28 可得出，水分在细颗粒土中的分布整体较为均匀，但实验室小型试样中存在水分的"边壁效应"，即水分沿容器边壁处分布较中心位置多，主要原因在于细颗粒土级配碎石均为刚性或半刚性材料，受到外界约束时材料自身不易变形，因此边壁处细颗粒土或级配碎石与容器壁接触时，由于颗粒形状和尺寸不对应，产生较大的孔隙，形成水分传输的通道。

水分在细颗粒土和级配碎石中的分布情况影响冻胀过程中冰层的形成，本节试验对不同细颗粒土掺量制备不同含水率的试样，然后进行低温冷冻处理，使试样内水分凝结成冰。根据上述 CT 图像处理方法将所得结果分为三相，即碎石和细颗粒土、孔隙、冰。图 3-29 为含水细颗粒土级配碎石在低温冷冻结冰后的 CT 图像，图像放大区域可以很明显地看出碎石和细颗粒土（最亮）、孔隙（黑色）、冰（灰色）3 种物相的存在形式。

将不同细颗粒土掺量的试样按照前面所述方法浸水处理，得到不同饱水度（0 ～ 100% 共 5 组）的试样。对不同饱水度的试样进行低温冻结处理，立即对结冰试样进行保温处理并进行扫描，分别得到各试样的扫描图像。根据灰度值划分的方法，在结果图像中找出不同物相，并计算冻结后试样孔隙率的变化。对 CT 图像结果处理，得到细颗粒料、碎石等物相的三维重构结果，如图 3-30 所示。

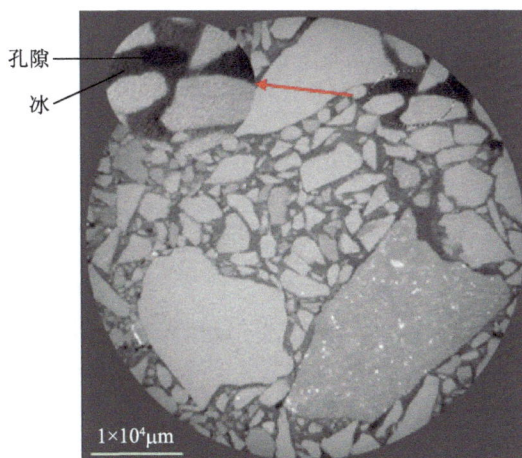

图 3-29　含水细颗粒土级配碎石在低温冷冻结冰后的 CT 图像

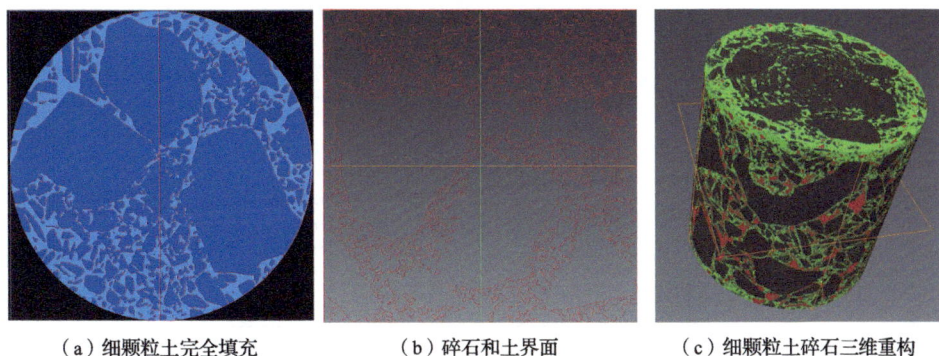

（a）细颗粒土完全填充　　　（b）碎石和土界面　　　（c）细颗粒土碎石三维重构

图 3-30　不同物相的三维重构结果

图 3-31 为不掺细颗粒土的级配碎石在不同饱水度下水分结冰引起的孔隙变化图。根据 CT 图像灰度值不同，图中选择的区域中红色标记是孔隙，黄色标记为冰。由图 3-31 可以看出，随着试样内含水率增加，孔隙逐渐减少（黄色部分增加），水分转化为冰充满孔隙中。图 3-31 中饱水度由 0 增加到 50%，再增加到 80%，水分结冰使孔隙减少，较好地反映了水分在低温下细集料中结冰的存在形式和分布。

由图 3-32 可以看出，细颗粒土掺量一定时，级配碎石的饱水度越大（即含水率越多），冻结后水分结冰填充的孔隙越多，试样的孔隙率越低。图 3-33 表示不同掺量细颗粒土级配碎石在完全饱水状态下，水分冻结后的孔隙率变化。图 3-34 为试样融化后留下的孔隙。

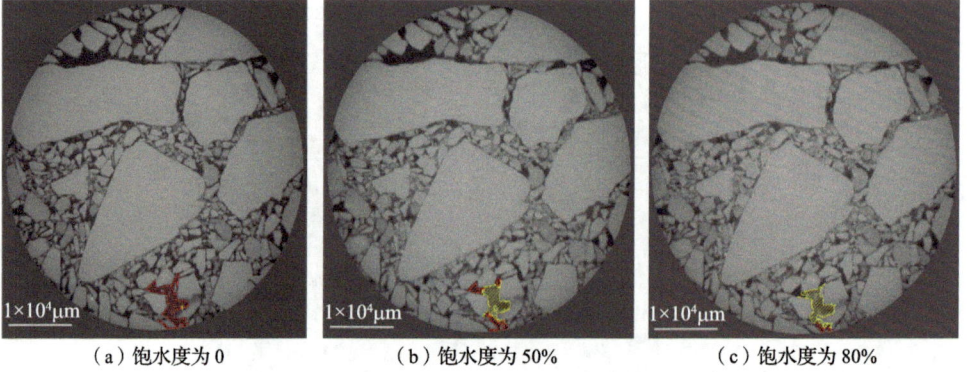

（a）饱水度为 0　　　　　（b）饱水度为 50%　　　　　（c）饱水度为 80%

图 3-31　不掺细颗粒土的级配碎石在不同饱水度下水分结冰引起的孔隙变化图

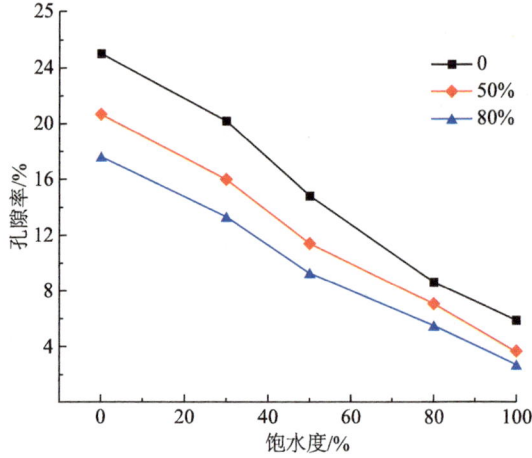

图 3-32　一定掺量细颗粒土级配碎石在不同饱水度下冻结后孔隙率变化

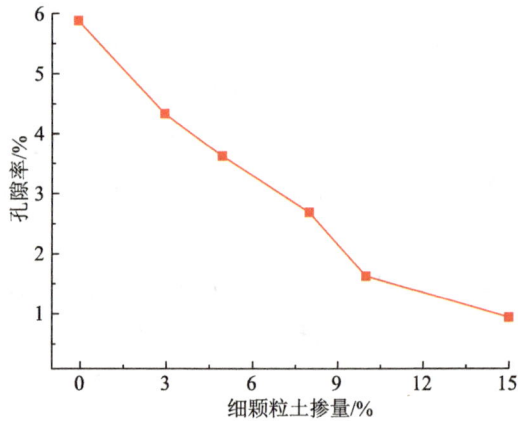

图 3-33　不同掺量细颗粒土级配碎石在完全饱水状态下水分冻结后的孔隙率变化

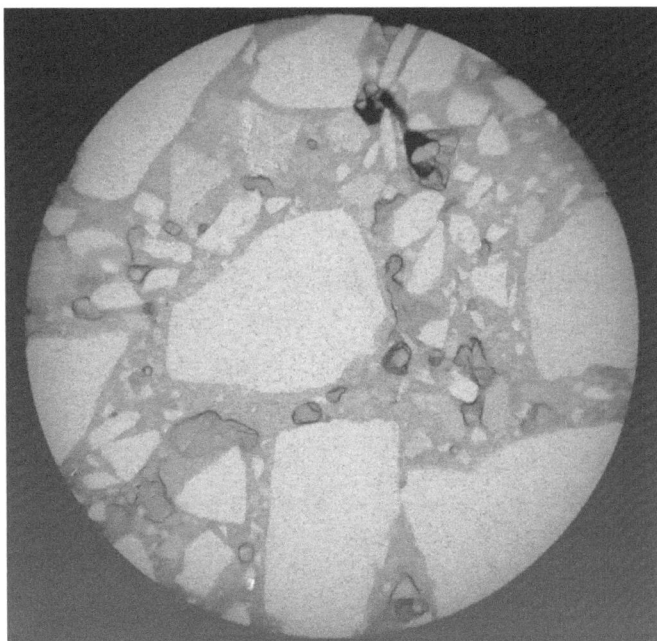

图 3-34　试样融化后留下的孔隙

3.5　粗颗粒土簇团理论研究

　　高速铁路要求将路基作为结构物进行设计和施工，其与天然土体在颗粒级配、孔隙结构和水分补给等方面都存在很大差异。根据实测结果，我国严寒地区高速铁路路基冻胀主要发生在基床范围内。高速铁路设计规范要求基床填料必须为粗颗粒土，其中基床表层采用级配碎石，基床底层主要采用 A、B 组填料；而且在路基面上需要设置纤维混凝土或沥青混合料封闭层。根据基于水分迁移的传统冻胀理论，粗颗粒土的土颗粒粒径较大，其颗粒表面化学能较小，表面极少存在薄膜水，并且由于土体的孔隙率较大，冻结过程主要是由孔隙液态水结晶转变成固态水，并不产生或者极少产生水分正向迁移。因此，粗颗粒土通常被认定为是冻胀不敏感性材料，应用传统冻胀理论不能解释高速铁路路基粗颗粒土冻胀产生机理。

　　大量试验研究发现，当粗颗粒土中含有细颗粒且细颗粒含量不断增加时，相同质量的细颗粒土比表面积远大于粗颗粒土，使土与水的相互作用能力不断增大，相应土的冻胀敏感性也不断增强。试验也发现，粗颗粒土的变形源于颗粒的位置调整，即相邻颗粒间的错动明显，并伴有一定的转动，颗粒自身形变很小。这说明，粗颗粒土冻胀时除了水分相变产生体积增大外，结构变形是其体积膨胀的另外一个主要原因，而结构变形的动力则来自所含的细颗粒冻胀。因此，本节应用

CT 技术，着重针对细颗粒土在填料中的存在形式进行研究，结合宏观冻胀试验，揭示路基粗颗粒土的冻胀产生机理。针对本节研究目标，增加了部分试验。

3.5.1 试验概况

1. 试样的级配选择

在我国高速铁路设计规范中，明确要求严寒和寒冷地区路基基床填料中细颗粒含量不得超过 5%，填筑压实后不得超过 7%。在试验中，除按照设计规范要求进行试样制备外，为研究粗颗粒土填料中细颗粒分布特征，还增加了细颗粒含量超过 7% 的试样。试验用路基填料取自哈齐高速铁路某取土场，为天然沉积细圆砾土。试样的级配曲线如图 3-35 所示，试样的基本特征如表 3-12 所示。

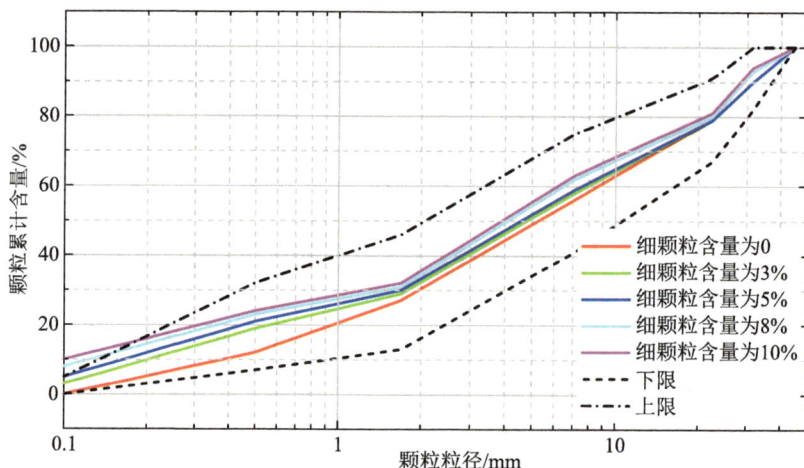

图 3-35　试样的级配曲线

表 3-12　试样的基本特征

试样编号	细颗粒含量 /%	不均匀系数 C_u	曲率系数 C_c	压实度 /%
1	0	40.12	1.754	89.76
2	3	42.27	1.985	90.20
3	5	49.18	2.088	93.32
4	8	51.25	2.522	94.78
5	10	61.26	2.048	96.15

2. CT 试验及图像处理方法

填料的细颗粒及水分分布特征试验研究采用 CT 技术，试样采用直径为 10cm、高为 10cm 的圆柱形，试样筒材质为有机玻璃，便于观察试样的状态及 X

射线穿透情况。试样制作时，其质量按照试样筒的体积计算，在制样皿中均匀拌和，分 5 层击实，静置 48h 备用。

　　试样完成后放入 CT 仪器进行试验。为减少端部效应的影响，选取试件中间 2/3 高度范围内的数据为有效数据，切片间距为 0.06mm，每个试样得到约 400 张 900 像素 ×900 像素的断层切片，如图 3-36 所示。

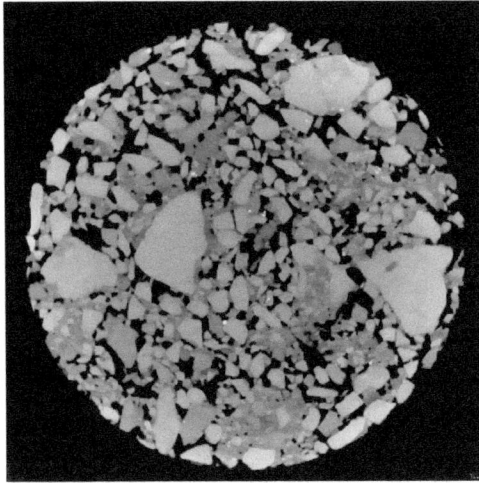

图 3-36　CT 原始图片

　　切片 CT 图像采用阈值分割法处理。阈值分割是图像分割中一类最早被研究和使用的方法，其具有物理意义明确、效果明显、易于实现、实时性良好的特点，是目前各类图像分析、图像识别及机器视觉系统中常用的图像分割方法之一。阈值 T 一般可写成

$$T = T[x, y, p(x,y), q(x,y)] \tag{3-22}$$

式中，$p(x,y)$ 为点 (x,y) 处的灰度值；$q(x,y)$ 为该点邻域的某种局部特性。

　　如果 T 的选取只与 $p(x,y)$ 有关，则是全局阈值。全局阈值是利用全局信息得到的阈值，它仅与全图各像素的本身性质有关，对全图使用。如果 T 的选取与 $p(x,y)$、$q(x,y)$ 有关，则是局部阈值，它与图像局部区域性质有关。全局阈值和局部阈值也称固定阈值。如果 T 的选取不仅与 $p(x,y)$、$q(x,y)$ 有关，还与该点的坐标 (x,y) 有关，则是动态阈值。动态阈值的选取是将原始图像分成若干个子图，然后利用某种固定阈值选取法对每一个子图确定一个阈值，再通过对这些子图所得阈值的插值得到对图像中每个像素进行分割所需的阈值。

　　设原始图像为 $f(x,y)$，按照一定的准则在 $f(x,y)$ 中找到阈值 T，将图像分割为两个部分，分割后的图像为

$$g(x,y) = \begin{cases} b_0 & f(x,y) \leqslant T \\ b_1 & f(x,y) > T \end{cases} \qquad (3\text{-}23)$$

式中，若取 b_0=0（黑），b_1=1（白），分割后的图像仅有两类像素，也称二值化。阈值法分割实质上就是按照某种准则函数求出最佳阈值的过程。

CT 图像中存在阴影、照度不均匀、各处对比度不同、突发噪声等问题，采用基于动态阈值分割的方法实现图像切割，可提高对比度，精确降噪。由图 3-37 可以看出，剔除粗颗粒后，图像中剩余白色像素点即为细颗粒，该算法能够较好地分离开粗颗粒和细颗粒相，为后面的数据分析提供了基础。

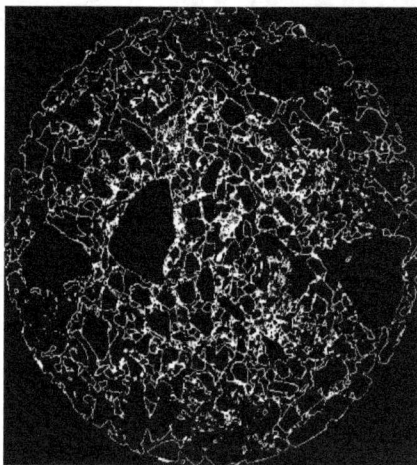

图 3-37 粗颗粒剔除后图像

3. 冻胀试验方法

冻胀试验试样采用直径为 15cm、高为 15cm 的圆柱形。试样制作前对不同细颗粒土含量的粗颗粒土土样按最优含水率浸润 24h，于试样筒中分 5 层击实，将试样筒上泄水孔用浸湿的滤纸贴上，防止细颗粒流失。为了模拟现场的最大冻胀情况，按照粗颗粒土持水试验规定，制备好的试样在蒸馏水中浸泡 2h，然后悬挂至试样质量不再变化为止。

冻胀试验分恒温和冻结 2 个步骤。试样冻结开始前，首先将试样在 1℃恒温下放置 12h，待试样内部整体温度均达到 1℃时，缓慢降温至 −30℃，开始试样的冻结，冻结时间为 48h。在整个冻胀试验过程中实时采集试样内部温度和顶端位移。图 3-38 为冻结深度随时间变化过程曲线，当施加负温到土样的顶端后，冻结锋面由土样顶部不断下移，由于本试验施加的负温较低，最终整个土样被冻结，冻结深度即为土样高度。图 3-39 为试样冻胀量随时间变化过程曲线，在试样冻结初期，由于温度梯度较大，冻胀变形量增加迅速；随着时间的推移，冻结深度增长速度减缓，冻胀变形量也大幅减缓，最终趋于稳定。因此本节试验为一维冻胀问题，冻胀率定义为一定时间内土样冻胀量增量与冻结深度的比值。

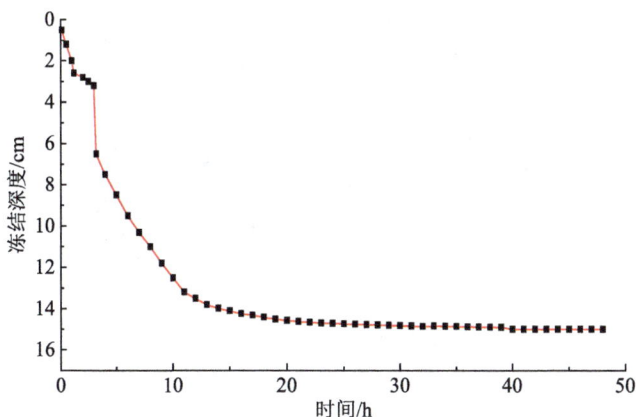

图 3-38　冻结深度随时间变化过程曲线

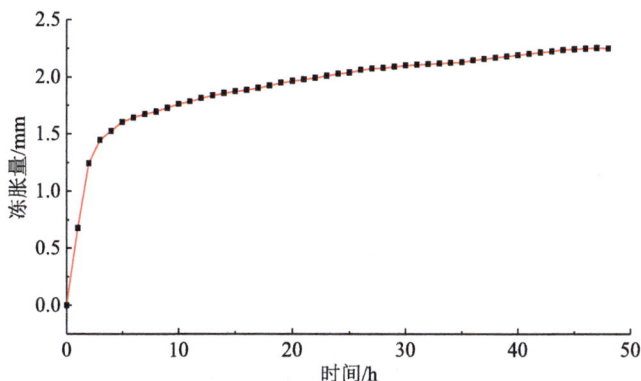

图 3-39　冻胀量随时间变化过程曲线

3.5.2　细颗粒土分布特征

应用阈值分割法对 CT 图像进行处理，可以得到粗颗粒剔除后的细颗粒土分布特征，可以看出细颗粒土非均匀地分布在粗颗粒土填料试样的孔隙中，在粗颗粒骨架孔隙中呈现一种局部团聚的趋势，在某些部位分布较为集中，形成细颗粒团聚体，可以称为细颗粒簇团[72]。细颗粒土的这种团聚现象符合其比表面积大、表面带电荷、易吸附微小颗粒的特性。如果将图像中 20 像素 ×20 像素的网格作为一个小区域，除去粗颗粒所占面积后，细颗粒的面积占该区域面积达到 80% 以上，则定义在该区域的细颗粒形成簇团结构。细颗粒簇团分布如图 3-40 所示。

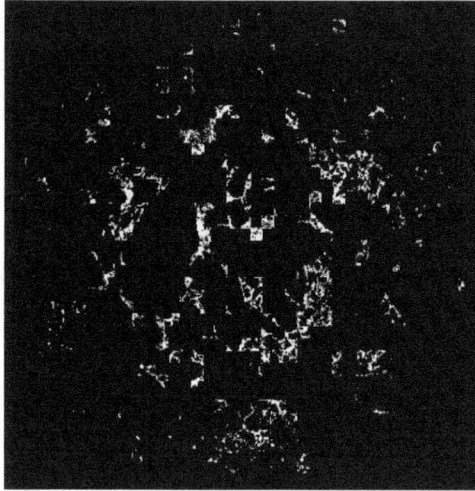

图 3-40   细颗粒簇团分布

定义了簇团以后，可以将簇团面积与整个断层扫描图像面积之比称为局部簇团率，某一试样所有横向断面切片簇团率的平均值称为该试样的簇团率。

根据以上定义，以 MATLAB 软件为平台，编制程序遍历图像中的像素网格，提取试样中的细颗粒簇团，分析结果如表 3-13 所示。由表 3-13 可以看出，采用阈值分割处理后的图像能够直观地看出细颗粒（图中的白点）分布特征。当细颗粒含量较小时，形成的簇团也比较少；随着细颗粒含量的增大，形成的"簇团"量增多。

表 3-13   细颗粒图像分析结果

细颗粒含量 /%	原始图	粗颗粒剔除后细颗粒分布图	细颗粒簇团分布图
0			
3			

细颗粒含量 /%	原始图	粗颗粒剔除后细颗粒分布图	细颗粒簇团分布图
5			
8			
10			

　　细颗粒含量和簇团率的关系如图 3-41 所示。当细颗粒含量在 3% 及以下时，其簇团率接近于 0；当细颗粒含量超过 3% 时，其簇团率呈线性增大趋势，其拟合曲线可用式（3-24）表达：

$$y = 0.54x - 1.26 \tag{3-24}$$

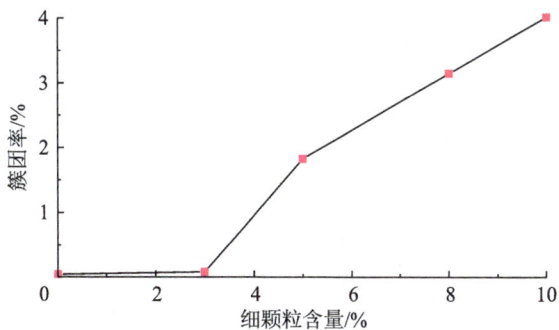

图 3-41　细颗粒含量与簇团率的关系

3.5.3　细颗粒土簇团对冻胀的影响

将冻胀试验数据和 CT 试验数据运用相关分析方法进行分析，得到图 3-42 所示的细颗粒簇团率与冻胀率的关系曲线，两者之间呈现很好的线性关系，可得到拟合公式为

$$y = 0.69x + 0.14 \tag{3-25}$$

相关系数达到 0.98。

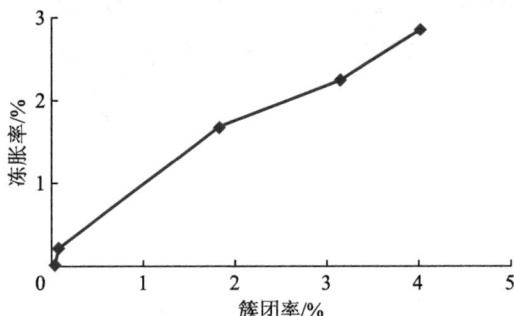

图 3-42　细颗粒簇团率与冻胀率的关系曲线

从图 3-42 中可以看出，冻胀率随着簇团率的增加而增大，相关系数达到 0.98，具有较高的线性相关性。从原理上讲，粗颗粒土填料发生冻胀主要是由于其内部含有一定量的细颗粒土。细颗粒土由于颗粒间相互作用力，团聚成簇团结构。其比表面积较大，表面带电荷，携带一定量的薄膜水，因此填料中水分主要分布在簇团结构中，在冻结过程中形成冰晶层，宏观表现为填料冻胀。当细颗粒含量较低（小于 3% 时）时，细颗粒土过于分散，簇团率较低，宏观冻胀现象不明显（小于 0.215%）；当细颗粒含量超过 5% 后，簇团率明显增大，冻胀率也显著增加。

从前面的内容中可以得知，以往研究多偏向于土质、水分和温度等因素对土体冻胀的影响关系，建立耦合模型也主要是考虑土、水、温及外荷载的影响。近年来，随着微观扫描技术的发展，人们认识到土的冻胀与其微观结构密切相关，粗颗粒土中细颗粒的分布状态、水分在土体中的赋存形式等是发生冻胀的决定性因素。本节通过 CT 微观试验和冻胀试验，得到以下结论：

1）通过 CT 微观及图像处理技术开展试验，试验结果表明粗颗粒土填料中的细颗粒易聚集成团，以簇团结构的形式存在于填料中，簇团结构是粗颗粒土填料产生冻胀的主要原因之一。

2）随着细颗粒含量增加，簇团率也逐渐增大。当细颗粒含量为 3% ～ 5% 时，簇团率有大幅增长；当细颗粒含量低于 5% 时，试样的簇团率小于 1.83%。

3）结合 CT 微观试验和冻胀试验，其结果表明冻胀率随着簇团率的增加而

增大，呈相关性较高的线性关系，可通过簇团率评价粗颗粒土填料冻胀特性，为研究粗颗粒土冻胀提供了一条新思路。

3.6　基于数值计算的微冻胀填料冻胀模型研究

在冻土分析方面，目前主要的研究手段是开展数值仿真和理论公式，前者能够较好地反映冻土特性，在科研工作中应用较多，但是在指导工程实践方面由于其复杂性还存在一定的困难；后者则可以定量简化描述冻胀情况，工程普适性较强。基于此，本节从数值计算和理论推导两个方面建立微冻胀填料的冻胀分析模型。

3.6.1　基于 MATLAB 平台的有限容积法

曹宏章[73]、胡坤[74]利用有限容积法（finite volume method，FVM）研究冻土冻胀的水热迁移及耦合成冰过程，但是均未考虑到级配碎石在冻土路基冻胀过程中的影响。本节建立的模型将一维冻土冻胀模型拓展到二维情况，以考虑不同于单相冻土的两相复合细颗粒土冻胀填料的冻胀情况。

FVM 将细颗粒土冻胀填料划分为有限个体积微元（图 3-43），冻土、级配碎石及冰颗粒具有不同的比热容、导热系数、水分扩散系数等性能参数，因此各微元各方向上均具有不同的传热、传湿系数，如图 3-44 所示。以温度场为例，若某微元为级配碎石，x 负方向上相邻的微元为级配碎石，x 正方向上相邻的微元为细颗粒土，则根据傅里叶传输定律和质量守恒方程可得 $a_{-x} = (\lambda_{stone} k) / (c_{stone} h)$，$a_{+x} = (\lambda_{soil} k) / (c_{soil} h)$（其中 λ_{stone}、c_{stone} 分别为级配碎石的导热系数和比热容；λ_{soil}、c_{soil} 分别为细颗粒土的导热系数和比热容；h、k 分别为时间步长和空间步长），y 方向同理。通过温度水分耦合传输模型与分凝冰判断条件，计算分凝冰生成位置及冻胀量。

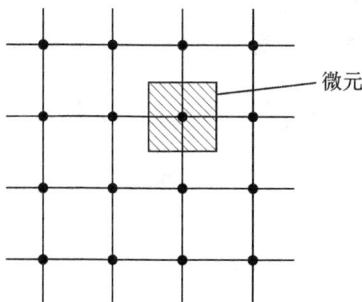

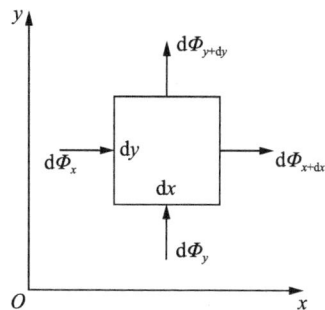

图 3-43　FVM 离散　　　　　　　图 3-44　微元体的传热、传湿分析

由于 MATLAB 具有编程语言简易性、数学表达精准性、图形可视化便捷性等优点,本节模型基于 MATLAB 平台编程计算冻土冻胀过程中的温度水分耦合传输情况。差分格式为交替方向隐格式,无条件稳定。

3.6.2　基于数值计算的微冻胀填料建模

依据基于试验测得的级配碎石级配曲线及级配碎石的不同掺量,于区域内从大到小随机生成碎石颗粒。在不同级配区间进行落球时,若级配碎石颗粒相交,则重新落球,直至落完所有该级配的颗粒,再进行下一级配的随机落球,直至落完所有碎石颗粒(图3-45)。若无法生成全部石子,则需要调整石子总数不超过区域容许范围。落球过程结束之后,均匀划分区域,将区域进行网格离散化(图3-46)。将在石子区域和基体区域的节点标为不同的数值并赋予不同的材料参数,以此区分不同材料。依据微元的材料性质及相邻4个方向上微元材料性质的不同,计算温度场和水分场差分过程中各微元各方向上的迭代系数。基于水热耦合的控制方程为

$$c_{\mathrm{v}} \frac{\partial T}{\partial t} = \frac{\partial}{\partial x}\left[\lambda \frac{\partial T}{\partial x}\right] + \frac{\partial}{\partial y}\left[\lambda \frac{\partial T}{\partial y}\right] + L\rho_{\mathrm{i}} \frac{\partial \theta_{\mathrm{i}}}{\partial t} \tag{3-26}$$

$$\frac{\partial}{\partial x}\left(k \frac{\partial \theta_{\mathrm{w}}}{\partial x}\right) + \frac{\partial}{\partial y}\left(k \frac{\partial \theta_{\mathrm{w}}}{\partial y}\right) = \frac{\partial \theta_{\mathrm{w}}}{\partial t} + \frac{\rho_{\mathrm{i}}}{\rho_{\mathrm{w}}} \frac{\partial \theta_{\mathrm{i}}}{\partial t} \tag{3-27}$$

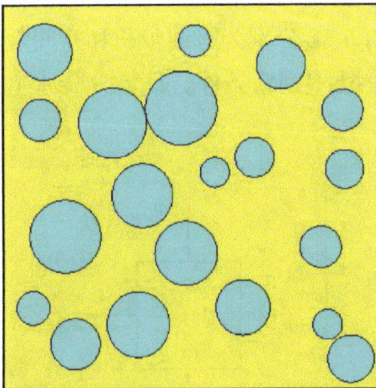

图 3-45　两相细颗粒土冻胀填料连续图像　　图 3-46　两相细颗粒土冻胀填料离散图像

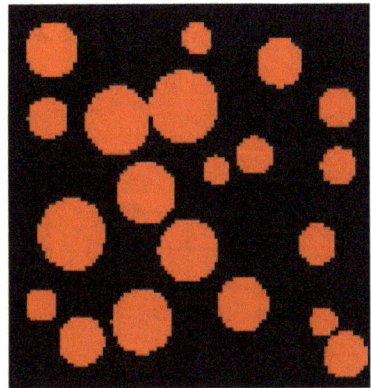

该控制方程仅为 T、θ_{w}、θ_{i} 的函数。其中,c_{v}、λ、k 依据该微元体材料的不同而赋予不同的数值。若微元体为粗颗粒,则参数均为定值;若微元体为细颗粒

土，则 $c_v=c_s\theta_s+c_i\theta_i+c_w\theta_w$，$\lambda=\lambda_s\theta_s\lambda_i\theta_i\lambda_w\theta_w$，$k=k_s\theta_sk_i\theta_ik_w\theta_w$。将控制方程进行差分迭代，每步迭代计算完成之后，根据所求结果重新计算材料参数并赋值计算下一步迭代，直至达到总时长。上下边界为第一类边界条件，左右边界为第二类边界条件。差分格式为

$$c_v\left(T_{i,j}^k - T_{i,j}^{k-1}\right) = \lambda_1\left(T_{i+1,j}^k - 2T_{i,j}^k + T_{i-1,j}^k\right) + \lambda_2\left(T_{i,j+1}^k - 2T_{i,j}^k + T_{i,j-1}^k\right) + L\rho_i\left(\theta_{i_{i,j}^k} - \theta_{i_{i,j}^{k-1}}\right)$$

$$k_1\left(\theta_{w_{i+1,j}^k} - 2\theta_{w_{i,j}^k} + \theta_{w_{i-1,j}^k}\right) + k_2\left(\theta_{w_{i,j+1}^k} - 2\theta_{w_{i,j}^k} + \theta_{w_{i,j-1}^k}\right) = \left(\theta_{w_{i,j}^k} - \theta_{w_{i,j}^{k-1}}\right) + \frac{\rho_i}{\rho_w}\left(\theta_{i_{i,j}^k} - \theta_{i_{i,j}^{k-1}}\right)$$

3.6.3 微冻胀填料温度场研究

图 3-47 为细颗粒土冻胀填料温度场，τ 为计算步，量纲一。图 3-48 为各节点温度场变化过程。

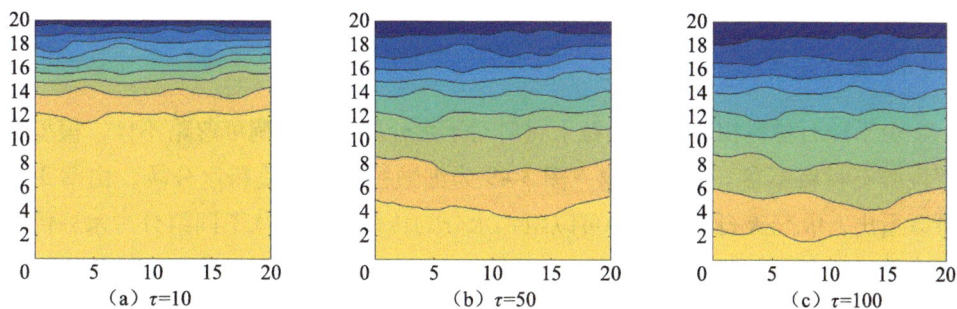

(a) $\tau=10$ (b) $\tau=50$ (c) $\tau=100$

图 3-47 细颗粒土冻胀填料温度场

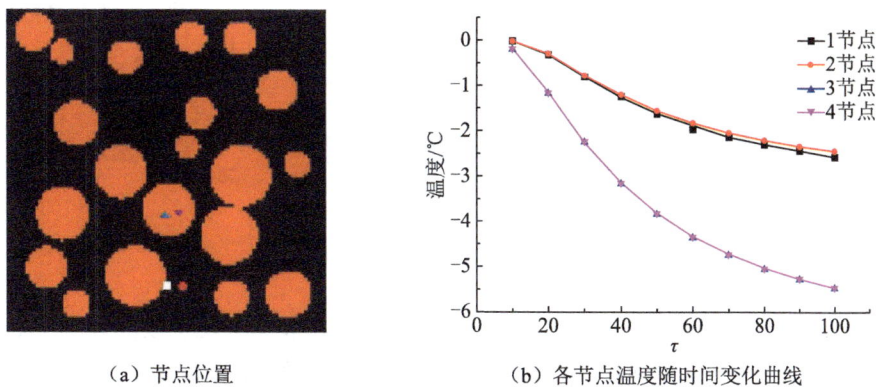

(a) 节点位置   (b) 各节点温度随时间变化曲线

注：1～4 节点坐标分别为 (10,3)，(3,11)，(7,10)，(7,11)。

图 3-48 各节点温度场变化过程

由图 3-47 可以看出，填料在降温过程中，冷温锋面处于细颗粒土材料中，即细颗粒土温度先于同高度的粗颗粒发生降温过程，之后粗颗粒温度显著下降，冷温锋面随即处于级配碎石材料之中。这是由于相同热流密度进入等高度的粗颗粒和细颗粒土中时，粗颗粒的热容比细颗粒土材料的大，同样的热流密度所引起的温度降低幅度较细颗粒土材料小。但是由于碎石的导热系数较大，温度在碎石材料中的下降显著快于同高度的细颗粒土材料。可由图 3-48 可以看出，近暖端的 1、2 节点处温度较近冷端的 3、4 节点处温度高，而 1 节点与 2 节点、3 节点与 4 节点虽均处于同一高度且节点间距离相同，但由于细颗粒土材料导热较慢，1、2 节点的温度差较大。

综合以上分析可知，级配碎石表面温度相比于同一高度的细颗粒土材料低。粗颗粒和细颗粒土内部，级配碎石降温速度相比同一高度的细颗粒土材料降温速度快。

3.6.4 微冻胀填料水分场研究

由于碎石材料相比于细颗粒土材料对于水分传输的影响可忽略不计，模型中假设碎石材料不参与水分传输。图 3-49 为细颗粒土冻胀填料水分场。由图 3-49 可以看出，级配碎石在材料中可以阻挡水分的传输。本节从不同组分对水分传输通道影响的角度出发开展研究。

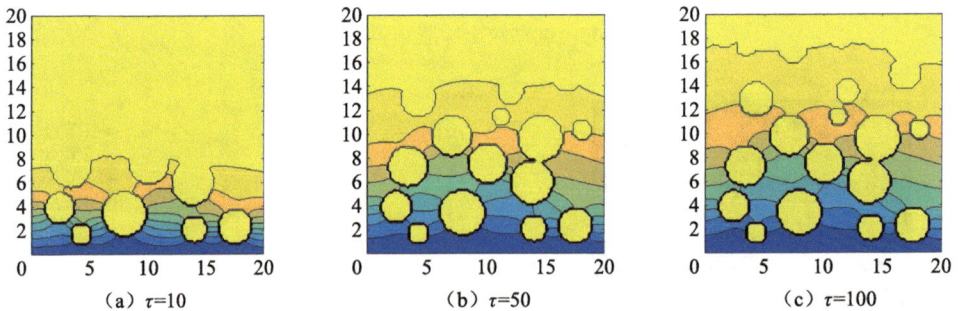

图 3-49 细颗粒土冻胀填料水分场

图 3-50 为各节点水分场变化过程，可以看出，节点 1 处于级配碎石下表面，有效地阻挡了水分的传输，节点 1 相比于节点 2、3 的含水率最高。节点 2 处于级配碎石之间，由于上方的碎石阻挡了水分的传输，含水率也较高。节点 3 周围没有级配碎石的阻隔，水分传输较快，水分很快传输到上方部位，该节点含水率最低。

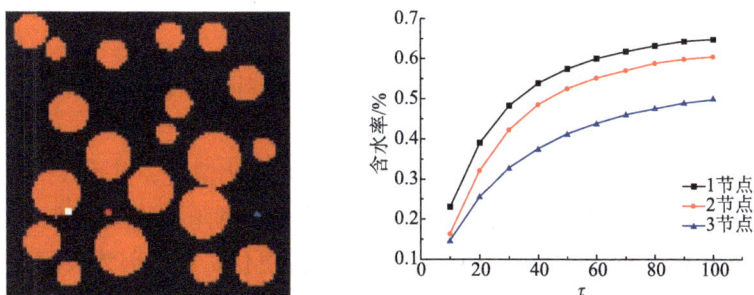

（a）节点位置　　　　　　　　　（b）各节点温度随时间变化曲线

注：1～3 节点坐标分别为（4.6,6.0）、（7.0,6.0）、（18.0,6.0）。

图 3-50　各节点水分场变化过程

3.6.5　不同条件下微冻胀填料冻胀机理分析

1. 初始含水率

图 3-51 比较了同高度的 3 个节点分别在初始含水率为 0.05%、0.35%、0.55% 条件下的水分传输情况，可以看出初始含水率的增加有利于水分的迁移。由于节点 1、2 有粗颗粒土的阻挡作用，水分在交界面处聚集；节点 3 周围没有粗颗粒土的阻隔，水分聚集不明显。

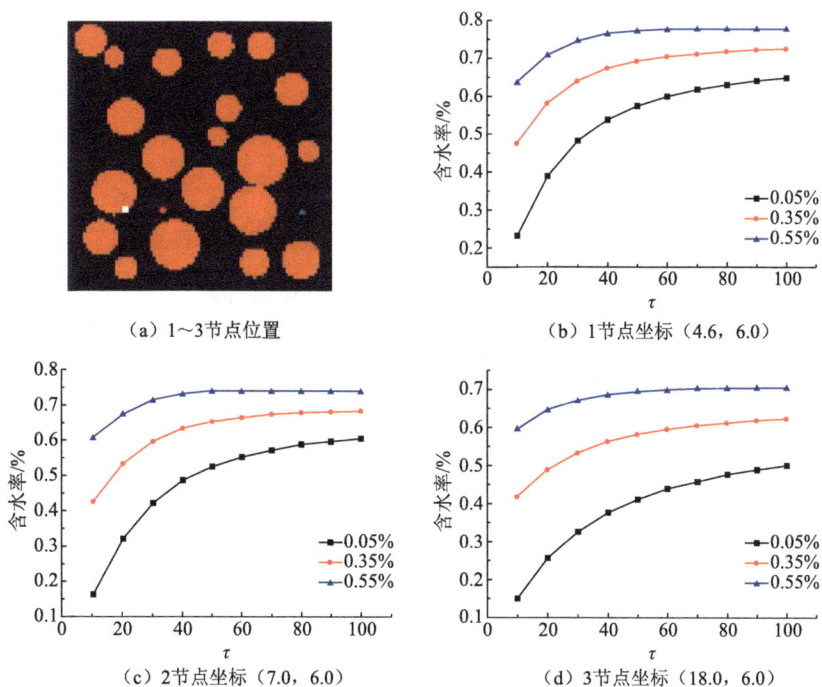

（a）1～3 节点位置　　　　　　　　（b）1 节点坐标（4.6，6.0）

（c）2 节点坐标（7.0，6.0）　　　　　　　（d）3 节点坐标（18.0，6.0）

图 3-51　各节点水分场经时变化过程与初始含水率的关系

2. 细颗粒含量

图 3-52 分别展示了细颗粒土掺量低微冻胀填料及细颗粒土掺量高微冻胀填料情况下不同的温度变化和水分变化过程。

图 3-52 (e) 比较了 y=10 上 4 个节点的温度变化情况,其中 1、4 节点为级配碎石材料,2、3 节点为细颗粒土材料,可以看出细颗粒土掺量低微冻胀填料的情况比细颗粒土掺量高微冻胀填料的情况降温更快,这是因为级配碎石具有更大的导热系数,材料整体的导热系数较大,降温较快。但是因为级配碎石和细颗

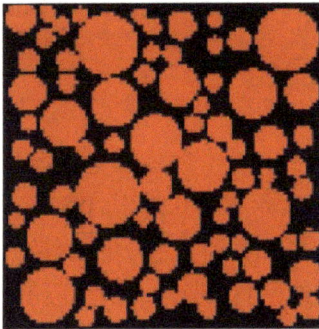

(a) 细颗粒土掺量低微冻胀填料情况

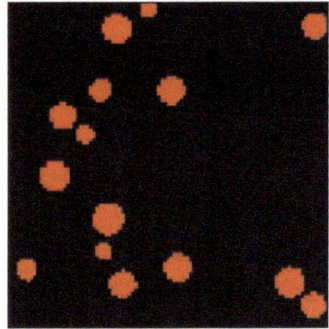

(b) 细颗粒土掺量高微冻胀填料情况

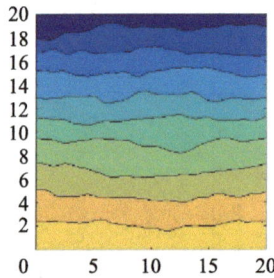

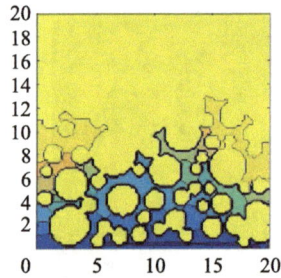

(c)(a)情况下温度水分传输云图(τ=100)

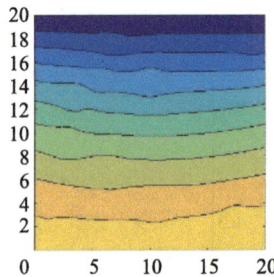

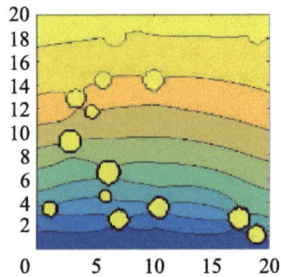

(d)(b)情况下温度水分传输云图(τ=100)

图 3-52 细颗粒掺量对温度和水分的影响

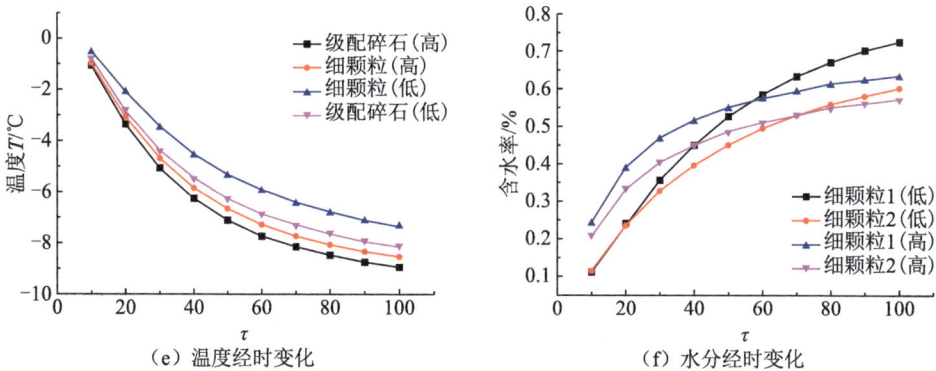

（e）温度经时变化　　　　　　　（f）水分经时变化

图 3-52（续）

粒土材料的比热容和导热系数相差不大，所以对温度的总体影响不大。比较图 3-52
（c）和（d）发现温度及温度梯度无太大差异。图 3-52（e）比较了 y=6 上 4 个节
点的温度变化情况，1～4 节点均为细颗粒土材料，传输开始时，相差不大，但
是由于细颗粒土掺量低微冻胀填料的情况中级配碎石对水分的阻挡作用，1、2
节点在传输后期水分较高，尤其是处于级配碎石下表面的 1 节点。水分大多停留
在近冷端的位置，整体冻胀量不大，细颗粒土掺量高的情况下，整体冻胀量较大。
比较图 3-52（b）和（c）发现，水分分布由于级配碎石和细颗粒土掺比差异存在
显著不同。

3.7　微冻胀填料理论模型

从第一冻胀理论、第二冻胀理论，再到水热耦合分凝冰理论，有关细颗粒土
冻胀机理已经有大量的研究成果。从上述试验和数值模拟中可以发现，粗颗粒土
中影响其冻胀特性最主要的因素还是细颗粒土。本节借鉴细颗粒冻胀的基础理论，
对粗颗粒土冻胀的机理进行初步建模。

3.7.1　广义克拉珀龙方程、冻土吸力、未冻水含量

广义克拉珀龙方程如下：

$$\frac{u_{\mathrm{w}}}{\rho_{\mathrm{w}}} - \frac{u_{\mathrm{i}}}{\rho_{\mathrm{i}}} = \frac{L}{273}T \tag{3-28}$$

式中，u_{w}、u_{i} 分别为水压力、冰压力；L 为单位质量水冻结释放的潜热。

式（3-28）也可简写成

$$u_{\mathrm{w}} = \alpha T + \beta u_{\mathrm{i}} \tag{3-29}$$

式中，$\alpha = \dfrac{L\rho_w}{273} \approx 1.23\,\text{MPa/}^{\circ}\text{C}$，$\beta = \dfrac{\rho_w}{\rho_i} \approx 1.09$。

定义冻土吸力 ϕ 为

$$\phi = u_i - u_w \tag{3-30}$$

由式（3-29）和式（3-30）可得

$$\phi = \frac{1}{\beta}\big[u_w(1-\beta)-\alpha T\big] \tag{3-31}$$

冻土中未冻水含量与温度有关，在不同温度条件下测试冻土未冻水含量可以得到冻结特征曲线（未冻水含量－温度曲线）。试验表明，当温度很低时冻土中仍然存在一部分液态水，而且其含量随温度变化很小，这部分水称为残余含水量，Brooks-Corey 模型参数简单且能反映土水特征曲线中的残余含水量，可以借鉴该模型来表示冻结特征曲线：

$$\frac{\theta_u - \theta_r}{\theta_s - \theta_r} = (T_i/T)^N \tag{3-32}$$

式中，θ_u、θ_r、θ_s 分别为未冻水体积含水率、饱和体积含水率、残余未冻水体积含水率；T_i 为土的冻结温度（℃）；N 为模型参数。

无压时 u_i 为 0，由式（3-29）和式（3-30）可得

$$\frac{\phi}{\alpha} = -T \tag{3-33}$$

$$\frac{\phi_i}{\alpha} = -T_i \tag{3-34}$$

式中，ϕ_i 为冻结温度对应的吸力，可以用杨－拉普拉斯（Young-Laplace）方程表示：

$$\phi_i = \frac{2\sigma_{iw}}{r} \tag{3-35}$$

式中，σ_{iw} 为冰水表面张力；r 为冰水界面曲率半径。

将式（3-35）代入式（3-34）可得到吉布斯－汤姆逊（Gibbs-Thomson）方程：

$$\frac{2\sigma_{iw}}{\alpha r} = -T_i \tag{3-36}$$

饱和土刚开始冻结时，冰水界面曲率半径 r 与孔隙大小有关，孔隙越小则曲率半径越小。由式（3-36）可知，由于孔隙会影响土的冻结温度，T_i 一定低于 0℃，而且孔隙越小，冻结温度越低。

将式（3-33）和式（3-34）代入式（3-32）可得

$$\frac{\theta_u - \theta_r}{\theta_s - \theta_r} = (\phi_i/\phi)^N \tag{3-37}$$

式（3-37）中表达的是吸力 – 含水量关系（冻土土水特征曲线），如果忽略冻融滞回效应，则冻土吸力与未冻水含量有唯一对应关系。虽然式（3-37）是在无压条件下推导得到的，但是模型参数 N 仍然适用于有压力的情况，只是冻结特征曲线方程（3-37）在有压和无压条件时模型参数 N 是不同的。

Harlan[25] 曾假设相同液态水含量的非饱和土与冻土具有相同的吸力。后经研究者通过对比冻土和非饱和土的吸力和液态水含量数据，发现两种土的土水特征曲线比较接近，证实了 Harlan 的猜想。

3.7.2　冻结过程中的水、热扩散方程

土在冻结过程中，未冻土中的水分在冻吸力作用下向冻土迁移，且以分凝冰的形式占据土颗粒之间的空间，导致土体体积增大，即产生冻胀。Miller[3] 发现在分凝冰与冻结锋面之间存在一个部分冻结带，即冻结缘，冻结缘成分包括土颗粒、未冻水和冰，如图 3-53 所示。O'Neill 和 Miller[4] 认为孔隙冰与分凝冰连为一体，因此当冻胀发生即分凝冰厚度增加时，分凝冰和孔隙冰作为一个整体向冷端进行刚体运动，该模型称为刚冰模型。孔隙冰的移动是通过重复分凝机制来实现的，即高温区域的冰融化，然后以水的形式运动到低温区域再结成冰，重复分凝过程示意图如图 3-54 所示，图 3-54 中冰的融化、水的运移和水的冻结是同时进行的，因此孔隙冰可以自动调整形态以适应孔隙结构。

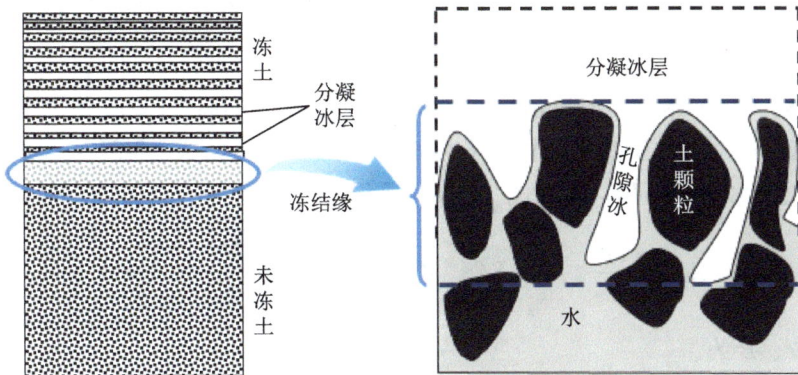

图 3-53　冻土结构和冻结缘放大图

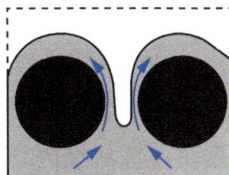

图 3-54　重复分凝过程示意图（箭头表示水流方向）

在刚冰模型中，冻结缘内的物质迁移被分成两部分，即孔隙水的渗流和孔隙冰的刚体运动，孔隙冰的刚体运动通过边界条件确定，孔隙水渗流通过薄膜水的形式运移，渗透系数采用非饱和土渗透系数表达式。本节为了简化了计算模型，将重复分凝机制等效为水分的渗透过程，由于重复分凝不仅包括水分迁移，还包括水的冻结和融化，冻土等效渗透系数比非饱和土渗透系数更低，Taylor 和 Luthin 的计算也证明了这一结论。

冻结缘孔隙率为 n，单元体内冰和水的质量分别为 $\rho_w\theta_u$ 和 $\rho_i(n-\theta_u)$，根据单元体质量守恒的条件可得水分扩散方程：

$$\frac{\partial}{\partial t}\left[\rho_w\theta_u + \rho_i\left(n-\theta_u\right)\right] + \rho_w\nabla V = 0 \tag{3-38}$$

式中，∇ 为哈密顿（Hamilton）算子；V 为重复分凝过程中水的等效渗透速度，假设其服从达西定律，即

$$V = -K\left(\frac{\nabla u_w}{\rho_w g} - 1\right) \tag{3-39}$$

未冻水含量越低意味着孔隙水流动的通道越小，同时未冻水含量低则含冰量越高，因此冰表面积越大，重复分凝过程中的冻结和融化时间越长，综合这两方面原因可以推断渗透系数随着未冻水含量降低而减小，这与非饱和土渗透系数的变化趋势是一致的，参照非饱和土 Brooks-Corey 模型给出非饱和土渗透系数表达式：

$$K = K_s\xi\left(\phi_i/\phi\right)^M \tag{3-40}$$

式中，K_s 为饱和未冻土渗透系数；ξ 为冻土渗透系数阻抗因子；M 为模型参数。

忽略土颗粒骨架变形，因此孔隙率 r 保持不变，将式（3-31）、式（3-37）、式（3-39）和式（3-40）代入式（3-38）可得

$$A\phi^{-N-1}\frac{\partial\phi}{\partial t} - \rho_w K_s B\beta\phi_i^M\nabla\left[\phi^{-M}\left(\nabla\phi + \frac{\alpha B\nabla T - 1}{\beta B}\right)\right] = 0 \tag{3-41}$$

式中，A、B 为

$$A = -N\phi_i^N\left(\theta_s - \theta_r\right)\left(\rho_w - \rho_i\right) \tag{3-42}$$

$$B = \frac{1}{(1-\beta)\rho_w g} \tag{3-43}$$

孔隙中体积含冰量为 $n-\theta_u$，单位时间内原位水相变导致的冰质量增量为 $\rho_i\partial(n-\theta_u)/\partial t$，另外迁移的水分聚集在冻结缘内导致冰质量增量为 $\rho_w\nabla V$，忽略对流作用，则可以根据能量守恒写出冻结缘内的热扩散方程：

$$c_{\mathrm{v}}\frac{\partial T}{\partial t} - \nabla(\lambda\nabla T) - \rho_{\mathrm{i}}L\frac{\partial(n-\theta_{\mathrm{u}})}{\partial t} - \rho_{\mathrm{w}}L\nabla V = 0 \tag{3-44}$$

式中，c_{v} 为冻结缘的体积比热容。

将式（3-31）、式（3-37）、式（3-39）和式（3-40）代入式（3-44）可得

$$c_{\mathrm{v}}\frac{\partial T}{\partial t} + \frac{A\rho_{\mathrm{i}}L\phi^{-N-1}}{\rho_{\mathrm{w}}-\rho_{\mathrm{i}}}\frac{\partial\phi}{\partial t} - \nabla(\lambda\nabla T) + \rho_{\mathrm{w}}LK_{\mathrm{s}}B\beta\phi_{\mathrm{i}}^{M}\nabla\left[\phi^{-M}\left(\nabla\phi + \frac{\alpha B\nabla T-1}{\beta B}\right)\right] = 0$$

$$\tag{3-45}$$

式（3-41）和式（3-45）是一组包含有场变量 ϕ 和 T 的非线性偏微分方程组，构成了冻结缘内的水、热耦合理论框架，在合理的边界条件和初始条件下可以求解得到冻结过程中温度和吸力的变化过程，然后根据式（3-31）和式（3-39）可以得到水分迁移速率，水分迁移速率乘以 1.09（水密度与冰密度之比）即为冻胀速率，将冻胀速率对时间积分后可以得到冻胀量。

3.7.3 模型简化与分凝冰生长机理

由于冻结缘分布范围较小，冻结缘内温度可以近似认为线性分布，在一维条件下以冻结锋面为原点，坐标方向指向冷端，温度场分布为

$$T = T_{\mathrm{i}} + \gamma x \tag{3-46}$$

式中，γ 为温度梯度；x 为冻结缘高度坐标。

由于冰和水密度相差不大，由式（3-31）和式（3-41）可知在温度一定时 A 和 ϕ 变化量较小，式（3-41）中 $A\phi^{-N-1}\dfrac{\partial\phi}{\partial t}$ 为二阶小量，可以忽略，当温度分布固定时 $\dfrac{\partial T}{\partial t}$ 为 0，将式（3-46）代入式（3-41）可得一维情形的稳态方程为

$$\frac{\mathrm{d}}{\mathrm{d}x}\left[\phi^{-M}\left(\frac{\mathrm{d}\phi}{\mathrm{d}x} + \frac{\alpha\gamma B-1}{\beta B}\right)\right] = 0 \tag{3-47}$$

式（3-47）表明，当温度分布一定时，冻结缘内吸力保持稳定，水分迁移速率为常数，因此单元体内含水量不会增加，从未冻土迁移的水分通过重复分凝机制运移到分凝冰层，冻结缘只提供水分迁移的通道。冻结锋面处 $x = 0$ 温度为 T_{i}，水压力为 0，根据式（3-31）可得吸力为 $\dfrac{-\alpha T_{\mathrm{i}}}{\beta}$；分凝冰层处 $x = l$ 温度为 $T_{\mathrm{i}} + \gamma l$，冰压力等于上覆荷载 p，根据式（3-29）、式（3-30）和式（3-46）可得吸力为 $p(1-\beta) - \alpha(T_{\mathrm{i}} + \gamma l)$；根据冻结锋面和分凝冰层处的吸力可以写出定解条件，即

$$\begin{cases} \phi|_{x=0} = \dfrac{-\alpha T_i}{\beta} \\ \phi|_{x=l} = p(1-\beta) - \alpha(T_i + \gamma l) \end{cases} \tag{3-48}$$

考虑定解条件式（3-48）并求解方程（3-47），即可得到吸力的分布，根据式（3-29）和式（3-30）可以计算得到水压力和冰压力，再根据式（3-39）可得水分迁移速率，将水分迁移速率乘以 1.09 即可得到冻胀速率。

$$V = -K_s \xi \left(\dfrac{\phi_i}{\phi}\right)^M \left(\dfrac{\beta \nabla \phi + \alpha \nabla T}{\rho_w g(1-\beta)} - 1\right) \tag{3-49}$$

以一个算例说明冻结缘内各物理量的分布并进一步解释分凝冰层的萌生条件：冻结缘长度为 1cm，降温过程中温度沿冻结缘线性分布，冻结锋面与未冻土（饱和）接触，所以水压力为 0kPa，冻结缘上部受到荷载 100kPa。其他算例参数（取值）为 M（1.5）、T_i（−0.05℃）、K_s（1×10^{-9} m/s）、ξ（0.1）。降温前和降温后的温度梯度分别为 −50℃/m 和 −60℃/m，采用有限元模拟软件 COMSOL Multiphysics 计算得到降温前后的温度、吸力、冰压力和水压力结果如图 3-55 所示，其中降温前标记为 1，降温后标记为 2。从图 3-55 可以看出冰压力分布并非单调变化，而是在冻结缘内某处存在冰压力的最大值，当温度进一步降低时冰压力增大。温度降低导致冻结缘渗透系数降低，因此水分迁移速率从 2.92mm/d 降至 2.80mm/d。

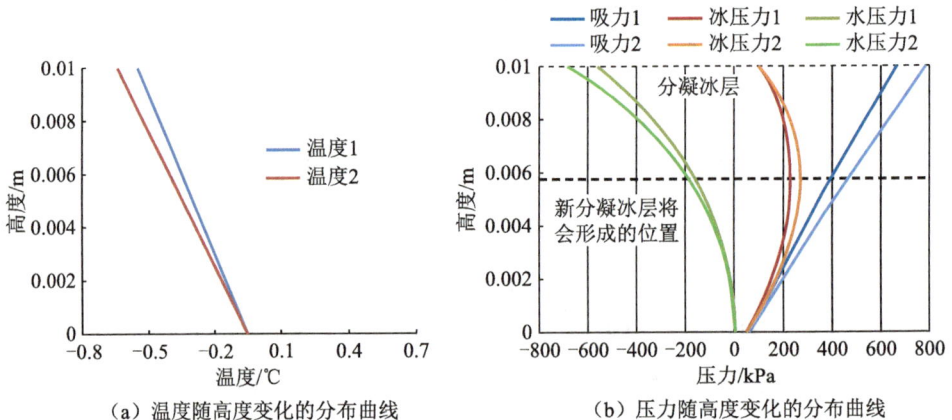

（a）温度随高度变化的分布曲线　　（b）压力随高度变化的分布曲线

图 3-55　降温前后各场变量分布图

根据 Gilpin 的分凝冰层判断条件，当冰压力超过上覆荷载一定限度时，该处形成新的分凝冰层，可以表示为

$$u_{sep} = p + p_o \tag{3-50}$$

式中，u_{sep} 为分凝冰层形成需要的冰压力；p 为上覆冻土自重荷载；p_o 为超压。

为了说明分凝冰层形成前后的物理场变化，假设图 3-55 中冰压力 2 最大值刚好达到条件式（3-50），则该处即高度为 0.0057m 处形成新的分凝冰层。一旦新的分凝冰层形成，新分凝冰层变成新的冻结缘上端，保持参数和温度梯度不变，将冻结缘长度改为 0.0057m 再次计算，新分凝冰层形成的物理场序号标记为 3，计算结果如图 3-56 所示。从图 3-56 中可以看出，分凝冰层形成后冰压力减小，水压力梯度增大，因此水分迁移速率增大，从 2.80mm/d 增加到 5.42mm/d。随着温度进一步降低，上述过程重复进行，在土中形成一系列不连续分布的分凝冰层。

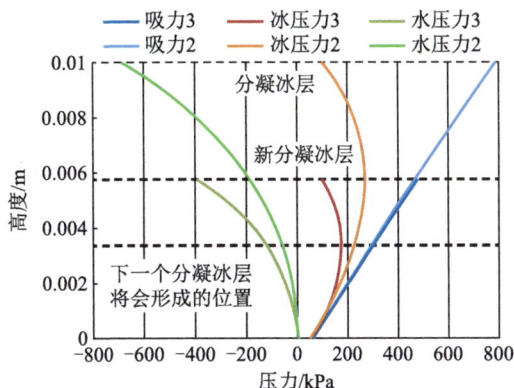

图 3-56　分凝冰层形成前后各场变量分布图

当冻结缘稳定时，温度梯度对冻结缘内水分迁移速率有两个相反方面的影响：一方面，温度梯度绝对值越大则水分迁移驱动力越强，水分迁移速率越大；另一方面，温度梯度绝对值越大则冻结缘内温度越低，渗透系数越小，所以水分迁移速率越小。图 3-57 给出了水分迁移速率随温度梯度的变化曲线，当温度梯度绝对值较小时，第一个方面影响占主导，水分迁移速率随温度梯度绝对值增大而增大；当温度梯度绝对值较大时，第二个方面影响占主导，水分迁移速率随温度梯度绝对值增大而减小。

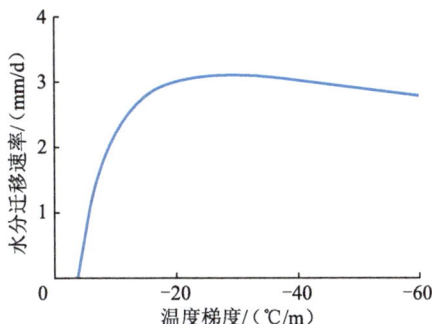

图 3-57　水分迁移速率随温度梯度的变化曲线

从图 3-57 中还可以看出，水分迁移存在一个起始温度梯度，只有当温度梯度绝对值大于起始温度梯度绝对值时，才会发生水分迁移和冻胀。当分凝冰层处水压力为 0 时，其与冻结锋面处水压力相等，此时水分不再向冻土迁移，冻胀随即停止。因此，根据式（3-29）可以写出冻胀停止的条件为

$$\alpha T_{\mathrm{s}} + \beta p = 0 \tag{3-51}$$

式中，T_{s} 为水分刚开始迁移时分凝冰底部的温度。

由式（3-46）和式（3-51）可以写出水分迁移起始温度梯度 γ_{s} 的表达式为

$$\gamma_{\mathrm{s}} = -\frac{\beta p + \alpha T_{\mathrm{i}}}{\alpha l} \tag{3-52}$$

3.7.4　微冻胀填料冻胀过程分析

假设非饱和冻土孔隙中空气与大气连通，冰压力为 0，且孔隙给迁移而来的水分留下了储存空间，因此水分迁移并不会产生冻胀。随着水分持续迁移，非饱和土变成饱和状态，孔隙中产生冰压力，当冰压力进一步增大并超过上覆荷载一定程度时形成冰透镜体和冻结缘，此后冻胀开始发生。为了便于说明，假设温度保持稳定的线性分布，单元体内冰压力为 0。由式（3-29）和式（3-30）可知，单元体吸力不变，由式（3-37）可知未冻水含量保持不变，因此方程（3-38）变为

$$\frac{\partial \theta_{\mathrm{i}}}{\partial t} + \frac{\rho_{\mathrm{w}}}{\rho_{\mathrm{i}}} \boldsymbol{\nabla} V = 0 \tag{3-53}$$

将式（3-29）、式（3-30）和式（3-46）代入式（3-49）中得

$$V = -K_{s} \xi \phi_{\mathrm{i}}^{M} \left[-\alpha \left(T_{\mathrm{i}} + \gamma x \right) \right]^{-M} \left(\frac{\alpha \gamma}{\rho_{\mathrm{w}} g} - 1 \right) \tag{3-54}$$

由式（3-54）可知，渗透速率随着高度增加而衰减，图 3-58（a）给出了典型非饱和土渗透速率分布曲线，由于单元体内流进的水量大于流出的水量，单元体内含水率增大。由式（3-53）和式（3-54）可知底部含水率增大快，因此最先达到饱和，而上部土仍然为非饱和状态，如图 3-58（b）所示。土饱和后孔隙冰承受压力，饱和段土骨架不变形，因此水分迁移速率保持为常数。随着饱和土段高度增大，其内部冰压力也增大（对比图 3-56 中冰压力曲线），一旦最大冰压力超过上覆荷载一定程度并达到条件式（3-50），则在最大冰压力位置处有分凝冰形成，此时土体开始产生冻胀变形。

图 3-59 给出了自然界冻土中温度梯度绝对值、水分迁移速率和冻胀量变化的一般规律。在自然界中，随着气温降低和冻结厚度增大，土中的温度梯度绝对值会降低，由图 3-59 可知水分迁移速率先有略微增长然后逐渐减小至 0。在非饱

和土中，水分迁移并不会引起冻胀，只有当水分增量填满土中孔隙后水分迁移才会引起冻胀，因此冻胀总是冻结一段时间后才发生。随着水分迁移速率降低，冻胀量增长速率逐渐减小，当水分迁移速率减小为 0 时，冻胀量保持不变。

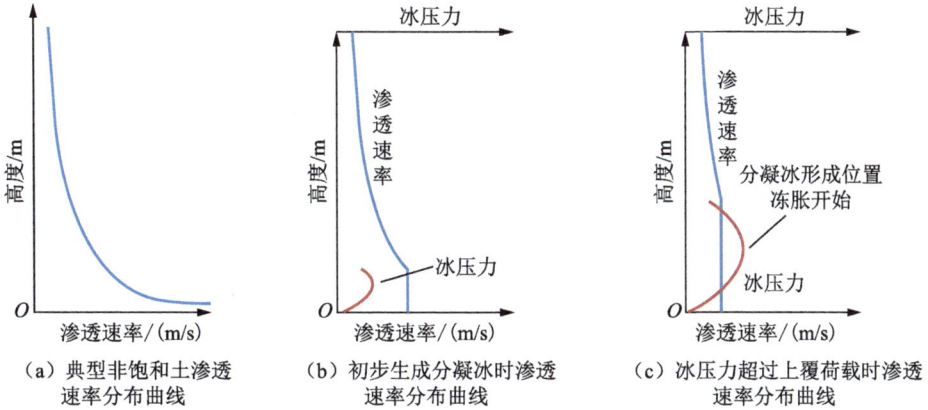

（a）典型非饱和土渗透　　　（b）初步生成分凝冰时渗透　　　（c）冰压力超过上覆荷载时渗透
速率分布曲线　　　　　　速率分布曲线　　　　　　速率分布曲线

图 3-58　非饱和土渗透速率和冰压力变化

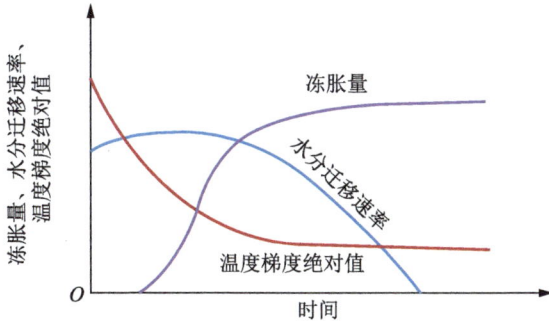

图 3-59　温度梯度绝对值、水分迁移速率、冻胀量随时间变化曲线

3.7.5　考虑上覆荷载抑制作用的冻胀计算模型

压力对冻胀起到抑制作用，假设冻结缘长度保持不变，当压力增大到一定程度时冻胀即会停止，该压力即为最大冻胀力。即使上覆荷载尚未达到最大冻胀力，冻胀速率也会随着压力增大而衰减，这种关系可以通过图 3-60 所示计算结果显示出来，其中计算所取温度梯度为 –5℃/m，其他参数与前面的内容中相同。从图 3-60中可以看出，当温度梯度不变时，冻胀速率随着压力增加几乎呈线性降低，最大冻胀力约 152kPa，当上覆荷载达到最大冻胀力时冻胀速率减小为 0，即冻胀停止。

图 3-61 给出了某铁路典型路段的冻结深度和冻胀发展曲线，从图 3-61 中大致可以划分如下 4 个阶段。

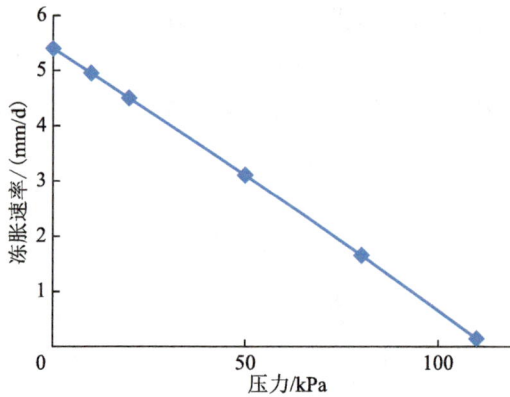

图 3-60　压力对冻胀速率的影响

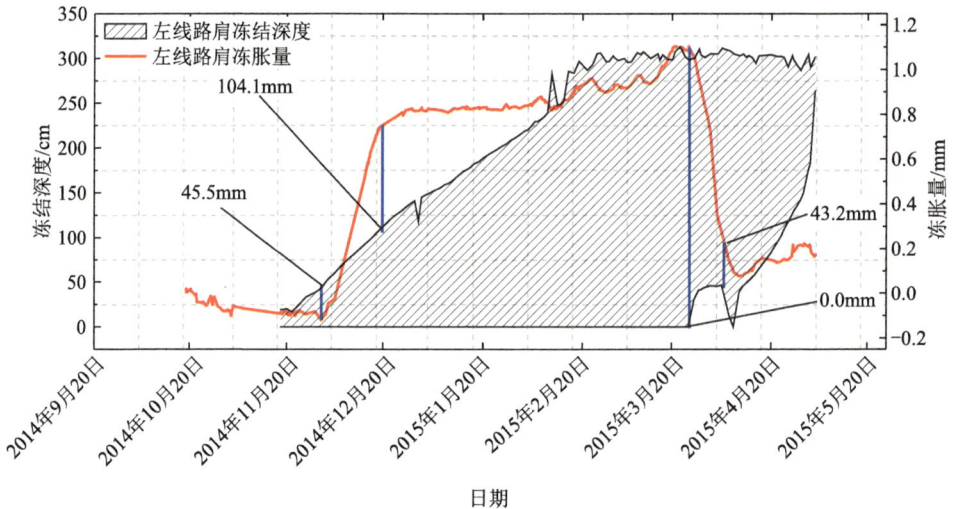

图 3-61　典型路段冻结深度和冻胀量发展曲线

第一阶段：路基的冻胀变形随气温在 0℃ 上下波动而反复，波动范围基本在 5mm 以内。

第二阶段：随着气温降低且在 0℃ 以下持续时间增长，冻结深度逐渐增加，冻胀变形快速增长，该阶段持续 10 ～ 20d。

第三阶段：随着大气温度在 0℃ 以下持续波动，冻结深度超过表层厚度，冻胀变形增长减缓，冻胀速率减小，冻胀变形稳定发展，基床与基床表层冻胀变形逐渐分开，基床表层冻胀变形基本稳定不变，变形主要为深层冻胀变形。

第四阶段：随着大气温度升高至 0℃ 以上并持续一段时间，路基冻土层开始双向融化，监测位置发生融沉变形。

从图 3-61 中可以看出，冻胀并非土冻结后立即发生，而是会存在一定的滞后时间，这种现象在室内试样中已得到充分证实。冻结初期，虽然土内部存在水分迁移，但是土中孔隙未必扩大，只有当水分迁移量增大到一定程度并且饱和度达到一定值时才会形成冻胀，因此冻胀一般会在冻结发生一段时间后才产生。

从第二阶段开始冻胀量几乎随时间线性增大，增大到一定程度时增长极为缓慢，进入第三阶段。第二、三阶段的冻胀变化特征可以从温度梯度和上覆荷载两个方面来解释：一方面，随着冻结深度增大温度梯度绝对值减小，冻胀速率减小；另一方面，随着冻结深度增大，上覆荷载增大，也抑制了冻胀的发生，当上覆荷载超过一定限值时冻胀停止。

以某高速铁路典型路段的观测数据进行计算。以冻结刚开始冻结深度为 0 时为初始时刻，起始冻胀时间约在土冻结 16d 后发生，约在 41d 后线性快速冻胀阶段结束，此后冻胀进入缓慢增长阶段。本算例计算总时间取 50d，根据实测资料，在 50d 内冻结深度和温度梯度（℃/m）近似认为随时间（d）线性变化：

$$\gamma = 0.186t - 10.837 \tag{3-55}$$

近似认为 50d 内冻结深度随时间线性变化，土的重度取 20kN/m^3，因此根据冻结深度可以得到冻结锋面处上覆冻土自重荷载随时间的变化为

$$p = 0.556t \tag{3-56}$$

温度梯度和上覆荷载随时间变化曲线如图 3-62 所示。

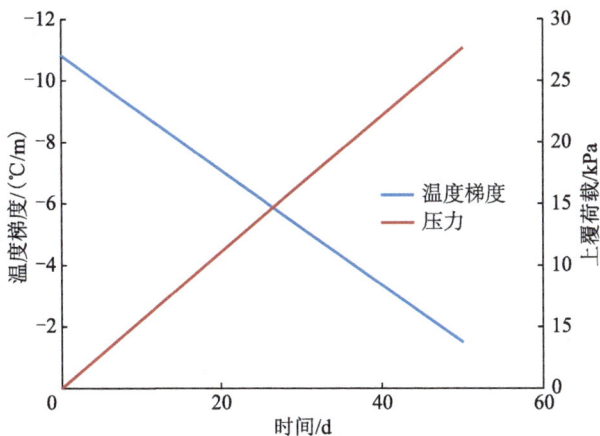

图 3-62　温度梯度和上覆荷载随时间变化曲线

其他计算参数为：冻结温度假设为很接近于 0℃ 的负温 –0.001℃，冻结缘长度取 6mm，冻土渗透系数取 $1 \times 10^{-9}\text{m/s}$，起始冻结时间为第 16 天，用 16d

后的温度梯度和压力数据进行计算，得到不同时刻的冻胀速率，结果如图 3-63 所示。

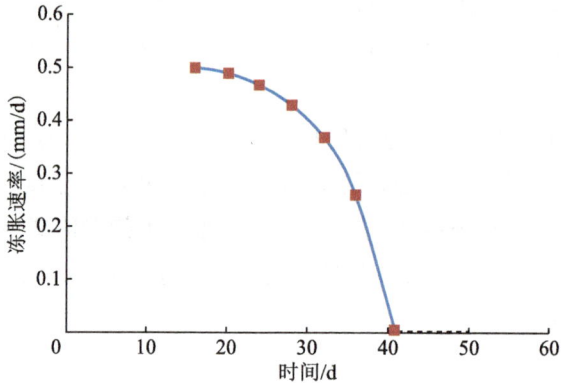

图 3-63　冻胀速率随时间变化曲线

从图 3-63 可以看出，冻胀速率随时间逐渐衰减，且衰减速率越来越大，在 41d 后冻胀速率减小为 0。需要指出的是，在 41d 后温度梯度绝对值进一步减小而上覆荷载进一步增大，已经超过了该温度梯度下的最大冻胀力，计算出来的冻胀速率会成为负值。实际上出现负值表示冻土出现局部压融，压融使冻结缘退化，冻结缘冷端温度降低到与上覆荷载相适应的平衡温度，阻止了局部压融进一步发展，因此实际上的冻胀速率仍然保持为 0。局部压融时间和空间尺度很小，不会表现出宏观的融沉现象，只有当气温回升至 0℃ 以上时才会出现融沉。因此由图 3-63 的计算结果可以拟合得到冻胀速率的变化公式为

$$V = \begin{cases} -0.003253e^{0.1251t} + 0.4988e^{0.002773t} & t \leqslant 41 \\ 0 & t > 41 \end{cases} \tag{3-57}$$

对冻胀速率积分即可得到冻胀量为

$$h = \int_{16}^{t} V \mathrm{d}t \tag{3-58}$$

冻胀量随时间变化曲线如图 3-64 所示。从图 3-64 中可以看出，从 16d 后冻胀开始产生，前期几乎以线性方式随时间增长，到 40d 开始发生明显的转折，41d 后冻胀量保持不变。虽然在真实情况中第三阶段深层土体仍有可能在原位冻结条件下发生微弱的冻胀，但是图 3-64 基本上真实反映了冻胀发展的特征。

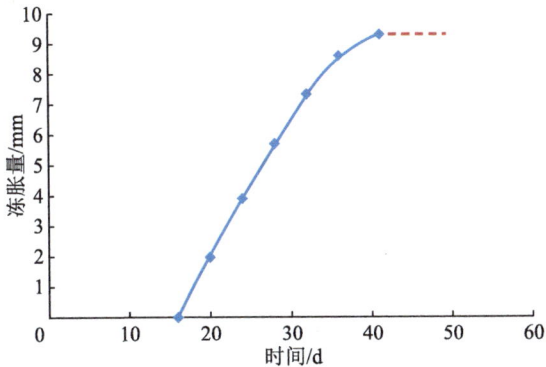

图 3-64 冻胀量随时间变化曲线

小 结

1）粗颗粒土填料的持水率随着细颗粒含量的增加而增大，其自然含水率为 3.0%～7.9%；随着砾以下颗粒的不断剔除，试样的冻胀率不断降低。去除 0.075mm 以下粒径后，粗骨料的冻胀率均小于 0.65%；渗透系数、持水率和上覆荷载等因素对试样冻胀率的影响较为显著。

2）通过 CT 试验及三维重构方法，研究了细颗粒料掺量、含水率对骨料微结构的影响因素及影响规律，初步得到在粗颗粒填料中，试样冻结后水分有一定微迁移，冰晶多在粗颗粒与细颗粒界面处聚集，提出了粗颗粒土对水分传输的影响。

3）通过冻结缘内的水－热耦合理论框架，求解得到冻结过程中温度和吸力的变化过程，应用理论计算可以较好地解释季节性冻土区路基 4 阶段冻胀规律。

4）通过 CT 微观及图像处理技术开展试验，试验结果表明粗颗粒土填料中的细颗粒土易聚集成团，以簇团结构的形式存在于填料中，簇团结构是粗颗粒土填料产生冻胀的主要原因之一。结合 CT 微观试验和冻胀试验，其结果表明冻胀率随着簇团率的增加而增大，呈相关性较高的线性关系，可通过簇团率评价粗颗粒土填料冻胀特性，为研究粗颗粒土冻胀提供了一条新思路。

第4章 路基冻胀与无砟轨道平顺性相互作用关系模型及管理标准

高寒地区路基冻胀较为普遍，夏季与冬季的不同运营速度给运营单位带来了诸多不便。高速铁路中常用的无砟轨道相对于有砟道床而言，具有平顺性高、整体性好、刚度较大等特点，对路基冻胀存在一定的抵抗能力，建立路基冻胀与无砟轨道的结构变形传递关系是明确其相互作用的关键。第2章和第3章从宏观现象、细观规律、微观机理3个不同层次对高速铁路路基季节性冻胀规律及其成因机制进行了探讨，在此基础上，建立合理的路基冻胀控制标准，实现科学研究从定性分析到定量研究的跨越，对于科学进行路基防冻胀设计、运营养护维修等工作具有重要的实际意义。

4.1 无砟轨道－路基结构冻胀模型

4.1.1 路基结构分层冻胀模型

哈大、盘营客运专线冬季运营期监测结果表明，路基最大冻结深度范围为240～280cm，随时间存在一定的变化规律，冻胀阶段总体变化趋势与气温变化基本一致。

从相关调研资料中可知，哈大高速铁路设计文件中规定，在路基表面55cm处设置土工布，阻止地表水对路基的渗入。因此，在调研资料中将冻结深度在55cm以内产生的冻胀确定为表层冻胀，冻结深度在55cm以上产生的冻胀确定为深层冻胀，对表层、深层共同作用的冻胀确定为复合型冻胀，在有限元模型的建立中应同样考虑3种不同情况。由于前面的内容中所提及的土工布隔离层具有防止水分进一步补充的作用，当监测冻结深度在浅层路基发育时，冻胀增长较为剧烈；当冻结深度发育至路基深层时，冻胀增长较为平缓。

因此可以将不同冻结深度时冻胀量的发展规律总结如下：冬季运营期，大气温度在0℃以下持续波动时冻结深度超过表层厚度，冻胀变形增长减缓，冻胀变形稳定发展，基床与基床表层冻胀变形逐渐分开，基床表层冻胀变形稳定不变，变形主要为深层冻胀变形。因此，具体模型建立思路如图4-1所示。

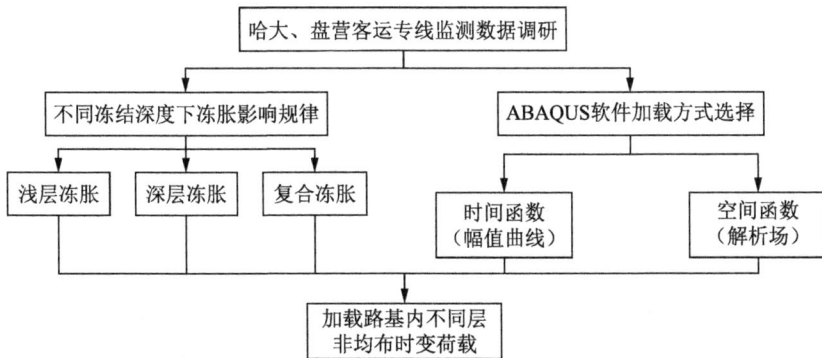

图 4-1　分层冻胀模型建立思路

考虑到实际工程中的冻胀问题，在建模方法上主要在轨道下部路基部分对模型进行细化。考虑路基实际形状，对路基结构进行有限元建模时，将路基结构分为基床表层、基床底层、路基本体（建模时未用）3 部分，结构参数如表 4-1 所示。路基分层冻胀模型结构示意图如图 4-2 所示。

表 4-1　路基结构分层冻胀模型结构参数

结构	项目	数值
基床表层	弹性模量 /MPa	150
	泊松比	0.3
	密度 / (kg/m³)	2100
	顶面宽度 /m	8.6
	高度 /m	0.3
基床底层	弹性模量 /MPa	100
	泊松比	0.3
	密度 / (kg/m³)	2000
	高度 /m	2.3
路基以下填土	弹性模量 /MPa	70
	泊松比	0.3
	密度 / (kg/m³)	1900
	高度 /m	3
土工布	摩擦系数	0.5

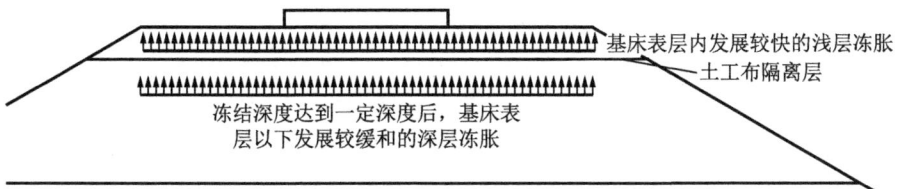

图 4-2　路基分层冻胀模型结构示意图

模拟层间关系时，由于路基内部设置了部分土工布，在表层以下55cm处接触关系有一定变化，将路基结构间的切向接触关系模拟为库仑摩擦接触形式，法向接触则模拟为相对应的接触刚度。

利用 ABAQUS 软件中解析场和幅值（amplitude）曲线与 Load 模块结合，可以在一个面上定义任意形式的非均布时变荷载（力／位移）。

通过之前对不同冻结深度情况下冻胀量发展情况的调研可以发现，不同冻结深度情况下，冻害可以分为浅层冻胀、深层冻胀及复合冻胀3种类型，在空间上主要表现为垂向位移，在建立的实体路基不同深度位置加载一定的垂向位移曲线以达到相应冻胀量。

4.1.2　路基结构离散元模型

考虑到离散元可以直接模拟路基颗粒本身的实际单元，在研究细小颗粒方面存在一定优势，因此本节利用离散元 PFC 软件建立高寒地区某段路基分析模型进行研究。PFC 软件适用于研究粒状集合体的挤压、错动问题及颗粒的流动（大位移）问题，在研究路基冻胀问题上具有参考意义。

1. 模型的假设

路基冻胀模型由离散元 PFC 软件建立，模拟时将路基颗粒用 PFC 软件中的小球代替。离散元模拟过程中进行了如下几点假设：

1）路基颗粒本身不会因挤压而破碎，因此假设颗粒单元为刚性，即单元的几何形状不会因为挤压而变形。

2）实际路基颗粒与颗粒之间的接触发生在很小的范围内，颗粒与颗粒之间的本构关系可用点接触模拟。

3）考虑精度和计算量的关系，使颗粒单元为球形，球形可以在保证精度的条件下，减少计算量，大大加快计算速度。

2. 离散元模型

冻胀是颗粒在低温条件下致水结冰使体积增大的现象。冻胀的机理就是细小颗粒先填充颗粒之间孔隙。当发生冻结，但颗粒并未填满孔隙时，宏观上不会发生膨胀；但当冻结导致颗粒填满骨架孔隙时，孔隙中颗粒膨胀，骨架抬升，产生宏观膨胀。PFC 软件的温度分析模块热力学选项可以模拟颗粒材料的瞬态热传导和储存，以及由此引起颗粒位移和颗粒之间的接触力变化，即可以使细小颗粒膨胀量随温度升高而增大，通过给予细小颗粒升温达到不同的膨胀量来得到路基的冻胀量。因此，可以采用升温模型来模拟冻胀现象。

（1）模型建立思路

通过离散元 PFC 软件建立路基冻胀模型。路基的冻胀通过设置不同冻结深度依次进行，得出相应的冻胀量。由于路基冻土层上部 1/3 ～ 1/2 的范围内存在一个主冻胀层，该层集中了整个冻土层冻胀量的 2/3 以上，而其下部则为冻而不胀或冻而少胀带，因此为了便于找出路基冻结深度与冻胀量之间的关系，在冻土层 1/3 ～ 1/2 范围内进行详细分层。

本节模型假定冻结总深度为 2.7m。因主冻胀层为冻土层的 1/3 ～ 1/2，为研究当冻胀量不变时冻结深度的大小，在 1.0 ～ 1.5m 范围内进行详细分层。因此，设置冻胀深度为 0.2m、0.4m、0.7m、1.2m、1.4m、1.7m、2.0m、2.7m，依次施加温度，得出冻胀量。

（2）模型建立

路基冻胀模型的建立步骤：先设置冻结深度为 0.2m 的路基；在此基础上增加 0.2m，即冻结深度为 0.4m 的路基；继续增加 0.3m，即冻结深度为 0.7m 的路基；依次增加，最终路基总高度为 2.7m。路基冻胀离散元分析模型结构如图 4-3 所示，路基的结构层如图 4-4 所示。

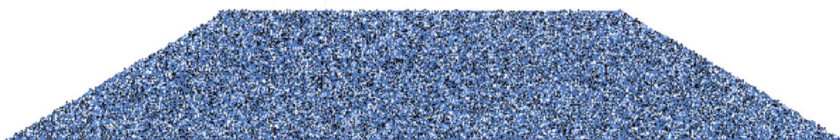

图 4-3　路基冻胀离散元分析模型结构示意图

第1层
第2层
第3层
第4层
第5层
第6层
第7层
第8层

图 4-4　路基结构层的模拟（共计 8 层）

图 4-5 为路基离散元细颗粒相互作用模型。图 4-5（a）中细颗粒含量多，发生了冻胀现象；图 4-5（b）中细颗粒含量刚好达到饱和状态；图 4-5（c）中细颗粒含量少，没有达到饱和，冻胀时细颗粒会填充孔隙，不会发生宏观冻胀；图 4-5（d）中不存在细颗粒。

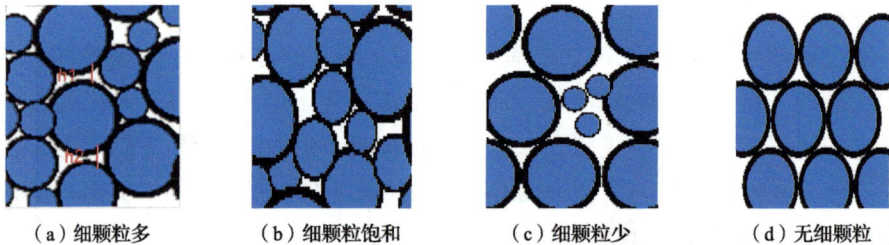

（a）细颗粒多　　　（b）细颗粒饱和　　　（c）细颗粒少　　　（d）无细颗粒

图 4-5　路基离散元细颗粒相互作用模型

　　路基颗粒与颗粒之间存在黏结作用，有较小的抗拉强度和抗剪强度，且路基在冻胀过程中，路基的颗粒可以发生转动。当颗粒之间任何一个方向上的最大应力超过相应的黏结强度时，颗粒与颗粒之间的黏结就会破坏。离散元中的平行黏结模型可以很好地模拟路基颗粒与颗粒之间的本构关系。平行黏结模型即颗粒之间存在拉力、剪力和弯矩，既可以传递力，也可以传递弯矩。

　　（3）计算结果

　　基于离散元对路基颗粒进行冻胀模拟，分别得出了不同冻结深度路基的冻胀量和各冻胀层的冻胀情况，如图 4-6 和图 4-7 所示。

　　由图 4-6 和图 4-7 可得，路基冻胀现象在路基冻结深度较小时比较显著，路基冻胀量随着路基的冻结深度增加而增加，当路基冻结深度达到 2.0m 时冻胀量趋于稳定，最大冻胀量为 20.8mm。路基冻胀量与冻结深度的关系是非线性关系，因为路基各冻胀层的冻胀量不同，所以对路基总冻胀量的贡献也不相同，对路基冻胀量贡献最大的是基床表层。

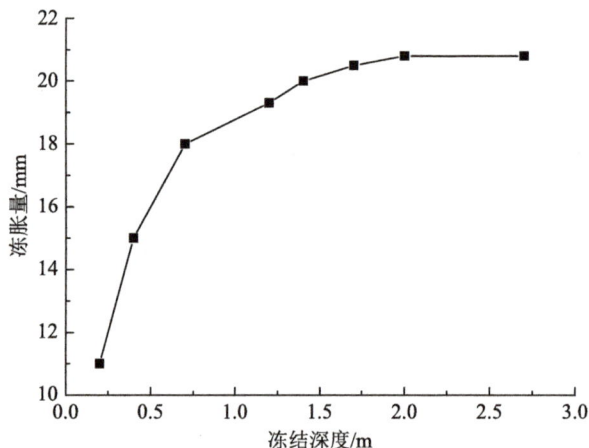

图 4-6　冻胀量与冻结深度的关系曲线

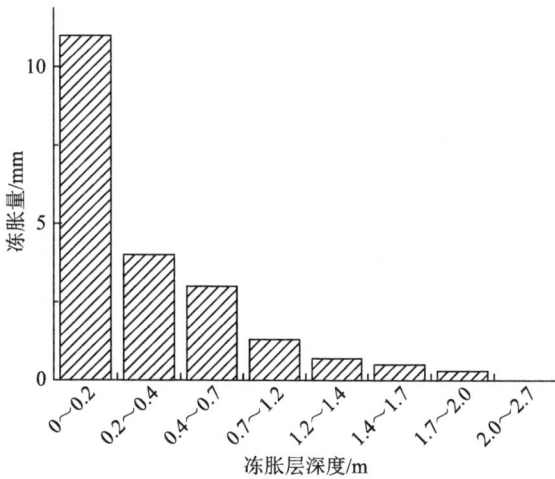

图 4-7　不同冻胀层深度的冻胀量柱状图

4.1.3　无砟轨道－路基冻胀计算模型

考虑无砟轨道结构的温度效应，目前在我国严寒地区应用的主要是 CRTS Ⅰ型和Ⅲ型板式无砟轨道，其可以避免连续式无砟轨道的超长条形钢筋混凝土结构伸缩变形产生的失稳和伤损。本节主要针对以上两种无砟轨道形式进行路基冻胀对上部轨道结构影响的分析。

1. CRTS Ⅰ型板式无砟轨道

路基上 CRTS Ⅰ型板式无砟轨道（图 4-8）自上而下分别由钢轨、扣件、轨道板、CA 砂浆充填层及底座板组成，板与板之间设置了凸形挡台进行一定限位，挡台与轨道板之间的空隙采用合成树脂材料进行充填。

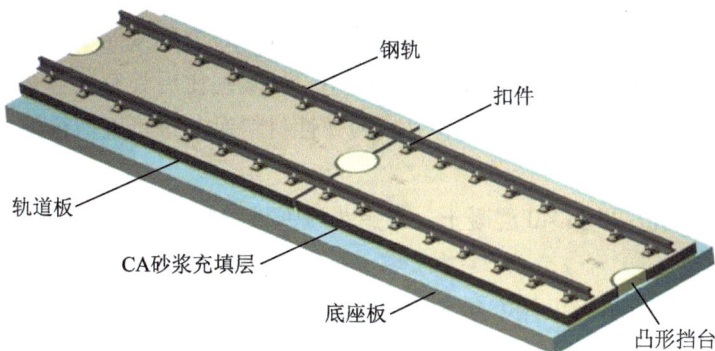

图 4-8　CRTS Ⅰ型板式无砟轨道结构示意图

高寒地区路基采用的 CRTS Ⅰ型板式无砟轨道的结构特点主要表现为，每块底座板上一般铺设 3 块轨道板，轨道板间缝宽一般为 70mm；底座板之间隔一定距离也设置了板缝，底座板间缝宽一般为 100mm。为分析 10 ～ 120m 不同路基冻胀波长对无砟轨道的影响，计算模型中将冻胀影响区放在中间位置，两边钢轨及无砟轨道端部假设为纵向约束，模型总长度需要 240m 左右。

钢轨采用梁单元模拟，轨道板、CA 砂浆充填层、底座板均采用空间实体单元模拟，扣件采用三向非线性笛卡儿弹簧连接单元模拟其刚度及阻尼特性，将其连接到钢轨及轨道板单元节点上。另外，对用于模拟扣件的连接线的端部进行处理，约束其转动自由度，有效地模拟扣件垫板对钢轨的约束作用，如图 4-9 所示。轨道板与 CA 砂浆充填层间、轨道板与凸形挡台周边垫层间以及底座板与基床表层间设置为可分离的接触，所有的接触间摩擦系数均取 0.5。

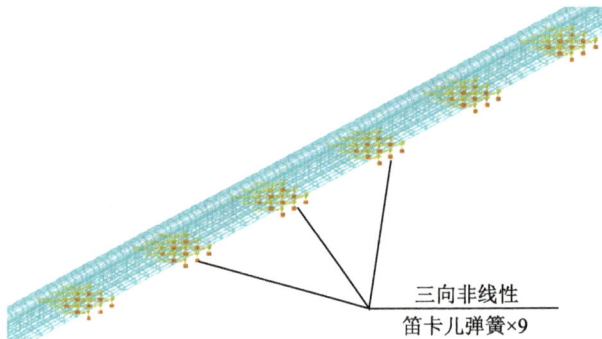

图 4-9　三向弹簧模拟扣件系统

在建模过程中，对模型尺寸细节进行了一定的简化，具体如下：

1）轨道板采用 C60 混凝土，考虑为线弹性材料，宽度为 2400mm，厚度为 200mm。

2）轨道板下 CA 砂浆充填层厚度为 50mm。因为砂浆是一种非线性材料，所以具体类比起来比较困难。在实际情况中，砂浆硬化后具有足够的强度、耐久性、稳定性和相应的弹性，因此，采用线弹性材料对其进行近似模拟，并采用实体单元对其进行模拟。

3）凸形挡台采用 C40 混凝土，考虑为线弹性材料，半径为 260mm，高度为 260mm。

4）混凝土底座板采用 C40 混凝土，考虑为线弹性材料，宽度为 2800mm，厚度为 250mm。

CRTS Ⅰ型板式无砟轨道模型示意图如图 4-10 所示。

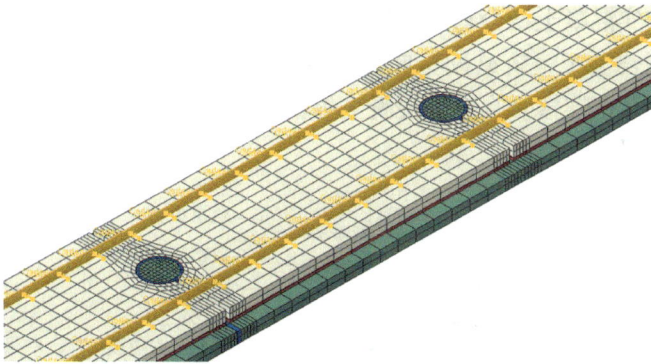

图 4-10　CRTS Ⅰ型板式无砟轨道模型示意图

CRTS Ⅰ型板式无砟轨道结构的细部参数如表 4-2 所示。

表 4-2　CRTS Ⅰ型板式无砟轨道结构的细部参数

轨道部件	项目	数值
钢轨	规格 /（kg/m）	60
	密度 /（kg/m³）	7800
	弹性模量 / MPa	210000
	泊松比	0.3
扣件	静刚度 /（kN/mm）	30
	间距 / mm	625
轨道板	弹性模量 / MPa	36000
	密度 /（kg/m³）	2500
	泊松比	0.2
	长度 / mm	5000
	宽度 / mm	2400
	厚度 / mm	190
CA 砂浆充填层	弹性模量 / MPa	300
	厚度 / mm	50
底座板	弹性模量 / MPa	32500
	密度 /（kg/m³）	2500
	泊松比	0.2
	宽度 / mm	3000
	厚度 / mm	300

2. CRTS Ⅲ型板式无砟轨道

CRTS Ⅲ型板式无砟轨道作为一种新型的双向预应力钢筋混凝土形式,其混凝土结构耐久性以 60 年服役期为设计标准。CRTS Ⅲ型板式无砟轨道自上而下分别为轨道板、自密实混凝土、隔离层、混凝土底座板,如图 4-11 所示。其主要结构特点如下:取消了 CRTS Ⅰ型板式无砟轨道板之间的凸形挡台,取而代之的是采用自密实混凝土凸台与底座板凹槽的方式进行限位；在实际工程中自密实混凝土采用现浇施工，轨道板与自密实混凝土之间采用大量门型筋及销钉连接，两结构可视为紧密连接；自密实混凝土与底座板间设置了隔离层，凸形挡台侧面四周又设置了缓冲垫层。

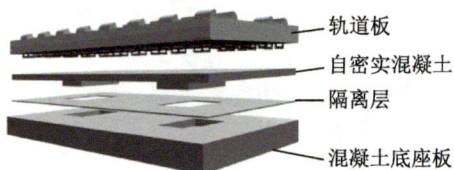

图 4-11　CRTS III 型板式无砟轨道结构示意图

同样地，在建模过程中，对 CRTS III 型板式无砟轨道模型尺寸细节进行了一定的简化，具体细节如下：

1）CRTS III 型板式无砟轨道板通常有两种板长：5350mm 和 4856mm。为简化网格，本书采用了 5000mm 的板长，板的宽度为 2500mm，厚度为 190mm。

2）轨道板下灌注自密实混凝土层，所使用的混凝土强度等级为 C40，宽度为 2700mm，厚度为 90mm，而其长度与轨道板相同。

3）底座板采用 C40 钢筋混凝土，宽度为 3100mm，在其上面设置两个尺寸为 600mm×400mm 的凹槽，并且其深度应该与底座板相同。

4）根据轨道板与自密实混凝土间紧密连接的特点，将轨道板与自密实混凝土视为互不分离的结构，可采取共节点建模。

5）对隔离层进行建模时，法向采用硬接触进行模拟，切向考虑一定摩擦系数进行模拟。对弹性缓冲垫层进行建模时将其简化，法向考虑设计接触刚度，切向采用摩擦接触形式进行模拟。

CRTS III 型板式无砟轨道模型示意图如图 4-12 所示。

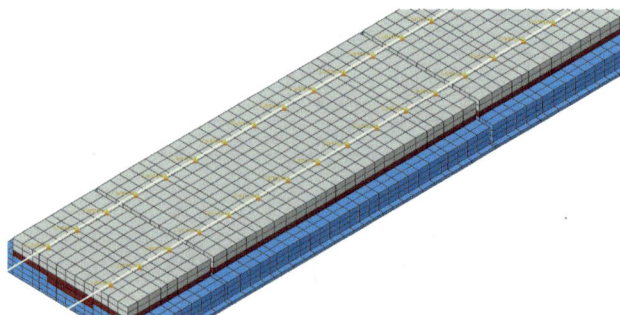

图 4-12　CRTS III 型板式无砟轨道模型示意图

CRTS III 型板式无砟轨道结构的细部参数如表 4-3 所示。

表 4-3　CRTS Ⅲ 型板式无砟轨道结构的细部参数

轨道部件	项目	数值
钢轨	密度 / (kg/m³)	7800
	规格 / (kg/m)	60
	弹性模量 / MPa	210000
	泊松比	0.3
扣件	静刚度 / (kN/mm)	50
	间距 / mm	625
轨道板	宽度 / mm	2500
	厚度 / mm	190
	长度 / mm	5000
	混凝土类别	C60
自密实混凝土	宽度 / mm	2700
	厚度 / mm	90
	混凝土类别	C40
隔离层	摩擦系数	0.5
凹槽垫层	接触刚度 / MPa	250
	摩擦系数	0.5
混凝土底座板	凹槽宽度 / mm	400
	凹槽长度 / mm	600
	宽度 / mm	3100
	厚度 / mm	300
	长度 / mm	5000
	混凝土类别	C40

3. 双块式无砟轨道

双块式无砟轨道具有工艺简单、施工方便、经济效益好等优点，已在我国多条线路上得到了广泛应用，并在我国冬季严寒的西北地区的兰新二线上进行了铺设。双块式无砟轨道将预制的双块式轨枕组成轨排，并以现场浇筑混凝土的方式将轨枕浇入均匀连续的钢筋混凝土道床内，属于混凝土一次浇注成型的连续型轨道结构。双块式无砟轨道自上而下由钢轨、扣件、轨道板、支承层组成。在传统路基地段，双块式无砟轨道为纵向连续式，桥梁段为纵向单元式，但为了扩大双块式无砟轨道的铺设范围，提高结构的适应性，在兰新线上铺设了两种单元双块式无砟轨道，板与板之间设置伸缩缝，按单元长度可分为19.5m大单元和6.5m单元双块式无砟轨道。本节主要以纵连式双块式无砟轨道及6.5m双块式无砟轨道为例，计算冻胀对轨道结构的影响，细部参数如表4-4所示。

表 4-4 双块式无砟轨道结构的细部参数

轨道部件	项目	数值
钢轨	密度 / (kg/m³)	7800
	规格 / (kg/m)	60
	弹性模量 / MPa	210000
	泊松比	0.3
扣件	静刚度 / (kN/mm)	50
	间距 / mm	625
轨道板	宽度 / mm	2800
	厚度 / mm	260
	长度（单元式特有）/ mm	6500
	板间伸缩缝 / mm	20
	混凝土类别	C40
支承层	宽度 / mm	3400
	厚度 / mm	300
	混凝土类别	C15

双块式无砟轨道模型示意图如图 4-13 所示。无砟轨道－路基整体模型示意图如图 4-14 所示。

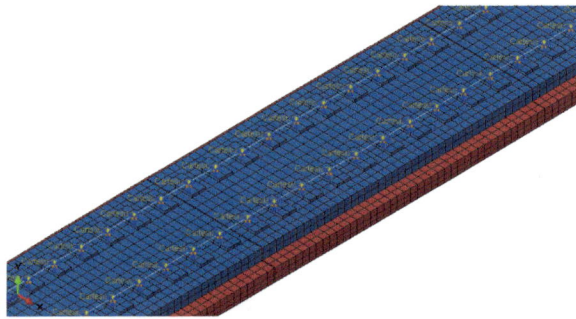

图 4-13 双块式无砟轨道模型示意图

图 4-14 无砟轨道－路基整体模型示意图

4.2　路基冻胀传递模型

4.2.1　路基冻胀的基本波形

基于高速铁路路基冻胀主要产生在基床浅层的监测结果，根据严寒地区高速铁路设计标准，可以排除地下水成为影响路基冻胀的主要因素，得到原位冻胀是基床粗颗粒土冻胀的控制因素的结论。因此，影响冻胀的因素除温度外，还取决于路基填料性质、施工过程中含水率的控制及外部水的侵入。

路基填料中细颗粒含量和矿物成分决定其对冻胀的影响程度。在工程实践中，从级配碎石和 A、B 组填料的生产与运输来看，细颗粒含量的变化是成批次的，一个批次填料的冻胀变形量可视为均匀的，不均匀冻胀可能产生于不同批次填料的交界处。

施工中填料含水率的控制与填料及施工时间和人员有关，在一定的施工单元内路基含水率可视为均匀的，冻胀分布特征与填料性质的影响相类似。如图 4-15 和图 4-16 所示，近 1km 范围内填料细颗粒含量的变化范围在 4.0% 以内，近 100m 范围内细颗粒含量的变化范围在 2.0% 以内。

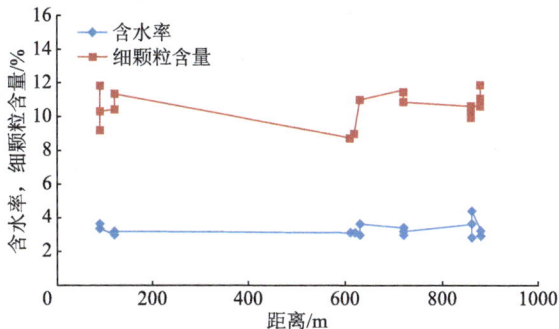

图 4-15　含水率与细颗粒含量的现场抽检结果（一）

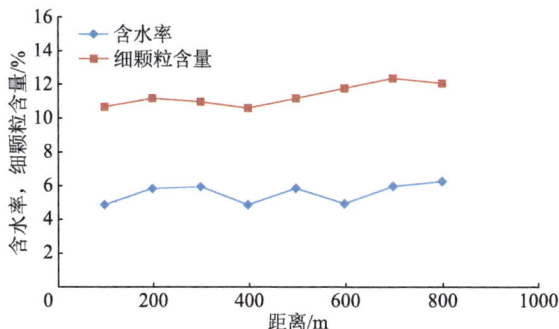

图 4-16　含水率与细颗粒含量的现场抽检结果（二）

　　外部水的侵入主要与无砟轨道底座板横向接缝、底座板纵向与线间接缝、底座板纵向与路肩混凝土接缝的封闭质量有关。当封闭带产生伤损或破坏时，外部水便会侵入下面的路基内，由此产生的冻胀是随机的。

　　底座板横向接缝、底座板纵向与线间接缝、底座板纵向与路肩接缝这 3 种情况中，前两种况情除交界处产生不均匀冻胀外，其余地段的冻胀均可视为均匀冻胀；第 3 种情况下不管水是从接缝侵入还是从纵缝侵入，都会产生不均匀冻胀。

　　不均匀冻胀的情况还会在路桥、路堑过渡段发生，即桥梁和隧道为混凝土结构，产生冻胀的量可以忽略，相邻的路基冻胀变形相对要大得多。

　　路基冻胀是严寒地区的一种自然现象，在路基结构中普遍存在，均匀冻胀引起的均匀抬升对无砟轨道结构来说与公路路面结构一样不会产生大的危害，不均匀冻胀将会引起轨道不平顺和无砟轨道结构的伤损。从理论上来说，不均匀冻胀波形有突变型和缓变型两种，外部水侵入产生的冻胀变形可归为缓变型，底座板横、纵向接缝与线间、路肩接缝交界处和过渡段的冻胀可能会形成突变型。从工程实践分析，路基分层填筑、碾压弱化了两类交界的绝对性，过渡段路基采用掺水泥级配碎石以后减缓了冻胀变形量的绝对差异，这种不均匀冻胀也可归为缓变类型内。因此，用缓变型的冻胀波形表征不均匀冻胀符合工程实际。

　　图 4-17 所示为采用测量间隔 0.5m 的准连续监测方法得到的 30m 范围内的冻胀波形，对照图 4-15 和图 4-16 可知，冻胀波形沿线路纵向的波动符合现场实际。图 4-17 中最大冻胀峰值的波形可以用波长 10m 左右的单波余弦曲线来描述，这种波形曲线是表征轨道不平顺和高速铁路基础沉降变形最经典的曲线，因此，也可用它作为路基冻胀的基本波形曲线，如图 4-18 所示，其表达式为

$$y = f_0 \left[\frac{1}{2} - \frac{1}{2} \cos\left(\frac{2\pi Z}{l} \right) \right] \tag{4-1}$$

式中，f_0 为波峰；Z 为不均匀沉降的位置坐标；l 为波长。

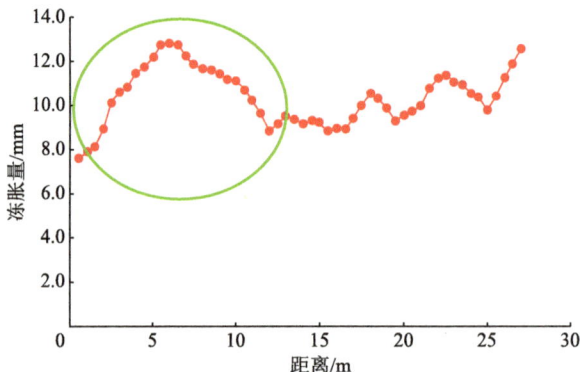

图 4-17　连续监测得到的冻胀波形

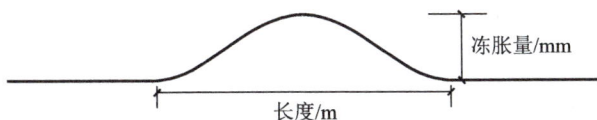

图 4-18　余弦型冻胀波形

4.2.2　无砟轨道 – 路基冻胀激励模型

1.　冻胀激励的加载方式及加载位置选择

根据路基冻胀产生机理和变化规律确定模型下部边界条件。在路基冻胀过程中，基床和本体冻结以后，其基本参数，如弹性模量和泊松比都将发生变化，模拟此过程是路基冻胀机理研究范畴的内容。冻胀结果可以通过基床表层与底座板界面上的变形曲线反映出来。因此，计算模型以此界面作为边界条件，且在计算中不考虑路基冻胀机理，直接将冻胀波形作为输入条件，简化了计算条件。

路基变形量测试结果、不均匀冻胀量（δ）、路基冻胀深度等相关参数结论，可为研究路基冻胀仿真分析模型中路基建模及不平顺模块提供数值参考。根据两侧冻胀变形曲线，拟合路基面的空间变形曲面，横向采用线性拟合。通过自主编程实现路基面空间曲面的模型加载，放大 300 倍的路基表面整体冻胀量如图 4-19 所示。

路基冻胀波形采用图 4-18 和式（4-1）表示的余弦形式，作用位置如图 4-20 所示，分为作用在底座板中间附近（位置 A）和接缝附近（位置 B）两个位置。根据轨道不平顺控

图 4-19　放大 300 倍的路基表面整体冻胀量

制标准和现场实测结果，计算波长范围为 10 ~ 120m，峰值范围为 4 ~ 40mm。

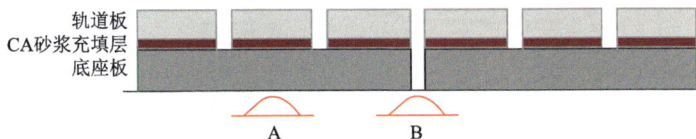

图 4-20　路基冻胀作用位置示意图

2.　典型冻胀下无砟轨道层间离缝的产生及演变机理研究

无砟轨道在服役过程中受车辆、温度、基础冻胀等多种荷载影响，支承层与路基基床表层的级配碎石间可能产生区域内的离缝现象。严寒地区路基冻胀变形

是导致无砟轨道下部路基不均匀变形的主要形式之一。目前有关冻胀变形下基床表层与无砟轨道离缝的产生及演变情况的研究较少。

基于所建立的冻胀模型，对不同冻胀曲线下路基上板式无砟轨道底座与基床表层离缝产生及其演变情况进行研究。结合层间黏结抗剪试验相关结果，层间黏结强度 f_t 取 0.2MPa。

在描述裂纹扩展过程时，引入裂纹空隙面积（crack interspace area，CIA）代替裂纹开口位移（crack mouth opening displacement，CMOD），其计算方式如图 4-21 所示。

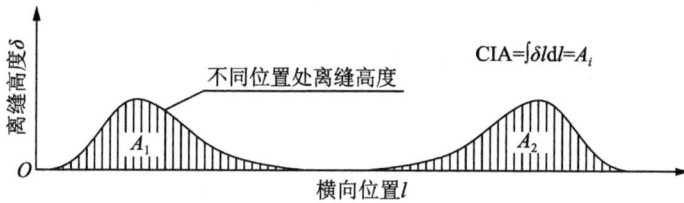

图 4-21　CIA 指标计算示意

冻胀采用标准余弦式变形曲线，为了提高计算效率，本节中基床表层变形分别采用半余弦式台阶曲线为基本形式，研究冻胀变形对层间黏结强度及黏结破坏发展的影响，冻胀曲线如图 4-22 所示。

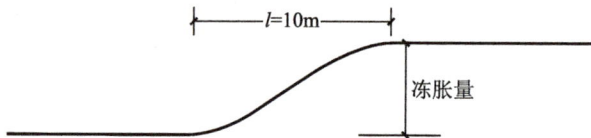

图 4-22　半余弦式冻胀曲线

层间黏结强度在 0.4MPa 时，在 0～30mm 路基变形幅值下，无砟轨道与下部基础层间黏结破坏情况如图 4-23 所示。

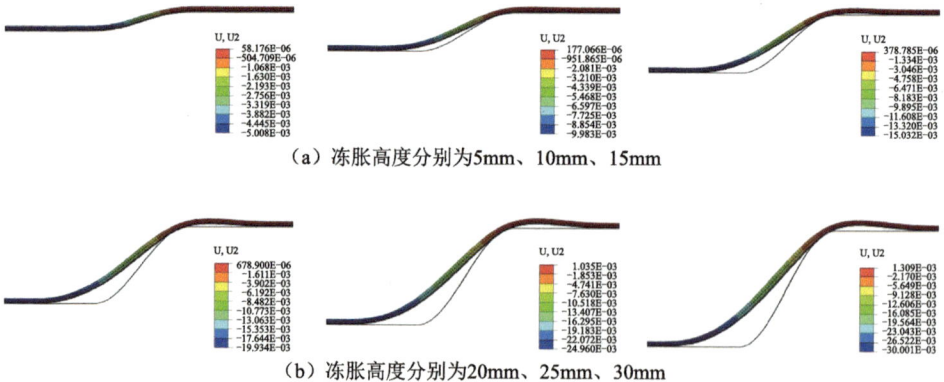

（a）冻胀高度分别为5mm、10mm、15mm

（b）冻胀高度分别为20mm、25mm、30mm

图 4-23　无砟轨道与下部基础层间黏结破坏情况

不同冻胀量下层间垂向离缝量如图 4-24 所示。

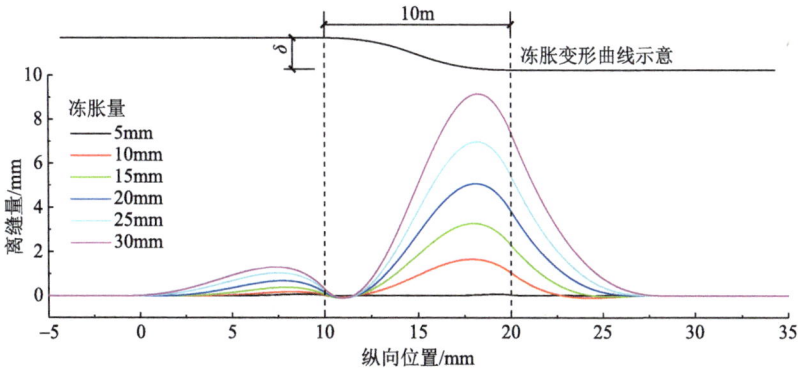

图 4-24　不同冻胀量下层间垂向离缝量

从云图和离缝量分布情况变化可以看出，层间黏结强度在 0.4MPa 时，冻胀量为 5mm 时，层间未出现离缝现象；10 ～ 30mm 时，冻胀区及冻胀范围外一定位置均出现了一定程度的离缝；冻胀量为 30mm 时，离缝量在 9.17mm 左右。

利用 CIA 指标对离缝发展进行描述，层间黏结强度为 0.4MPa 时，CIA 指标和纵向离缝范围随着冻胀量的变化情况如图 4-25 和图 4-26 所示，其中 f_1 和 f_2 表示突变值。

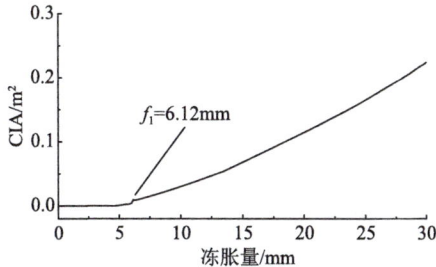

图 4-25　CIA 指标随冻胀量变化情况

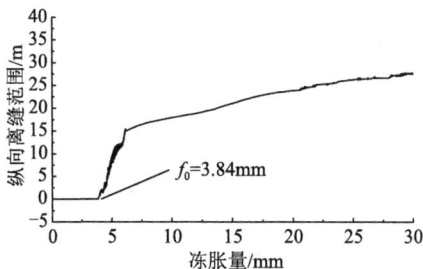

图 4-26　纵向离缝范围随冻胀量变化情况

初始离缝发生于冻胀量为 3.84mm 时，从云图（图 4-27）可以看出，离缝在冻胀变形结束端位置处时，存在一定程度的突然离缝，发生于冻胀量为 6.12mm 时。突然离缝前后，离缝范围增长幅度及 CIA 指标有较大变化，其中冻胀量为 6.12mm前，离缝范围增长较为迅速，而 CIA 增长较为缓慢；冻胀量为 6.12mm 后，离缝范围扩展逐渐缓慢，而 CIA 指标基本呈线性增长趋势。

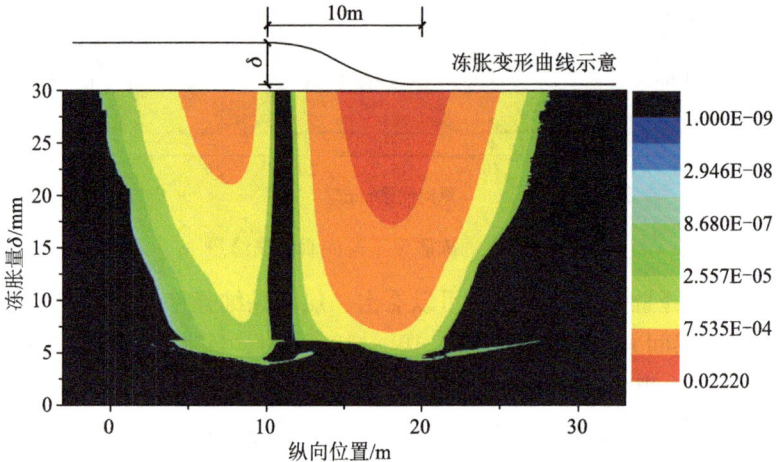

图 4-27   无砟轨道与下部基础层间黏结破坏情况

4.3   路基冻胀对无砟轨道的影响

根据图4-28所示计算结果可知,对于路基不均匀冻胀给无砟轨道带来的影响,总的来说可以归纳为 3 部分：一是路基冻胀对上部轨道不平顺值的影响，包括对不平顺峰值及波长的影响；二是对轨道结构本身变形的影响，包括轨道结构位移、板下离缝等；三是对轨道结构自身受力的影响。本节将从 3 个方面对路基冻胀给无砟轨道带来的影响进行分析。

（a）CRTS Ⅰ型板式轨道计算结果示例   （b）CRTS Ⅲ型板式轨道计算结果示例

图 4-28   无砟轨道－冻胀模型计算结果示例

4.3.1　CRTS Ⅰ型板式无砟轨道

1. 路基冻胀对无砟轨道不平顺值的影响

（1）路基冻胀 – 无砟轨道不平顺传递规律

应用建立的计算模型，对 CRTS Ⅰ型板式无砟轨道在路基冻胀作用下的变形传递关系进行研究。

图 4-29 所示 CRTS Ⅰ型板式无砟轨道的冻胀波长为 10m、20m 时，最大冻胀量为 30mm 所引起的轨道结构各层垂向位移，可以得出以下规律：

1）路基冻胀向轨面的传递特征与冻胀波长有关，随着波长的增大，轨道不平顺和冻胀变形曲线趋于一致。

2）路基冻胀向轨面传递的特征与冻胀发生位置有关，当冻胀发生在位置 A 时，轨道不平顺峰值与冻胀峰值比较接近；当冻胀发生在位置 B 时，冻胀将会引起轨道不平顺的增大。

3）当路基冻胀波长较小时，轨道不平顺波长要大于冻胀波长，随着冻胀波长的增大，两者趋于一致。

4）当路基冻胀波长较小时，无砟轨道结构变形波长与之存在差异，导致底座板离缝，单元轨道板的板端翘曲，也会出现轨道板与 CA 砂浆充填层间的离缝；随着路基冻胀波长的增大，无砟轨道结构的变形与其相协调，不再产生离缝问题。

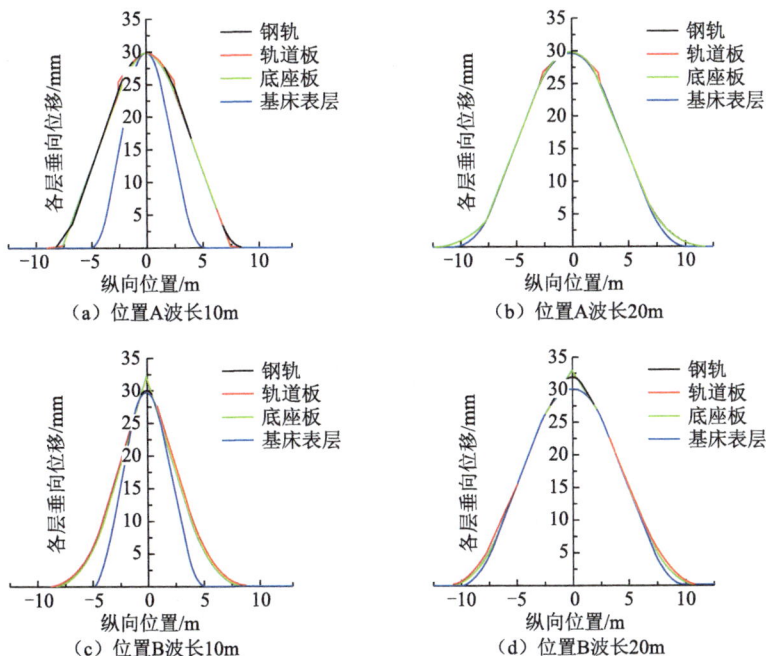

（a）位置A波长10m　　　（b）位置A波长20m

（c）位置B波长10m　　　（d）位置B波长20m

图 4-29　路基冻胀在 CRTS Ⅰ型板式无砟轨道结构中的传递

（2）路基冻胀对轨道不平顺峰值的影响

图 4-30 和图 4-31 是位置 A 和位置 B 路基冻胀对 CRTS Ⅰ 型板式无砟轨道轨面不平顺的影响规律。在当冻胀发生在位置 A 时，在冻胀波长不超过 40m 的情况下，路基上拱引起底座板和轨道板等上拱变形，钢轨作为连续结构对上拱起到一定的约束作用，扣件产生压缩变形，从而引起轨道不平顺峰值小于路基冻胀变形峰值；当冻胀波长大于 40m 以后，钢轨变形与轨下结构相协调，轨道不平顺波形与路基冻胀波形相一致。

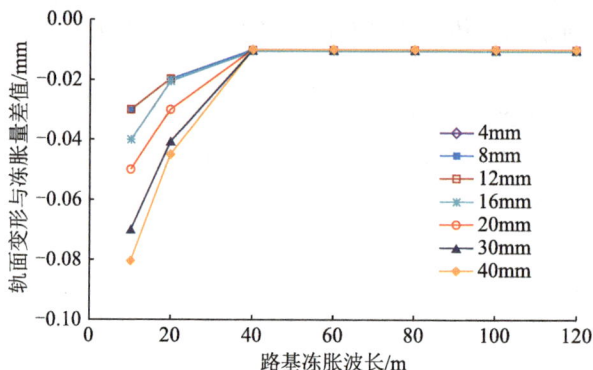

图 4-30　位置 A 路基冻胀对 CRTS Ⅰ 型板式无砟轨道轨面不平顺的影响

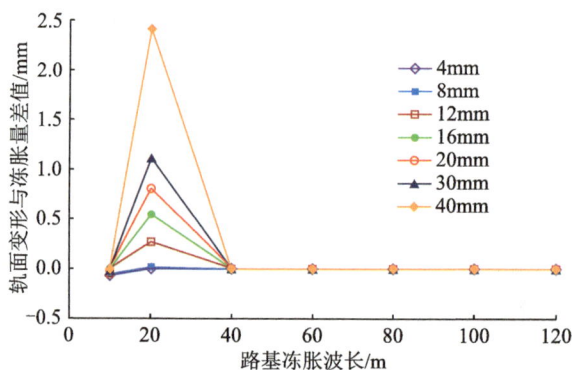

图 4-31　位置 B 路基冻胀对 CRTS Ⅰ 型板式无砟轨道轨面不平顺的影响

当冻胀发生在位置 B 时，随着冻胀波长的变化，轨道不平顺峰值在冻胀波长 40m 以下时变化较大。当冻胀波长小于 10m 时，底座板和轨道板在接缝处为长度不到 5m 的悬臂结构，如图 4-29（c）所示，底座板和轨道板端部出现较大的上翘变形，由于钢轨受影响范围很小，受约束作用最大，扣件压缩变形最大，引起轨道不平顺峰值变化小于冻胀量峰值变化；当冻胀波长增大以后，悬臂结构长度增加，轨道结构与路基冻胀的跟随性增强，在悬臂结构长度 10m 左右时，钢轨随板端翘起，上拱量达到最大；在冻胀波长达到 40m 以后，轨道不平顺峰值与路基冻胀峰值相一致。

计算结果表明，路基冻胀对轨道不平顺的影响与冻胀波长、峰值及发生位置有关。当冻胀波长超过 40m 时，不管路基冻胀发生在底座板下什么位置，轨道不平顺峰值都与冻胀峰值基本一致；当波长小于 40m 时，路基冻胀对轨道不平顺峰值影响较大，底座板接缝处的冻胀对轨道不平顺影响最为不利。

（3）路基冻胀对轨道不平顺波长的影响

图 4-32 为 CRTS Ⅰ 型板式无砟轨道不平顺波长受路基冻胀影响的计算结果，当路基冻胀波长超过 20m 以后，轨道不平顺波长与冻胀波长趋于一致；当路基冻胀波长不超过 20m 时，引起的轨道不平顺波长将大于路基冻胀波长，并随冻胀峰值增加而增大。在冻胀峰值 20mm 以内，位置 A 处冻胀引起的轨道不平顺波长大于位置 B 处。这与位置 B 处在冻胀峰值较小时，底座板和轨道板板端翘起与钢轨之间的关系有关。结合图 4-29 和图 4-31 可以看出，单元底座板和轨道板的板端效应对轨道不平顺有一定影响。

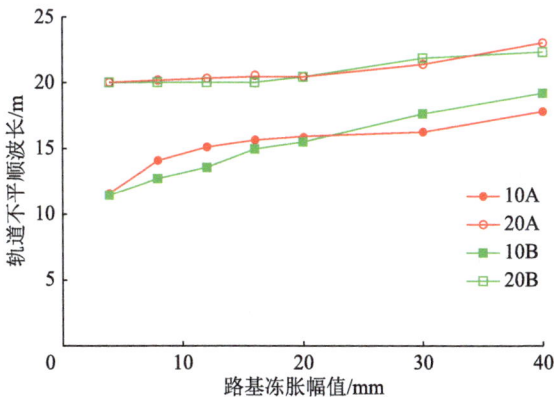

图 4-32　路基冻胀对 CRTS Ⅰ 型板式无砟轨道不平顺波长的影响

计算结果表明，路基冻胀向轨面传递过程中，轨道不平顺峰值的变化和冻胀发生位置有一定关系，在最不利情况下路基冻胀波长 20m、峰值 40mm 时，轨道不平顺峰值增加 2.4mm 左右，如果采用轨道不平顺管理标准进行控制，其峰值不应超过 10mm，此种情况下轨道不平顺峰值与冻胀峰值差值不到 0.1mm；轨道不平顺波长在路基冻胀波长不超过 20m 时，呈增大趋势；在冻胀波长达 20m 以上时，两者趋于一致。因此，从波长和峰值管理来分析，用轨道不平顺标准评价路基冻胀是安全的。

2. 路基冻胀对无砟轨道变形的影响

在路基冻胀作用下，CRTS Ⅰ型板式无砟轨道底座板、轨道板会产生与冻胀波形相类似的上拱变形。将这种上拱变形用示意图来表示，得到如图4-33和图4-34所示的各结构层变形情况。

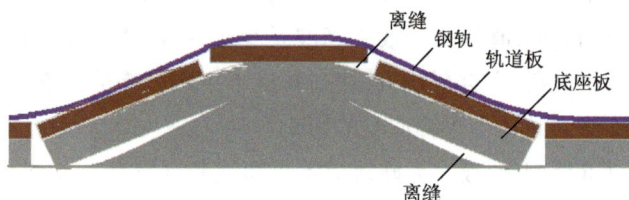

图 4-33　位置 A 路基冻胀对 CRTS Ⅰ 型板式无砟轨道结构的影响

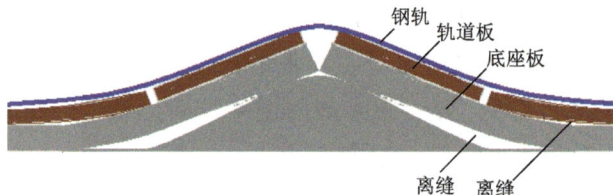

图 4-34　位置 B 路基冻胀对 CRTS Ⅰ 型板式无砟轨道结构的影响

如图 4-33 所示，当路基冻胀作用在位置 A 时，底座板上拱变形与冻胀波形有一定的跟随性，但在一定的抗弯刚度作用下，底座板会在冻胀波形的波脚处产生离缝，且冻胀波长越小，离缝量越大；在冻胀波峰两侧的轨道板与底座板结合良好，而波峰上方的轨道板则会在板端出现与底座板或 CA 砂浆充填层的分离，冻胀波长越小，分离量越大。计算结果如图 4-35 和图 4-36 所示，冻胀波长对离缝量的影响范围在 60m 波长范围内，在 40m 范围以内影响显著；底座板的离缝量是轨道板离缝量的 1 倍以上。

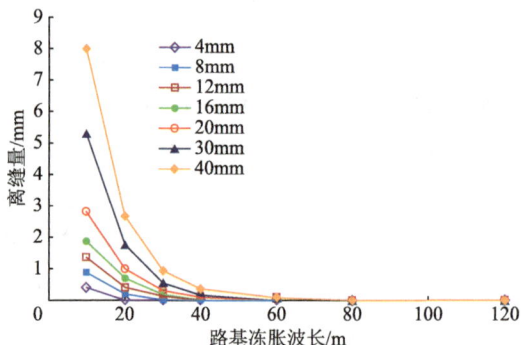

图 4-35　位置 A 路基冻胀波长对 CRTS Ⅰ 型板式无砟轨道底座板离缝量的影响

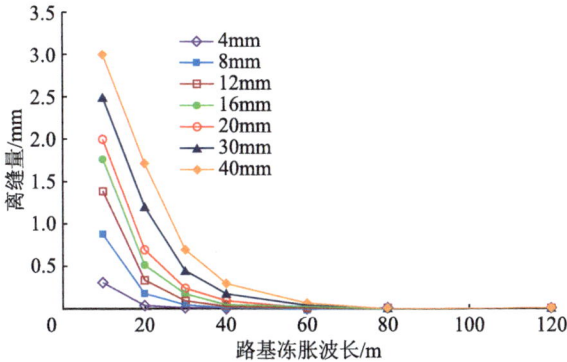

图 4-36　位置 A 路基冻胀波长对 CRTS Ⅰ型板式无砟轨道轨道板离缝量的影响

位置 B 路基冻胀的影响与位置 A 的差异，在于底座板会在冻胀波峰处翘起，而在波脚处产生较大的离缝；轨道板的离缝也主要发生在波脚处。此时的离缝量大小与波脚两侧底座板和轨道板悬臂长度有关，如果悬臂长度很大，则离缝量就很大。图 4-37 和图 4-38 为计算结果，冻胀波长 20m 以内时对底座板离缝量最大，此时波脚处正处于底座板中间位置附近，两侧悬臂长度都比较大，离缝量也比较大。轨道板随着冻胀波长的增大，与底座板的跟随性增强，在 60m 以上冻胀波长范围与底座板结合良好，在 60m 以下冻胀波长范围内产生一定的离缝量。

计算结果表明，在路基冻胀作用下，CRTS Ⅰ型无砟轨道底座板离缝量远大于轨道板离缝量，且接缝处离缝量最大，而底座板中间的轨道板离缝量要大于两边的轨道板。在冻胀波长较小时，路基冻胀与底座板接缝间的关系对离缝量影响较大，如冻胀发生在位置 B 附近引起的底座板离缝量要远大于位置 A，但位置 A 处冻胀波长影响范围较大。轨道板离缝量则在位置 A 时比较大，且处于冻胀峰值影响范围内，产生影响的冻胀波长范围也比较大。

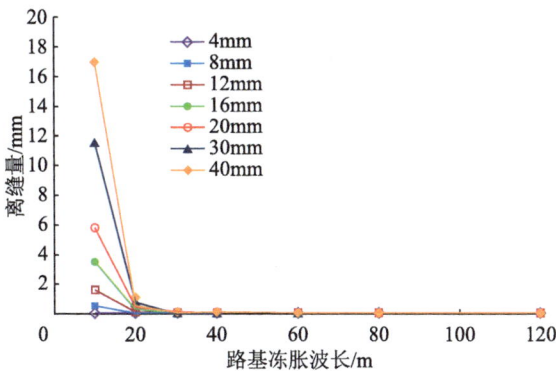

图 4-37　位置 B 路基冻胀波长对 CRTS Ⅰ型板式无砟轨道底座板离缝量的影响

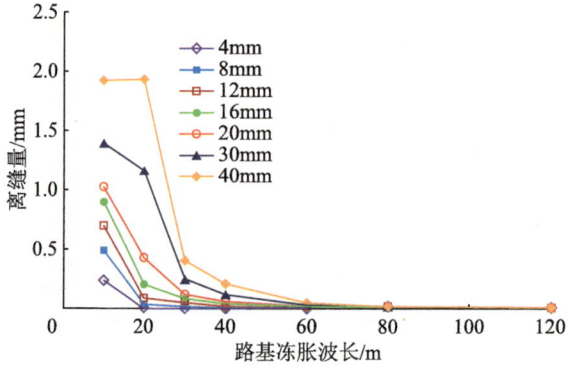

图 4-38　位置 B 路基冻胀波长对 CRTS Ⅰ型板式无砟轨道轨道板离缝量的影响

3. 路基冻胀对无砟轨道受力的影响

受路基冻胀上拱的影响，底座板和轨道板要产生弯曲变形。位置 A 在冻胀峰值区域底座板和轨道板上表面将产生最大弯矩和拉应力；冻胀波形的波脚处底座板和轨道板下表面将产生最大弯矩和拉应力。如图 4-39 和图 4-40 所示，底座板和轨道板最大拉应力随冻胀变形波长及峰值的变化规律是一致的，均随冻胀波长增大而迅速衰减，随冻胀变形峰值的增大而增大，且底座板承受的拉应力大于轨道板。在冻胀波长较小情况下，底座板和轨道板最大拉应力都出现高于设计抗拉强度的情况，表明中短波冻胀变形对底座板和轨道板的伤损影响最大，在严寒地区需强化 CRTS Ⅰ型无砟轨道底座板的设计。

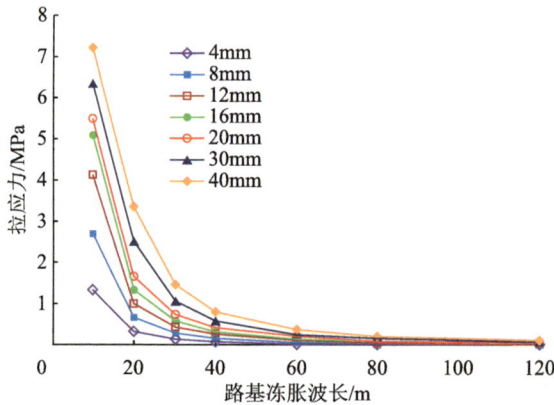

图 4-39　路基冻胀波长对 CRTS Ⅰ型板式无砟轨道底座板拉应力的影响

计算结果表明，路基冻胀对无砟轨道结构受力和变形的影响非常显著。在冻胀波长较小时，不仅会引起底座板和轨道板较大的离缝量，还会引起底座板和轨道板较大的拉应力，导致底座板和轨道板空吊情况下动力效应的增大、水的侵入和无砟轨道结构的进一步伤损，从而对路基冻胀控制提出了更高的要求。

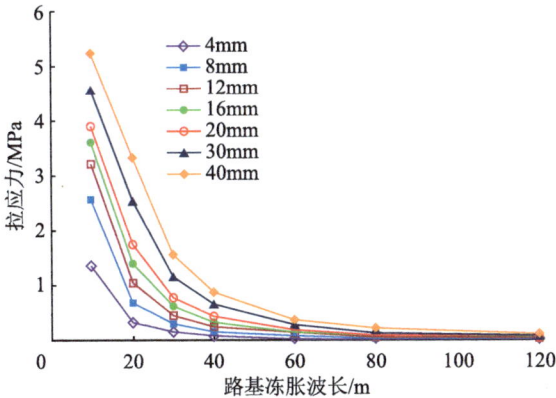

图 4-40　路基冻胀波长对 CRTS Ⅰ型板式无砟轨道轨道板拉应力的影响

4.3.2　CRTS Ⅲ型板式无砟轨道

相比于 CRTS Ⅰ型板式无砟轨道凸台限位的形式，CRTS Ⅲ型板式无砟轨道的结构形式存在一定的区别，最大的区别就在于除了底座板之间存在一定宽度的伸缩缝外，自密实混凝土层与底座板间还设置了土工布隔离层，以底座板上设置凹槽为主要的横、纵向限位方式。因此，相对于 CRTS Ⅰ型板式无砟轨道，CRTS Ⅲ型板式无砟轨道的单元式特性更为明显，并且在垂向的变形方面由于限位方式的不同存在一定区别，两种轨道形式的轨道结构变形及脱空曲线上也有一定的区别。

根据冻胀实测曲线路基变形按单波余弦进行建模，符合冻胀机理和变化规律，依据 CRTS Ⅰ型板式无砟轨道的计算结果，确定较为不利的冻胀峰值位置，并在实际计算时发现，当冻胀峰值发生在底座板接缝附近时（本节将其设置在 CRTS Ⅲ型板式无砟轨道板中部位置处），板下离缝量最为显著，可视其为冻胀发生的最不利位置，冻胀变形曲线加载模式如图 4-41 所示。

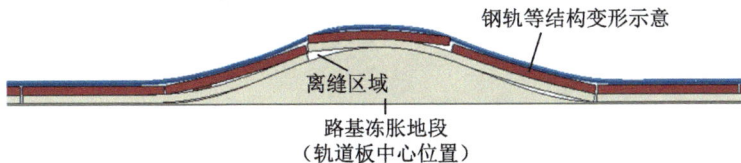

图 4-41　CRTS Ⅲ型板式无砟轨道路基冻胀曲线加载模式示意图

仍然依据 4.3.1 节中路基不均匀冻胀对轨道不平顺、结构变形、受力这 3 个方面的影响，对路基冻胀给 CRTS Ⅲ型板式无砟轨道带来的影响进行分析。

1. 路基冻胀对无砟轨道不平顺值的影响

（1）路基冻胀－轨道不平顺传递规律

图 4-42 为 10mm 冻胀量下 5m、10m、15m、20m 波长不均匀冻胀发生时，路基冻胀在 CRTS Ⅲ型板式无砟轨道中的传递特性，从中不难发现以下规律：

1）波长较长（15m 以上）时，结构跟随性好，各层面变形近似 1∶1 传递。

2）由于 CRTS Ⅲ型板式无砟轨道底座板之间伸缩缝及底座板与自密实混凝土层之间垂向约束较弱，在冻胀量较大，波长较小时，能明显看到相邻底座板的变形区别，靠近冻胀发生位置一侧的底座板下由于自身为悬臂状态，板下更易发生离缝，且板端位置离缝量达到最大。当波长较小时，较低的冻胀高度便能产生比较大的脱空；当波长较大时，由于结构变形协调，很大的冻胀高度脱空也不太明显。

3）与 CRTS Ⅰ型板式无砟轨道规律相同的是，在不同波长冻胀下，钢轨最高变形高度基本与冻胀高度一致。同样地，当路基冻胀波长较小时，轨道不平顺波长要大于冻胀波长，随着冻胀波长的增大，两者趋于一致。

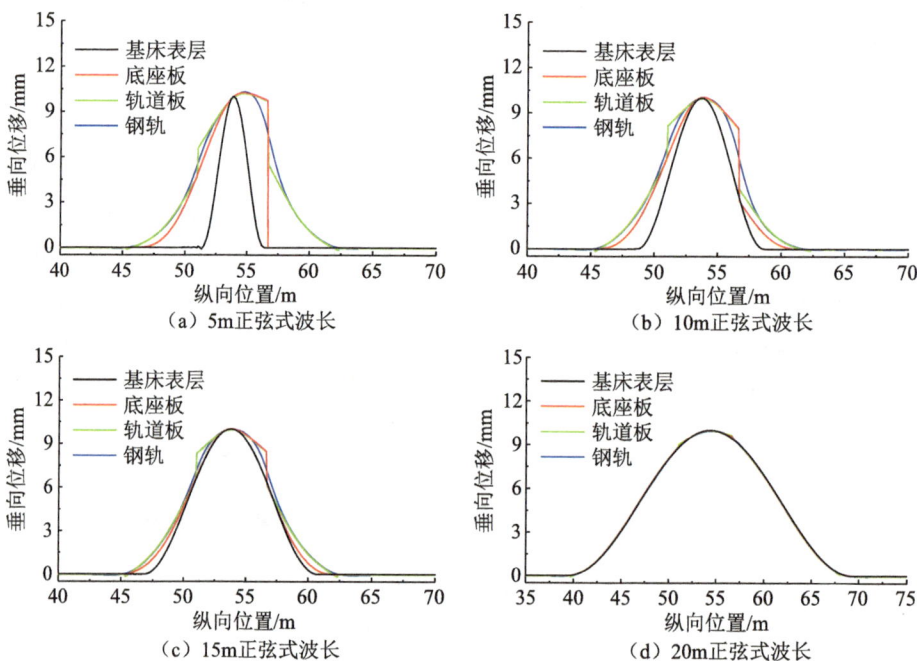

（a）5m正弦式波长　（b）10m正弦式波长　（c）15m正弦式波长　（d）20m正弦式波长

图 4-42　路基冻胀在 CRTS Ⅲ型板式无砟轨道中的传递特性

（2）路基冻胀对轨道不平顺峰值的影响

当冻胀发生时，与 CRTS Ⅰ 型板式无砟轨道结果类似，随着冻胀波长的变化，CRTS Ⅲ 型板式无砟轨道轨面不平顺峰值在冻胀波长 40m 以下时变化较大，如图 4-43 所示。波长较短时冻胀的影响尤甚。在 5m 波长冻胀（小于一个底座板长度）发生时，随着冻胀量的增加，轨面变形与冻胀量的差值基本呈线性增加；当 10m 以上波长（约大于等于一个底座板长度）发生时，随着峰值的增加，差值的增加开始呈现一定的非线性趋势。当冻胀波长范围到达一定长度后，轨面不平顺基本与路基冻胀波长峰值保持一致。

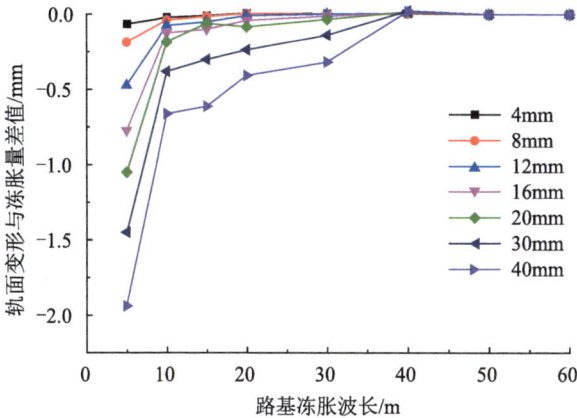

图 4-43　路基冻胀对 CRTS Ⅲ 型板式无砟轨道不平顺的影响

（3）路基冻胀对轨道不平顺波长的影响

从路基变形对 CRTS Ⅲ 型板式无砟轨道的平顺性传递规律不难看出，单元底座板和轨道板的板端效应对轨道不平顺有一定影响，对轨道不平顺波长的影响如图 4-44 所示。图 4-44 为 CRTS Ⅲ 型板式无砟轨道在冻胀波长 10m 与 20m 时，路基冻胀对 CRTS Ⅲ 型板式无砟轨道不平顺波长的影响。从图 4-44 中可以看出，由于轨道结构上方钢轨及扣件系统带来的纵向约束作用，轨道不平顺波长与路基冻胀变形波长不完全一致，且随着幅值的增加呈增加的趋势。对于冻胀波长 10m 而言，即使发生的冻胀幅值较小，其引起的轨道不平顺波长也超过了 10m；而对于冻胀波长 20m 而言，在较小的冻胀量发生时，由于冻胀发生范围两边的扣件产生压缩变形，路基冻胀导致的轨道不平顺波长会小于 20m，但随着冻胀量的增长，最终还会继续发展。

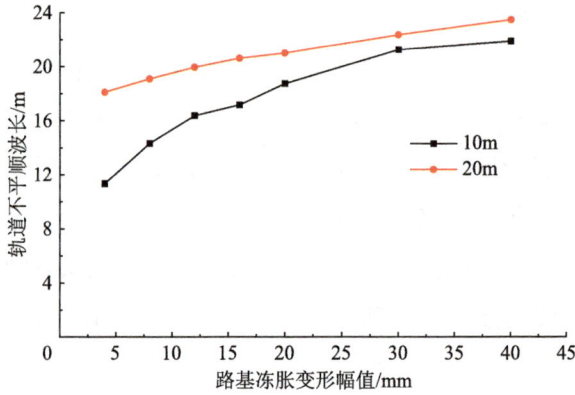

图 4-44　路基冻胀变形幅值对 CRTS Ⅲ型板式无砟轨道不平顺波长的影响

2. 路基冻胀对无砟轨道变形的影响

图 4-45 为路基冻胀下 CRTS Ⅲ型板式无砟轨道底座板离缝曲线。从图 4-45 中可以看出，底座下基床冻胀将底座板拱起，在底座板下冻胀峰值两侧均出现一定脱空，冻胀峰值附近由于基床的上拱作用，没有离缝发生，离开冻胀波峰处一定范围后底座板下开始产生离缝脱空位移。在波长较短，如 5m 波长时可以观察到较为明显的脱空位移。

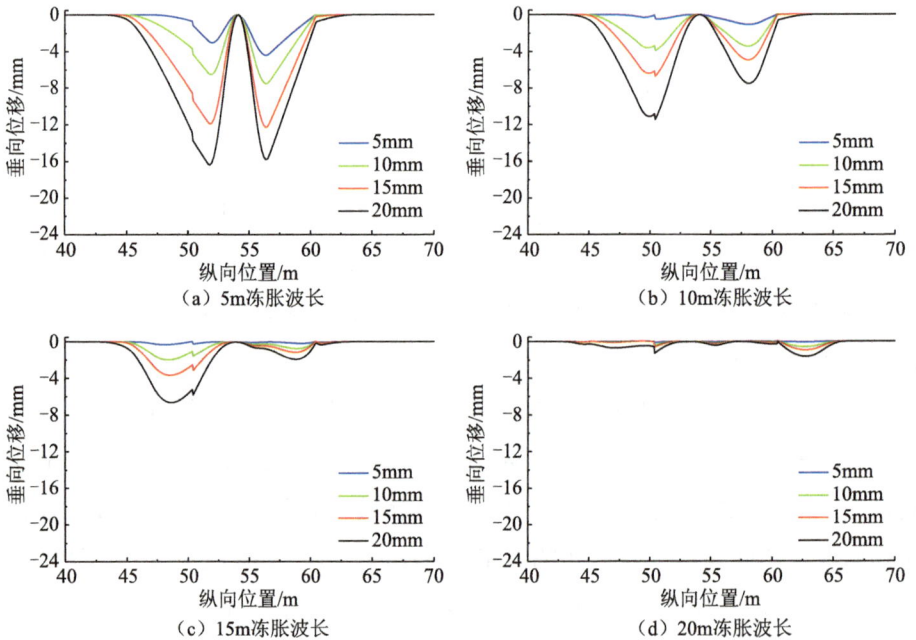

图 4-45　路基冻胀下 CRTS Ⅲ型板式无砟轨道底座板离缝曲线

脱空位移曲线基本呈现类余弦型曲线，在曲线上有时会出现不连续的突变，这是由单元板式轨道的特点所决定的，突变处恰好为底座板板边，由于位移边界的不连续作用，呈现悬臂状态，致使脱空位移曲线中部出现少量突变。

对比 20mm 冻胀量不同波长冻胀变形离缝曲线的变化可以发现，在相同冻胀量下，随着波长的不断增大，底座板下脱空量绝对值逐渐减小，在 25m 波长及以上冻胀发生时，底座板下脱空量已极其微小。考虑到实际施工中，路基上底座板由混凝土浇筑而成，存在一定的层间黏结作用，故此时底座板下可视为不产生离缝。

随着波长的增加，冻胀曲线波峰附近不脱空的区域不断向外扩展，但是可以发现，在一定波长范围（15m）内，底座板下整体离缝范围并未完全随着波长的增大而逐渐增大，而是基本保持在 35m 左右的范围内。原因如下：当短波冻胀发生时，基床变形曲率较大，轨道结构由于自身抗弯性能整体随之上拱，带动相邻底座板变形，从而导致较大的离缝范围，而随着波长的增加，基床变形曲率减小，轨道结构弯曲较为缓和，对相邻底座板的变形带动作用降低，但是波长的增大使冻胀影响底座板的变形范围也一并增加，在一增一减的作用下，底座板下离缝范围基本保持在一个相近范围内波动。

但是随着波长的进一步增加，底座板变形范围增加带来的离缝范围增加效应逐渐超过了基床曲率变小带来的离缝范围减小效应，因此在 20m 波长及以上冻胀量发生时，板下离缝范围有较大幅度提升，此时底座板与路基也基本协同变形。

在 CRTS Ⅲ型板式无砟轨道建模时，由于自密实混凝土与底座板间设置了土工布隔离层，且其主要限位方式为四周设置了一定刚度垫层的凹槽，垂向约束较弱，因此自密实混凝土与底座板间也有可能产生离缝。计算结果表明，自密实混凝土层下离缝曲线与底座板下离缝曲线有所不同，但波长较短时产生离缝，峰值位置相同。路基冻胀波长对 CRTS Ⅲ型板式无砟轨道底座板下离缝量及自密实混凝土层下离缝量的影响，如图 4-46 和图 4-47 所示。

与 CRTS Ⅰ型板式无砟轨道结果类似，CRTS Ⅲ型板式无砟轨道底座板离缝远大于自密实混凝土层下离缝，且接缝处离缝量最大。在冻胀波长较小时，路基冻胀与底座板接缝间的关系对离缝影响较大。

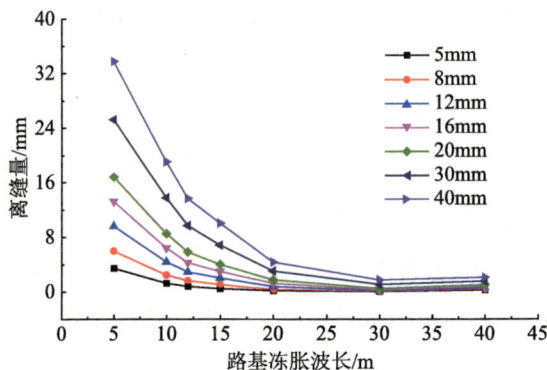

图 4-46　路基冻胀波长对 CRTS Ⅲ 型板式无砟轨道底座板下离缝量的影响

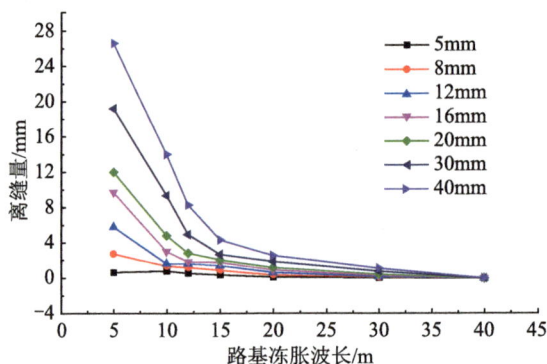

图 4-47　路基冻胀波长对 CRTS Ⅲ 型板式无砟轨道自密实混凝土层下离缝量的影响

3. 路基冻胀对无砟轨道受力的影响

在路基冻胀的影响下，轨道结构发生整体上拱变形。由于其本身刚度及梁板结构的特性，发生上拱变形时轨道结构的受力受到路基不同波长及冻胀量的影响。

如图 4-48 和图 4-49 所示，计算结果表明，路基冻胀对 CRTS Ⅲ 型板式无砟轨道结构受力和变形的影响同样显著，且底座板受力明显大于轨道板受力。但与 CRTS Ⅰ 型板式无砟轨道曲线有所区别的是，在冻胀波长 10m（约为一块底座板长度）左右，底座板与轨道板应力为最不利情况，随着波长的增加，冻胀影响范围增大，但随之改善的变形协调情况使轨道结构受力减小。当冻胀波长小于 10m 时，冻胀影响范围在一块底座板范围内，此时离缝情况最为不利，凹槽的纵向限位作用使相邻的底座板与轨道板对冻胀位置的结构存在"拉扯"效应，减缓了变形突变现象，但加剧了结构受力状况。

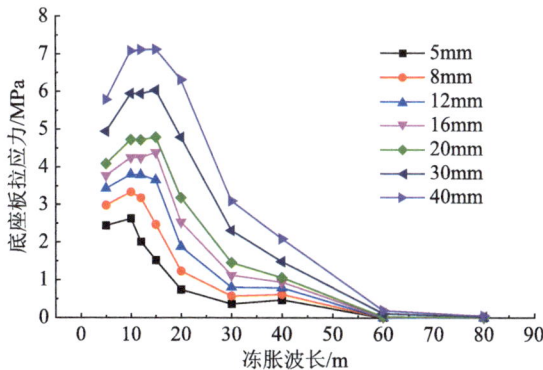

图 4-48 路基冻胀波长对 CRTS Ⅲ 型板式无砟轨道底座板拉应力的影响

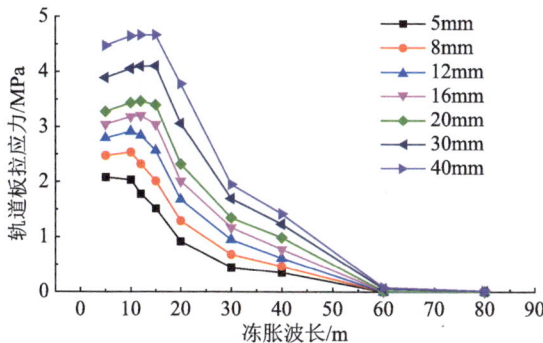

图 4-49 路基冻胀波长对 CRTS Ⅲ 型板式无砟轨道轨道板拉应力的影响

4.3.3 双块式无砟轨道

双块式无砟轨道由于其支承层连续纵连，且单元长度也有所不同，其抵抗冻胀的能力与前两种无砟轨道也有一定的区别，本节以兰新客运专线上已经进行应用的纵连双块式无砟轨道及短单元（6.5m）双块式无砟轨道为例，阐述不均匀冻胀对双块式无砟轨道的影响。仍然依据 4.3.1 节中路基不均匀冻胀对轨道不平顺、结构变形、受力这 3 个方面的影响，对路基冻胀给双块式无砟轨道带来的影响进行分析。

1. 路基冻胀对轨道不平顺的影响

（1）路基冻胀 - 轨道不平顺传递规律

当不同波长、10mm 冻胀量的冻胀发生后，纵连双块式和短单元双块式无砟轨道各结构层的垂向变形数据如图 4-50 和图 4-51 所示。

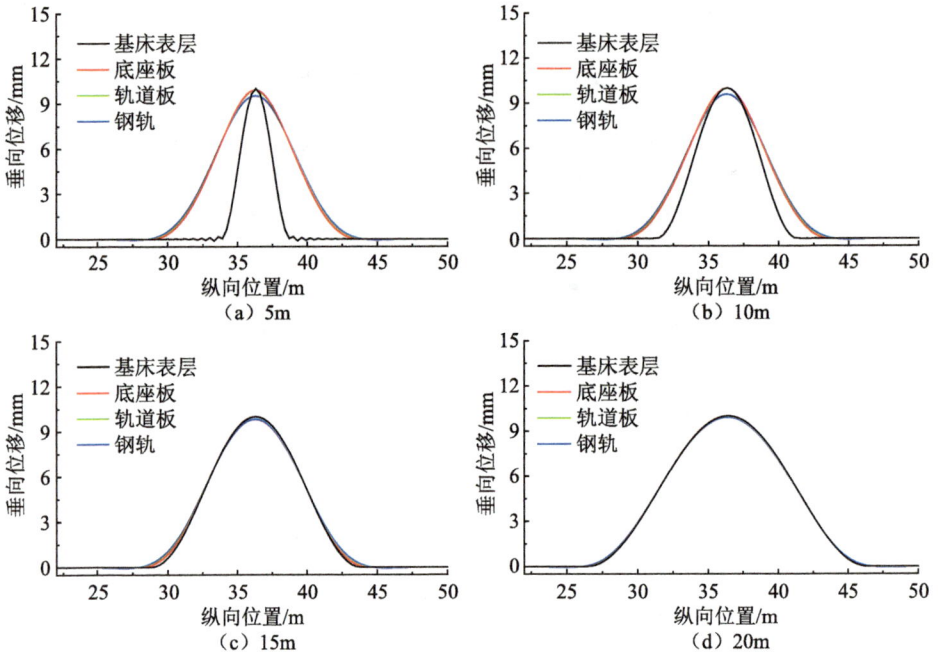

图 4-50　路基冻胀在纵连双块式无砟轨道中的传递

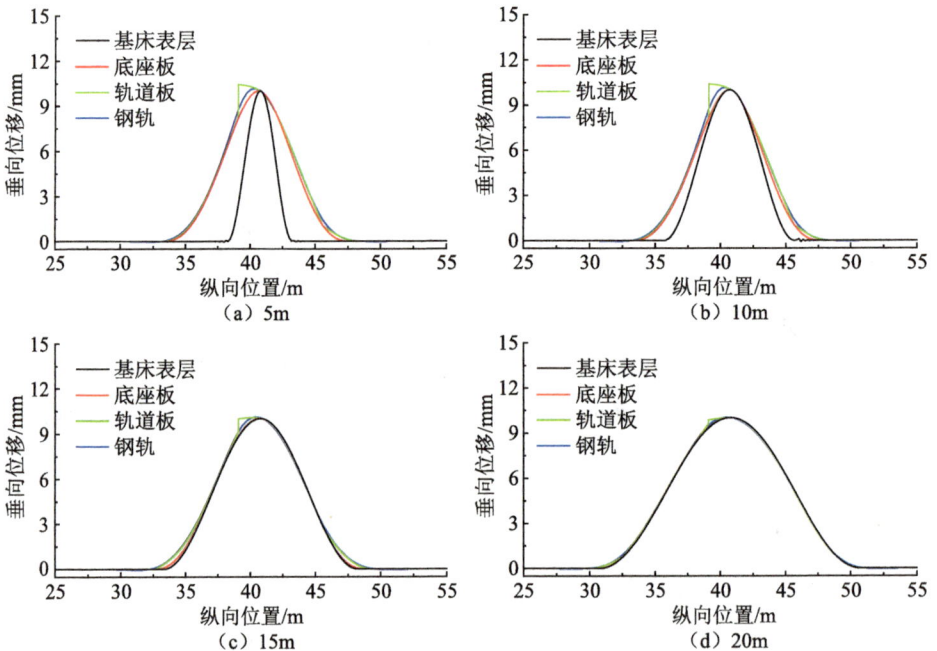

图 4-51　路基冻胀在短单元双块式无砟轨道中的传递

从图 4-50 和图 4-51 中不难看出冻胀在双块式轨道中的传递规律：与 CRTS Ⅰ、Ⅲ型板式无砟轨道冻胀传递规律类似，较短波长的冻胀容易导致较大的层间离缝，随着波长的增加，各结构层变形趋于协调，当路基冻胀波长达到 20m 以上时，结构层间跟随性较好。

（2）路基冻胀对轨道不平顺峰值的影响

提取路基不均匀冻胀发生后纵连、短单元双块式无砟轨道轨面变形与冻胀量差值，如图 4-52 和图 4-53 所示。

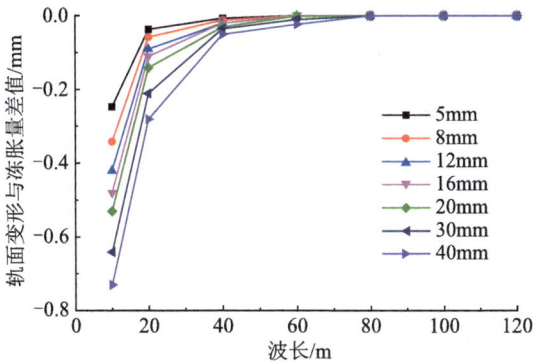

图 4-52　路基冻胀对纵连双块式无砟轨道不平顺的影响

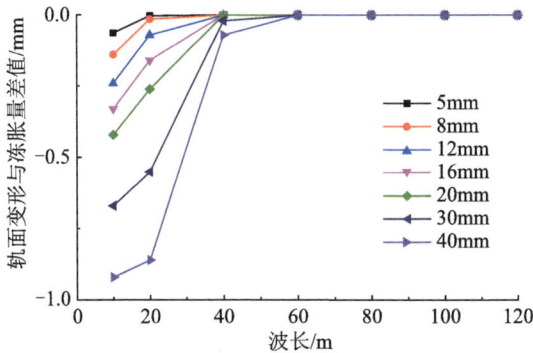

图 4-53　路基冻胀对短单元双块式无砟轨道不平顺的影响

从图 4-52 和图 4-53 可以看出，两种双块式轨道受冻胀影响的轨道不平顺峰值变化规律总体来说大致相似，随着冻胀波长的增加，层间变形逐渐协调，轨面变形峰值与冻胀峰值趋于一致，但在 20m 冻胀波长范围内纵连双块式无砟轨道的两者变形差值下降更为明显。

图 4-54 所示为路基冻胀变形幅值对双块式无砟轨道不平顺波长的影响，可以看出两种双块式无砟轨道在轨道不平顺波长变化规律的区别。

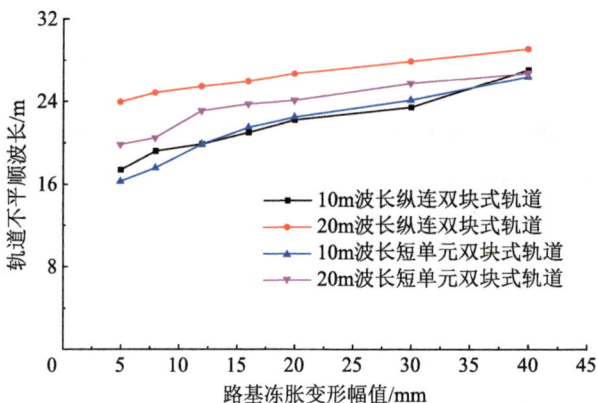

图 4-54　路基冻胀变形幅值对双块式无砟轨道不平顺波长的影响

如图 4-54 所示，10m 波长冻胀发生后，均引起了轨道不平顺波长的增大，随着冻胀量的增加，不平顺波长进一步增加，但两种双块式轨道在 10m 波长冻胀发生时产生的轨面不平顺波长相差不大；在 20m 波长冻胀发生后，纵连双块式无砟轨道受冻胀影响产生的轨道不平顺波长要略大于短单元双块式无砟轨道，但两种轨道受冻胀影响的轨道不平顺波长变化趋势较为一致，随着波长的增加，其不平顺波长随冻胀量变化率放缓。

2. 路基冻胀对无砟轨道变形的影响

路基冻胀发生后，道床板下与支承层下由于变形的不协调，均会产生一定的离缝。路基冻胀对纵连双块式无砟轨道支承层下离缝的影响如图 4-55 所示，路基冻胀对短单元双块式无砟轨道道床板下、支承层下离缝的影响，如图 4-56 和图 4-57 所示。计算结果表明，纵连双块式无砟轨道受冻胀影响后，其离缝主要集中在支承层下。连续的支承层为道床板提供了较好的变形协调条件，道床板下基本不产生较大的离缝量，因此对于纵连双块式无砟轨道，只提取变化较为显著的支承层下离缝（图 4-55）。对于短单元双块式无砟轨道，由于其道床板单元的特性，受冻胀影响后上拱，悬臂端产生较大离缝量，需要将道床板下离缝与支承层下离缝一并考虑（图 4-56 和图 4-57）。

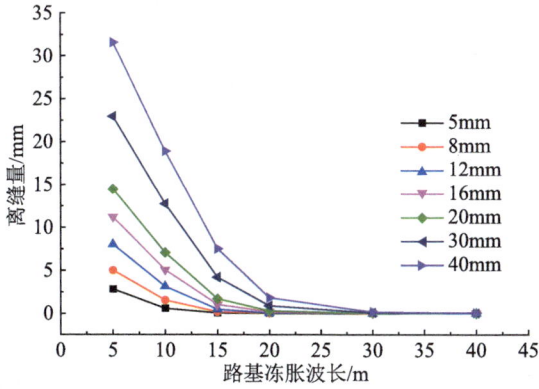

图 4-55　路基冻胀波长对纵连双块式无砟轨道支承层下离缝量的影响

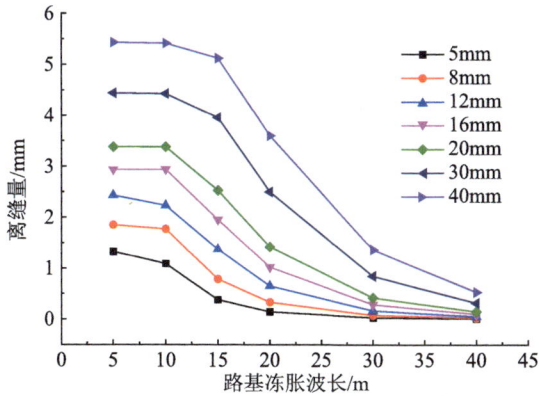

图 4-56　路基冻胀波长对短单元双块式无砟轨道道床板下离缝量的影响

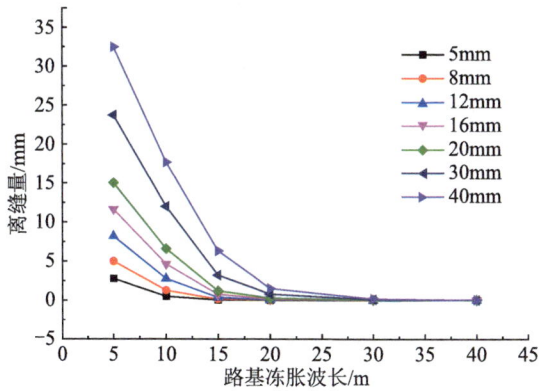

图 4-57　路基冻胀波长对短单元双块式无砟轨道支承层下离缝量的影响

将图 4-55 与图 4-57 对比可知，短单元与纵连双块式无砟轨道相比，其支承层离缝量受冻胀影响规律大致相同，冻胀波长较短时，即使很小的冻胀量也能导致支承层产生较大离缝量；但随着波长的增大，支承层与路基表面变形逐渐趋于协调，因此离缝量也迅速下降。以纵连双块式无砟轨道在冻胀波长 10m、冻胀量 40mm 作用下整体变形为例，其变形示意图如图 4-58 所示。

图 4-58　放大 20 倍的纵连双块式无砟轨道冻胀后整体变形示意图

从图 4-58 中可知，冻胀发生后，冻胀坡顶位置将支承层顶起，由于支承层本身存在一定的抗弯刚度，其离缝位置主要集中在冻胀波形的坡脚至坡顶之间。当冻胀波长增大后，路基面冻胀整体变形矢度减小，同样冻胀量下支承层下离缝整体深度降低。同时，从图 4-58 中可以发现，由于支承层变形已起到了一定的变形协调作用，纵连道床板下基本不发生离缝。

由图 4-56 可知，短单元双块式无砟轨道由于其道床板单元的特性，相对于纵连道床板，有可能会由于悬臂端的存在导致较大离缝量。道床板下离缝受冻胀影响整体规律基本类似，随着幅值 / 波长比的降低离缝量随之降低，但在 15m 波长以内的冻胀，其离缝量变化较为缓和。

3. 路基冻胀对无砟轨道受力的影响

受路基冻胀上拱的影响，双块式无砟轨道道床板与支承层均产生弯曲变形，结构产生相应的拉应力。路基冻胀波长对纵连和短单元双块式无砟轨道道床板与支承层拉应力的影响如图 4-59 ～图 4-62 所示。从图 4-59 ～图 4-62 中可以看出，道床板与支承层拉应力变化总体规律较为一致，但当冻胀波长在 15m 以内时，道床板拉应力变化较为缓和。

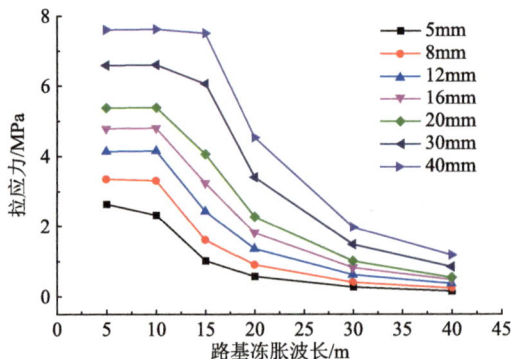

图 4-59　路基冻胀波长对纵连双块式无砟轨道道床板拉应力的影响

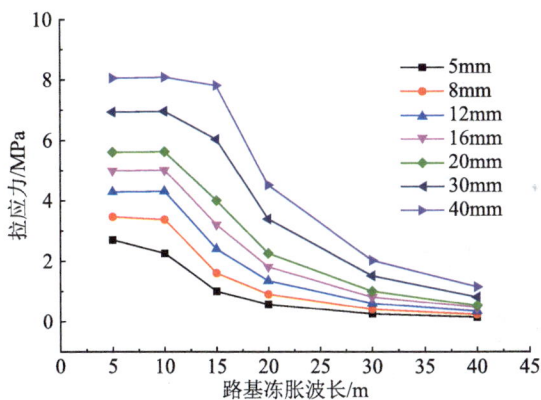

图 4-60 路基冻胀波长对纵连双块式无砟轨道支承层拉应力的影响

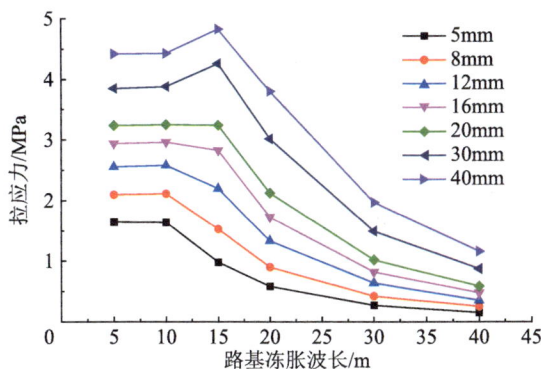

图 4-61 路基冻胀波长对短单元双块式无砟轨道道床板拉应力的影响

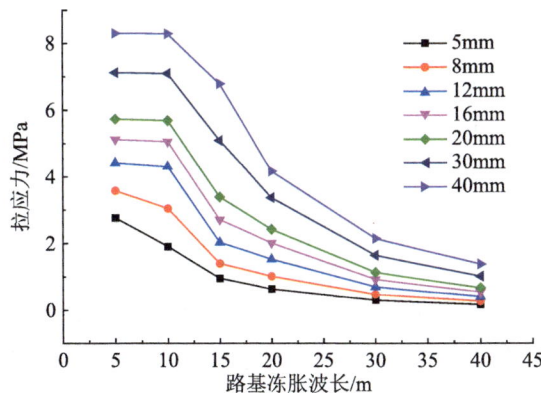

图 4-62 路基冻胀波长对短单元双块式无砟轨道支承层拉应力的影响

同样地，从图 4-59～图 4-62 中不难发现，在短波长、大冻胀量的情况下，部分拉应力已经超出道床板与支承层的抗拉强度，可能会导致轨道结构的开裂，需要在制定冻胀管理标准时进一步考虑。

4.4 无砟轨道路基冻胀管理标准

4.4.1 路基冻胀管理标准的确定方法

路基冻胀管理标准的确定原则应满足两方面要求：首先要满足轨道平顺性的要求，以保证高速行车的安全性和舒适性；其次要满足轨道结构伤损的要求，以保证轨道结构的长期稳定性和平顺性。

无砟轨道结构的伤损类型主要包括裂缝和离缝，其中裂缝按宽度分为 3 级，离缝按宽度、深度和长度分为 3 级，如表 4-5 所示。

表 4-5 《高速铁路无砟轨道线路维修规则（试行）》中规定的无砟轨道伤损等级

伤损部位	伤损形式	判定项目	评定等级			备注
			I	II	III	
预应力轨道板	裂缝	宽度 /mm	0.1	0.2	0.3	掉块、缺损或封端脱落应适时修补
	锚穴封端离缝	宽度 /mm	0.2	0.5	1.0	
普通轨道板	裂缝	宽度 /mm	0.2	0.3	0.5	
凸形挡台	裂缝	宽度 /mm	0.2	0.3	0.5	
底座	裂缝	宽度 /mm	0.2	0.3	0.5	
底座伸缩缝	离缝	宽度 /mm	1.0	2.0	3.0	路基、隧道地段
水泥乳化沥青砂浆	离缝	宽度 /mm	1.0	1.5	2.0	掉块、缺损或剥落应适时修补
		横向深度 /mm	20～50	50～100	≥100	
		对角长度 /mm	20～30	30～50	≥50	
	裂缝	宽度 /mm	0.2	0.5	1.0	
凸形挡台周围填充树脂	离缝	宽度 /mm	1.0	2.0	3.0	缺损应适时修补
	裂缝	宽度 /mm	0.2	0.5	1.0	

在轨道不平顺中，中短波不平顺对行车安全性和轨道结构伤损影响比较大，一旦出现应及时维修予以消除；而中长波不平顺主要影响行车的舒适性，可以根据其发展趋势采取必要的维修措施。根据无砟轨道养护维修规定，轨道板的离缝按宽度可分为 3 级，依据 4.3 节中冻胀对轨道结构变形与受力影响规

律,可以得到与 3 级伤损对应的冻胀波长和峰值;底座板离缝目前还没有控制标准,可以借鉴轨道板离缝控制按 3 级管理。轨道板与底座板的裂缝控制按宽度也各分为 3 级,进一步的研究可以通过优化轨道板与底座板的配筋将裂缝控制在 3 级范围内,目前暂按拉应力超过设计抗拉强度考虑。这样就可以将底座板和轨道板伤损控制与轨道不平顺峰值管理相结合,方便冻胀变形管理标准的制定。

目前,无砟轨道的维修主要是扣件调整和坡度调整两种方式。扣件调整比较简单易行,但其负调整量(即往下的调整量)一般只有 4mm,结合坡度调整,使其满足一定半径竖曲线的要求,则调整量就比较大,可以放宽对冻胀量的限制。因此,根据高速铁路无砟轨道线路维修标准的要求,以轨道不平顺控制为目标,以时速 300 ~ 350km 轨道不平顺动态管理标准为例,在路基冻胀波长 10m 以内,可以采用轨道不平顺 10m 弦长下的经常保养、临时补修和限速 3 级标准为基础,考虑扣件调整量,将路基冻胀控制在 8mm、11mm 和 12mm;在路基冻胀波长 10m 以上时,根据大量试验结果,无砟轨道扣件和路基总的动态变形量一般在 1mm 左右,动态和静态管理值差异可忽略,对应 10m 波长的 3 级标准,在中短波时可取为 10mm、12mm、15mm,在长波时可取为 14mm、16mm、20mm。

鉴于前面内容中提出的冻胀管理标准确定方法,在轨道板和底座板裂缝方面仅考虑拉应力超过设计抗拉强度一种情况,离缝仅考虑宽度一项内容。对于 CRTS I 型板式无砟轨道而言,轨道板与 CA 砂浆充填层层间的离缝按宽度 1mm、1.5mm 和 2mm 分为三级;对于 CRTS III 型板式轨道及底座板而言,由于 III 型板与底座板离缝目前还没有控制标准,暂按《高速铁路无砟轨道线路维修规则(试行)》中规定的轨道板离缝宽度标准予以控制。

4.4.2 无砟轨道路基冻胀管理建议值

基于以上提出的确定原则,以 CRTS I 型板式无砟轨道为例,结合前面内容中对 CRTS I 型板式无砟轨道受冻胀影响的分析,得到如图 4-63 所示的 CRTS I 型板式无砟轨道路基冻胀管理标准的确定方法。由于轨道不平顺关系到行车的安全性和舒适性,应当将其作为第一控制要素。因此,可以先将轨道不平顺 III 级标准控制线以上的无砟轨道伤损标准控制线和点予以剔除 [图 4-63 (b)],然后将轨道不平顺 III 级控制线以下的无砟轨道伤损标准予以结合,就可以得到满足轨道不平顺和无砟轨道伤损要求的冻胀管理标准值 [图 4-63 (c)]。

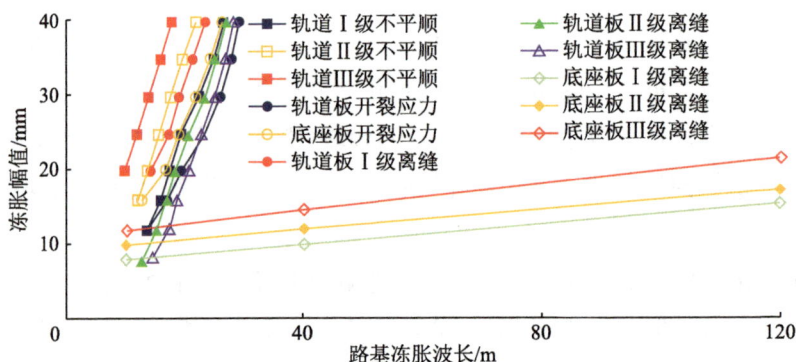

（a）基于轨道不平顺和无砟轨道伤损的冻胀管理值范围

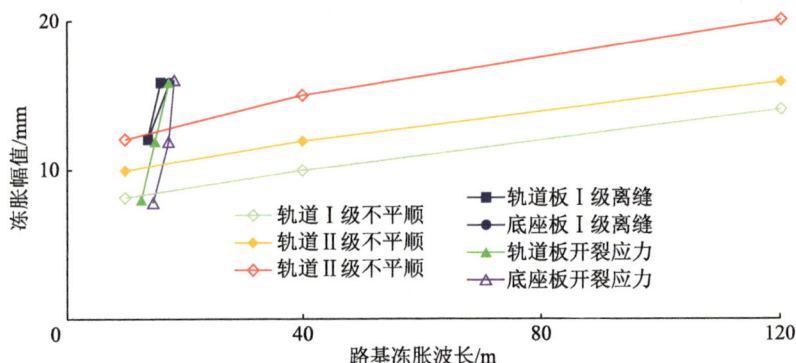

（b）剔除路基冻胀管理值非控制值后的结果

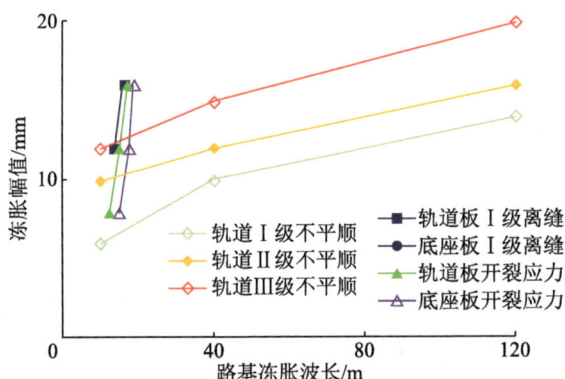

（c）协调轨道不平顺和无砟轨道伤损标准后的结果

图 4-63　CRTS Ⅰ型板式无砟轨道路基冻胀管理标准的确定方法

　　仍然采用 4.4.1 节中提出的路基冻胀管理标准的确定方法，对 CRTS Ⅲ型板式无砟轨道及双块式无砟轨道提出路基冻胀管理建议值，提出的确定方法如图 4-64 和图 4-65 所示。

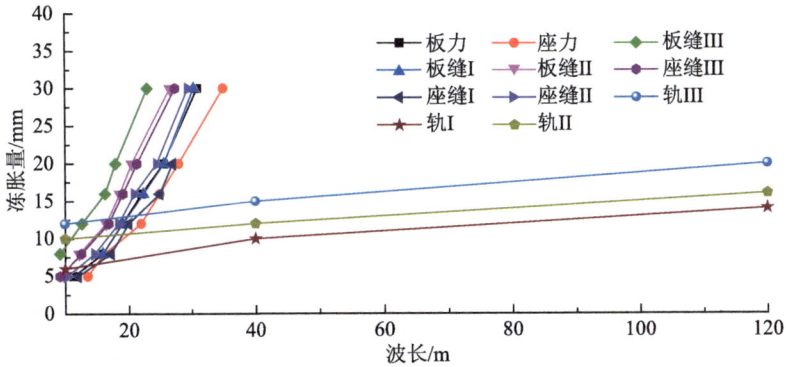

（a）基于轨道不平顺和无砟轨道伤损的冻胀管理值范围

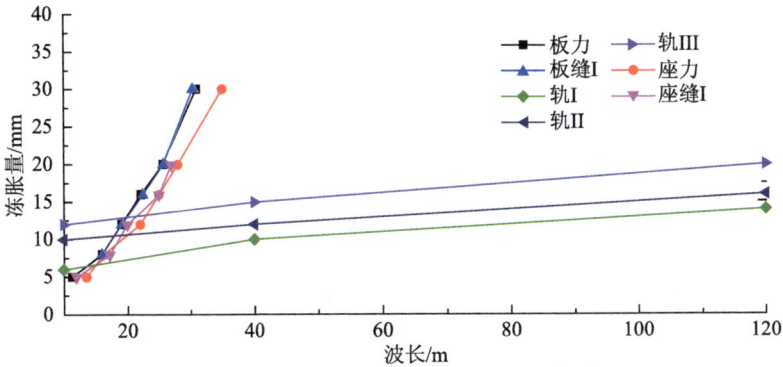

（b）剔除路基冻胀管理值非控制值后的结果

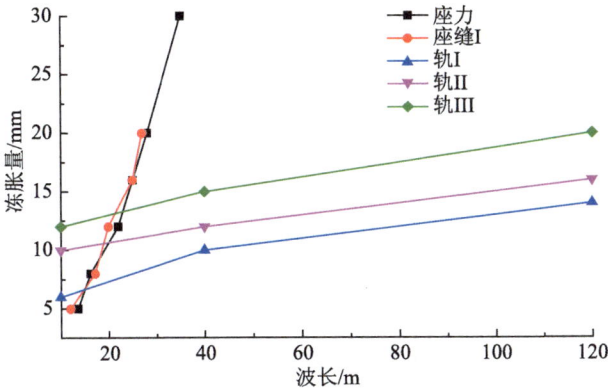

（c）协调轨道不平顺和无砟轨道伤损标准后的结果

图 4-64　CRTS Ⅲ型板式无砟轨道路基冻胀管理标准的确定方法

确定双块式无砟轨道路基冻胀管理建议值时发现，纵连双块式与 6.5m 单元双块式无砟轨道其支承层离缝规律相差不大，且纵连双块式无砟轨道道床板下基本不离缝，因而可采用较为不利的短单元双块式无砟轨道离缝数据对冻胀管理范围进行确定。

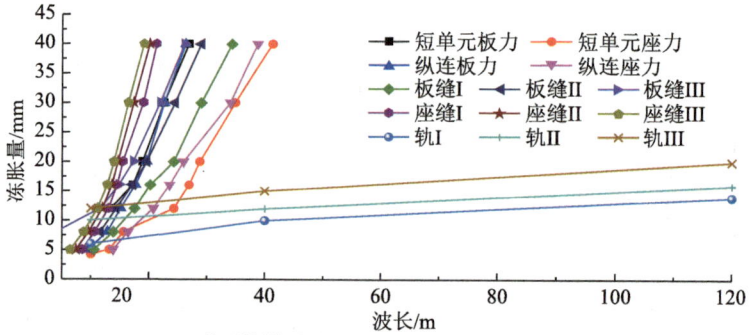

（a）基于轨道不平顺和无砟轨道伤损的冻胀管理值范围

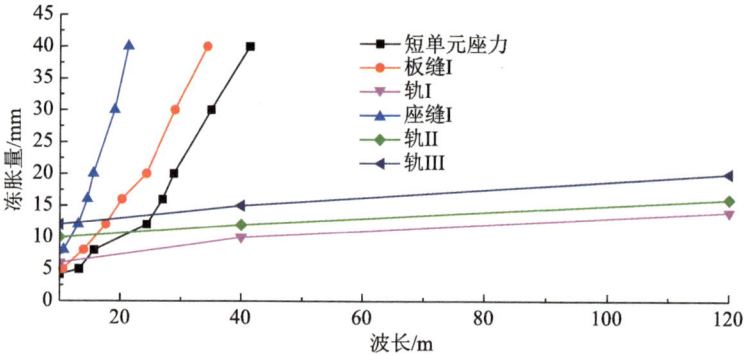

（b）剔除路基冻胀管理值非控制值后的结果

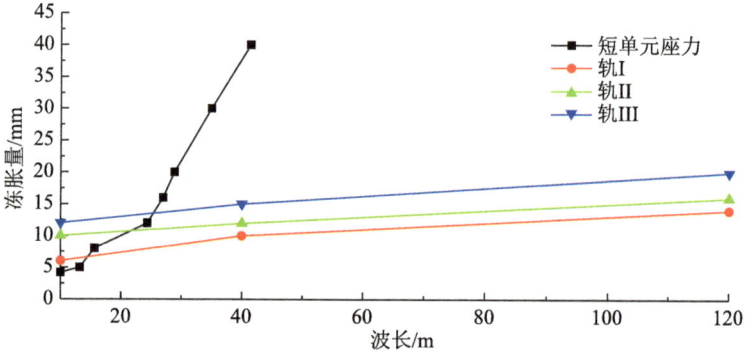

（c）协调轨道不平顺和无砟轨道伤损标准后的结果

图 4-65　双块式无砟轨道路基冻胀管理标准的确定方法

对比图 4-63～图 4-65 可以发现，依照 CRTS Ⅲ型板式无砟轨道冻胀控制标准与 CRTS Ⅰ型板式无砟轨道各控制指标所提出的标准范围相差不大，而将双块式无砟轨道支承层受力曲线作为无砟轨道受力控制值更为合理，因此按照图 4-63（c）、图 4-64（c）、图 4-65（c）所分区域，将原轨道不平顺控制标准的 10m 波长Ⅰ级超限值按轨道板和底座板拉应力超过设计强度对应的冻胀波长和峰值进行调整，得到不同冻胀波长下路基冻胀量管理建议值，如表 4-6 所示[75]。

表 4-6　无砟轨道路基冻胀量管理建议值

冻胀波长 l/m	路基冻胀量管理建议值 /mm		
	I	II	III
≤ 10	6	10	12
10<l ≤ 40	10	12	15
40<l ≤ 120	14	16	20

小　结

本章以现场测试数据和工程实践为基础，揭示了路基冻胀基本波形形成机理及表征方式，提出了路基冻胀对无砟轨道影响的计算模型构建方法，分析了路基冻胀对典型无砟轨道结构的不平顺和无砟轨道结构受力变形的影响规律，提出了以轨道不平顺控制为核心，以无砟轨道结构稳定和伤损控制为关键的严寒地区高速铁路无砟轨道路基冻胀管理标准确定方法。通过一系列研究，主要有以下结论：

1）我国严寒地区高速铁路路基冻胀在满足设计标准和施工标准情况下，主要发生在基床范围内，且主要冻胀量产生于基床的浅层范围内。冻胀波形主要受填料细颗粒、含水率和外部侵入水的影响，呈缓变形式，因此可以用单波余弦曲线进行表征，计算模型以基床上表面为下部边界，将冻胀变形曲线作为冻胀输入参数，既符合冻胀机理和变化规律，又简化了计算条件。

2）对底座板–基床表层界面间离缝发展过程进行模拟，计算结果表明，离缝在冻胀结束端位置时，存在一定程度的突然离缝。突然离缝前后，离缝范围增长幅度及 CIA 指标有较大变化。

3）轨道不平顺影响的敏感冻胀波长为 20m，对轨道板和底座板离缝与拉应力影响的敏感冻胀波长为 40m；在敏感冻胀波长内，冻胀向上传递将引起轨道不平顺波长的增大，底座板的离缝量和拉应力均大于轨道板，且冻胀发生在底座板中间附近位置时引起的轨道不平顺峰值和底座板离缝量最大；超过敏感波长以后，轨道不平顺波长和峰值与冻胀波长和峰值趋于一致，轨道板和底座板的离缝量与拉应力都非常小。

4）通过计算分析确立了无砟轨道不平顺三级控制标准对应的路基冻胀波长与峰值，以及轨道板和底座板离缝量三级控制标准对应的路基冻胀波长与峰值，并将轨道板和底座板拉应力大于设计抗拉强度作为开裂条件，确定出对应的路基冻胀波长与峰值；从运营安全与结构耐久性角度对 3 个指标进行分类，以轨道不平顺为第一类，离缝量为第二类，开裂为第三类，确立出路基冻胀 3 种波长下对应的峰值，进而提出路基冻胀控制标准。

第5章　季节性冻土区高速铁路路基防冻胀新结构与新材料

季节性冻土区高速铁路路基冻胀的设计原则及相关的新材料、新工艺等是开展研究、服务工程实际的重要方向之一。国内外关于此领域的研究成果甚少，国内则是几近空白。基于此，本章在前面关于成果论述的基础上，结合我国高速铁路设计规范中的相关要求，阐述高速铁路路基防冻胀的新结构与新材料，希望能够指导我国的工程设计实践。

5.1　设　计　原　则

5.1.1　防冻胀结构设计原则及流程

1. 高速铁路路基防冻胀结构设计原则

在总结了哈大、哈齐等一大批寒区高速铁路设计、建造的经验教训之后[76]，高速铁路路基防冻胀结构应主要遵循以下几个原则进行设计：

1）采用全冻结深度范围内防冻的原则。

2）以填料防控为主，防排疏渗及隔热为辅的综合防冻措施。

3）防冻胀基床结构设计应满足冻胀量控制要求。

4）为避免基床病害，应严格控制基床表层冻胀量和填料质量。

寒区铁路路基冻胀变形控制标准与轨道维修标准、路基冻胀不均匀性等有关，同时结合路基冻胀对无砟轨道的影响关系，可采用表 5-1 进行控制管理。

表 5-1　寒区铁路路基冻胀变形控制量

轨道类型	线路等级 /（km/h）	冻胀变形控制量 /mm
无砟	200 ～ 250、300 ～ 350	6
有砟	300 ～ 350	6
	200 ～ 250	6

2. 高速铁路路基防冻胀结构设计流程

现行高速铁路设计思路中，主要采用当地的土壤最大冻结深度作为设计依据，而大量研究表明，路基冻结深度为土壤最大冻结深度的 1.2 ～ 1.6 倍，在设计上应慎重对待，建议寒区高速铁路设计可参考以下设计思路，以使设计工作更加精细化：

1）资料收集，包括冻结指数、地下水条件、水文条件、标准冻结深度等环境资料。

2）防冻胀结构选择。

3）路基冻结深度范围内各结构层设计厚度确定。

4）热物理参数试验。

5）设计冻结深度计算。

6）冻胀量计算。

7）防排水设计。

寒区客运专线铁路路基防冻胀结构设计流程如图 5-1 所示。

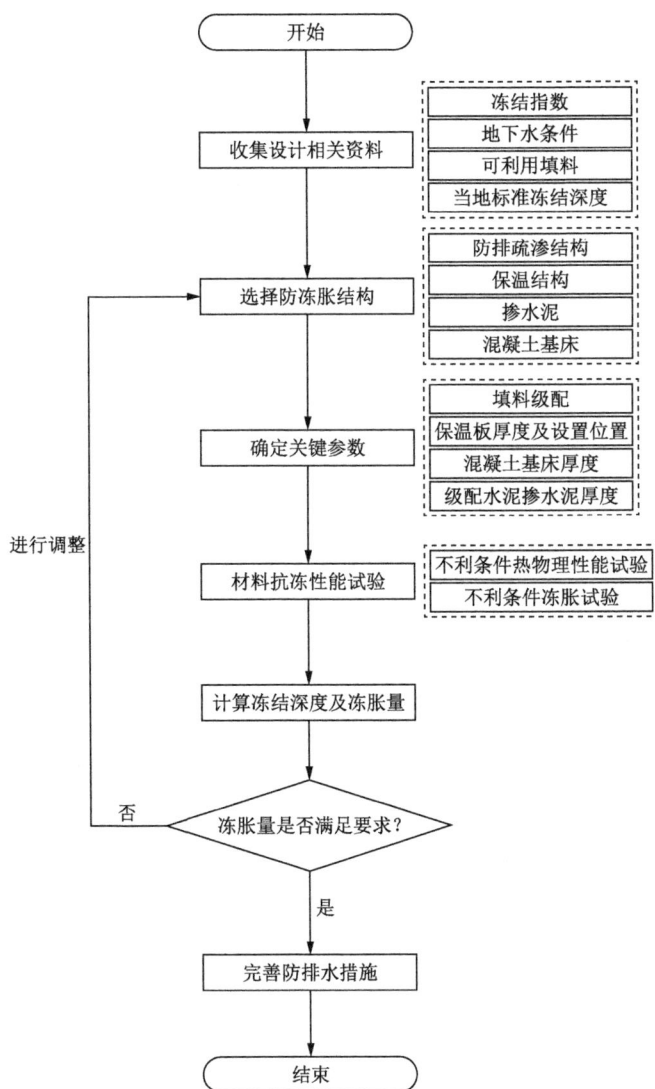

图 5-1　寒区客运专线铁路路基防冻胀结构设计流程

5.1.2 防冻胀结构形式

目前，主要的防冻胀结构形式有如下 4 种：疏渗结构、保温结构、改性填料路基和混凝土路基。

1. 疏渗结构

控制填料渗透性、持水性，减少水分对路基的影响，不仅可以达到防冻目的，还可以使路基结构满足变形、强度和耐久性要求[77]。

疏渗结构形式：基床表层采用渗透性级配碎石；基床表层以下设计冻结深度范围内，采用非冻胀的 A、B 组填料或渗透性级配碎石，其下铺设大于 100cm 的砾石垫层。基床表层以下设计冻结深度范围内，填料渗透系数宜大于基床表层渗透性级配碎石的渗透系数；砾石垫层渗透系数宜大于基床表层以下填料渗透系数。

2. 保温结构

在路基中铺设保温材料，减少冻结深度，从而达到防冻的目的，使路基结构满足变形、强度和耐久性要求[78]。保温结构设计过程中应进行以下分析检算：

1）温度场分析和检算。

2）保温结构施工荷载抗拉强度和抗压强度检算。

3）保温材料耐久性分析和评价。

3. 改性填料路基

填料中掺入外加剂可以使路基结构满足变形、强度和耐久性要求。改性填料分为两类，即胶结掺料和憎水掺料。改性填料路基设计时应满足以下规定：

1）改性填料应进行配合比、冻胀、现场碾压试验。

2）基床表层采用级配碎石，掺 3%～7% 水泥；基床底层及以下防冻设计范围内采用普通细粒含量小于 5% 的 A、B 组碎石，掺 3%～7% 水泥。

3）当采用憎水材料对填料改性时，应对改性后填料进行渗透、冻融试验。

4. 混凝土路基

当地下水位高或地下水不易排走时，可在路基防冻范围内采用 C30 混凝土灌注，应满足下列要求：

1）做试验确定比热容和导热系数，用于冻结深度计算。

2）检算路基两侧土剪切冻胀力对混凝土路基变形的影响。

3）混凝土等级不小于 C30。

5.2　路基冻结深度计算方法

冻结深度是寒区高速铁路设计中关键的参数之一,一般可采用邻近工程地点、气候条件相近的气象台观测资料确定标准冻结深度 Z_0,Z_0 不得小于 10 年实测最大冻结深度的平均值,如缺乏相关冻结深度观察资料,可查当地季节冻土标准冻结深度线图。当缺乏相关冻结深度观测资料时,可用经验公式计算,各国较多采用斯蒂芬经验公式进行计算。

5.2.1　国外路基冻结深度计算方法

1）斯蒂芬经验公式:

$$X = \sqrt{\frac{2kTt}{L}} \tag{5-1}$$

式中,X 为冻结深度（cm）;k 为土的导热系数 [W/(m·K)];L 为土的潜热 (cal/cm^3)（1cal=4.2J）;T 为冻结期的平均气温（℃）;t 为冻结持续时间（h）。

2）修正 Berggren（伯格润）计算公式:

$$X = \lambda\sqrt{172800k / L} \cdot \sqrt{F} \tag{5-2}$$

式中,λ 为与体积比热容相关的无量纲系数;F 为冻结指数（℃·d）。

3）俄罗斯冻结深度经验公式:

$$X = \sqrt{\frac{2\lambda\left(T_{\mathrm{bf}} - T_{\mathrm{fm}}\right)t_{\mathrm{fm}}}{q_2}} \tag{5-3}$$

式中,T_{bf} 为土的起始冻结温度（℃）;T_{fm} 为负温期多年平均气温（℃）;t_{fm} 为融化土层需要的时间 (s);$q_2 = L - 0.5c_{\mathrm{f}}\left(T_{\mathrm{fm}} - T_{\mathrm{bf}}\right)$,$c_{\mathrm{f}}$ 为融土的体积比热容 [J/ (m^3·K)]。

4）简化的冻结深度计算公式。德国、法国、日本等一些国家对修正 Berggren 公式进行了简化,采用简化的冻结深度计算公式:

$$X \geqslant g\sqrt{F} \tag{5-4}$$

式中,g 为轨道结构随冻害敏感性不同而变化的一个系数。

5.2.2　国内铁路以外其他行业冻结深度确定方法

为简化计算,我国相关行业结合本行业特点提出了各自的冻结深度计算经验公式。

1）公路行业:

$$X = abc\sqrt{F_{\mathrm{p}}} \tag{5-5}$$

式中，a 为路面结构层材料热物理性能参数；b 为路基横断面系数；c 为路基潮湿类型系数；F_p 为最近 10 年冻结指数平均值。

2）水工建筑行业：

$$X = \varphi_f \psi_d \psi_w X_k \tag{5-6}$$

式中，φ_f 为冻结深度年际变化的频率模比系数；ψ_d 为日照及遮阴程度影响系数；ψ_w 为地下水影响系数；X_k 为标准冻结深度。

3）房屋建筑行业：

$$X = X_k \psi_{zs} \psi_{zw} \psi_{zc} \psi_{zt0} \tag{5-7}$$

式中，ψ_{zs} 为土质对冻结深度的影响系数；ψ_{zw} 为湿度对冻结深度的影响系数；ψ_{zc} 为周围环境对冻结深度的影响系数；ψ_{zt0} 为地形对冻结深度的影响系数。

5.2.3 严寒地区高速铁路无砟轨道路基冻结深度计算方法

由于季节性冻土区高速铁路无砟轨道变形控制标准严格，需要较为精确地掌握路基的设计冻结深度，从而采取有针对性的防冻措施。在对国内外冻结深度计算方法综合分析的基础上，采用改进 Berggren 法作为设计冻结深度计算公式，即

$$X = \lambda\sqrt{172800F/(L/k)} \tag{5-8}$$

由于路基各层的土性不同，式（5-8）中 L/k 的确定方法如下：

$$\frac{L}{k} = \frac{2}{X'^2}\sum_{i=1}^{n} L_i d_i \left(\frac{d_1}{k_1} + \frac{d_2}{k_2} + \cdots + \frac{d_{i-1}}{k_{i-1}} + \frac{d_i}{2k_n} \right) \tag{5-9}$$

其中：

$$L_i = 0.80\omega_i\rho_i$$

式中，d_i 为第 i 层土体厚度（cm）；L_i 为第 i 层土体的溶解潜热（cal/cm³）；k_i 为第 i 层土体的导热系数 [W/(m·K)]；X' 为初次计算迭代时假设的冻结深度初始值（cm）。

式（5-8）中的 λ 根据温度比 τ 和溶解参数 μ 在 $0 \sim 1$ 范围内。温度比 τ 和溶解参数 μ 计算公式如下：

$$\tau = T_b t / F \tag{5-10}$$

$$\mu = (0.17 + 0.007w)\rho T_s / L \tag{5-11}$$

式中，T_b 为年平均气温（℃）；t 为冻结时间（d）；w 为含水率；T_s 为平均冻结温度的绝对值（℃）。

用计算值 X 代替 X' 再次计算，直到 X 与 X' 相等为止，此时的 X 为设计冻结深度值。

由于此式考虑了路基的热力特性、气象条件及地基条件，适用于多结构层土路基。

实施案例：在我国东北某地区，最冷月平均气温为 –15℃，属严寒地区，最大冻结深度为 2.14m。水的固液相变潜热 L 为 334.56kJ/kg，地面冻结指数 F 为 1515℃·d，地基含水量以质量计为 18%。

铁路路基的底防冻胀层为 A、B 组土，顶防冻胀层为混凝土层，级配碎石层的原料中含有粒径为 0.5～30mm 的第一类碎石颗粒、粒径小于 0.5mm 的第二类碎石颗粒和水泥。经反复调配，得到的级配碎石层的原料成分如下：以质量计，第一类碎石颗粒的含量为 85%，第二类碎石颗粒的含量为 10%、水泥含量为 5%。由这种原料制成的级配碎石层的热导率 k 为 0.573W/(m·K)，代入式（5-8）和式（5-9）进行计算。

路基结构为：底防冻胀层的厚度为 0.55m，级配碎石层的厚度为 2.13m，顶防冻胀层的厚度为 1.5m。经计算得出：铁路路基的冻结深度 X_s 是 2.72m，大于该地区的最大冻结深度 2.14m。经冻胀试验得知，底防冻胀层冻胀量 Δh_1 为 0.28mm，级配碎石层的冻胀量 Δh_2 为 3.2mm，顶防冻胀层的冻胀量 Δh_3 为 0。由此，冻胀量 Δh_1、Δh_2 与 Δh_3 之和为 3.48mm。

现场试验性施工后，测得路基的冻结深度为 2.71m，最大冻胀量为 3.28mm。因此，由本书的试验方法得到的铁路路基满足路基冻胀变形要求。

5.3　级配碎石标准划分及渗透性级配碎石研究

目前我国高速铁路基床表层级配碎石总体使用状况良好，但局部地区出现了两类问题：一是南方多雨地区基床表层翻浆问题；二是严寒地区高速铁路基床表层级配碎石冻胀问题。前者是由于列车振动荷载引起的离缝部位轨道板上下振动，对离缝内水分产生抽吸作用，进而造成翻浆冒泥；后者则是由于级配碎石引起的冻胀变形，其主要是由于集料骨架接触部位黏土颗粒周围薄膜水引起水分微迁移并冻结。因此，合理选择级配碎石非常重要。

5.3.1　级配碎石配比流程

散粒材料的绝对冻胀是很难避免的，铁路路基防冻胀应着眼于路基的不均匀冻胀，可以通过增大级配碎石的渗透性、降低持水性能、减少细颗粒含量或减小 0.5mm 以下细颗粒含量的液塑限等综合措施控制级配碎石冻胀性能，具体的高速铁路基床表层级配碎石的级配流程图如图 5-2 所示。

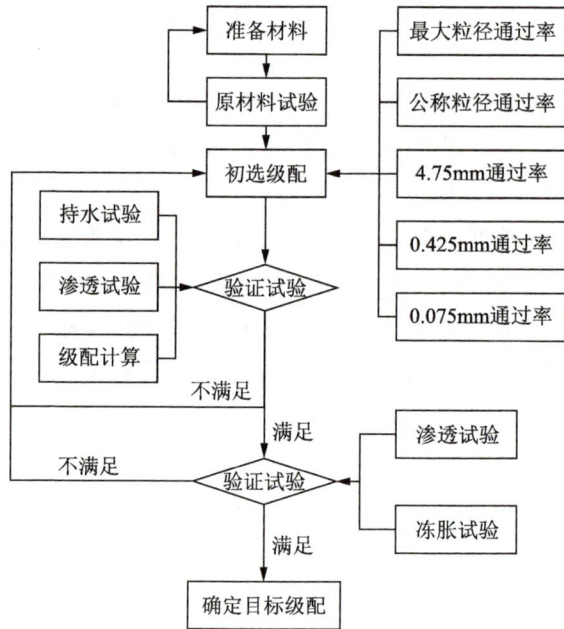

图 5-2　高速铁路基床表层级配碎石的级配流程图

1. 级配碎石初选级配

综合对国内外相关规范的分析与研究成果，初步拟定出我国高速铁路无砟轨道基床表层级配碎石级配的控制范围，如表 5-2 所示。根据表 5-2 绘制出级配碎石的初选级配曲线（根据国内外相关标准综合选定），如图 5-3 所示。

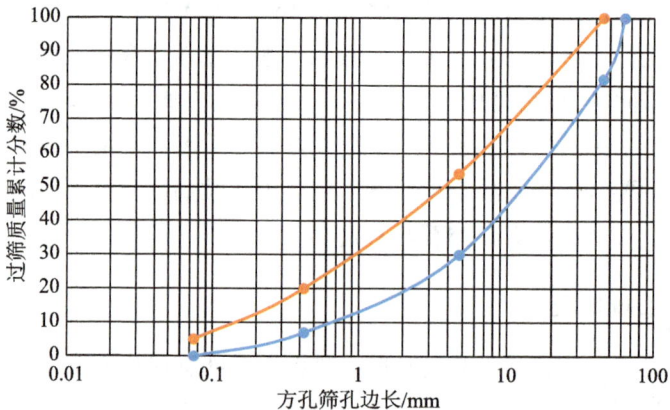

注：红色线为上限，蓝色线为下限，后同。

图 5-3　基床表层级配碎石的初选级配曲线（一）

表 5-2 级配碎石的初选级配

高速铁路无砟轨道 基床表层级配碎石	方孔筛孔边长 /mm	63	45	4.75	0.425	0.075
	过筛质量分数上限 /%	100	82	30	7	0
	过筛质量分数下限 /%		100	54	20	3 (5)

在表 5-2 及图 5-3 基础上进行内插，获得不同粒径筛孔下颗粒通过的质量范围，如表 5-3 所示。根据表 5-3 绘制出级配曲线(根据国内标准选定)，如图 5-4 所示。

表 5-3 级配碎石的级配（初拟值）

方孔筛孔边长 /mm	0.075	0.5	1.7	7.1	22.4	31.5	45	63
过筛质量分数 /%	0～3 (5)	7～20	17～36	37～60	62～83	71～91	82～100	100

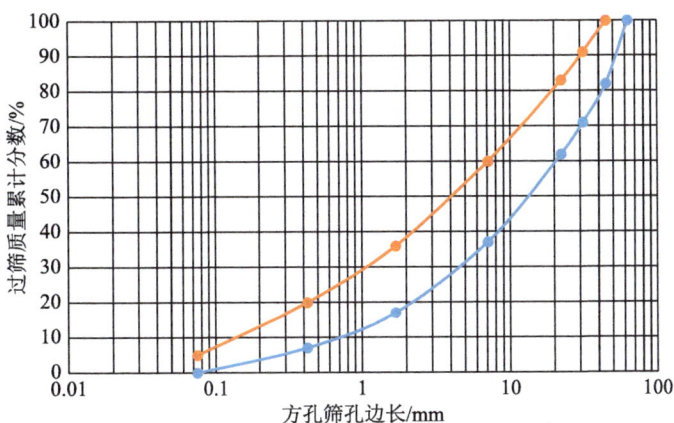

图 5-4 基床表层级配碎石的初选级配曲线（二）

2. 级配碎石结构类型判断

压实后的级配碎石随粗细集料含量的变化可分为 3 种典型的结构类型，即悬浮密实结构、骨架密实结构、骨架孔隙结构。悬浮密实结构指级配碎石中以细集料为主，粗骨料悬浮于细集料中，该结构类型中粗集料含量一般为 50% 左右，细集料含量较多，不适合作为寒区路基填充；骨架密实结构指结构中以粗骨料为主，骨料之间的孔隙以细颗粒充分填料；骨架孔隙结构指结构中粗骨料相互紧密接触，形成稳定的结构，但细集料含量不足以填满骨料之间的孔隙。骨架孔隙结构型混合料与骨架密实型混合料相比具有较高的孔隙率，适用于有较高内部排水要求的情况。

（1）级配碎石的级配理论

目前，级配曲线计算方法有很多种，这些计算方法大致由两种理论发展而来：其一是最大密度曲线理论，是由富勒（Fuller）通过试验提出的，该方法以达到最大密实度为目的；其二为粒子干涉理论，该理论由魏矛斯（Wey-mouth）提出，他认为级配集料要达到最大密实度，前一级颗粒之间的孔隙应由次一级颗粒填充，剩余孔隙再由更次一级颗粒填充，但填隙的颗粒粒径不得大于其间隙的距离，否则大小颗粒之间势必发生干涉现象。这种填充与干涉的关系受大小粒子之间一定数量分布状况的影响，为多级嵌挤密实结构级配的计算提供了理论依据。

1）最大密度曲线理论级配算法。

① n 法。富勒通过试验提出了一种理想曲线——最大密度曲线，认为固体颗粒粒度大小有规律地排列，粗细搭配，便得到密度最大、孔隙最小的混合料。初期研究认为细集料的颗粒级配为椭圆形曲线，粗集料为椭圆曲线相切的直线，由这两部分组成的级配曲线可以达到最大密度。后来经过改进，提出简化抛物线最大密度理想曲线，认为级配曲线越接近抛物线，密度越大。其表达式为

$$p_x = \left(\frac{d}{D}\right)^{0.5} \times 100\% \tag{5-12}$$

式中，p_x 为某粒径 d 集料的通过百分率（%）；D 为集料的最大粒径（mm）。

泰波（Talbol）把富勒公式改为如下通式：

$$p_x = \left(\frac{d}{D}\right)^n \times 100\% \tag{5-13}$$

式中，当 $n=0.5$ 时，即为富勒曲线，有研究认为，当 $n=0.45$ 时，密度最大。根据泰波的理论分析和试验，认为 $n=0.3 \sim 0.5$ 时具有比较好的密实度，因此此法也称为 n 法。

② i 法。我国同济大学的林绣贤教授在 20 世纪 70 年代提出直接将通过百分率的递减率 i 作为参数的 i 法，即

$$p_x = 100(i)^x \times 100\% \tag{5-14}$$

式中，i 为通过百分率的递减率；x 为级数，$x=3.32\lg(D/2^x)$。式（5-14）只适用于各级粒径以 1/2 递减的情况。

根据实践提出了 $i=0.7 \sim 0.8$ 的取值范围，认为 $i>0.8$ 时，细集料太多，混合料结构不稳定；$i<0.7$ 时，细集料太少，易透水。

③ k 法。苏联在 i 法和 n 法的基础上提出了 k 法，其计算公式如下：

$$p_x = 100\left(1 - \frac{k^x - 1}{k^n - 1}\right) \times 100\% \tag{5-15}$$

式中，总级数 $n=3.32\lg(D/d_n)$，d_n 为最小粒径，取 $d_n=0.004$mm，并控制其通过率为零；级数 $x=3.32\lg(D/d_x)$，其中 d_x 为各粒级的相应方孔筛孔径。

另外，在上述计算方法的基础上还衍生出了剔除其中一个或几个分级形成的间断级配算法、主骨料与细集料分取不同 k 值的变 k 法或折断级配算法。

2）多级嵌挤密实级配算法——变 i 法。

上述级配算法中，除 n 法外，其他算法均只适用于各级粒径以 1/2 递减的情况，无法满足我国级配碎石常用级配的筛孔划分标准，而 n 法是以最大密度曲线理论为基础的，设计的级配难以形成骨架密实结构，不能适用高速铁路路基对集料级配的要求。以下是结合试验提出的一种适合我国铁路路基基床表层级配碎石级配与多级嵌挤密实级配的算法，由于粗集料级配与细集料级配分取不同的 i 值，故称其为变 i 法。

$$p_x = 100(i)^x \times 100\% \tag{5-16}$$

式中，级数 $x=3.32\lg(D/d_x)$。

相对式（5-15）而言，式（5-16）中 d_x 采用各粒级的相应粒级代替 $d_x=D/2^x$，既考虑了各级粒径以 1/2 递减的情况，又考虑了各级粒径不以 1/2 递减的级数计算情况，较之式（5-15）更适合我国高速铁路基床表层级配碎石筛孔的划分标准。

（2）级配碎石级配的计算

我国目前高速铁路基床表层级配碎石常用级配统一用方孔筛划分，不满足粒径以 1/2 递减的情况，因此，宜采用多级嵌挤密实级配算法（变 i 法）计算。

根据多级嵌挤密实级配算法对初步拟定级配碎石上、下限进行计算，计算结果如表 5-4 和表 5-5 所示。

表 5-4　级配碎石下限变 i 法计算结果

d_x/mm		0.075	0.5	1.7	4.75	7.1	22.4	31.5	45	63
x		9.71	6.97	5.21	3.73	3.15	1.49	1.00	0.49	0.00
i	0.70	3.13	8.32	15.59	26.44	32.51	58.78	70.00	83.96	100
	0.71	3.60	9.19	16.79	27.87	34.00	60.03	71.00	84.55	100
	0.72	4.12	10.13	18.06	29.37	35.53	61.30	72.00	85.13	100
	0.73	4.71	11.15	19.40	30.92	37.11	62.57	73.00	85.71	100
	0.74	5.37	12.26	20.83	32.53	38.73	63.85	74.00	86.28	100
	0.75	6.12	13.46	22.34	34.20	40.41	65.14	75.00	86.85	100
	0.76	6.96	14.77	23.94	35.93	42.13	66.44	76.00	87.42	100
	0.77	7.90	16.17	25.62	37.72	43.90	67.74	77.00	87.98	100
	0.78	8.96	17.70	27.40	39.58	45.72	69.06	78.00	88.54	100
	0.79	10.14	19.34	29.28	41.51	47.59	70.38	79.00	89.09	100
	0.80	11.46	21.11	31.27	43.50	49.51	71.71	80.00	89.64	100

表 5-5 级配碎石上限变 i 法计算结果

d_x/mm		0.075	0.5	1.7	4.75	7.1	22.4	31.5	45
x		9.22	6.49	4.72	3.24	2.662	1.006	0.514	0.00
i	0.70	3.73	9.88	18.57	31.49	38.72	69.75	83.37	100.00
	0.71	4.25	10.83	19.86	32.97	40.21	70.76	83.97	100.00
	0.72	4.84	11.86	21.21	34.50	41.74	71.76	84.57	100.00
	0.73	5.49	12.97	22.64	36.07	43.30	72.77	85.17	100.00
	0.74	6.23	14.17	24.14	37.70	44.89	73.78	85.76	100.00
	0.75	7.05	15.46	25.72	39.37	46.52	74.78	86.35	100.00
	0.76	7.96	16.85	27.38	41.10	48.19	75.79	86.94	100.00
	0.77	8.98	18.34	29.12	42.88	49.90	76.80	87.52	100.00
	0.78	10.12	19.94	30.95	44.71	51.64	77.81	88.10	100.00
	0.79	11.38	21.66	32.87	46.59	53.42	78.81	88.67	100.00
	0.80	12.78	23.50	34.88	48.53	55.24	79.82	89.24	100.00

粗细集料采用不同的 i 值进行计算：对于上限，细集料 i 取 0.79，粗集料 i 取 0.79；对于下限，细集料 i 取 0.70，粗集料 i 取 0.73。

由此获得多级嵌挤密实级配，如表 5-6 所示。

表 5-6 多级嵌挤密实级配

方孔筛孔边长 /mm	0.075	0.5	1.7	7.1	22.4	31.5	45	63
过筛质量分数 /%	3～10	8～21	16～33	37～53	63～79	73～89	85～100	100

（3）计算级配与初选级配的对比

将初选级配曲线与利用多级嵌挤密实级配计算方法获得的级配曲线绘制于同一坐标中，如图 5-5 所示。

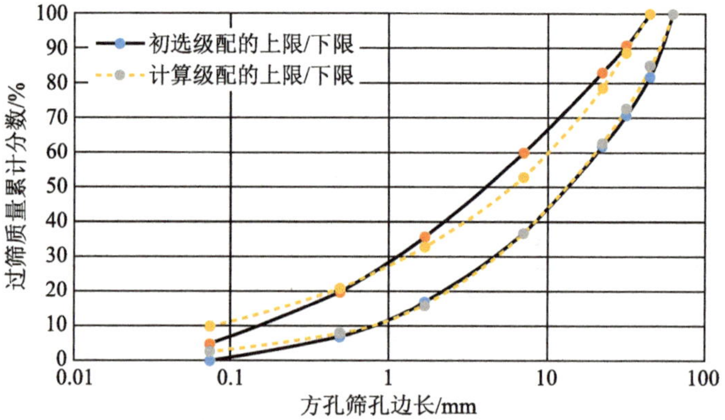

图 5-5 计算级配与初选级配曲线对比

由图 5-5 可以看出，按照多级嵌挤密实级配计算方法计算所得级配曲线下限与初选级配曲线基本吻合，但下限中 0.075mm 粒径含量超出初步拟定的级配范围，且超出值不大，满足多级嵌挤密实的要求，属于骨架密实结构。初选级配上限与计算级配曲线有一定区别，对该级配曲线中 1.7mm、7.1mm、22.4mm 粒径含量进行调整，同时减少计算曲线中 0.075mm 以下细颗粒含量，修正后多级嵌挤密实级配如表 5-7 所示。

表 5-7　修正后多级嵌挤密实级配

方孔筛孔边长 /mm	0.075	0.5	1.7	7.1	22.4	31.5	45	63
过筛质量分数 /%	0 ～ 3（5）	8 ～ 20	16 ～ 33	37 ～ 53	63 ～ 79	73 ～ 89	85 ～ 100	100

3. 级配碎石抗冻性能控制指标确定

轨道板对荷载的分散作用使无砟轨道基床承载的荷载较小。大量测试资料表明，高速铁路无砟轨道基床表层所受动应力幅值较小，范围基本为 11 ～ 16kPa，且随车速变化不明显，而级配碎石强度相对普通填料要高，因此，高速铁路基床表层无砟轨道基床表层强度能够满足设计的要求。本节着重对级配碎石抗冻性能进行验证。

试验结果表明，影响低细颗粒含量粗颗粒土冻胀的因素主要有细颗粒成分及含量、持水性能、渗透系数，因此，严寒地区高速铁路基床表层级配碎石需要控制的指标主要有细颗粒含量、0.5mm 以下颗粒液塑限、持水率、渗透系数、冻胀敏感性。

（1）细颗粒（<0.075mm）含量的确定

图 5-6 为细颗粒含量与粗颗粒土冻胀率的关系曲线，图 5-7 为开敞及封闭情况下不同细颗粒含量填料与冻胀率关系曲线。由图 5-6 可以看出，即使在细颗粒含量很低（<3%）的情况下，在不利的情况下土体也会发生一定量的冻胀。

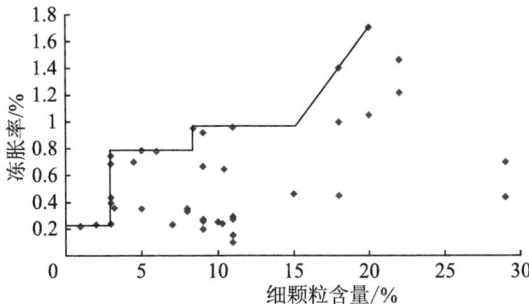

图 5-6　细颗粒含量与粗颗粒土冻胀率的关系曲线

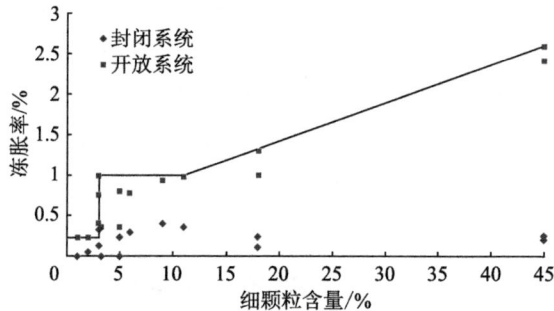

图 5-7　开敞与封闭系统冻胀的关系曲线

由图 5-7 可以看出，当细颗粒含量 <3% 时，土在开敞与封闭系统中的冻胀量均较小，两种情况下冻胀量变化不大，因此，建议将严寒地区高速铁路基床表层级配碎石细颗粒含量限定为 3%，压实后可增大至 5%。

（2）土的渗透系数的确定

水是引起土体冻胀的重要因素之一，如果土的渗透系数大，渗入土中的水分能迅速排出，从而降低水分对土体冻胀的影响。图 5-8 为土体渗透系数与冻胀率关系曲线，由图 5-8 可以看出，土的冻胀率基本随渗透系数的增大而减小，且具有较好的相关性。

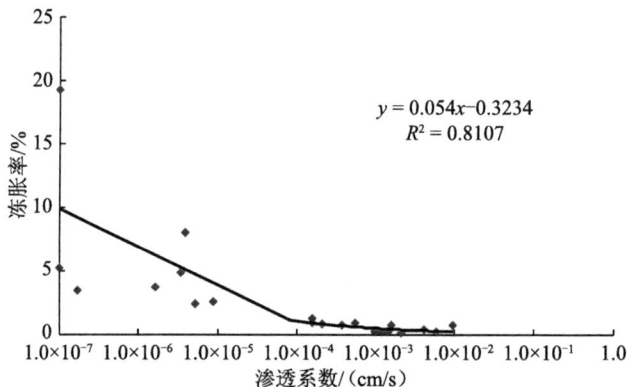

$$y = 0.054x - 0.3234$$
$$R^2 = 0.8107$$

图 5-8　土体渗透系数与冻胀率关系曲线

图 5-8 中土的渗透系数与冻胀率的关系可用以下公式表示：

$$\eta = 0.054I - 0.3234 \tag{5-17}$$

式中，η 为冻胀率；I 为渗透系数。

根据公式计算，当渗透系数为 5×10^{-3} cm/s 时，计算冻胀率为 0.3%，能满足基床表层冻胀变形控制要求。

（3）土的持水率的确定

当无外界水分补给时，在自然条件下土体内的含水率称为持水率，该指标反映了土体保有水分的能力，单位体积土体内含水量越高表明土体冻胀变形越大。试验数据表明，随着细颗粒含量减少，土的持水率呈降低趋势；对于低细颗粒含量粗颗粒土，其持水率基本为 3% ～ 5.5%。

4. 拟定级配碎石抗冻胀性能指标验证

（1）级配碎石渗透性能的验证

对表 5-7 中拟定的级配曲线上、下限进行室内渗透试验，结果如表 5-8 所示。

表 5-8　渗透试验结果

级配曲线	渗透系数 /（cm/s）
上限	5.13×10^{-3}
下限	3.42×10^{-2}

室内试验结果表明，级配碎石上、下限渗透系数均大于 5.0×10^{-3} cm/s，满足冻胀对渗透系数的要求。

（2）级配碎石持水性能验证

对拟定级配上、下限进行持水试验，验证其持水性能能否满足要求，试验结果如表 5-9 和图 5-9 所示。

表 5-9　持水试验结果

级配曲线	持水率 /%
上限	5.11
下限	0.05

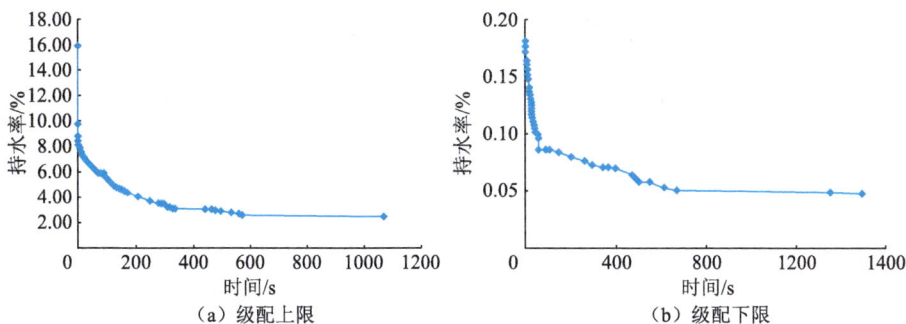

（a）级配上限　　　　　　　　（b）级配下限

图 5-9　持水率试验曲线

由图 5-9 和表 5-9 结果可知，拟定的级配碎石级配曲线上、下限持水率均小于 5.5%，满足要求。

（3）级配碎石压实性能

为了便于碾压密实基床表层级配碎石，级配碎石材料应具有一定的不均匀性，根据高速铁路设计规范要求，不均匀系数 $C_u=D_{60}/D_{10}$ 不得小于 15，曲率系数 C_c 为 1～3。而且，为了保证基床表层级配碎石自身的防冻性能，严寒地区级配碎石中不得含有 0.075mm 以下颗粒。

根据图 5-10 计算出级配碎石上限、下限两条曲线的不均匀系数及曲率系数。

级配碎石上限：

$$C_u=D_{60}/D_{10}=10/0.17=58.8$$
$$C_c=D_{30}^2/(D_{60}\times D_{10})=1.4^2/(10\times 0.17)=1.15$$

级配碎石下限：

$$C_u=D_{60}/D_{10}=20/0.75=26.7$$
$$C_c=D_{30}^2/(D_{60}\times D_{10})=4.8^2/(20\times 0.75)=1.54$$

由计算可知，该级配曲线上、下限不均匀系数、曲率系数均能满足压实要求。

综合以上分析，拟定的级配碎石级配属于骨架密实型级配，其上、下限持水性、渗透性及冻胀敏感性，不均匀系数及曲率系数满足压实性能要求。综合以上分析，提出严寒地区高速铁路基床表层级配碎石级配，如表 5-10 和图 5-10 所示。

表 5-10　严寒地区高速铁路基床表层级配碎石级配（建议值）

方孔筛孔边长 /mm	0.075	0.5	1.7	7.1	22.4	31.5	45	63
过筛质量分数 /%	0～3 (5)	8～20	16～33	37～53	63～79	73～89	85～100	100

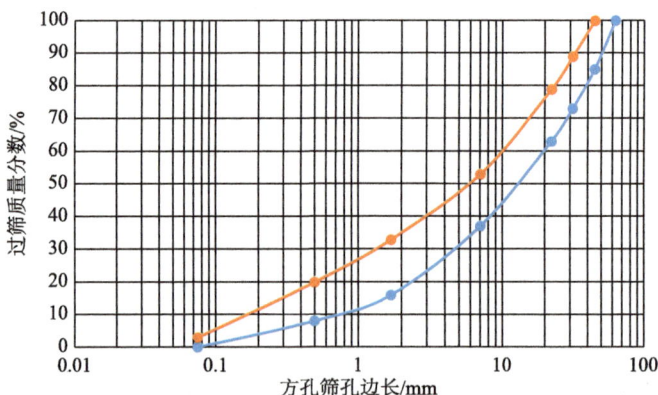

图 5-10　严寒地区基床表层级配碎石级配曲线（建议值）

5.3.2　级配碎石标准划分

为减少对我国目前规范的修改，着眼于对目前级配碎石标准的修订，将我国基床表层级配碎石分为两部分，分别为Ⅱ型级配碎石和Ⅰ型级配碎石。

1. Ⅱ型级配碎石

Ⅱ型级配碎石建议的级配碎石范围如表5.10所示,其级配曲线如图5-10所示。

2. Ⅰ型级配碎石

将我国目前高速铁路基床表层级配碎石级配范围除去Ⅱ型级配碎石级配范围,可初步得到Ⅰ型级配碎石级配范围,如表5-11和图5-11所示。

表5-11　初步拟定的高速铁路基床表层Ⅰ型级配碎石级配（建议值）

方孔筛孔边长 /mm	0.075	0.5	1.7	7.1	22.4	31.5	45
过筛质量分数 /%	3～11	20～32	33～46	53～75	79～91	89～100	100

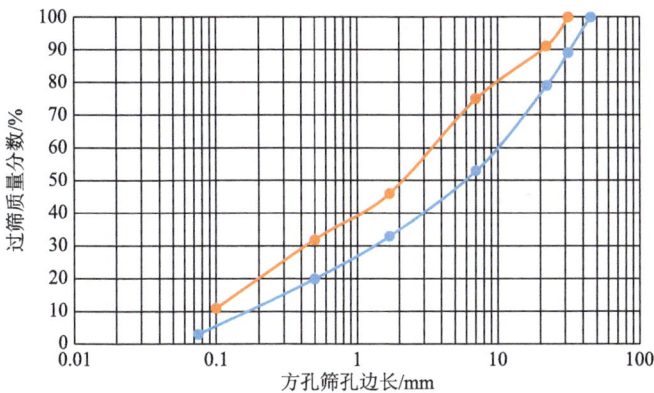

图 5-11　初步拟定的Ⅰ型级配碎石级配曲线

将该级配碎石级配曲线的下限细粒含量降低为0,并对级配曲线进行略微调整,将上限最小粒径按内插原则延伸至0.075mm位置,可得Ⅰ型级配碎石级配范围,如表5-12和图5-12所示。

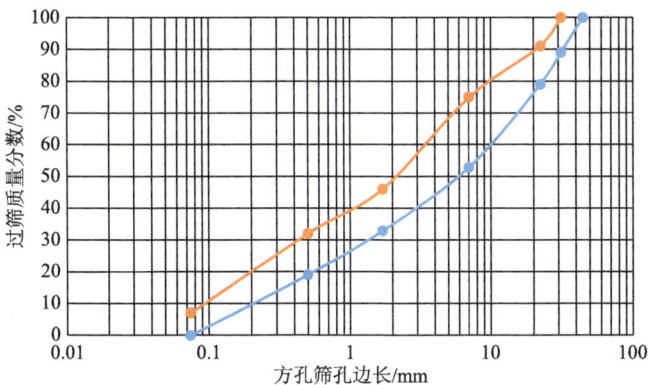

图 5-12　调整后的Ⅰ型级配碎石级配曲线

表 5-12　调整后的高速铁路基床表层 I 型级配碎石级配（建议值）

方孔筛孔边长 /mm	0.075	0.5	1.7	7.1	22.4	31.5	45
过筛质量分数 /%	0～7	19～32	33～46	53～75	79～91	89～100	100

I 型级配碎石级配范围完全在高速铁路基床表层级配碎石范围内，其性质已经在我国高速铁路建设过程中得到了验证。

综上所述，I 型级配碎石可适用于有砟轨道及非冻土地区无砟轨道基床表层级配的填筑，尤其是对于雨量充沛地区的无砟轨道，为增大基床表层渗透性能可酌情考虑填筑 II 型级配碎石。II 型级配碎石适用于冻结深度大于 0.5m 的冻土地区无砟轨道基床表层填筑。

5.4　掺水泥级配碎石

在哈大高速铁路建设期间，掺水泥级配碎石的冻胀量整体较小，这一统计结果引起了广泛关注，本节将研究掺水泥级配碎石的抗冻胀性能及其抗冻机理，可为以后的相关设计提供参考。

5.4.1　级配碎石制备方法

良好的矿料级配应满足在孔隙率最小的情况下，骨料之间处于最紧密的状态，使混合料最大限度地发挥其结构"强度效应"。级配可分为连续级配和间断级配。连续级配是指矿料中各级粒径的粒料由大到小逐级按一定的比例组合形成的级配，连续级配的级配曲线平顺圆滑，具有连续不间断的性质，连续级配又分连续密级配和连续开级配；间断级配是在矿料中剔除其中一个或几个分级，形成一种不连续的混合料，具体可参考 5.3 节内容。

5.4.2　级配碎石基本性能

1. 强度

碎石级配采用试验提出的骨架密实级配，水泥采用 42.5 普通硅酸盐水泥（实验室）；试件按最佳含水率和干密度拌制成型；养护温度为 20℃±2℃，养护相对湿度 90% 以上；抗压强度试件尺寸为 100mm×100mm×100mm。试验中主要研究水泥掺量对试样抗压强度的影响，因此保持水胶比不变 1:1，水泥掺量分别为 3%、5%、7%（质量分数），测试 7d、14d、28d 抗压强度，测试方法参照《混凝土强度检验评定标准》（GB/T 50107—2010）。

研究表明：随着水泥掺量的增加，水泥稳定级配碎石抗压强度逐步增加，水泥稳定碎石的早期强度随龄期的增长很快，到达一定养护龄期后就会慢慢趋于缓和。水泥掺量为 3% ～ 7% 时，水泥稳定级配碎石的抗压强度一般在 10MPa 左右，具体试验结果如图 5-13 所示。

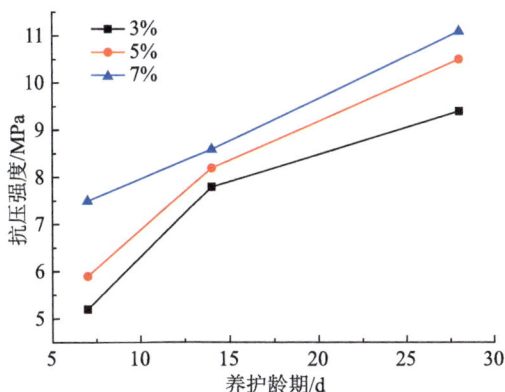

图 5-13　不同水泥掺量对水泥稳定级配碎石抗压强度的影响

2．干燥收缩试验

干燥收缩（干缩）主要发生于试样成型后初期，是指在干燥环境中，水泥、集料和水经拌和压实后，由于蒸发和混合料内部发生水化作用而引起的体积变化。当外界环境湿度低于半刚性基层材料本身的湿度时，半刚性基层材料中的水泥石内部的游离水被蒸发，毛细管壁受到压缩，半刚性基层材料开始收缩。当环境相对湿度低于 40% 时，水泥水化物中的凝胶水开始蒸发，引起更大的收缩。但当遇到潮湿环境时，已经干缩的半刚性基层材料将会膨胀，表现为混合料体积的"湿胀"。半刚性基层材料的湿胀值远比干缩值小，即使在长期浸水后，这种膨胀量仍不足以弥补初期的收缩量，经历干湿循环过程的混合料总的收缩量与完全干燥状态下所产生的收缩量几乎相同。半刚性材料干缩应变极限值为（50 ～ 90）× 10^{-5}，干缩系数为 0.5% ～ 0.9%。

影响半刚性材料干缩性的因素十分复杂，往往是多场耦合作用，理论难度非常大，当前采用试验研究是一种较为合适的手段。材料干缩性主要由水泥及水泥砂浆的干缩所致。因此，半刚性基层材料的干缩程度与水泥品种及用量、单位用水量和集料级配有关。混合料中，粗集料形成骨架抑制收缩，细集料和水泥形成收缩，二者的对抗与协调体现出该种材料的收缩特性。此外，半刚性基层材料的收缩还与施工、养护条件等外界因素有关。

在试验过程中，首先根据影响干缩的相关因素制作相应的中梁试件，梁的尺寸为 100mm×100mm×400mm，用塑料薄膜封装，并置于标准养护室养护 7d，然后取出试样置于室内自然风干,并安装好指示表,开始测定试件的收缩情况,如图 5-14 所示。从安装好试件开始,每隔 5h 读一次数,直至试件质量基本不发生变化为止。

图 5-14 干燥收缩试验

一般采用干缩量、失水量、失水率、干缩应变、干缩系数与平均干缩系数等指标来表征描述材料干缩性能,本节主要采用干缩量作为评价指标。

试样中水泥掺量分别为 3%、5%、7%,其干缩数据记录如图 5-15 所示(试件尺寸为 100mm×100mm×400mm)。从曲线中可以明显看出,水泥掺量越大,干缩量越大,表明其干缩效应越明显。

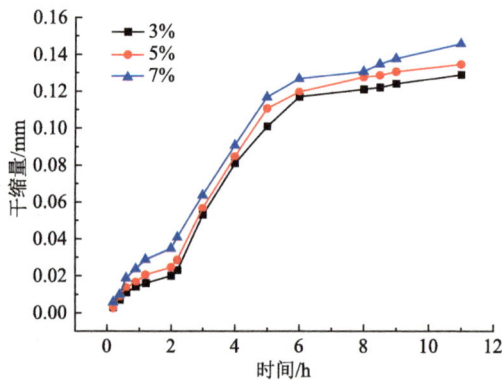

图 5-15 不同水泥掺量下水泥稳定级配碎石干缩量

3. 吸水率试验

吸水率试验是为了测试水泥稳定碎石的吸水性能。水泥稳定碎石内部孔隙较多,吸水率较大,而孔隙内部的水分结冰正是冻胀变形的根本原因。吸水率试验试样尺寸为 100mm×100mm×100mm,用塑料保鲜膜包裹住其中的 5 个表面,余下

1 个面浸入水中 1 ～ 2cm，每隔一段时间测试试样的质量变化，直至质量不变为止。

试验结果表明，随着浸水时间的增加，水泥稳定级配碎石吸水率不断增大，在开始的 10h 内吸水率增长迅速，后续增长率平缓，至 10d 以后吸水率基本不变，达到吸水饱和状态。由图 5-16 可以看出，水泥掺量越小，水泥水化产物填充的孔隙越少，从而导致的孔隙率越大，因此吸水率也越大。水泥掺量为 3% ～ 7% 时，水泥稳定级配碎石吸水率一般为 2% ～ 5%。

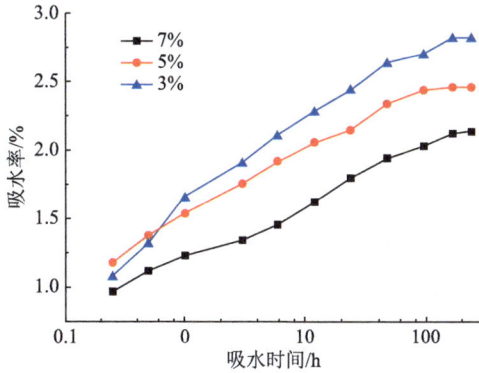

图 5-16　不同水泥掺量下水泥稳定级配碎石吸水率变化曲线

4. 抗冻性试验

混凝土冻胀性能采用低温试验箱开展试验，图 5-17 所示为二面（上、下面）冻胀试验方法示意图。

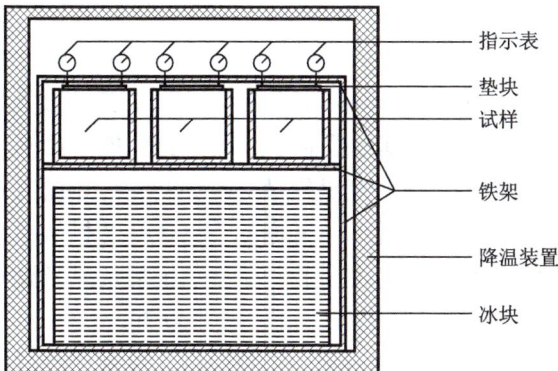

图 5-17　二面（上、下面）冻胀试验方法示意图

试验结果表明：含水率和细颗粒含量是影响级配碎石冻胀率的关键因素，水泥掺量在 5% 以上的级配碎石硬化后细颗粒土引起的冻胀程度最小；在 60 次冻融循环作用下，掺水泥级配碎石表层冻裂，但未成粉状，冻胀量也没有显著增大，

具体结果如图 5-18 所示。

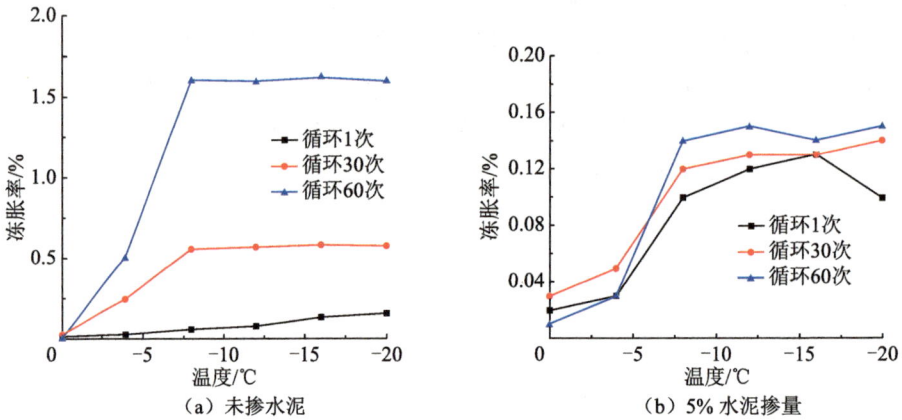

（a）未掺水泥　　　　　　　　　（b）5%水泥掺量

图 5-18　水泥稳定级配碎石的抗冻性能

通过掺入一定量的水泥，可以缓解路基级配碎石产生的冻胀问题，有效减少路基冻胀量；而未掺加水泥的级配碎石其冻胀率可达 1%～1.65%。

5. 光纤光栅测冻胀试验

光纤布拉格光栅（fiber Bragg grating，FBG），简称光纤光栅，其作用实质上是在纤芯内形成一个窄带的（透射或反射）滤波器或反射镜。当一束宽光谱光经过光纤光栅时，满足光纤光栅布拉格条件的波长将产生反射，其余的波长透过光纤光栅继续传输。布拉格方程可表示为

$$\lambda_B = 2n\Lambda \tag{5-18}$$

式中，λ_B 为光纤布拉格波长；n 为芯模有效折射率；Λ 为光栅周期。

可通过光纤光栅测量水泥稳定碎石的冻胀变形性能。光纤光栅测试原理如下：一束宽光谱光经过光纤光栅的光栅区时，满足光纤光栅布拉格波长条件的波将产生反射，其余波长的波透过光纤光栅继续传输。当光纤光栅所处环境的温度、应力、应变或其他物理量发生变化时，光栅的周期或纤芯折射率将发生变化，从而使反射光的波长发生变化，通过测量物理量变化前后反射光波长的变化，就可以获得待测物理量的变化情况。试验中试样尺寸为 70mm×70mm×280mm，将光纤光栅区用环氧树脂粘贴在试样表面的平整区域，设置试验组和空白对照组，研究负温条件下不同含水率对水泥稳定碎石冻胀性能的影响。该方法适用于冻胀低温环境（−40℃），而且测量精度高，应变 ε 可达 $1×10^{-6}$。

由于光纤光栅对温度和应变的敏感性较高，为测量水泥稳定碎石在负温度条件下的冻胀行为，需要设置空白对照组来解决温度补偿问题，以减小温度引

起的变形误差。空白对照组为裸光纤光栅（不粘贴在试样上），试验组为光纤光栅用环氧树脂粘贴在试样上。由试验组和对照组的结果可以得出，用光纤光栅测试水泥稳定碎石方法精确度高、误差小。图 5-19 表示空白对照组和试验组的光纤光栅随温度变形情况，两组对照组在相同试验条件下产生的应变误差较小，为 1% ～ 3%；而空白对照组和试验组的应变量差别远大于对照组之间的误差，因此该方法测量水泥稳定级配碎石的冻胀性能具有可行性，且测试结果准确度高。

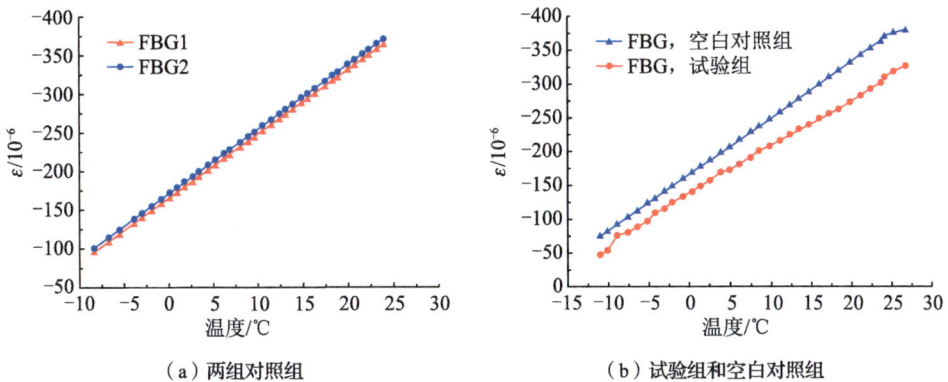

（a）两组对照组　　　　　　　　　　（b）试验组和空白对照组

图 5-19　光纤光栅测试水泥稳定级配碎石的抗冻可行性分析

　　由上述可行性分析可知，该方法能较好地检测水泥稳定级配碎石在负温度条件下的冻胀变形行为。本书还将研究不同水泥掺量下的试样在不同饱水度下的低温变形行为。试样标准养护 28d 后取出，自然风干至恒重视为饱水度 0，浸水至恒重视为完全饱水（即饱水度为 100%）。试验结果如图 5-20 所示，图 5-20 表示 5% 和 7% 水泥掺量的水泥稳定级配碎石在负温度条件下的应变量变化。从图 5-20 中可以看出，当试样中含水率较低时，应变随温度降低及时间延长表现出负应变不断增大（一直收缩）的趋势；当试样中含水率较高时，应变随温度降低及时间延长表现出先收缩后膨胀的趋势。其主要原因在于，在负温度条件下，随着温度降低，其变形行为包括两个方面——材料本身的热胀冷缩和材料内部水分结冰引起的体积膨胀。温度开始降低时，大部分孔内水分并没有开始结冰，此时材料本身的受冷收缩行为占主导地位，变形为负应变逐渐增大。随着时间延长及温度继续降低，水分结冰引起的体积膨胀大于水泥稳定碎石的自身收缩，表现为冻胀行为，应变开始增大，且增长速度很快。因此，含水率小的试样中没有足够的水分结冰使体积膨胀，一直收缩；而含水率较高的试样则表现为先收缩后膨胀的趋势。

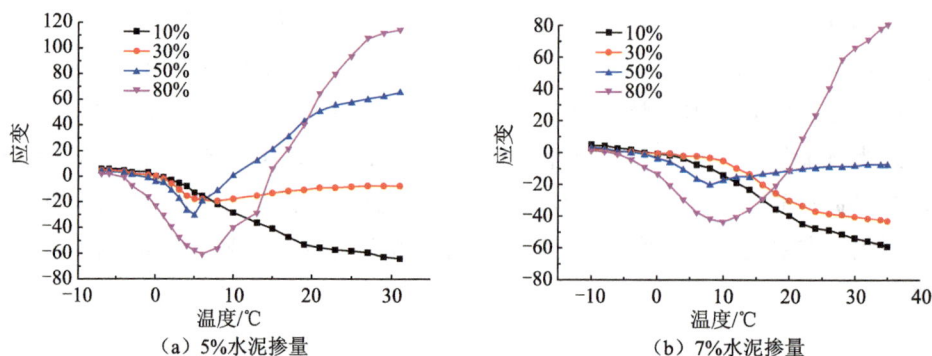

（a）5%水泥掺量 （b）7%水泥掺量

图 5-20　水泥稳定级配碎石应变随温度变化趋势

由图 5-20 可以看出，不同水泥掺量的水泥稳定级配碎石在不同饱水度下应变随温度降低而改变，都存在一个最终应变量趋于稳定且变化接近于 0 时的变化曲线，该曲线对应的饱水度称为临界饱水度。这是因为在该饱水度下，试样温度降低时产生的体积收缩和水分结冰冻胀时产生的体积膨胀基本相同，所以相应的应变量较小。图 5-21 表示不同水泥掺量下水泥稳定级配碎石的临界饱水度，从图 5-21 中可知，随着水泥掺量的增加，临界饱水度增加，这是因为水泥掺量增加，孔隙率降低，所以水化产物使级配碎石之间更加致密，抗冻胀性能较好。

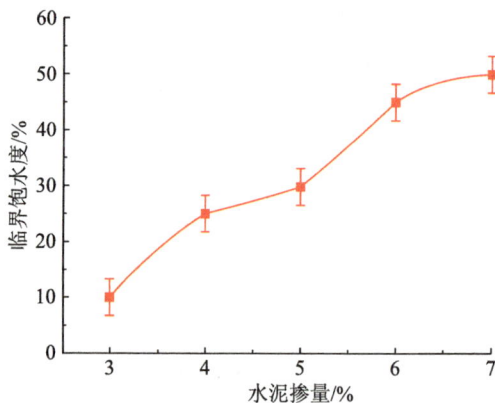

图 5-21　不同水泥掺量级配碎石的冻胀临界饱水度

6. CT 微结构试验

CT 微结构试验设备为美国 Xradia 公司生产的型号为 MicroXCT-400 的 X 射线断层扫描仪（图 5-22），最大空间分辨率可达 1μm。将圆柱体试样牢固粘贴在样品架上，并将样品架放置于样品台上，调节好试样与 X 射线发射源之间的距离，每个试样扫描 1014 张图片，图片尺寸为 1024 像素 ×1024 像素。

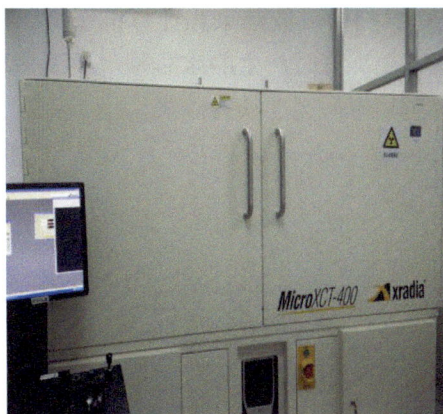

（a）仪器外观

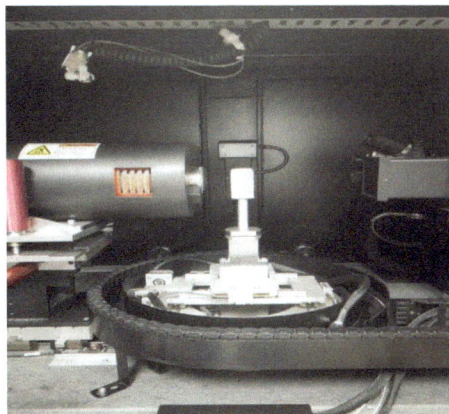

（b）仪器内部构造

图 5-22　CT 微结构试验设备

　　采用前面内容中所得出的碎石级配，将粗集料、细集料、水泥、水按照需要的配合比，按 100mm×100mm×100mm 立方体 [图 5-23（a）] 大小成型，这样的成型尺寸可以保证包含最大粒径骨料的试样均匀性，使试样具有代表性和准确性。当水泥级配碎石的水灰比为 1∶1 时，水泥掺量分别为 3%、5%、7%；当水泥掺量为 5% 时，水灰比分别为 0.5、1.0、1.5，成型后标准养护 28d。根据 CT 微结构试验设备要求，所测样品尺寸应尽量小，且形状规则（最好为圆柱体）以保障足够的分辨率和准确性。考虑到水泥级配碎石中最大粗骨料尺寸达 3cm，以及试验结果的准确性要求，采用钻芯取样的方法，获取试验样品。用钻芯机钻取直径为 5cm、高度约为 6cm 的圆柱体 [图 5-23（b）]，作为 CT 微结构试验的对象。

（a）圆柱体试样

（b）立方体试样

图 5-23　CT 微结构试验试样

　　不同物相的灰度值不同，根据 X 射线断层扫描成像结果和计算机图像识别技术，可以较好地分辨出碎石、浆体、孔隙，甚至冻胀时产生的冰晶等。如图 5-24 所示，图中亮度最大的是骨料，黑色的是孔隙，中间亮度的为砂浆。

图 5-24　CT 微结构试验图像

　　由 CT 微结构试验图像可以直观地看出，不同水泥掺量级配碎石材料中的孔隙分布不同。根据各物相灰度值不同，运用 Avizo 图像处理软件，对所得的扫描图像进行三维重构并分析相关数据。根据图像处理软件计算分析结果可得，不同水泥掺量对水泥稳定级配碎石的孔隙率的影响如图 5-25 所示。由图 5-25 可以看出，当水泥掺量为 3% 时，孔隙率达 15.74%；当水泥掺量为 5% 时，孔隙率为 5.12%；当水泥掺量为 7% 时，孔隙率为 2.57%。

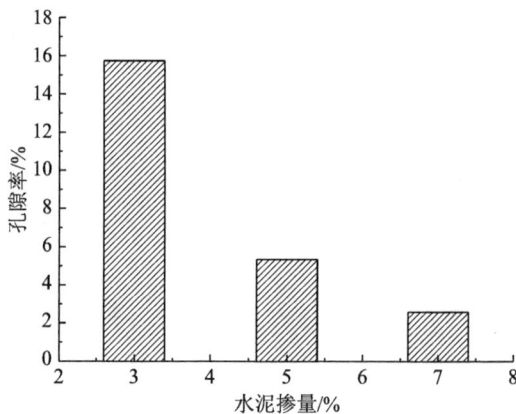

图 5-25　不同水泥掺量对水泥稳定级配碎石孔隙率的影响

　　根据所得孔隙率不难得出,当水泥掺量为 3% 时,孔隙率最大;而当掺量为 5% 和 7% 时孔隙率差别不大。其原因为,当水泥掺量为 3% 时,水泥掺量过少,远不足以填充骨料之间的孔隙,水化的水泥浆体也不能很好地在骨料之间凝结,造成试样孔隙率较大。当水泥掺量为 5% 和 7% 时,胶凝材料增加,能更好地填充骨料之间的孔隙,所以孔隙率较小。当水泥掺量为 7%、水灰比为 1∶1 时,由于水灰比过大,水泥水化后还有水分剩余,剩余的水分蒸发会留下一定的孔隙,孔隙率增大,这是 7% 水泥掺量的孔隙率与 5% 水泥掺量差别不大的主要原因。

　　为研究水灰比对水泥稳定级配碎石孔隙率的影响,试验中分别对水泥掺量为 5%,水灰比(W/C)为 0.5、1.0、1.5 共 3 组不同的试样进行 CT 测试,试验结果如图 5-26 所示。由图 5-26 可知,当水灰比为 0.5 时,内部孔隙率最高;当水灰比增加到 1.0 时,孔隙率降低;当水灰比为 1.5 时,孔隙率又开始增大。分析结果产生的原因如下:当水灰比为 0.5 时,水相对于水泥掺量较少,在没有外加剂的情况下,水泥和水不能完全形成胶凝材料颗粒包裹在骨料表面,也不能使骨料颗粒之间相互黏结,因此孔隙率较大。当水灰比为 1.0 时,水泥水化较水灰比为 0.5 时更加完全,得到更多的水化产物,填充碎石之间的孔隙,并形成一定的胶结产物,因此孔隙率降低。当水灰比为 1.5 时,水泥反应比水灰比为 0.5 时更完全,产生的凝胶更多,因此孔隙率相对减少,但拌和用水量相对于水泥偏多,水灰比过大,水泥完全水化后仍有水分富余,这部分水分蒸发会留下孔隙,使孔隙率有一定的增大,因此水灰比为 1.5 时的孔隙率介于水灰比为 0.5 和 1.0 的孔隙率之间。

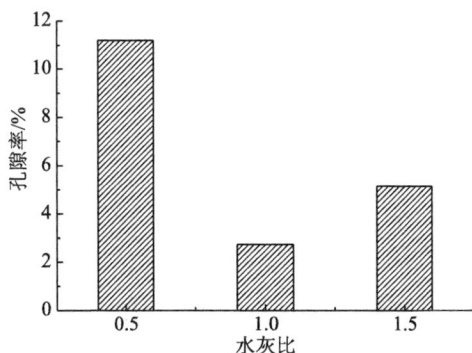

图 5-26　不同水灰比对水泥稳定级配碎石孔隙率的影响

5.4.3　防冻胀机理分析

1. 水泥水化程度表征

通过扫描电子镜(scanning electron microscope,SEM),结合 X 射线衍射(X-ray

diffractometer，XRD）半定量分析，以水化反应产生的 $Ca(OH)_2$ 含量来表征水泥的水化程度，如图 5-27 所示。

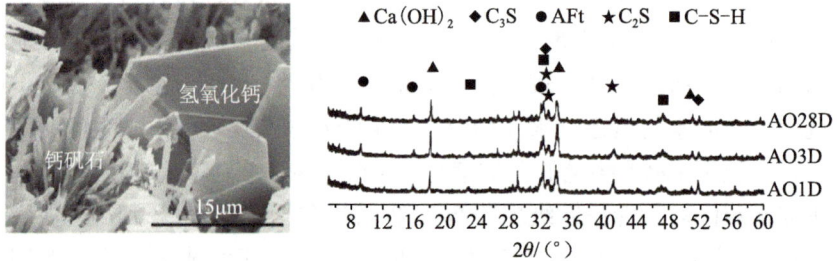

注：AO 表示试验组编号；28D、3D 和 1D 分别表示 28d、3d 和 1d 的试验结果。

图 5-27　水泥稳定级配碎石的水化产物形貌和 XRD 分析

试验结果表明：

1）水泥掺量越低，同一龄期的水化程度越高，这是由于水泥掺量越低，水泥分散性越好，越能够与水充分接触，水化程度高。

2）温度对水泥的水化程度有显著影响，同一龄期，温度越高，水化程度越高。

3）水的掺量越高，水化程度越高。

水泥掺量、温度和水量对水化产物的影响如表 5-13 所示。

表 5-13　水泥掺量、温度和水量对水化产物的影响

水泥掺量 /%	水胶比	温度 /℃	7d 水化程度 /%	28d 水化程度 /%	56d 水化程度 /%
3	1：1	20	46	53	69
5	1：1	20	38	47	65
7	1：1	20	31	39	56
5	1：1	10	16	26	39
5	1：1	30	58	72	86
5	1：2	20	18	23	45
5	2：1	20	43	64	83

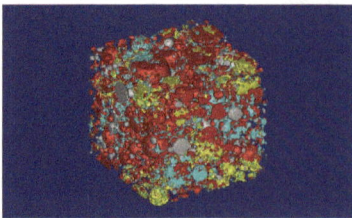

图 5-28　水泥稳定级配碎石的水化
过程三维模拟

2．水化过程模拟

通过已经生成的微结构，结合 CEMHYD3D 系统的水化模型，实现水泥稳定级配碎石微结构形成的全过程模拟，如图 5-28 和图 5-29 所示。

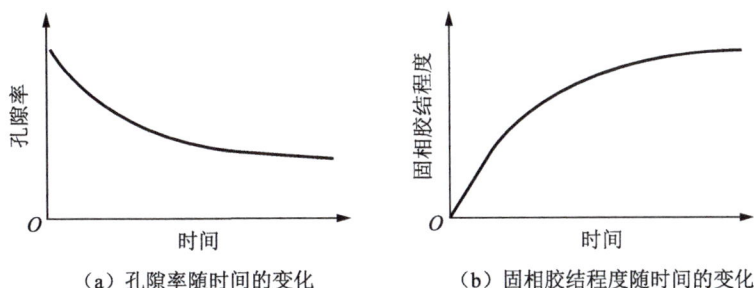

（a）孔隙率随时间的变化　　　　　（b）固相胶结程度随时间的变化

图 5-29　水泥稳定级配碎石的孔隙率与固相胶结程度随时间的变化

模拟结果表明：

1）随着水泥水化反应的进行，孔隙率降低，固相胶结程度提高。

2）随着水化的继续进行，孔隙率下降速度和固相胶结程度的提高速度逐渐平缓。

3. 超声波原位监测水化过程

超声波测试设备采用水泥基材料超声波测试仪。图 5-30 为超声波测试仪，其主要由三大部分组成，包括超声装置（ultrasonic device）、温度控制室（temperture controlling chamber）和数据采集系统。当进行超声波测试时，超声探头激发产生超声波，该波穿透水泥基材料样品并被另一探头所接收，测试所得的超声波传播时间（t）由系统自动采集并记录到计算机中。典型的超声波波速曲线如图 5-31 所示。超声波波速计算式如下：

$$V = L / t \tag{5-19}$$

式中，L 为水泥基材料样品的长度（20cm）。

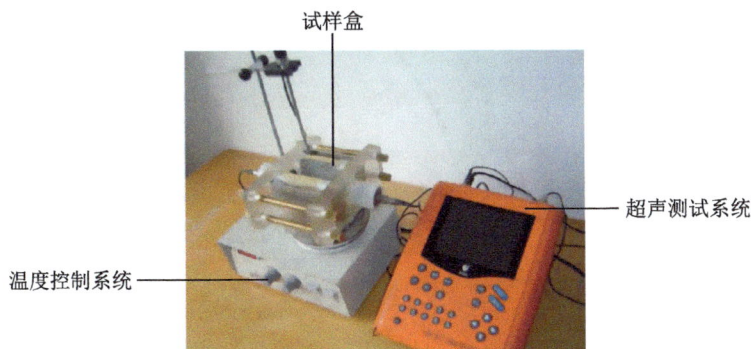

图 5-30　超声波测试仪

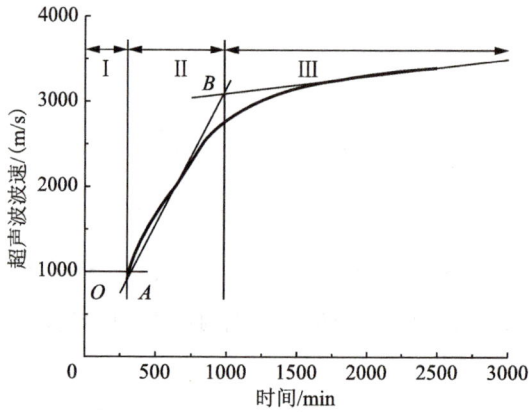

图 5-31　典型的超声波波速曲线

（1）水泥掺量的影响

　　研究水泥掺量分别为 3%、5%、7% 时，水泥稳定级配碎石的发展规律，超声波波速随时间变化的结果如图 5-32（a）所示。由图 5-32（a）可知，随着水泥掺量增加，最终的超声波波速也增加。这说明水泥掺量越大，水泥稳定级配碎石内部结构越密实，孔隙率越低，因此超声波传播路径中固相路径也越长，波速越大。在水泥水化加速期，水泥掺量越多，加速期发生越早，原因是在水灰比一定情况下，水泥掺量越多，在相同的时间内反应产生的水化产物越多，材料的结构越密实。

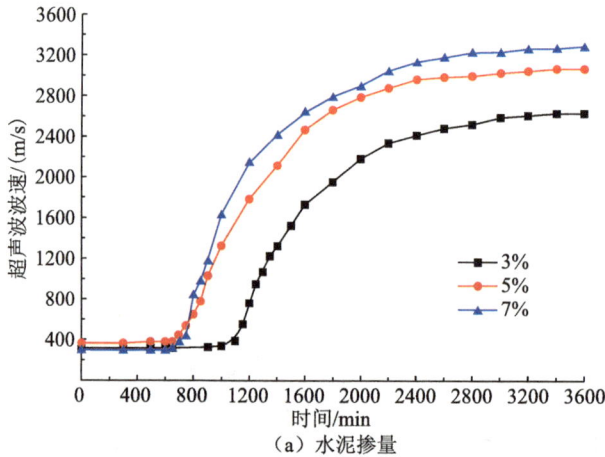

（a）水泥掺量

图 5-32　水泥掺量与水胶比对超声波波速的影响

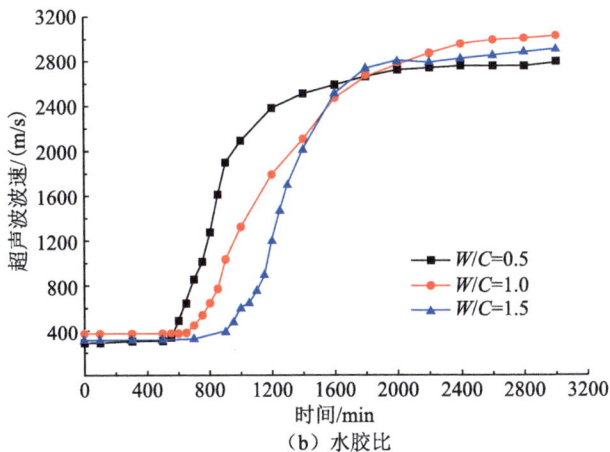

（b）水胶比

图 5-32（续）

（2）水灰比的影响

研究水灰比在水泥稳定级配碎石中的影响规律，分别选取水灰比为 0.5、1.0、1.5 共 3 组试样进行试验，水泥掺量均为 5%，结果如图 5-32（b）所示。从图 5-32（b）中可以看出，前期 3 种水灰比下的超声波波速基本相同，水泥浆体起到填充作用；后期水灰比为 1.0 时，超声波波速比水灰比为 0.5 和 1.5 时均较大，这是因为水灰比为 1.0 时，材料内部的孔隙率最低，密实度最好。水灰比过低水泥水化不完全，而当水灰比过大时过量的水会在材料内部留下孔隙使材料密实度降低。

（3）水泥的作用机制

通过设置空白级配碎石组、掺加等量粉煤灰对照组、掺量等量水泥试验组等不同试验组的对照，研究水泥在级配碎石中的作用是填充作用还是胶结作用，试验结果如图 5-33 所示。图 5-33（a）中最下面一条曲线表示超声波在级配碎石中的速度，约为 276m/s。当粉煤灰掺量为 5%、水灰比为 1:1 时，超声波在材料中的波速基本不随时间变化，约为 364m/s。这是因为粉煤灰在材料中不发生水化反应，在级配碎石中仅起到填充作用，由粉煤灰和水填充碎石间的孔隙，所以材料更加密实，波速变大。最上面曲线为水泥掺量为 5%、水灰比为 1:1 时，超声波在材料中的速度随时间的变化，可以看出，在反应初期（约 10h）波速保持不变，随后波速迅速增加，至反应后期趋于平稳但仍有小幅度增加的趋势。分析原因是，水泥在水化前期为诱导期，波速和掺加粉煤灰接近，此时水泥主要表现为填充作用；随后进入加速期，水泥迅速水化，产生的水化产物使碎石之间相互胶结，整体结构更加密实，超声波速不断增大，此时水泥主要起胶结作用；水泥水化进行一定程度后进入稳定期，水化趋势减慢，内部结构趋于稳定，但仍有水泥进行水化，因此波速呈现平稳并略有升高。通过和空白级配碎石及掺等量粉煤灰的试验进行对照，可以得出水泥在级配碎石中同时存在填充作用和胶结作用的结论，前期主要为填充作用，后期主要为胶结作用，且后期胶结作用远大于填充作用，原理如图 5-33（b）和（c）所示。

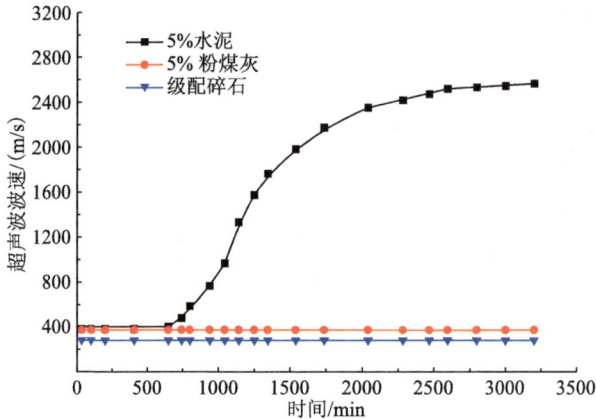

（a）超声波波速时程曲线

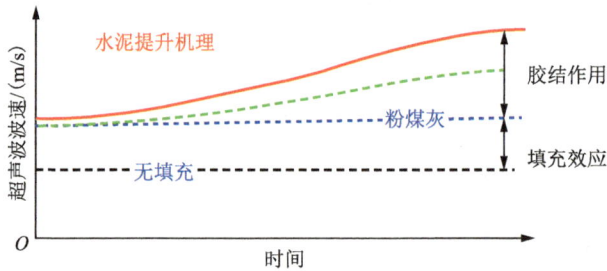

（b）水泥作用的时空效应

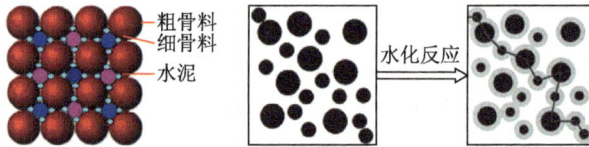

（c）水泥填充机理

图 5-33　水泥稳定级配碎石中水泥的作用机理与原理分析

4. 研究冻融破坏规律

抗冻性试验已经表明，掺加一定量的水泥能够明显提高水泥级配碎石的抗冻性能。为从微观角度研究冻融循环对掺水泥级配碎石抗冻性及结构的影响，通过 CT 扫描试验对不同冻融循环次数的掺水泥级配碎石进行扫描分析，运用相关图像处理软件对微观结构截面进行孔隙和裂纹的识别与统计。图 5-34 为 CT 定量分析水泥稳定级配碎石的冻融损伤。水泥稳定级配碎石冻融破坏后的内部缺陷统计如表 5-14 所示。

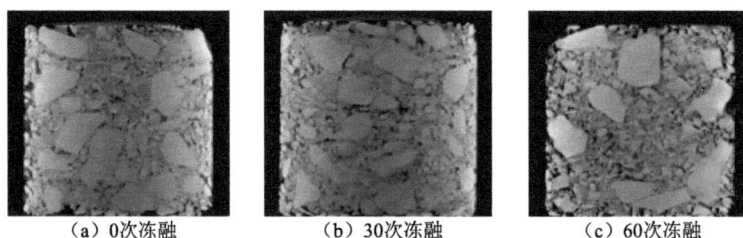

（a）0次冻融　　　　　　（b）30次冻融　　　　　　（c）60次冻融

图 5-34　CT 定量分析水泥稳定级配碎石的冻融损伤

表 5-14　水泥稳定级配碎石冻融破坏后的内部缺陷统计

冻融循环	裂缝数	平均裂缝宽度	空隙和裂缝体积比
0	12	47.7	0.064
30	22	67.9	0.092
60	36	87.7	0.195

通过 CT 图像处理技术，研究了水泥稳定级配碎石的冻胀损伤和裂纹扩展情况，结果表明水泥的水化产物阻碍了孔隙水分的传输，将级配碎石之间的孔隙分割成微细孔，降低了缝隙水的结晶温度，阻碍了冰晶成核、变大的趋势。另外，水泥的胶结作用提高了水泥稳定级配碎石的整体性和抵抗内部膨胀应力的能力，也提高了整体的抗冻性。

5.5　低矮路基渗井防冻胀结构

对于地下水位较高的低矮路堤，为防止地下水对路基的影响，防止产生较大冻胀，可在路基两侧及线路中心设置渗水盲沟，将路基本体中的水引入盲沟中，通过盲沟将水排到检查井中，最后将水通过渗水管井导入地下。本节中的渗井指检查井和渗水管井的组合。

5.5.1　渗水盲沟措施设计

图 5-35 为哈齐客运专线与既有滨洲线间渗水盲沟实例，该渗水盲沟设置于左侧护道下部，盲沟右侧 1m 翼缘搭在筏板或桩帽边上，埋深不满足最大冻结深度+0.25m 时，在其左侧及上侧铺设一层 XPS 保温板，厚 0.1m。渗沟沟底纵坡原则上同线路纵坡，困难地段不小于 2‰。渗沟底宽 1.2m，垂直开挖，渗沟内充填洗净碎石，下设 C25 混凝土基础，厚度为 0.2m，基础底部设置 4% 排水坡，其上设 ϕ315mm 带孔 PVC 双壁波纹渗水管，在渗沟左侧及上侧设置一层不透水土工布，右侧及下侧采用一层透水土工布构成的反滤层包裹。渗沟每隔 30m 及平面转折处均设置一处检查井，圆形检查井采用预制拼装式，并在井内设置防寒木盖。

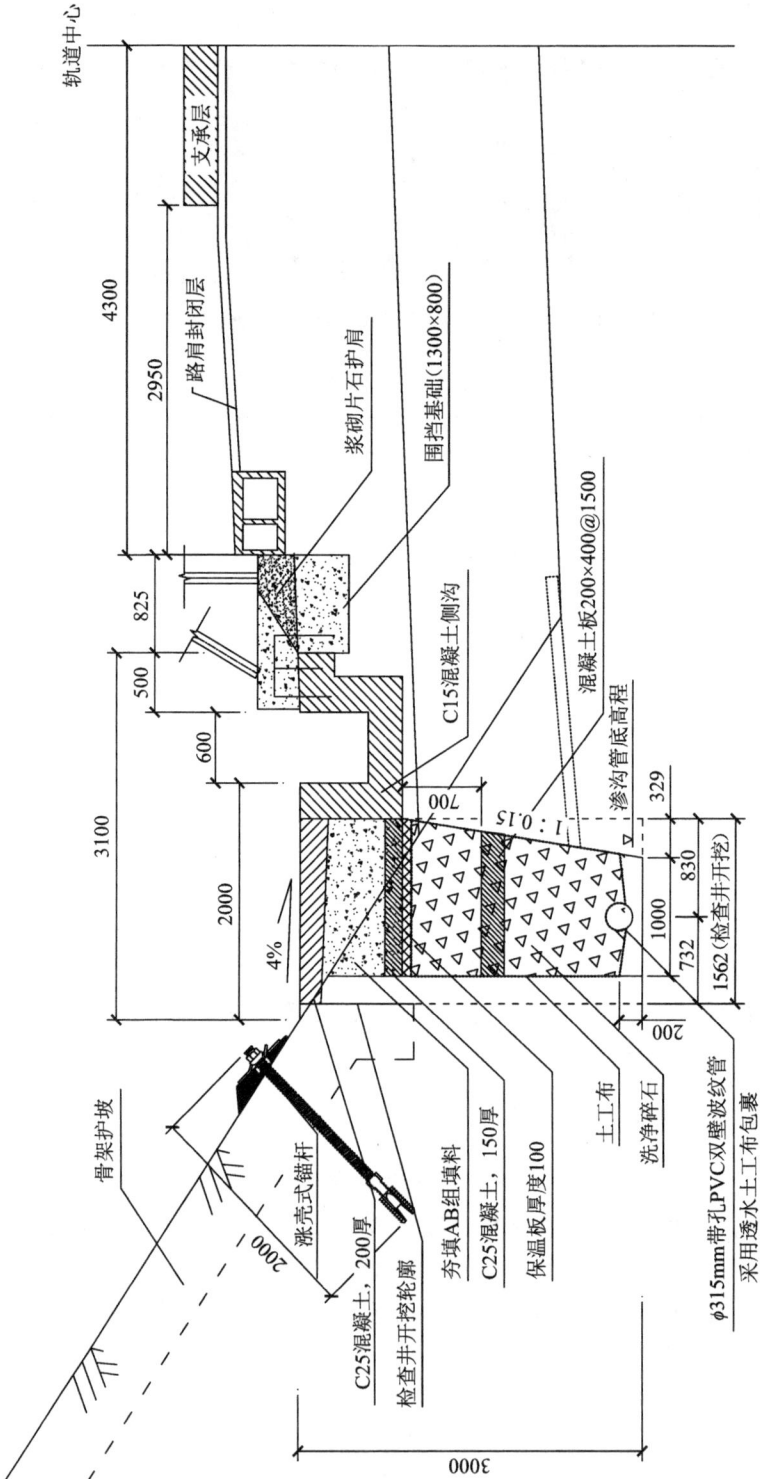

图 5-35 渗水盲沟示意图（单位：mm）

每隔 120m，沿渗沟于检查井中设管井。管井采用 DN300 铸铁管，直径为 300mm，管井长 10m。管井上部 2m 的井孔采用黏土回填，其余井孔采用碎石回填。管井底采用 10mm 厚钢板焊接封堵。管井周边采用玻璃纤维增强塑料丝缠裹，缠丝间隙为 2mm。铸铁管周边打孔，孔径为 5mm，间距为 20mm，如图 5-36 所示。

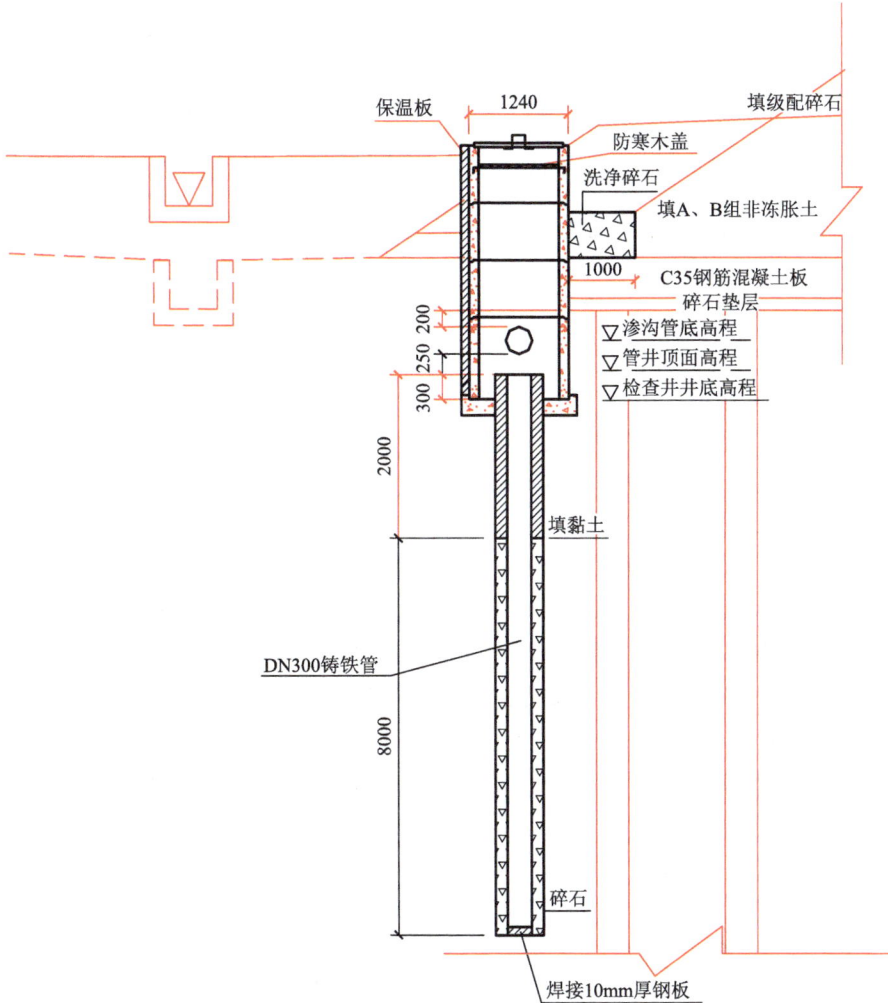

图 5-36　管井示意图（单位：mm）

5.5.2　全线水位情况

为确定设置渗水盲沟区段，以及了解在采用渗水盲沟措施后地下水水位变化情况，分别在 2008 年勘测期、2012 年冬季、2013 年冬季、2014 年冬季对哈齐沿线地下水位情况进行了调查。

1. 2008～2014 年冬季水位变化情况

2008 年勘测期，2012 年、2013 年及 2014 年冬季 3 年建设期内均对地下水水位进行了观测，2008 年勘测期间地下水水位观测位置与 3 年建设期间水位观测位置稍有出入，沿线各段区域的地下水水位变化如图 5-37 所示。

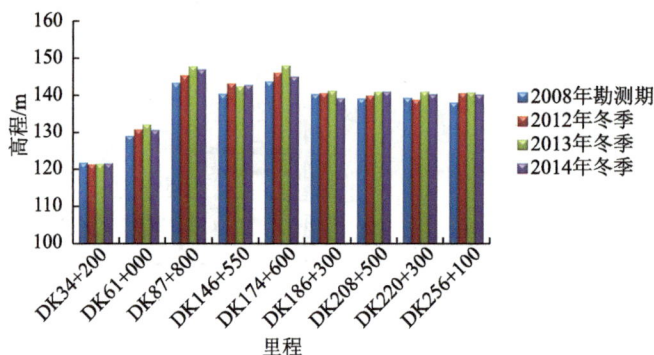

图 5-37　地下水水位变化图

监测结果表明，哈齐沿线冬季地下水水位变化幅度为 0～0.5m，因此采用各监测点冬季地下水水位平均值进行对比。受夏季降雨影响，各地区地下水水位 2008～2013 年呈逐年升高趋势。2013 年夏季哈齐沿线地区大量降雨，因此地下水水位也在 2013 年冬季达到近年来最高值；2014 年夏季降雨较少，因此除哈尔滨附近 DK34+200、大庆附近 DK146+550 及泰康附近 DK220+300 处 2014～2015 年冬季水位与上年度相比基本持平以外，全线其他地区水位普遍下降。

2012～2014 年的地下水水位变化图如图 5-38 所示。全线各监测段水位上升与下降的现象均有发生，水位最大上升高度为 1.6m（DK87+800），最大下降高度为 1.4m（DK186+300），3 年内水位变化为 0.5～1.5m，地下水位稳定。

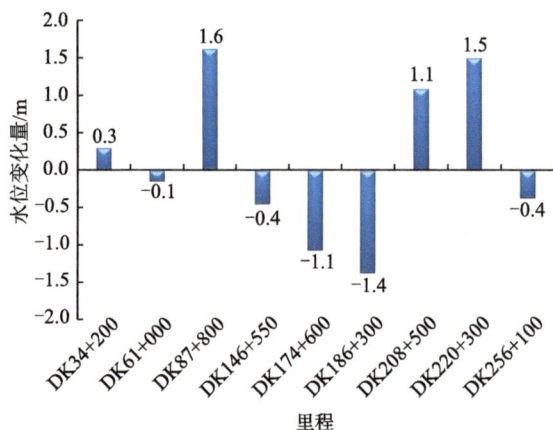

图 5-38　2012～2014 年地下水水位变化图

2. 2013 ～ 2014 年冬季水位变化情况

分析各里程 2013 年 11 月～ 2014 年 2 月水位变化情况，发现在观测的 4 个月中，不同里程的水位上升、下降均有发生，水位变化大于 0.3m 的区段约占观测总数的 40% 以上，如图 5-39 所示。

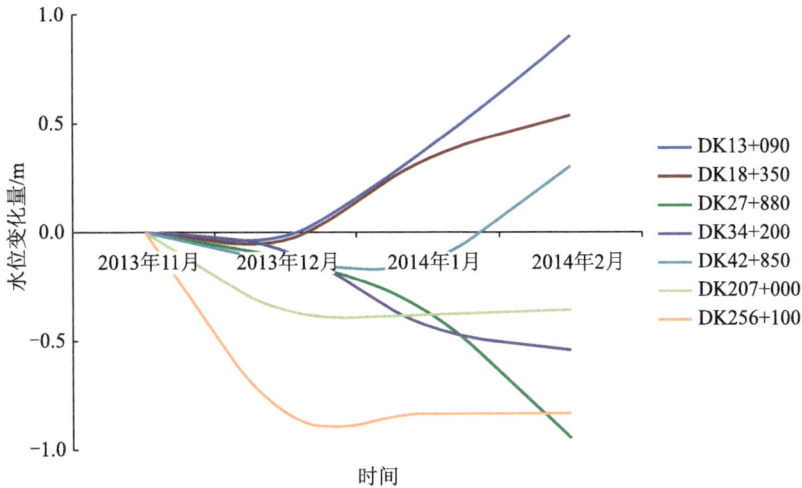

图 5-39　2013 年 11 月～ 2014 年 2 月地下水水位变化图

（1）水位上升里程区

所有观测区内，水位上升的里程区有 10 处，最大变化量为 0.9m，最小变化量为 0，如表 5-15 所示。

表 5-15　水位上升里程区

观测里程	DK13+090	DK18+350	DK42+850	DK45+160	DK87+800	DK96+000	DK174+600	DK186+300	DK193+600	DK220+300
水位变化量 /m	0.90	0.54	0.30	0.05	0.00	0.18	0.08	0.09	0.00	0.00
基床底层与水位距离 /m	5.20	7.35	6.91	3.75	3.44	0.48	−1.54	2.68	4.71	6.15

（2）水位下降里程区

所有观测区内，水位下降的里程区有 8 处，最大变化量为 0.94m，最小变化量为 0.01m，如表 5-16 所示。

表 5-16　水位下降里程区

观测里程	DK27+880	DK34+200	DK48+950	DK61+000	DK146+550	DK207+000	DK208+500	DK256+100
水位变化量 /m	−0.94	−0.54	−0.23	−0.17	−0.19	−0.36	−0.01	−0.83
基床底层到水位距离 /m	1.91	3.53	3.11	4.39	3.00	6.06	3.60	1.80

　　由一个冬季内水位观测结果可知，水位变幅均小于 1.0m，60% 以上的观测孔水位变幅小于 0.3m，水位稳定。

　　3. 盲沟水位调查情况

　　结合几年水位调查情况，哈齐线确定采用渗水盲沟措施的区段为 9.42km，设置 84 个管井，在施工完成后，于 2014 年初进行了全线调查，调查结果如表 5-17 所示。

表 5-17　盲沟水位调查表

管井里程	盲沟底标高 /m	原地下水水位 /m	2012 年水位 /m	2014 年水位 /m	10m 范围内地层情况	
					粉质黏土厚 /m	砂层厚 /m
DK15+050	115.52	113.8	110.42	111.52	—	—
DK15+260	—					
DK16+750	115.76	—	113.94	113.56	—	—
DK16+790	115.96	113.5		115.96	2.5	7.5
DK16+910	115.96	113.5	—	115.56	0	10
DK17+030	115.96	113.6	111.89	115.56	3	7
DK42+625	135.25	130.9	128.58	130.15	10	0
DK42+750	135.26	128.3	—	135.26	10	0
DK42+870	135.26	128.07		130.16	10	0
DK42+990	135.98	128.6		130.08	10	0
DK43+110	136.04	130.2		130.24	10	0
DK43+230	136.04	129.7		129.94	10	0
DK43+350	135.47	127.9		128.57	10	0
DK43+470	135.5	127.4		128.9	10	0
DK43+590	135.53	128.4		129.03	10	0
DK43+700	135.55	128.8		129.55	10	0
DK43+820	136.86	130.2		130.96	10	0
DK43+950	136.06	130.9		130.06	10	0
DK44+070	136.06	128.2		130.06	10	0
DK44+190	136.06	128.9	129.69	131.06	10	0
DK44+310	136.06	129.42	—	130.86	10	0

续表

管井里程	盲沟底标高 /m	原地下水水位 /m	2012 年水位 /m	2014 年水位 /m	10m 范围内地层情况	
					粉质黏土厚 /m	砂层厚 /m
DK44+430	135.74	130.2	—	130.84	10	0
DK45+150	135.35	131.3	130.76	133.55	10	0
DK45+275	135.58	130.6	130.76	133.68	10	0
DK48+625	134.13	131.8	132.29	132.73	10	0
DK49+325	132.97	130.5	132.18	132.97	10	0
DK49+450	133.08	130.8	—	133.08	10	0
DK49+690	133.71	131.5	132.34	133.21	10	0
DK49+810	133.64	132	—	133.64	10	0
DK49+950	133.27	132	132.34	133.27	10	0
DK50+050	134.48	131.8	—	134.48	10	0
DK50+170	134.48	131.6	—	133.58	10	0
DK50+290	134.48	132	133.06	133.48	10	0
DK87+660	150.26	143.6	144.28	148.16	2.8	7.2
DK87+790	150.24	143.5	—	147.94	4.1	5.9
DK206+350	144.4	139.3	—	—	0	10
DK206+470	145.3	140.4	—	—	—	10
DK206+590	145.3	140.2	—	—	—	10
DK206+710	145.3	139	—	—	0	10
DK206+830	145.3	138.9	—	141.8	3.6（在下）	6.4（在上）
DK206+950	145.3	138.5	—	—	0	10
DK207+080	144.79	139.1	139.65	140.29	0	10

　　调查管井 36 处，其中水位距管井口小于 1m 的 11 处，水位至管井口的 6 处，集中于 DK16+650 ～ DK17+210、DK49+325 ～ DK50+300 区段。其中 DK16+650 ～ DK17+210 段管井以下 3m 为粉质黏土，DK49+325 ～ DK50+300 段管井口以下 10m 为粉质黏土。其他调查管井水位与井口距离为 4.0 ～ 6.0m，渗水井贯穿了隔水层（粉质黏土层），有效连通了浅层地表水与地下水水位较低的深部储水层（粉砂层），加快了地表水的疏排下渗。图 5-40 为盲沟现场调查情况。

（a）DK14+920 ～ DK17+210 段现场调查情况

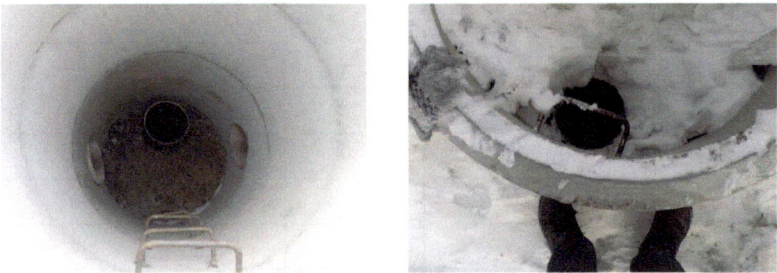

（b）DK42+625 ～ DK48+625 段现场调查情况

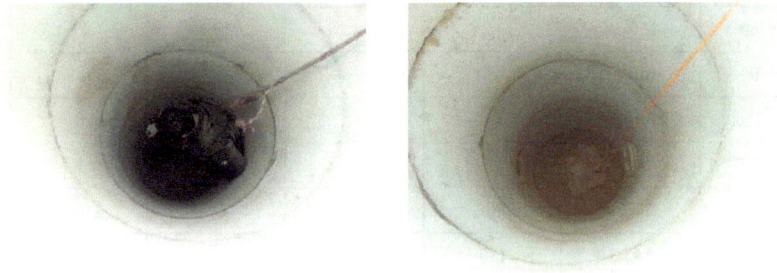

（c）DK206+350 ～ DK207+150 段现场调查情况

图 5-40　盲沟现场调查情况

5.5.3　渗水盲沟现场试验

根据全线渗井、盲沟调查情况，选择 DK16+910 ～ DK17+030、DK42+750 ～ DK42+870、DK208+300 ～ DK208+420 3 段地质条件不同的渗井进行抽水及注水试验，验证渗井将地表水导入地下含水层的能力，在此基础上进一步确定渗井布设的合理间距。

1.　试验段落地质情况

试验段落地质情况如表 5-18 所示。

表 5-18　试验段落地质情况

试验段里程	10m 范围内地层情况		水位高（距渗井口）/m
	粉质黏土厚 /m	砂层厚 /m	
DK16+910 ～ DK17+030	3.0	7.0	2.6
DK42+750 ～ DK42+870	10.0		6.5
DK208+300 ～ DK208+420		10.0	2.2

2. 试验过程

按照《铁路工程地质手册》相关抽水及注水试验要求，对试验段落内的两处渗井分别进行抽水与注水试验，待水位完全恢复后再进行下一项试验。渗井试验现场情况如图 5-41 所示。

图 5-41　渗井试验现场情况

3. 渗透系数计算结果

由于渗井进入含水层仅 10m，属于潜水非完整井，渗透系数 k 采用如下公式计算：

$$K = \frac{0.732Q}{S\left(\dfrac{L+S}{\lg\dfrac{R}{r}} + \dfrac{L}{\lg\dfrac{0.66L}{r}}\right)} \tag{5-20}$$

式中，Q 为涌水量（m³/s）；R 为影响半径（m）；r 为渗井半径（m）；L 为过滤器有效渗透部分长度（m）；S 为水位降深（m）。

由于渗井位置地质条件不同，影响半径根据经验取值，DK16+910 ～ DK17+030 取值为 $R=30m$，DK42+750 ～ DK42+870 取值为 $R=15m$，DK208+300 ～ DK208+420 取值为 $R=50m$。各段渗井渗透系数计算结果如表 5-19 所示。

表 5-19 渗井渗透系数计算结果

试验段里程	渗透系数 / (m/s)
DK16+910 ~ DK17+030	3.81×10^{-5}
DK42+750 ~ DK42+870	3.56×10^{-5}
DK208+300 ~ DK208+420	6.13×10^{-5}

5.5.4 渗水盲沟数值模拟

为对比降雨后有无渗水盲沟措施的路基渗流情况，采用数值分析的方法模拟降雨后不同时间段路基土体内压力水头、含水率及渗透速度的变化情况。

1. 数值模型

采用 HYDRUS 模型模拟降雨条件下路基土体渗流情况，该模型是模拟饱和－非饱和渗流区水、热及多种溶质迁移的模型。模型综合考虑了水分运动、热运动、溶质运移、作物根系吸水及土壤持水能力的滞后影响，适用于恒定或非恒定的边界条件，模型中的方程解法采用伽辽金（Galerkin）线性有限元法。

HYDRUS 模型中水分运动方程采用经典的理查德（Richards）方程：

$$\frac{\partial \theta}{\partial t} = \frac{\partial}{\partial x}\left[k\left(\frac{\partial h}{\partial x} + \cos \alpha \right) \right] - S \tag{5-21}$$

式中，h 为压力水头值（m）；θ 为土壤体积含水率（%）；t 为时间（d）；S 为根系吸水率（m³/d）；α 为水流方向与垂直方向夹角（°）。

由于模拟的路基填料、原始土层及混凝土封闭层的物理力学参数差别较大，对非饱和水力学性质的模拟采用 Durner 提出的双重孔隙度模型，模型方程为

$$S_e = w_1 \left[1 + (\alpha_1 h)^{n_1} \right]^{-m_1} + w_2 \left[1 + (\alpha_2 h)^{n_2} \right]^{-m_2} \tag{5-22}$$

$$k(S_e) = k_s \frac{(w_1 S_{e_1} + w_2 S_{e_2})^l \left(w_1 \alpha_1 \left[1 - \left(1 - S_{e_1}^{\frac{1}{m_1}} \right)^{m_1} \right] + w_2 \alpha_2 \left[1 - \left(1 - S_{e_2}^{\frac{1}{m_2}} \right)^{m_2} \right] \right)}{w_1 \alpha_1 + w_2 \alpha_2} \tag{5-23}$$

式中，S_e 为饱和度；k_s 为饱和渗透系数（m/s）；$k(S_e)$ 为不同饱和度对应的渗透系数（m/s）；w_i 为不同孔隙区域之间的权重；α、m、n、l 为经验参数。

2. 路基渗流数值分析

（1）模型建立

选取 DK42+800 断面作为研究对象进行渗流分析，对比在设置渗水盲沟后，

降雨条件下路基体的渗流变化。

DK42+800 处地层主要为粉质黏土,路基表层为纤维混凝土封闭层,填料为 A、B 组非冻胀土,盲沟周边为渗水性级配碎石,地下水水位距基床底层 3m。

哈齐线沿线地区年降雨量为 400 ～ 600mm,50 年以来最大降雨量为 150mm/月,根据上述数据,按照极端情况,采用 75mm/d 的降雨量模拟连续 5d 路基降雨入渗情况以及停止降雨后路基疏排情况。

填料主要水力学参数及路基断面示意图如表 5-20 和图 5-42 所示。

表 5-20　填料主要水力学参数

填料	粉质黏土	A、B 组土	渗水性级配碎石	纤维混凝土
饱和水力传导率 /（m/d）	3.08	4.32	19.87	1.29×10^{-6}
饱和含水率 /%	38.9	37.5	27.6	—

注：粉质黏土,A、B 组非冻胀土及渗水性级配碎石参数根据现场渗水试验确定,纤维混凝土参数根据《混凝土质量控制标准》（GB 50164—2011）中最低混凝土抗渗等级确定。

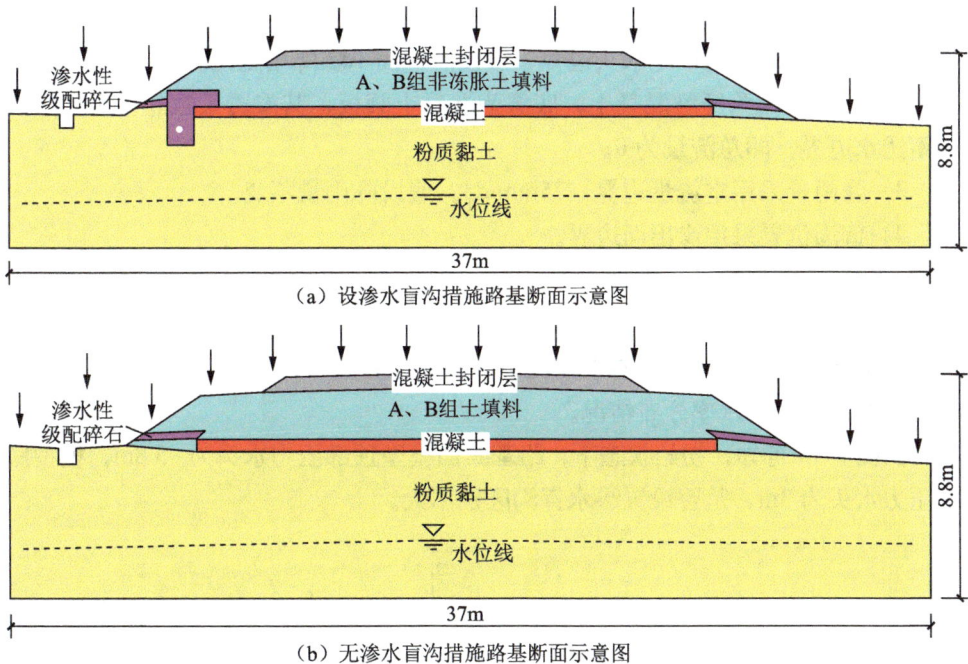

（a）设渗水盲沟措施路基断面示意图

（b）无渗水盲沟措施路基断面示意图

图 5-42　路基断面示意图

采用三角形有限单元网格对模型进行划分,设渗水盲沟路基断面模型为提高盲沟附近计算精度,局部进行加密划分,模型共 1838 个单元,969 个节点;无渗水盲沟路基断面模型共划分单元 1781 个,节点 946 个,如图 5-43 所示。

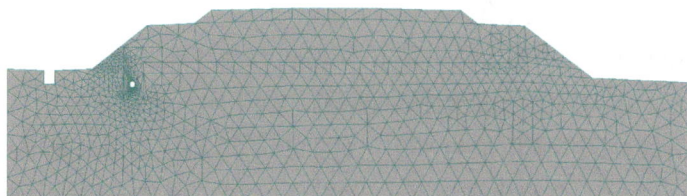

（a）设渗水盲沟路基断面网格划分图

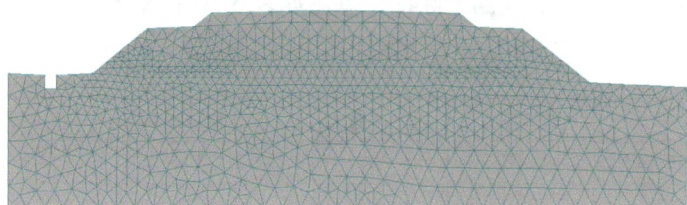

（b）无渗水盲沟路基断面网格划分图

图 5-43　路基断面网格划分图

模型初始条件与边界条件如下：

1）地下水水位采用定水头边界，假设潜水面不随降雨变化。

2）路基表面为纤维混凝土，底部为混凝土阀板，其渗透系数非常小，假设为不透水边界，即总流量为 0。

3）降雨量采用定流量边界（75mm/d），假设降雨量不变。

4）盲沟位置采用渗出面边界。

（2）渗流模拟结果分析

1）稳态分析。

在给定水位线与水力学参数情况下，根据边界条件，计算出路基断面初始状态的压力水头与含水率分布情况。

由图 5-44 可知，初始状态下，路基断面模型顶部压力水头为 −5.8m，模型底部压力水头为 3m，是否设置渗水盲沟区别不大。

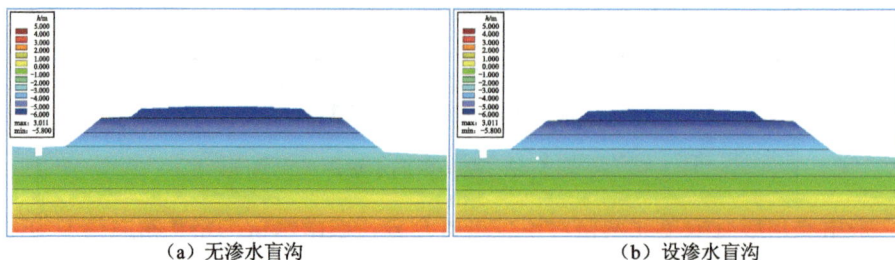

（a）无渗水盲沟　　　　　　　　　　　　（b）设渗水盲沟

图 5-44　初始状态路基断面压力水头分布图

由图 5-45 可知，初始状态下，路基断面模型体积含水率由上向下递增，地下水水位线附近梯度增加，等值线有起伏。表层纤维混凝土与底部混凝土阀板含水率最低，为 3.7%；水位线以上土体及路基填料呈非饱和状态，水位线以下土体饱和，含水率为 38.9%。

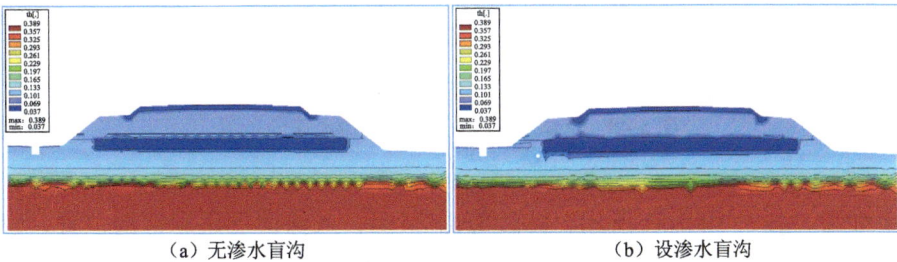

（a）无渗水盲沟　　　　　　　　　　（b）设渗水盲沟

图 5-45　初始状态路基断面体积含水率分布图

2）降雨期间瞬态分析。

如图 5-46 ～图 5-48 所示，持续降雨 1d 后，保温护道顶部压力水头随降雨入渗而持续升高，盲沟位置附近压力水头为 –3 ～ –2m，左线轨道下方填料最大体积含水率为 9%(无盲沟措施为 10%)，渗流流速最大位置出现在左侧坡角，为 0.1m/d。由于雨量下渗仍未达到盲沟，是否设置渗水盲沟路基断面的压力水头与含水率区别不明显，但从渗流流速模拟可见，渗水盲沟位置附近渗透方向向盲沟聚集，与无渗水盲沟断面相比，减少了向轨道下部路基本体的渗透。

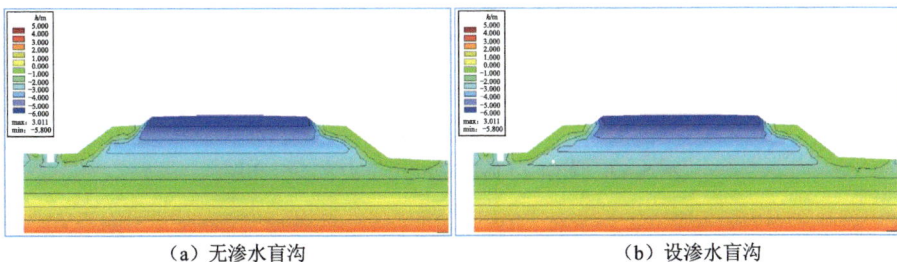

（a）无渗水盲沟　　　　　　　　　　（b）设渗水盲沟

图 5-46　降雨 1d 后路基断面压力水头分布图

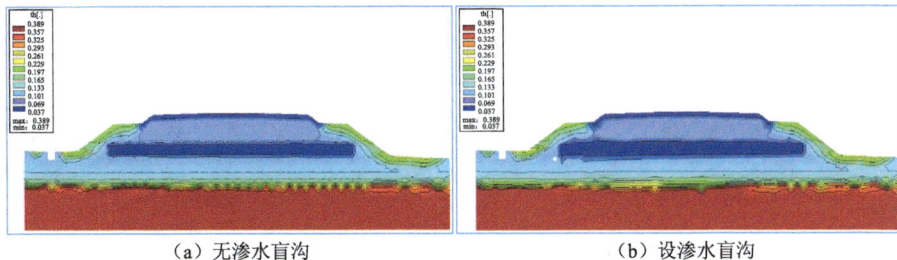

（a）无渗水盲沟　　　　　　　　　　（b）设渗水盲沟

图 5-47　降雨 1d 后路基断面含水率分布图

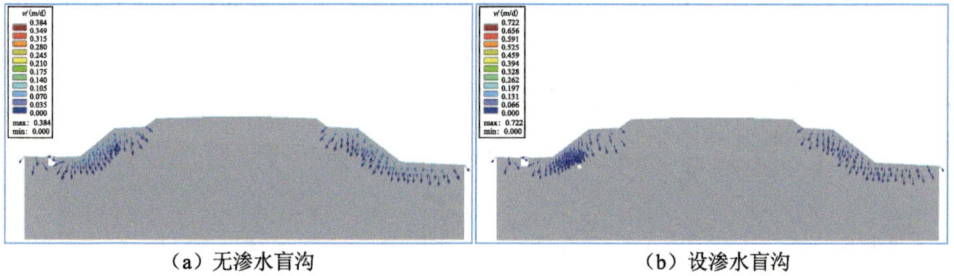

（a）无渗水盲沟　　　　　　　　　（b）设渗水盲沟

图 5-48　降雨 1d 后路基断面渗流流速分布图

如图 5-49～图 5-51 所示，持续降雨 2d 后，入渗面已达到盲沟位置，盲沟位置附近压力水头为 –1m 左右，左线轨道下方填料最大含水率为 11%（无盲沟措施为 12%），渗流流速最大位置出现在盲沟上部，为 0.15m/d。由于雨量下渗已达到盲沟，周围水体向此处聚集，与无渗水盲沟断面相比，大大减少了向轨道下部路基本体的渗透。

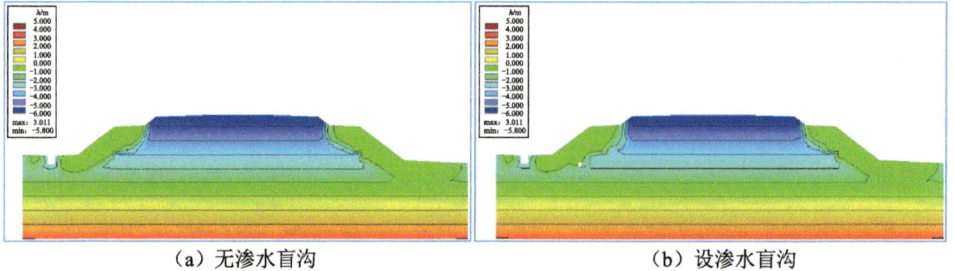

（a）无渗水盲沟　　　　　　　　　（b）设渗水盲沟

图 5-49　降雨 2d 后路基断面压力水头分布图

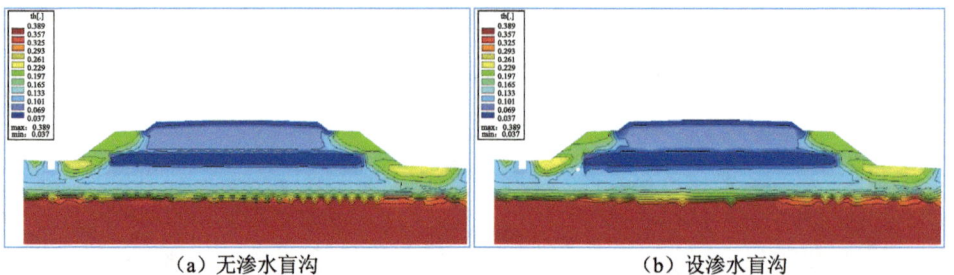

（a）无渗水盲沟　　　　　　　　　（b）设渗水盲沟

图 5-50　降雨 2d 后路基断面含水率分布图

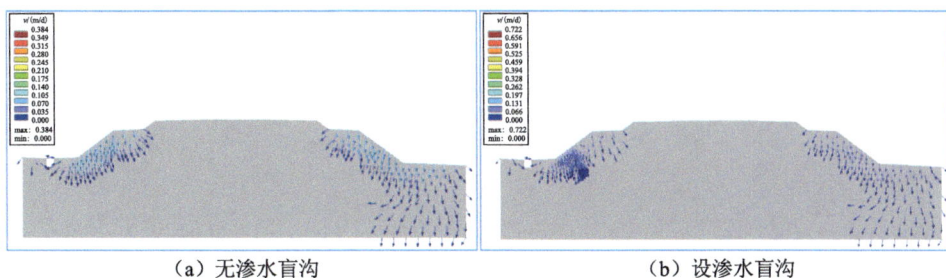

（a）无渗水盲沟　　　　　　　　　　　（b）设渗水盲沟

图 5-51　降雨 2d 后路基断面渗流流速分布图

如图 5-52～图 5-54 所示，持续降雨 5d 后，入渗面已超过盲沟位置，盲沟位置附近压力水头为 −0.5m 左右，左线轨道下方填料最大含水率为 27%（无盲沟措施为 32%），渗流流速最大位置出现在盲沟位置，为 0.72m/d。由于雨量大量下渗，在阀板上部左右侧形成局部汇水区，此处含水率大幅上升，在设置渗水盲沟情况下，盲沟附近压力水头较高，渗流流速加快，周围水体向盲沟处聚集并排出，有效降低了阀板上部的水分汇集，与未设置渗水盲沟断面相比，有效减少了轨道下部路基本体含水率，减少了水分在路基本体的滞留时间，从而降低了发生冻胀的可能。

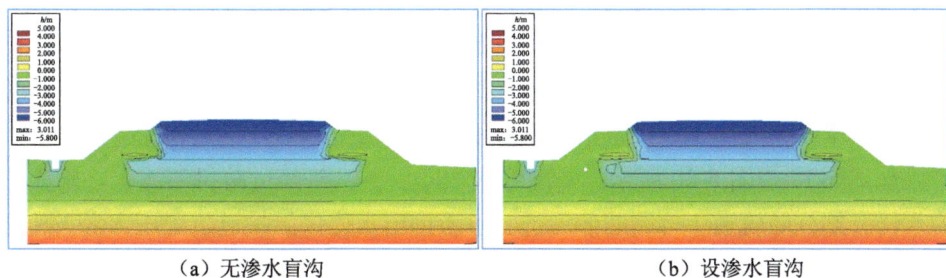

（a）无渗水盲沟　　　　　　　　　　　（b）设渗水盲沟

图 5-52　降雨 5d 后路基断面压力水头分布图

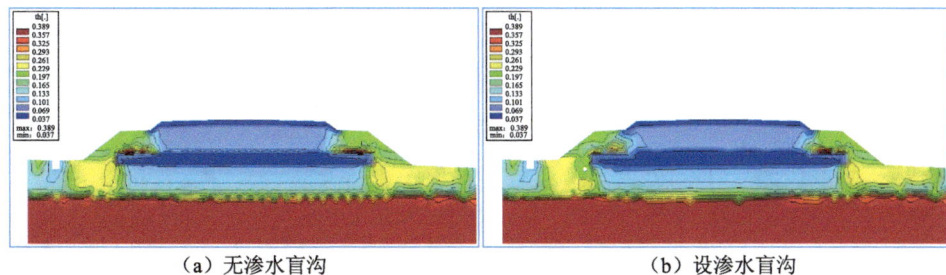

（a）无渗水盲沟　　　　　　　　　　　（b）设渗水盲沟

图 5-53　降雨 5d 后路基断面含水率分布图

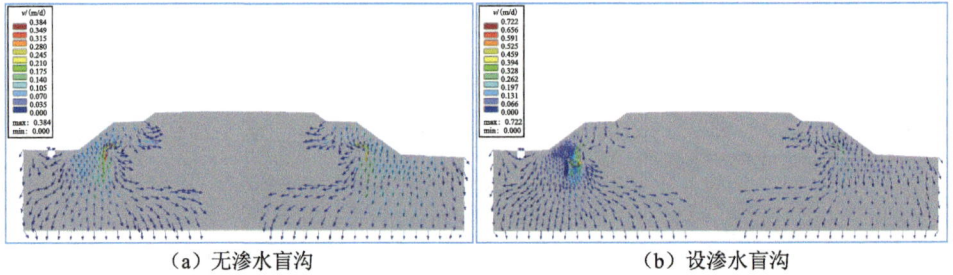

（a）无渗水盲沟　　　　　　　　　　　　（b）设渗水盲沟

图 5-54　降雨 5d 后路基断面渗流流速分布图

3）停止降雨后瞬态分析。

连续降雨 5d 后，为对比停止降雨后有无渗水盲沟措施的路基本体内水量疏排情况，采用数值分析的方法模拟停止降雨后 5d、20d、50d、100d 时路基土体内压力水头、含水率及渗流流速的变化情况。

如图 5-55～图 5-57 所示，降雨停止后，路基经过 5d 的疏排下渗，保温护道位置降雨入渗的水大部分沿垂直方向下渗排出，但仍有部分水向轨道下部路基本体渗透。下渗排出水使保温护道位置压力水头随之下降，盲沟位置附近压力水头为 –0.8～–0.7m，比降雨结束时压力水头有所下降，而向轨道下部路基渗入的水使该处压力水头上升，含水率增加。左线轨道下方填料最大体积含水率为 21%（无渗水盲沟措施为 24%），渗流流速最大位置出现在盲沟位置，为 0.03m/d。由于渗水盲沟的排水作用，盲沟位置附近汇集大量水并排出，与无渗水盲沟断面相比，减少了残余入渗水向轨道下部路基本体的渗透。

如图 5-58～图 5-60 所示，降雨停止 20d 后，路基经过疏排下渗，降雨入渗的水仍有部分向轨道下部路基体渗透。下渗排出水使保温护道位置压力水头随之下降，盲沟位置附近压力水头继续下降 –1.2～–1.1m，而轨道下部路基体压力水头进一步上升，含水率沿阀板上部向路基中部增加。左线轨道下方填料最大含水率为 14%（无渗水盲沟措施时为 20%），渗流流速最大位置仍在盲沟位置，但进一步下降为 0.006m/d。

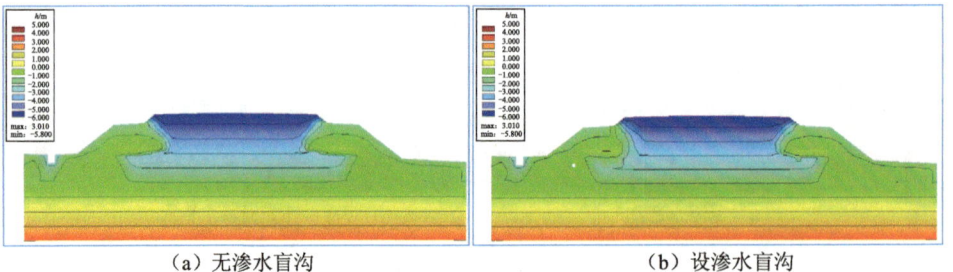

（a）无渗水盲沟　　　　　　　　　　　　（b）设渗水盲沟

图 5-55　降雨停止 5d 后路基断面压力水头分布图

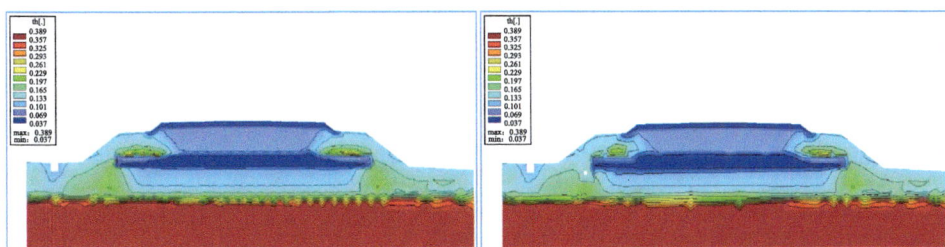

（a）无渗水盲沟 （b）设渗水盲沟

图 5-56 降雨停止 5d 后路基断面含水率分布图

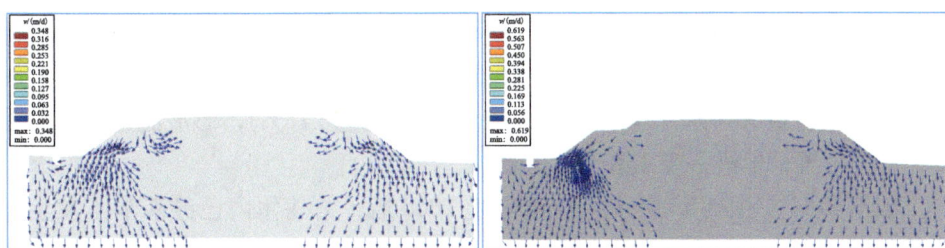

（a）无渗水盲沟 （b）设渗水盲沟

图 5-57 降雨停止 5d 后路基断面渗流流速分布图

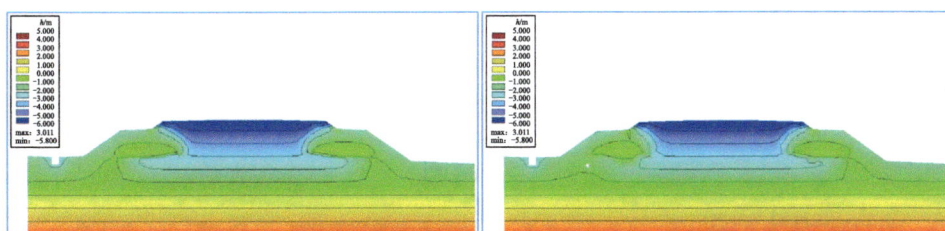

（a）无渗水盲沟 （b）设渗水盲沟

图 5-58 降雨停止 20d 后路基断面压力水头分布图

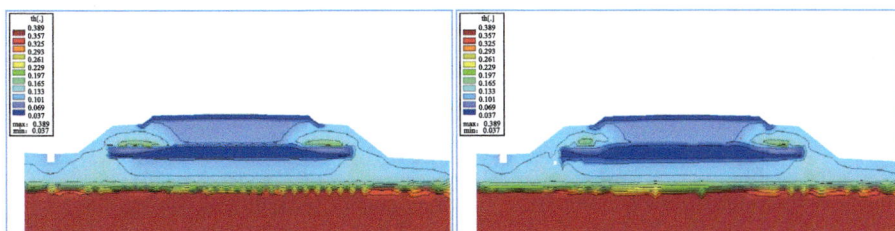

（a）无渗水盲沟 （b）设渗水盲沟

图 5-59 降雨停止 20d 后路基断面含水率分布图

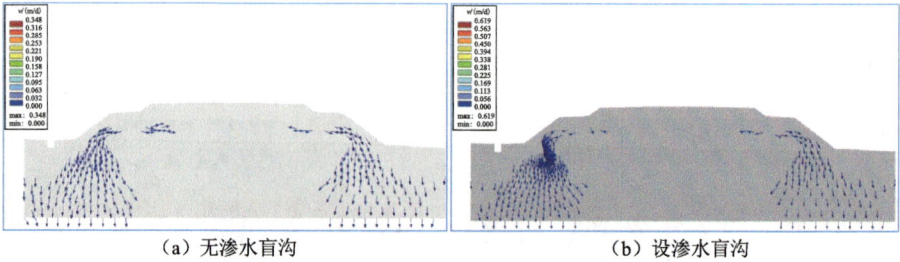

（a）无渗水盲沟　　　　　　　　　　　　（b）设渗水盲沟

图 5-60　降雨停止 20d 后路基断面渗流流速分布图

如图 5-61 ～图 5-63 所示，降雨停止 50d 后，路基体压力水头与含水率继续向初始状态平衡，并仍有少量水从路基体内下渗排出。盲沟位置附近压力水头继续下降 –1.5 ～ –1.4m，轨道下部路基体含水率沿阀板上部向路基中部增加。左线轨道下方填料最大含水率为 12%（无渗水盲沟措施为 18%），渗流流速最大位置仍在盲沟位置，但进一步下降为 0.002m/d。

如图 5-64 ～图 5-66 所示，降雨停止 100d 后，路基体内已经基本不发生渗流现象，压力水头与含水率变化很小，只有少量水从盲沟下渗排出。盲沟位置附近压力水头下降为 –1.7 ～ –1.6m，左线轨道下方填料最大体积含水量为 11%（无渗水盲沟措施为 16%），盲沟位置渗流流速进一步下降为 0.001m/d，其他位置已基本不发生渗流。

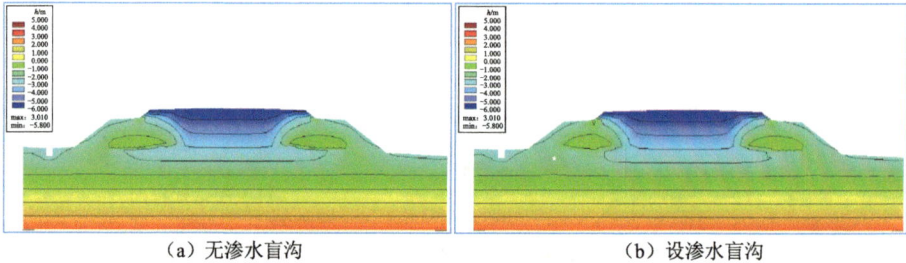

（a）无渗水盲沟　　　　　　　　　　　　（b）设渗水盲沟

图 5-61　降雨停止 50d 后路基断面压力水头分布图

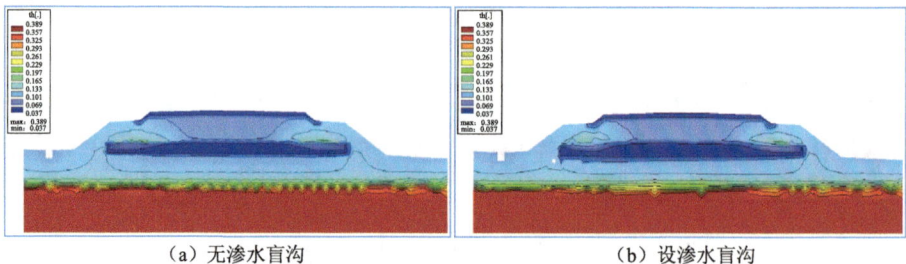

（a）无渗水盲沟　　　　　　　　　　　　（b）设渗水盲沟

图 5-62　降雨停止 50d 后路基断面含水率分布图

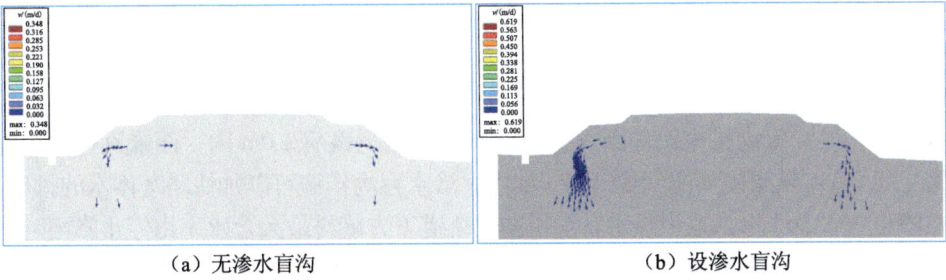

（a）无渗水盲沟　　　　　　　　　　　　　（b）设渗水盲沟

图 5-63　降雨停止 50d 后路基断面渗流流速分布图

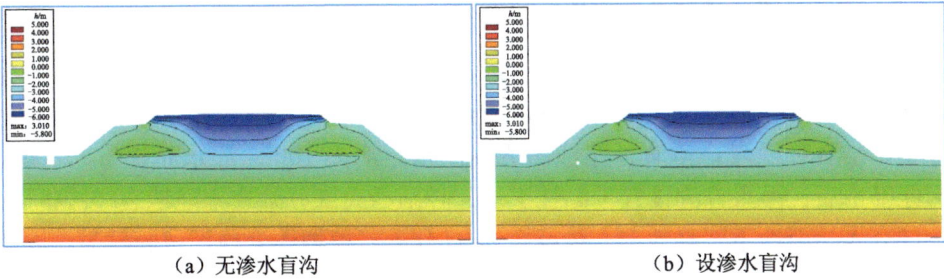

（a）无渗水盲沟　　　　　　　　　　　　　（b）设渗水盲沟

图 5-64　降雨停止 100d 后路基断面压力水头分布图

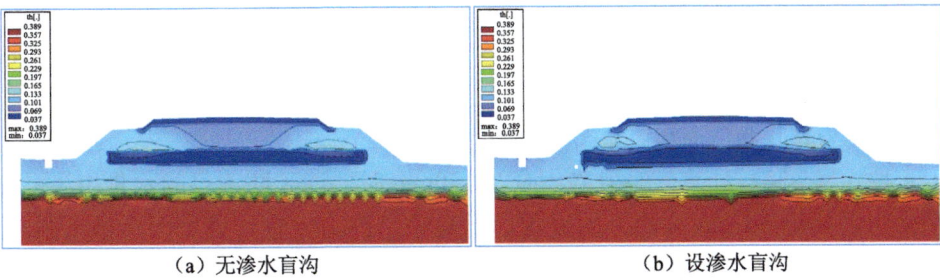

（a）无渗水盲沟　　　　　　　　　　　　　（b）设渗水盲沟

图 5-65　降雨停止 100d 后路基断面含水率分布图

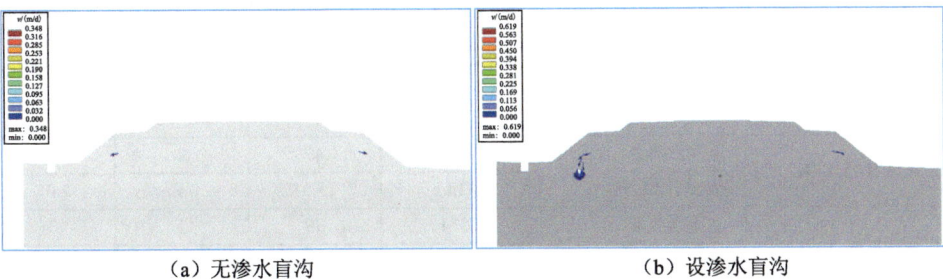

（a）无渗水盲沟　　　　　　　　　　　　　（b）设渗水盲沟

图 5-66　降雨停止 100d 后路基断面渗流流速分布图

通过停止降雨后不同时间的数值模拟可知，路基体压力水头与含水率向初始状态逐渐平衡，在降雨时经保温护道位置入渗的水大部分沿垂直方向下渗排出，但仍有部分水向轨道下部路基体渗透，使轨道距路肩一定范围内下部路基含水率稍有增加，设置盲沟措施路基断面影响范围为轨道距路肩 1.0m 内，而未设盲沟措施路基断面影响范围为轨道距路肩 2.0m 内。渗水盲沟措施可以加快路基体水的排出，在停止降雨 20d 时，采用渗水盲沟措施侧轨道下方填料最大含水率由停止降雨时的 27%（无渗水盲沟措施为 32%）下降至 14%（无渗水盲沟措施为 20%），并且此时的含水率已经比无渗水盲沟措施排疏 100d 时含水率（16%）更低。

5.5.5　渗水盲沟措施防冻胀效果

根据哈尔滨至齐齐哈尔沿线地区近 10 年降雨情况统计，最大月降雨量约为 150mm，渗水井的布设间距为 120m，哈齐线沿线地势平坦，浅层地层主要为黏性土，结合经验考虑垂直铁路线路方向汇水距离为 10m，汇水面积为 1200m²。因此降雨后，渗水盲沟设置于黏性土层，降雨后大部分地表水随地表径流排泄，少部分入渗至地下，黏性土入渗系数为 0.01m/s，根据渗井现场试验结果，渗透系数平均值为 4.5×10^{-5}m/s。

按照上述参数计算最大月降雨量为 150mm 时，每个渗井段落渗入防冻层的水量为 Q，渗井排水时间 t 可按下式计算：

$$t = \frac{Q}{AK} \tag{5-24}$$

式中，A 为渗井井口面积；K 为渗井渗透系数。

按式（5-24）计算，当月降雨量为 150mm 时，渗入防冻层的水量由渗井完全排出需要约 6d，现有渗井的设置间距及渗水能力完全可满足雨季排水要求，不会因渗水不利而引起路基防冻层水分的补给。

对 21 段设置渗水盲沟段落进行盲沟施作前后路基冻胀监测数据的对比分析，结果如表 5-21 和图 5-67 所示。

表 5-21　渗水盲沟段落路基冻胀变形量统计

统计项		点数	最大冻胀量 /mm			
			$(-\infty, 4]$	$(4, 8]$	$(8, 10]$	$(10, 12]$
未施作盲沟（2012 年）	监测点数量	348	292	47	2	7
	监测点比例 /%		83.91	13.51	0.57	2.01
已施作盲沟（2013 年）	监测点数量	715	674	39	2	0
	监测点比例 /%		94.27	5.45	0.28	0.00
已施作盲沟（2014 年）	监测点数量	188	188	0	0	0
	监测点比例 /%		100	0.00	0.00	0.00

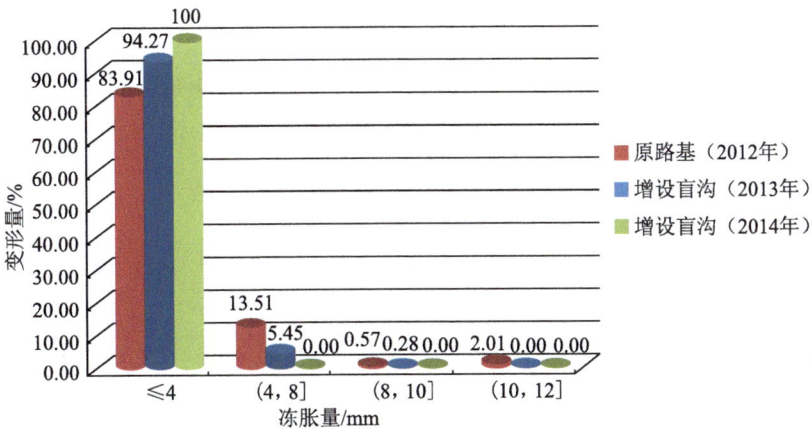

图 5-67 设置盲沟段落变形量柱状图

由表 5-21 和图 5-67 可知，在渗水盲沟施作前，2012 年冬季冻胀监测值小于 4mm 的比例为 83.91%，且存在多个冻胀量大于 8mm 的监测点；渗水盲沟施作后，2013 年冬季各监测点冻胀值小于 4mm 的比例提高至 94.27%，而 2014 年冬季上述渗水盲沟段落冻胀量全部小于 4mm。

图 5-68 为各段落 3 年最大冻胀量监测结果。由图 5-68 可知，2013 年冬季设置渗水盲沟段落最大冻胀量与 2012 年冬季相比明显下降，但仍存在冻胀量大于 4mm 的监测点；而 2014 年冬季在路基全部填筑完成并铺轨的情况下，该段落所有监测点冻胀量均小于 4mm。尤其是 DK14+950 ～ DK17+000、DK34+000 ～ DK35+950、DK43+300 ～ DK44+500、DK87+500 ～ DK88+150、DK117+650 ～ DK118+250 各段落最大冻胀量下降明显，最大冻胀量基本控制在 4mm 以下。在排水条件困难的区段，设置渗水盲沟措施有利于路基本体水分的疏散，对路基防冻胀起到一定的有益作用。

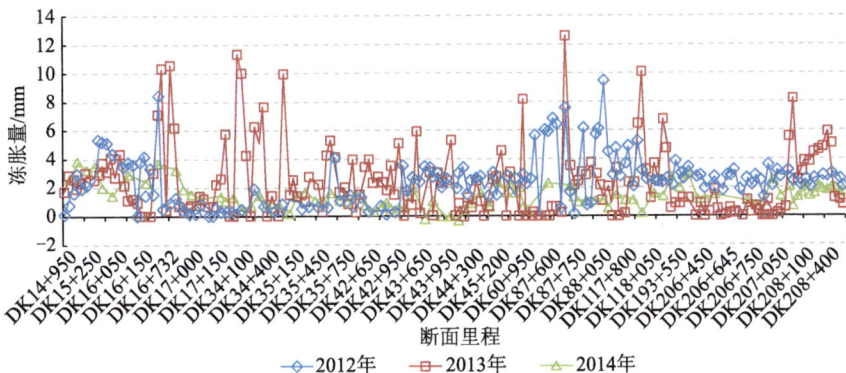

图 5-68 2012 ～ 2014 年冬季各断面最大冻胀量

如图 5-69 所示，以 DK35+600 断面为例，反映了 3 年冬季该断面冻胀量随时间变化的情况。3 年冻胀量最大值均出现在 2 月中下旬，但渗水盲沟施作后，冻结速率及最大冻胀量均有所减小。2014 年冬季冻胀规律与前两年度稍有区别，12 月底已进入冻胀维持期，且最大冻胀量维持在 4mm 以下，3 月中旬进入冻胀回落期，并在 4 月中旬冻胀变形基本回落。

图 5-69　DK35+600 断面 2012 ～ 2014 年冬季冻胀量变化情况

根据监测结果，2014 年冬季各段落监测点最大冻胀量为 3.9mm，低于 2013 年冬季该段落最大冻胀量 9.5mm，与 2012 年冬季监测结果相比（最大冻胀量 12.7mm），最大冻胀量下降 69%，渗水盲沟对降低冻胀量起到了一定的效果。

5.6　混凝土基床

5.6.1　混凝土基床结构设计

地下水是路基冻胀的主要影响因素之一，对于冻胀隐患较大的低路堤段落，即路基路肩与地下水位之间的高程差小于 H_1(H_1= 最大冻结深度 +2.0m)、冻胀隐患较大的低路堤段落，可采用混凝土基床结构。

1. 防冻层厚度设计

设计冻深根据《冻土地区建筑地基基础设计规范》（JGJ 118—2011）计算确定并不小于沿线最大冻深。混凝土基床及垫层结构的总厚度不应小于设计冻深。

《冻土地区建筑地基基础设计规范》（JGJ 118—2011）确定的设计冻深 z_d 的计算式如下：

$$z_d = z_0 \psi_{zs} \psi_{zw} \psi_{ze} \psi_{zt0} \tag{5-25}$$

式中，z_0 为标准冻深；ψ_{zs} 为土的类别对冻深的影响系数；ψ_{zw} 为冻胀性对冻深的影响系数；ψ_{ze} 为周围环境对冻深的影响系数；ψ_{zt0} 为地形对冻深的影响系数。

2．混凝土基床结构层设计

路堤地段无砟轨道正线路基基床总厚度为 2.7m，基床范围内依次为 C35 混凝土，C20 混凝土，级配碎石掺 5% 水泥，A、B 组填料。C35 混凝土厚度为 0.5m，C20 混凝土厚度为 H_2(H_2= 最大冻结深度 −0.5m)，级配碎石掺 5% 水泥厚度为设计冻结深度——最大冻结深度，如图 5-70 所示。

路堑地段设计冻结深度范围内采用混凝土基床，基床表层浇筑厚度为 0.5m 的 C35 混凝土，其下采用 C20 混凝土浇筑，混凝土基床以下设置碎石垫层，厚度为 0.25m，如图 5-71 所示。

混凝土基床顺线路方向每 10m 设置伸缩缝，与轨道底板伸缩缝错缝布置，缝宽 20mm，于两布一膜顶面位置伸缩缝设置中埋式止水带，并搭接于两布一膜之上，其上采用聚乙烯板（厚度为 20mm）、聚乙烯棒（直径为 22mm）及聚氨酯封堵，其中聚氨酯填塞深度不小于 14mm。

3．排水系统设计

混凝土基床线间每隔 30m 及纵坡最低点处设置集水槽及横向排水管，将水导入侧沟或路堤边坡(图 5-70 和图 5-71)。混凝土基床两侧设置预制铺面 + 两布一膜，两布一膜设置于电缆槽下，通过侧沟侧壁或路堤防护工程泄水孔将水排出；混凝土基床设置横向伸缩缝，于两布一膜顶面位置伸缩缝设置中埋式止水带，并搭接于两布一膜之上，其上采用聚乙烯板、聚乙烯棒及聚氨酯封堵，伸缩缝设置剪力筋协调变形。

路基基床底层的底部和基床以下填料部位的顶部设 5% 的人字形排水坡。

5.6.2　混凝土基床防冻胀效果

根据 2012 年冻胀监测结果，DK31+950 ～ DK32+210、DK32+600 ～ DK33+000 等 6 段普通填料路基冻胀量较大，在 2013 年将上述 6 段路基改为混凝土基床，并于当年对各段路基继续开展了水准测量工作，结果如表 5-22 和图 5-72 所示。

表 5-22　混凝土基床段落变形量统计表

统计项		点数	最大冻胀量 /mm			
			(−∞, 4]	(4, 8]	(8, 10]	(10, 12]
原路基（2012 年）	监测点数量	138	102	25	3	8
	监测点比例 /%		73.91	18.12	2.17	5.80
混凝土基床（2013 年）	监测点数量	129	128	1	0	0
	监测点比例 /%		99.22	0.78	0.00	0.00
混凝土基床（2014 年）	监测点数量	52	52	0	0	0
	监测点比例 /%		100	0.00	0.00	0.00

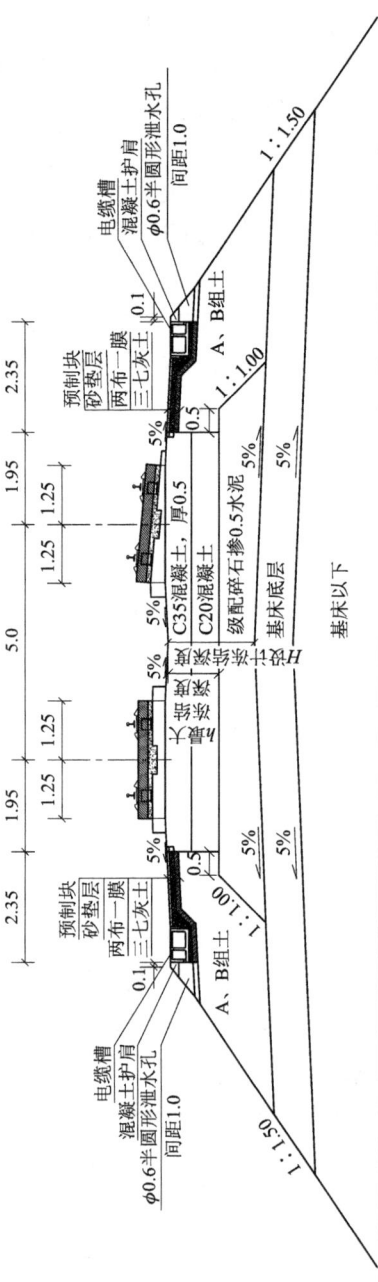

图 5-70　路堤地段标准横断面形式（单位：m）

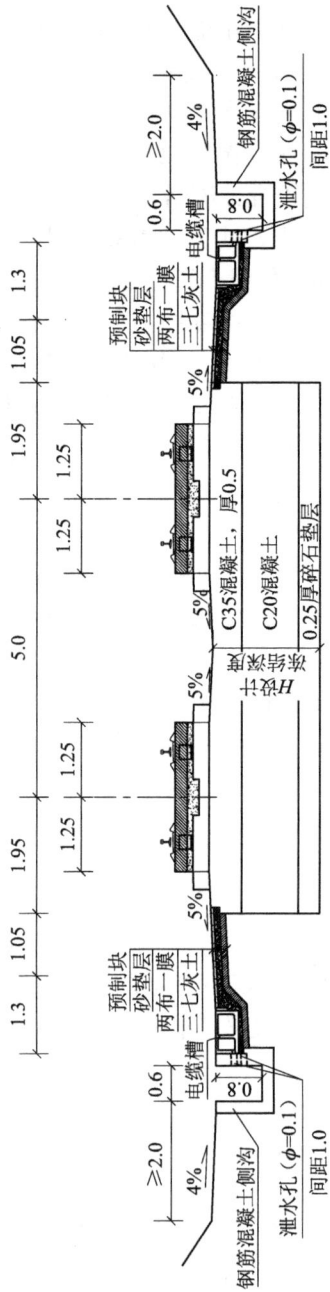

图 5-71　路堑地段标准横断面形式（单位：m）

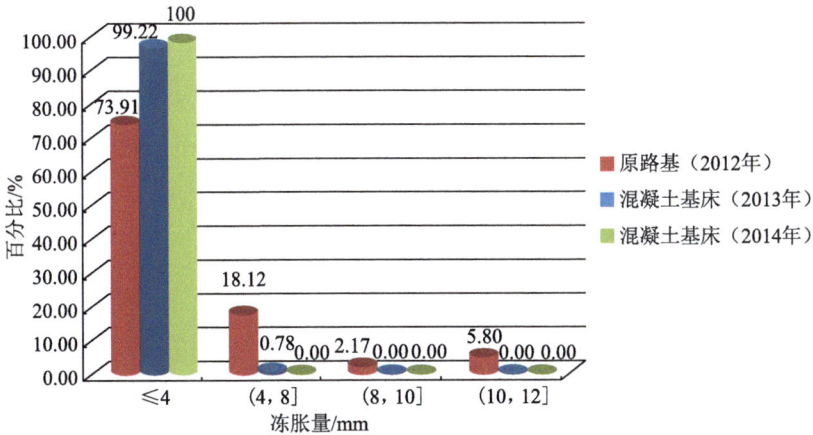

图 5-72　混凝土基床补强形式变形量柱状图

由表 5-22 和图 5-72 可知，在未改设混凝土基床形式前，2012 年冬季冻胀监测值小于 4mm 的比例仅为 73.91%，且存在多个冻胀量大于 8mm 的监测点；设置混凝土基床后，2013 年冬季各监测点冻胀值小于 4mm 的比例提高至 99.22%，而 2014 年冬季上述混凝土基床段落冻胀量全部小于 4mm。

图 5-73 为各段落 3 年最大冻胀量监测结果。由图 5-73 可知，2013 年冬季增设混凝土基床段落最大冻胀量与 2012 年冬季相比明显下降，但仍存在冻胀量接近 4mm 的监测点，而 2014 年冬季在路基全部填筑完成并铺轨的情况下，所有混凝土基床段落监测点冻胀量均小于 4mm。尤其是 DK31+950 ～ DK33+650 各段落，在 2014 年地下水水位（121.73m）、2013 年地下水水位（121.71m）比 2012 年地下水水位（121.43m）稍有上升的情况下，最大冻胀量基本控制在 4mm 以下，防冻胀效果明显。

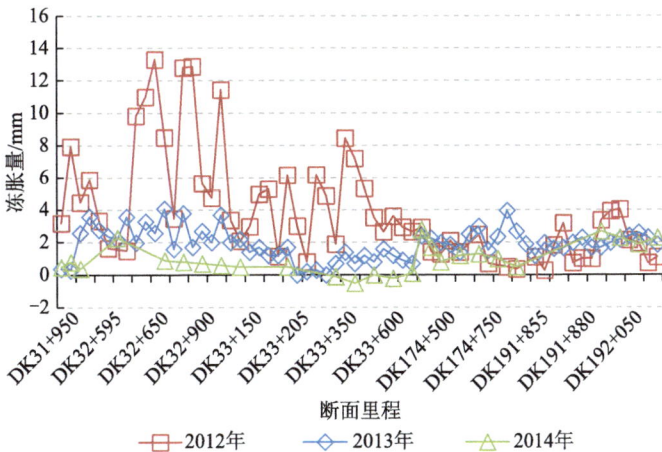

图 5-73　2012 ～ 2014 年冬季各断面最大冻胀量

如图 5-74 所示，以 DK32+800 断面为例，反映了 2012 ～ 2014 年这 3 年冬季该断面冻胀量随时间变化的情况。3 年冻胀量最大值均出现在 2 月中下旬，但混凝土基床形式路基与普通填筑路基相比，冻结速率及最大冻胀量均明显减小，12 月底已进入冻胀维持期，且最大冻胀量维持在 4mm 以下，3 月中旬进入冻胀回落期，并在 4 月中旬冻胀变形基本回落。

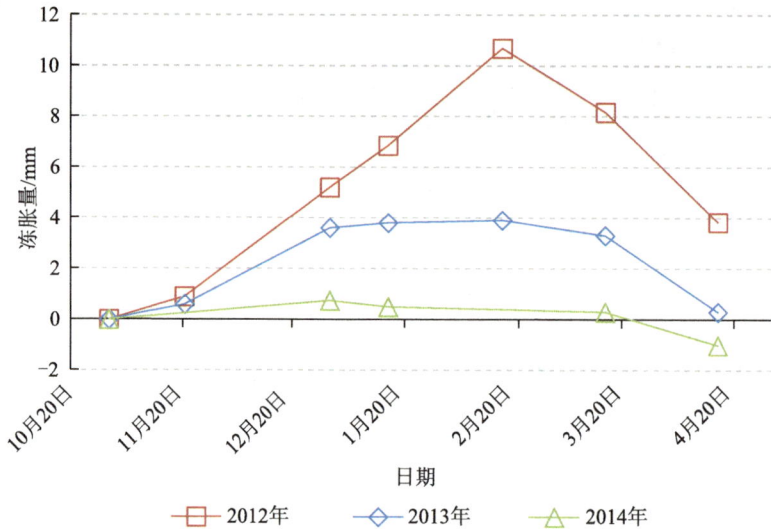

图 5-74　DK32+800 断面 2012 ～ 2014 年冬季冻胀量变化情况

2014 年冬季各段落监测点最大冻胀量为 2.8mm，低于 2013 年冬季该段落最大冻胀量 4.1mm，与 2012 年冬季监测结果相比（最大冻胀量 13.33mm）最大冻胀量下降 79%。可见，混凝土基床具有较好的防冻胀效果。

5.7　路基保温结构

隔热保温措施通常是在路基土体中从路基基床面往下铺设一定厚度保温层，使路基土体在冬季的冻结深度不能超过保温层厚度或不超过设计要求的冻结深度。保温材料种类很多，主要有炉渣、压缩泥炭、草皮土、沥青加工的陶块、泡沫聚苯乙烯（EPS）板、聚苯乙烯泡沫混凝土块、刚性泡沫塑料板、膨胀珍珠岩制品等。其中，炉渣、压缩泥炭、草皮土等能就地取材，造价低，十分经济，缺点是有效期较短；而泡沫聚苯乙烯板、聚苯乙烯泡沫混凝土块、刚性泡沫塑料板等则属于化工产品，这些产品隔热性能好，有效期长，但其造价高，施工工艺较复杂，高速铁路路基上铺设保温结构还在研究阶段。

5.7.1　保温材料性能试验

1. 既有线 EPS 保温板性能试验

图 5-75 为东北某既有线改造时挖出的 EPS 保温板，挖出时保温板表面粘有细粒砂土，含水率较大，周边饱和，用手压有水溢出，硬度良好，未见老化。

图 5-75　EPS 保温板

试验结果表明，保温板在长期水分及荷载作用下，其物理性能发生了一定变化，吸收了一定的水分，其含水率为 14%，产生了 6% 的塑性变形。

为进一步了解 EPS 保温板在长期埋设情况下物理力学性能的变化，将其送到了相关机构进行热物理性能参数检测，主要参数包括表观密度、导热系数、吸水率、抗压强度等，试验结果如表 5-23～表 5-25 所示。

检测结果表明，EPS 保温板在长期埋设过程中吸水率有所增加。埋设前密度为 45kg/m³ 和 50kg/m³ 的 EPS 保温板的吸水率为 2.98% 和 2.86%，长期埋设后保温板的吸水率在 3.97%～7.61%，平均吸水率为 5.48%。

表 5-23　保温板性能试验

样品名称	聚苯乙烯泡沫板	
检测项目	2014 年检测结果	1992 年检测结果
表观密度（kg/m³）	45.18～73.87（61.6）	45、50
导热系数 /[W/（m·K）]	0.0382（干燥）	0.030～0.041（干燥）
	0.0750（吸水后）	—
吸水率 /%	5.48	2.98
抗压强度 /kPa	257	150～250

表 5-24　吸水率检测结果

环境温度		23℃		环境相对湿度	48%
样品序号	样品质量（干重）/g	样品尺寸 /mm			吸水率 /%	平均吸水率 /%
		长	宽	高		
1	38.399	103	103	49	3.97	
2	34.052	103	102	48	7.61	
3	30.397	102	101	48	6.13	5.48
4	29.407	101	101	48	5.43	
5	21.905	101	100	48	4.28	

表 5-25　EPS 保温板检测报告

样品名称	聚苯乙烯泡沫板	
检测样品面积	0.5m²	
样品状态	白色板状（样品污染 / 破裂）	
检测项目	检测结果	检测依据及主要仪器
表观密度（kg/m³）	61.6	GB/T 6343—2009 GB/T 10297—2015 GB/T 8810—2005 GB/T 8813—2008* QL-30 热参数分析仪 电子万能材料试验机 电子天平 游标卡尺 秒表
导热系数 [W/ (m·K)]	0.0382（样品干燥）	
	0.0750（样品吸水后）	
吸水率 %	5.48	
抗压强度 /kPa	257	

* 该标准现被 GB/T 8813—2020 取代。

　　EPS 保温板表观密度检测结果表明，在长期荷载作用下保温板的密度有所增加，但密度均匀性变化较大，原因有两个方面：其一是保温板受到压缩导致密度增加；其二是路基中细粒或砂粒慢慢渗入保温板中。具体检测结果如表 5-26 所示。

表 5-26　EPS 保温板表观密度检测结果

环境温度		23℃		环境相对湿度	48%
样品序号	样品质量 /g	样品尺寸 /mm			密度 / （kg/m³）	平均密度 / （kg/m³）
		长	宽	高		
1	38.399	103	103	49	73.87	
2	34.052	103	102	48	67.52	
3	30.397	102	101	48	61.47	61.6
4	29.407	101	101	48	60.06	
5	21.905	101	100	48	45.18	

　　EPS 保温板热传导性能试验结果表明，吸水量的增加会导致保温板导热系数的增大，保温板吸水后其导热系数增加到了干燥时的 2 倍。具体试验结果如表 5-27 所示。

表 5-27　EPS 保温板导热系数

状态	第 1 组		第 2 组		第 3 组		平均值
干燥 /[W/（m·K）]	0.0351	0.036	0.0418	0.0415	0.0376	0.0372	0.0382
吸水后 /[W/（m·K）]	0.0614	0.062	0.0903	0.0915	0.0728	0.0719	0.0750

　　EPS 保温板抗压强度检测结果表明，其抗压强度为 236 ～ 282kPa，平均值约为 257kPa，其强度能够满足路基应力要求，具体试验结果如表 5-28 所示。

表 5-28　EPS 保温板抗压强度检测结果

编号	试样尺寸	压力 /N	抗压强度 /kPa
001-1	100mm × 100mm × 10mm	2818	282
001-2	100mm × 100mm × 10mm	2580	258
001-3	100mm × 100mm × 10mm	2621	262
001-4	100mm × 100mm × 10mm	2362	236
001-5	100mm × 100mm × 10mm	2467	247
均值		2570	257

注：相对形变 10% 时的应力值称为抗压强度。

　　不同密度的 EPS 保温板未泡水、泡水及冻融 4 次情况的抗压强度试验结果也表明，在 45kg/m³ 条件下，保温板抗压强度为 150 ～ 250kPa，表明在水分浸泡、冻融等不利情况下，保温板强度基本能满足路基强度要求，如图 5-76 所示。

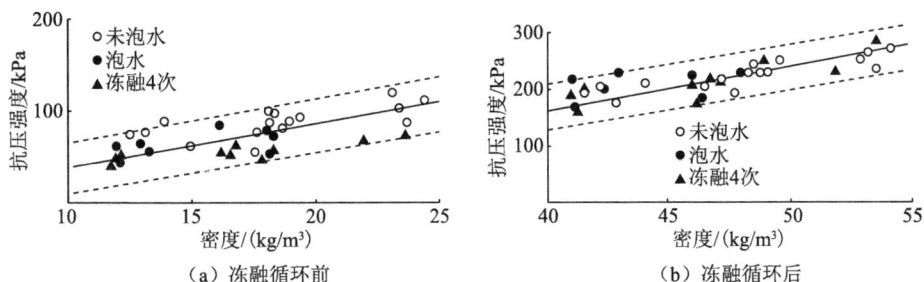

（a）冻融循环前　　　　　　　　　（b）冻融循环后

图 5-76　EPS 的抗压强度与密度的关系

2. XPS 保温板性能试验

　　XPS 保温板全称为挤塑聚苯乙烯泡沫保温板，简称挤塑板。XPS 保温板是以聚苯乙烯树脂辅以聚合物在加热混合的同时，注入催化剂，而后挤塑压出连续性闭孔发泡的硬质泡沫塑料板，其内部为独立的密闭式气泡结构，是一种具有高抗压、吸水率低、防潮、不透气、质轻、耐腐蚀、超抗老化（长期使用几乎无老化）、导热系数低等优异性能的环保型保温材料。本节通过室内、现场等一系列试验，探讨其在寒区高速铁路中的适用性。

国家建筑材料质量监督检验中心检验结果表明，XPS 保温板的各项物理力学指标均达到了标准要求，性能良好，能够满足严寒地区高速铁路路基保温要求，检测结果如表 5-29 所示。

表 5-29　XPS 保温板性能检测结果

检验项目		标准要求（X150 型）	检验结果
外观质量		表面平整、无夹杂物颜色均匀、无明显缺陷	表面平整、无夹杂物颜色均匀、无明显缺陷
允许偏差 /mm	长度	±7.5	+4.3
	宽度	±5	−0.7
	厚度	±3	+2.7
	对角线差	≤7	2
抗压强度 /kPa		≥150	304
吸水率（浸水 96h）/%		≤1.5	0.4
透湿系数（23℃ ±1℃，RH50% ±5%）/[ng/（m·s·Pa）]		≤3.5	1.9
热阻（厚度 25mm 时，平均温度 10℃）/[（m²·K）/W]		≥0.89	0.896
热阻（厚度 25mm 时，平均温度 25℃）/[（m²·K）/W]		≥0.83	0.890
导热系数（平均温度 10℃）/[W/（m·K）]		≤0.028	0.0269
导热系数（平均温度 25℃）/[W/（m·K）]		≤0.030	0.029
尺寸稳定性（70℃ ±2℃，48h）/%		≤2.0	1.00
密度 /（kg/m³）		—	36.71

注：RH 为相对湿度（relative humidity），表示空气中的绝对湿度与相同温度和气压下的饱和绝对湿度的比值。

利用 MTS 加载设备进行循环加载，模拟保温板受列车循环荷载长期作用下的变形情况，试验荷载加载方案如表 5-30 所示，针对 XPS 的动力性能，开展了 6 种荷载的试验，将荷载分为 10kPa 的基本荷载及不同级别的波动荷载。施加次数均为 80 万次，施加频率为 5Hz，施加荷载如图 5-77 所示，试验波形图如图 5-78 所示，XPS 保温板试验材料如图 5-79 所示，试验设备如图 5-80 所示。

表 5-30　试验荷载加载方案

方案	基本荷载 /kPa	波动荷载 /kPa	施加次数 / 万次	频率 /Hz
1	10	5	80	5
2	10	10	80	5
3	10	15	80	5
4	10	25	80	5
5	10	30	80	5
6	10	40	80	5

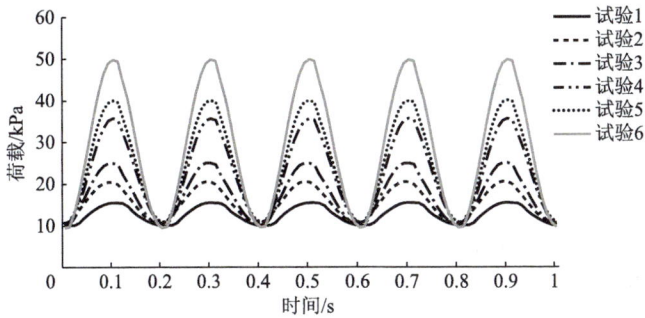

图 5-77　施加荷载图

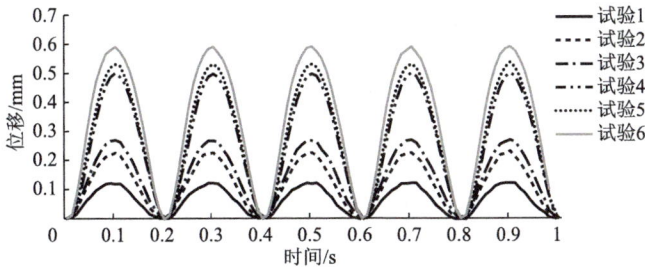

图 5-78　试验波形图

图 5-79　XPS 保温板试验材料

（a）设备（一）　　　　　　　　　　　　　（b）设备（二）

图 5-80　试验设备

图 5-81～图 5-86 分别为不同循环荷载情况下 XPS 保温板变形与荷载次数的关系曲线。试验结果表明，在长期循环荷载作用下，XPS 保温板会产生一定量的塑性变形。

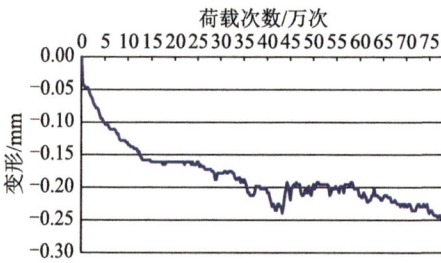
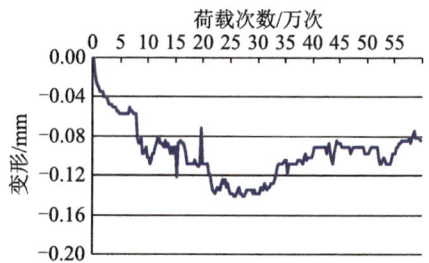

图 5-81　10～15kPa 塑性变形图　　　　　　图 5-82　10～20kPa 塑性变形图

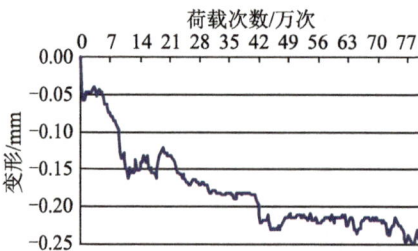
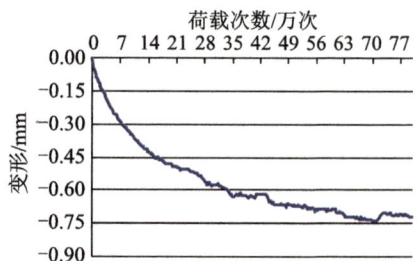

图 5-83　10～25kPa 塑性变形图　　　　　　图 5-84　10～35kPa 塑性变形图

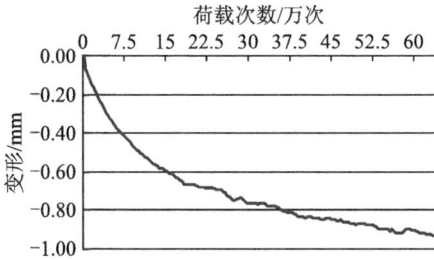

图 5-85　10 ～ 40kPa 塑性变形图　　　　图 5-86　10 ～ 50kPa 塑性变形图

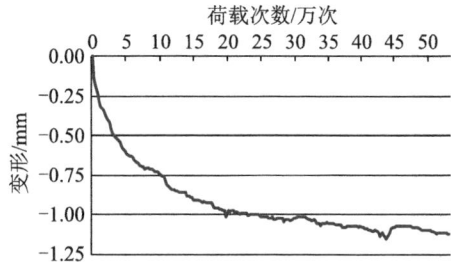

5.7.2　保温结构现场动力试验

为了分析埋设于路基中的保温材料在列车荷载长期作用下动力性能是否适应高速铁路线路需要，以及材料本身在动载作用下耐久与保温性能是否会受到影响，依托某高速铁路项目，开展了现场路基保温板动力试验，为保温路基设计提供技术支撑。

现场试验选址在某高速铁路 DK140 附近路基试验段上进行，试验段路基按高速铁路路基要求填筑，基床表层为 5% 水泥掺量级配碎石，厚度为 0.7m，基床底层厚度为 2.3m。基床表层与底层间满铺 0.1m 厚度为 XPS 保温板（图 5-87），同时预埋了动态土压力盒、加速度计、沉降板等，对保温板处动应力、动变形等数据进行实时监测。

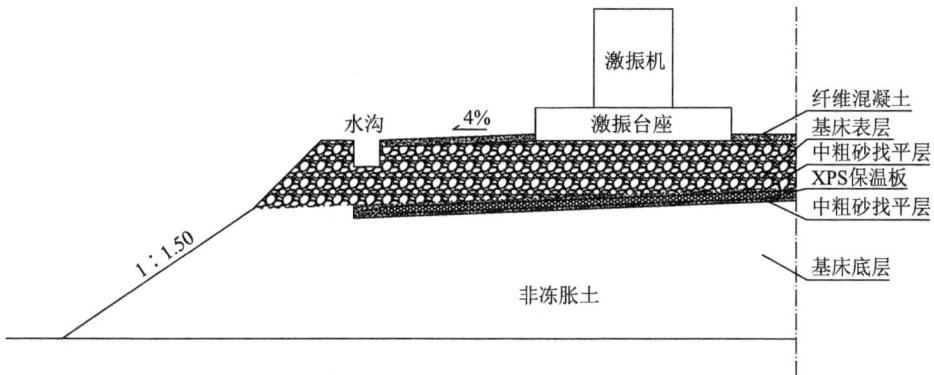

图 5-87　某线试验段动载试验路基结构

1．加载方案

激振设备采用 SBZ30 型动载试验机，如图 5-88 所示。其供电电源为 380V 三相交流电，电源通过大功率变频器连接动载试验机上部电动机，电动机运转驱动试验机内振动偏心块旋转产生振动力。通过调节变频器的频率，控制动载试验机的振动频率，调节动载试验机侧边的对位齿轮，能够改变振动偏心块的力矩，由振动频率与振动力矩的配合调整，能够取得设计要求的激振力。将振动试验机安装在位于线路上的激振台座上，其激振力施加在高速铁路线路上，从而模拟高速列车产生的动荷载。

图 5-88　SBZ30 型动载试验机

激振台座为现浇钢筋混凝土，如图 5-89 所示。其功能是将动载试验机产生的激振力传输到路基上，试验的激振台座的长度、宽度分别为 4.8m、3.0m，高度为2.5m。台座在浇筑时预埋螺栓，螺栓位置与试验机底板安装孔位相同，并与台座内钢筋焊接牢固，四角位置的螺栓比四边位置的螺栓直径大，可使试验机工作时更加稳定。

图 5-89　激振台座

大量实测数据表明，高速铁路无砟轨道基床表层顶面动应力值范围为11 ～ 16kPa，考虑到动应力沿深度的衰减，如图 5-90 所示，保温板埋设位置处动应力约为表层处的 50%，因此将保温板处施加的动应力控制在 5 ～ 10kPa，同时为研究需要，也进行了荷载为 10 ～ 25kPa 的激振试验。图 5-91 为现场实测路基动应力时程曲线。根据路基现场动力响应效果，加载频率控制在 14Hz 左右。开展长期动载作用试验，加载次数达到 1000 万次。

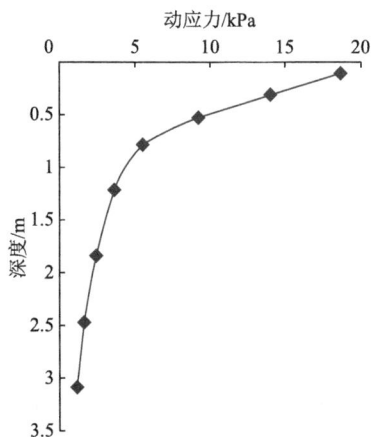

图 5-90　动应力在路基中的衰减典型情况

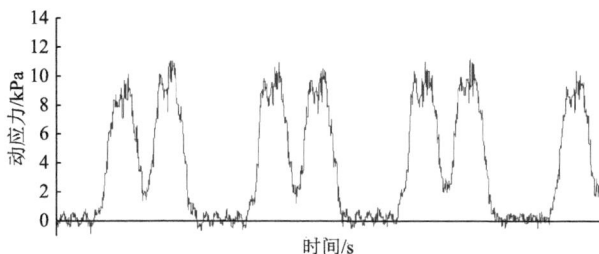

图 5-91　实测路基动应力时程曲线

2. 实际加载情况

试验中通过埋设在保温层上下的动土压力盒对作用于保温板上的动应力进行监测,典型动应力波形图如图 5-92 所示。

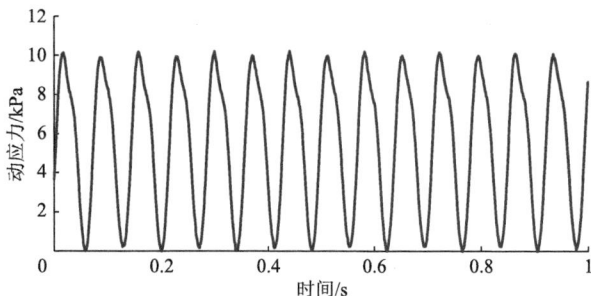

图 5-92　典型动应力波形图

进行了各种应力水平的动载试验,测试保温材料的弹性变形、累积变形情况。在掌握了其规律后,按标准应力水平 5 ~ 10kPa 进行长期动载激振,以进一步研究保温材料的耐久性与动力性能。长期动载试验动应力水平如图 5-93 所示。

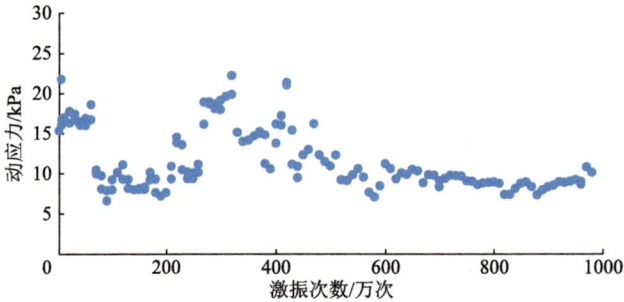

图 5-93　长期动载试验动应力水平

3. 试验结果分析

保温板的典型动位移波形图如图 5-94 所示。

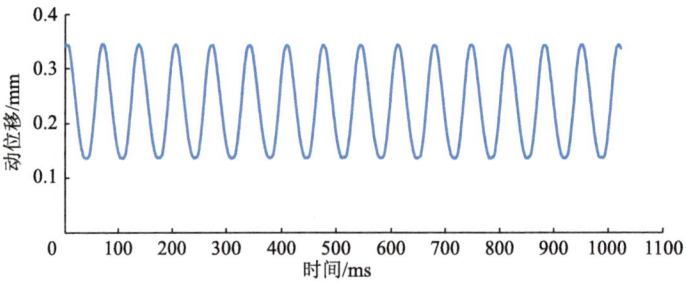

图 5-94　典型动位移波形图

图 5-95 为不同应力水平情况下动应力与弹性变形关系曲线，试验结果表明，保温板的弹性变形与施加的动应力基本呈线性关系，表明保温层仍然处于弹性变形范围。

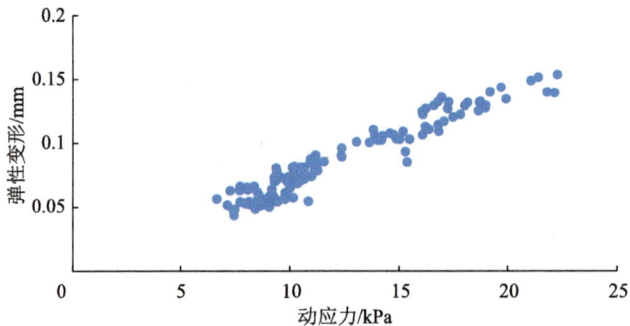

图 5-95　保温层动应力与弹性变形关系曲线

在高速铁路列车动应力范围内，保温层的动变形在 0.08mm 以内（图 5-96），对列车的运行安全不会产生影响。

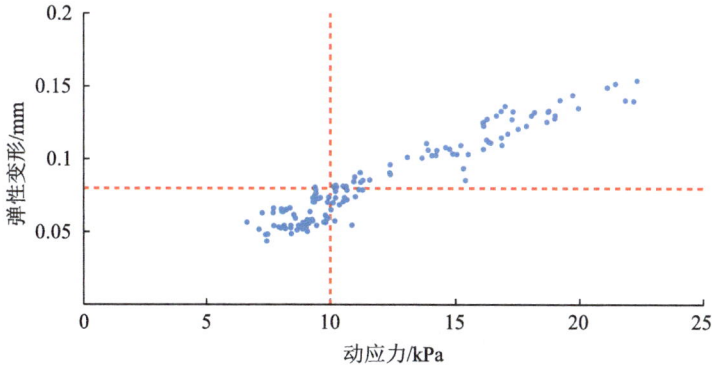

图 5-96　高速铁路列车动应力下保温层弹性变形范围

累积变形是高速铁路路基重要的指标之一，其值越小越有利于维持高速铁路线路保温层在动载作用下的累积变形值。图 5-97 为施加动载激振 1000 万次过程中的累积变形测试曲线。

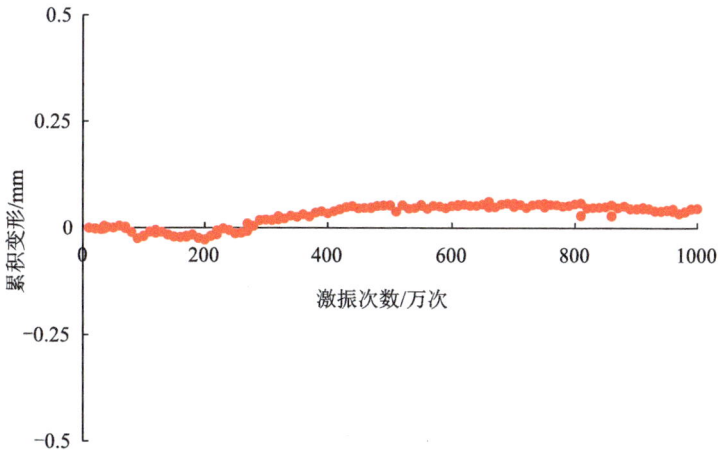

图 5-97　长期动载下保温层累积变形（平均值）

试验结果表明，动应力较高时累积变形有增大的趋势，发展增长速度较慢。在与高速铁路动荷载相当的动应力作用过程中，保温层的累积变形逐步趋于稳定，加载 1000 万次后，保温层累积变形约为 0.06mm，其累积变形很小，不会对高速铁路安全运营产生影响。

保温层除了具有隔热保温作用外，还具有一定的减振作用，图 5-98 为振动加速度沿路基横向分布情况。

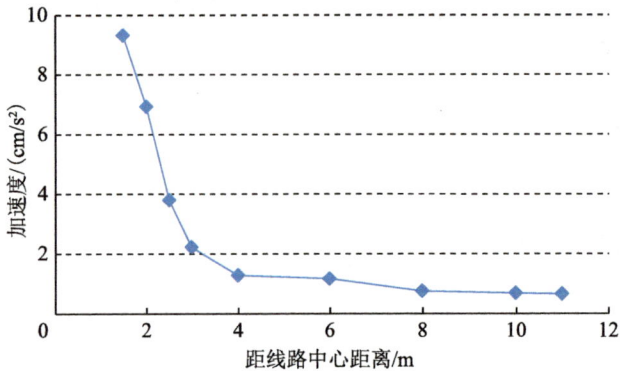

图 5-98 加速度沿路基横向分布情况

加速度比值沿路基横向衰减曲线如图 5-99 所示。

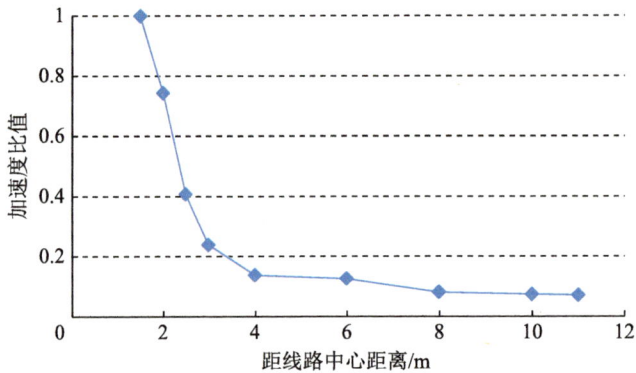

图 5-99 加速度比值沿路基横向衰减曲线

图 5-100 为武广客运专线在 Rheda 2000、CRTS Ⅰ型双块式、CRTS Ⅰ型板式和 CRTS Ⅱ型板式无砟轨道结构下的横向加速度分布情况。

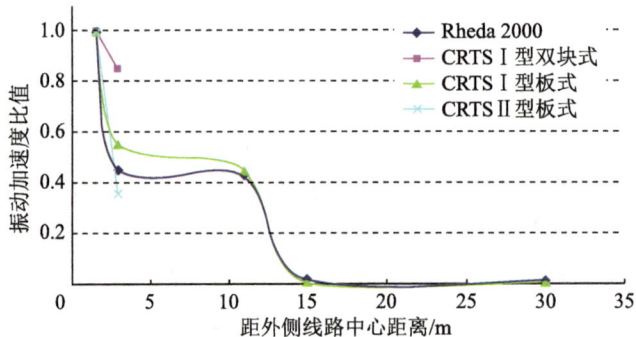

图 5-100 武广客运专线加速度沿路基横向衰减曲线

对比武广客运专线的测试结果表明，铺设了保温板后，振动加速度比值沿路基横向衰减较快，尤其在边坡上明显低于未铺设保温板时的加速度比值，表明保温板对动荷载有一定的缓冲作用，加快了振动加速度在路基横向上的衰减。

5.7.3　不同保温结构保温效果分析

在 K139+680 路基断面处进行全断面保温试验，铺设深度为路基表面下约 55cm 处，范围为左线路基轨道板底座外侧至右线路基轨道板底座外侧，设置一层厚度为 10cm 的 XPS 连续保温板（图 5-101）。

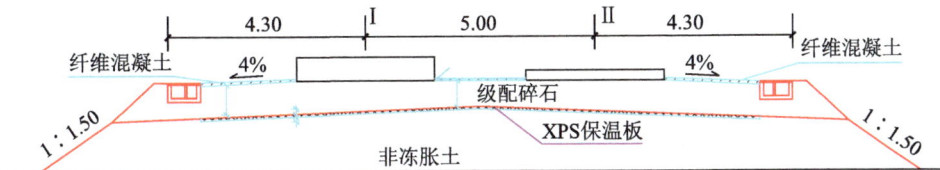

图 5-101　路基全断面保温试验设置（单位：m）

在 K139+695 路基断面处进行局部保温试验，在该路基轨道板底座外侧路基面的既有纤维混凝土防水层、电缆槽盖板及护肩表面铺设 6cm 厚的 XPS 保温板（图 5-102）。

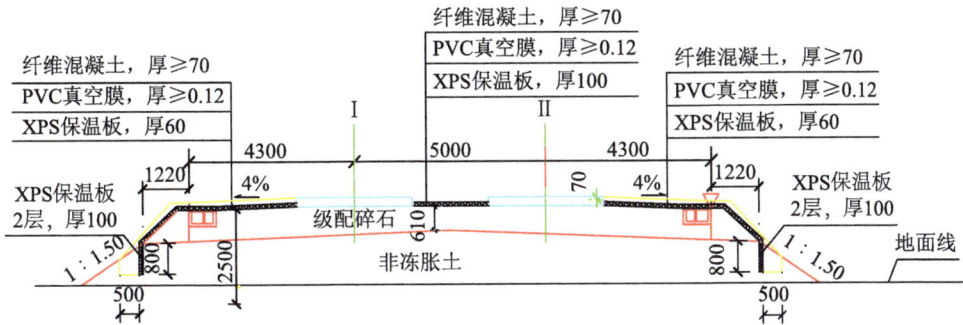

图 5-102　路基局部保温试验设置（单位：mm）

研究相同环境条件下全断面保温法与局部保温法对路基最大冻结深度和路基各个断面的冻胀量的影响规律，掌握两种保温法的温度场特性。

1.　局部保温试验段

图 5-103 为采用局部保温措施时试验段路基的冻胀时程曲线，图 5-104 为局部铺设保温板路基温度场等温线图，图 5-105 为局部保温温度传递效应示意图。

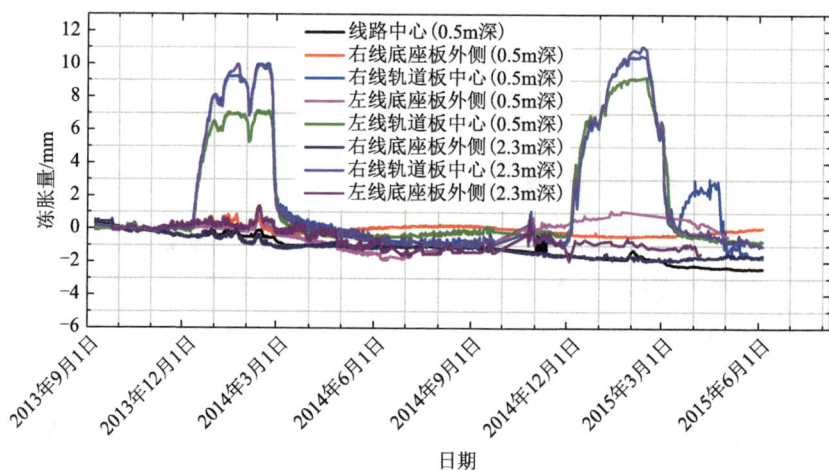

图 5-103　局部保温试验段路基冻胀时程曲线

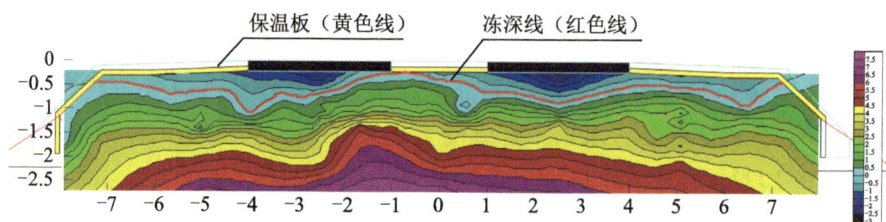

图 5-104　2015 年 2 月 10 日局部铺设保温板路基温度场等温线图

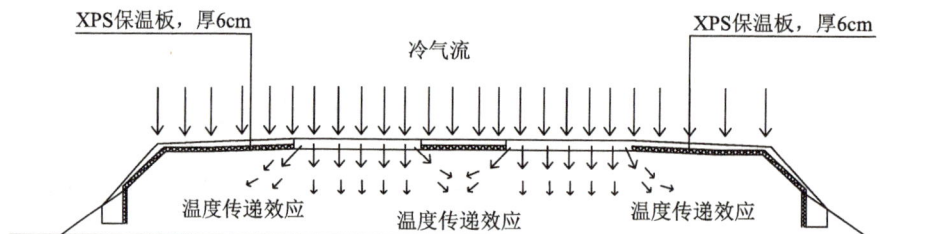

图 5-105　局部保温温度传递效应示意图

由图 5-103～图 5-105 可知:

1) K139+695 试验段采用局部铺设保温板的路基防冻胀结构,经历了 2013～2014 年和 2014～2015 年两个冻胀期。在 2013～2014 年冻胀期内,最大冻胀量出现在 2014 年 2 月 12 日前后,在左、右线轨道板中心出现了 10mm 左右的冻胀;在 2014～2015 年冻胀期内,最大冻胀量发生在 2015 年 2 月 11 日前后,在左、右线轨道板中心出现了 10mm 左右的冻胀。测试结果表明,局部铺设保温板的防冻胀结构不能有效防止冻胀产生。

2）左、右线轨道板中心下的表层冻胀量和总冻胀量较为接近，如右线轨道板中心表层冻胀量为 10.5mm，总冻胀量为 11.1mm，等温线图显示，冻结深度最大处位于底座板下 1.25m 处，采用局部铺设时不能有效消除冻结深度，表明冻胀量基本在表层产生。

3）从冻胀量最大时的路基温度场等温线图和局部保温温度传递效应示意图可以看出，在没有铺设保温板的底座板下存在一定深度的冻土层，这主要是由于底座板只能延缓热量交换的作用，但不能隔绝热量交换，随着温度的持续降低，没有铺设保温板处冷空气入渗致使底座板下产生了一定深度的冻土，发生了冻胀；还可以看出铺设了 XPS 保温材料的线路中心在冬季也有一定的冻结深度，这是冷空气从线路中心两侧入渗产生温度传递效应导致的。

2. 全断面保温试验段

图 5-106 为全断面保温试验段冻胀时程曲线，图 5-107 为 2015 年 2 月 10 日全断面铺设保温板路基温度场等温线图，图 5-108 为全断面保温温度传递效应示意图。

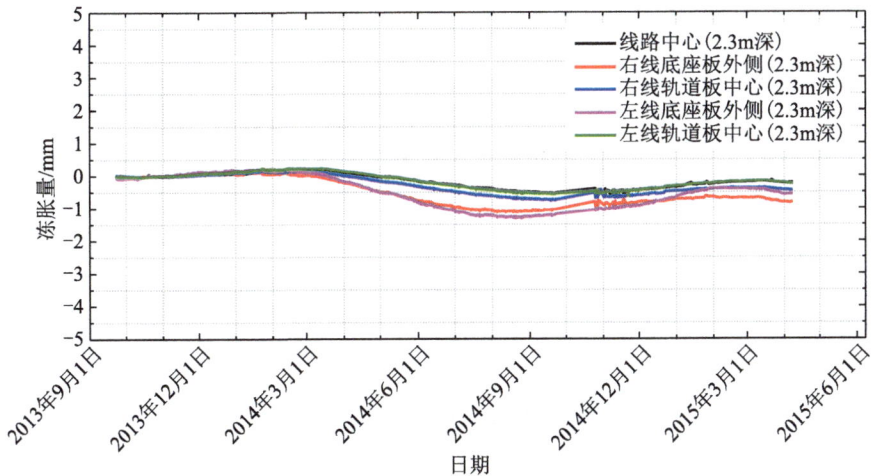

图 5-106　全断面保温试验段冻胀时程曲线

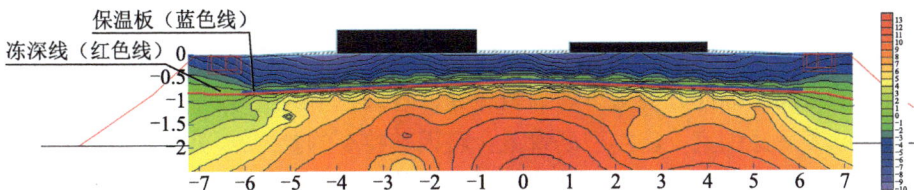

图 5-107　2015 年 2 月 10 日全断面铺设保温板路基温度场等温线图

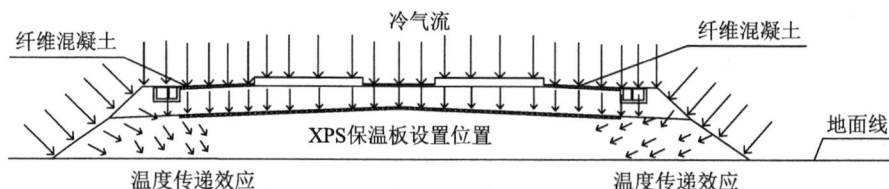

图 5-108　全断面保温温度传递效应示意图

从图 5-106～图 5-108 可知：

1）K139+680 试验段采用全断面铺设保温板的路基防冻胀结构，在 2013～2014 年和 2014～2015 年两个冻胀期内，并没有发生明显的冻胀现象，在整个监测过程中，各个监测点的位移在 2mm 之内，说明采用全断面铺设保温板的路基防冻胀结构取得了较好的效果。

2）从冬季冻结深度最大时的全断面铺设保温板路基温度场等温线图可以看出，采用全断面铺设保温板时，0℃等温线全部位于保温板之上（0.5～0.8m），且路肩、底座板、线间温度场较为均匀，没有产生明显的冻结深度和冻胀。从全断面保温温度传递效应示意图可以看出，保温板有效地阻隔了路基与大气间的热交换作用，全断面保温做法下铺设保温板很好地抵制了冷空气入渗，仅有部分冷空气从两侧入渗产生温度传递效应，因此全断面保温做法对个别路基断面下的保温效果较好。

综上所述，采用局部铺设保温板和全断面铺设保温板两种不同的路基防冻胀结构在防冻胀效果方面差距较为明显。从冻结深度方面讲，局部措施不能有效防止轨道结构下冻结深度的发展，且在路基断面各处冻结深度分布不均匀，冻结深度最大处有 1.25m 左右，而全断面措施冻结深度分布在保温板之上；从冻胀方面讲，局部保温措施不能阻止底座板下路基冻胀的发生，其最大冻胀量达到 11.1mm，而全断面措施基本没有发生冻胀。因此，从防冻胀效果来讲，全断面铺设保温板措施优于局部铺设保温板措施。

5.8　沥青混合料封闭层

国内高速铁路路基的防水封闭层主要包括水泥混凝土与沥青类防水封闭材料，如普通水泥混凝土、纤维混凝土、连续密级配沥青混合料等。普通水泥混凝土存在脆性大、变形适应能力与抗裂性较差、易开裂等问题。哈大高速铁路曾尝试采用纤维混凝土作为路基防水封闭层，但 2012 年入冬以来，该防水封闭层产生较多的横向、纵向开裂与不规则裂缝等，效果也不甚良好。

在欧美发达国家，密实型沥青混合料因其特有的黏弹性与防水抗冻性受到高度重视，被广泛应用于普通或高速铁路轨下基础隔离层、强化基床表层，替代砟料底砟的垫层，或形成全厚式沥青混合料道床。从国外的应用实践来看，密实型沥青混合料具有良好的排水效果,可有效防止降雨向其下的结构渗透,也可防止基层的游离水渗透并减少其下土工结构受水汽波动的影响,同时有效阻止粉料或细集料进入道砟。本节依托哈齐高速铁路工程,开展了沥青混合料防水封闭层现场试验研究,以期为路基防水结构提供更优良的选择。

5.8.1　沥青混合料封闭层功能要求与技术要求

1. 基本实施条件

寒区高速铁路路基防水封闭层的实施条件较为复杂,需考虑的因素较多,主要表现如下:试验段所处地区为中温带大陆性季风气候区,四季分明,冬季漫长且寒冷,低温持续时间较长,沿线路基分布分散,有效工作面窄,构造物较多,对构造物基面的保护要求严格,且铁路路基承包商通常缺少可用于沥青混合料施工的关键施工设备,在高寒地区使用沥青混合料,其环境气温普遍不高,可能需要在较低的温度下施工。

2. 高寒地区沥青混合料封闭层的功能要求

路基防水封闭层作为防排水体系的重要组成部分,是阻止表面水向路基结构内部渗透的外部屏障,对减小冻胀、融沉等病害有着不可替代的作用。考虑到基本工作条件与实施条件,高寒地区高速铁路路基沥青混合料防水封闭层应具备以下基本功能:防止表面水进入路基内部,具有一定的抗反射裂缝能力与不均匀冻胀的适应能力,具有良好的高温稳定性,具有较高的耐候性,不因风化、老化或冻害因素导致的粉化、碎裂或局部松散等病害而丧失其整体性,沥青封闭层应与路基及其他相邻的构造物之间结合紧密、施工便利。

3. 高寒地区沥青混合料封闭层的技术要求

根据对寒区高速铁路路基沥青混合料防水封闭层的功能分析,参照国内外成功的工程经验与相关技术规范,确定高寒地区高速铁路路基两侧及线间沥青混合料防水封闭层结构应满足表 5-31 所示的技术要求。

表 5-31　沥青混合料防水封闭层性能指标与技术要求

性能指标		技术要求	试验方法
沥青结合料 PG 等级		PG 70-34	流变学试验
结构厚度 /cm		不低于 5.0	插入式直尺
防水性	外观	平整、密实	目测
	孔隙率 /%	不大于 1	T0706—2011*

	性能指标	技术要求	试验方法
低温抗裂性	弯曲应变 /（μm/m，-10℃时）	不小于 3000	T0715—2011*
高温稳定性	马歇尔稳定度 /（kN，60℃时）	不小于 5.0	T0709—2011*
	贯入度 /mm	不大于 6	贯入试验，40℃
	车辙试验 /（次 /mm）	≥ 800	轮辙试验 0.7MPa，40℃，1h（视需要）
	累积变形 /mm	≤ 8.0	
耐候性	冻融劈裂强度比 /%	≥ 80	T0729—2000*
	试件外观	无松散、剥落或碎块现象	10 次冻融循环后目测
与相临构造物的联结	使用寿命	不低于 20 年	长期老化试验
	拉拔强度 /（MPa，60℃时）	不低于 0.2	拉拔试验
	剪切强度 /（MPa，-10℃时）	不低于 0.5	剪切试验
施工便利性	流动度 /s	人工不大于 20，机械不大于 40	刘埃尔流动度仪
	黏聚性	易成团、不松散	手搓成团

* 《公路工程沥青及沥青混合料试验规程》(JTG E20—2011) 对应内容。

5.8.2　沥青混合料防水封闭层材料选择及优化设计

通过分析沥青混合料的类型与基本特性，并结合东北地区沥青路面的应用经验，以浇注式和富油密级配沥青混合料为设计蓝本，提出了自密实和半自密实沥青混合料防水封闭层方案[79]。

1. 沥青胶结料选择

适用于高寒地区的新型沥青结合料聚合物改性沥青（polymer modified bitumen，PMB），其基本性质测试结果如表 5-32 所示。

表 5-32　高寒地区特制沥青 PMB 性能测试结果及技术要求

试验项目	试验数值	技术要求	试验方法
针入度（25℃，5s，100g），0.1mm	104	> 80	T0604—2011
针入度指数 Pi	0.60	≥ -0.8	
5℃延度 /cm	72.8	≥ 40	T0605—2011
软化点（R&B）/℃	83	≥ 50	T0606—2011
135℃动力黏度 /（Pa·s）	1.771	≤ 3	T0625—2011
密度（15℃）/（g/cm³）	1.031	实测	T0603—2011
闪点 /℃	282	≥ 230	T0611—2011
弹性恢复（25℃）/%	100	≥ 60	T0662—2000

续表

试验项目		试验数值	技术要求	试验方法
TFOT 后残留物	5℃延度 /cm	57	≥ 30	T0605—2011
RTFOT 后残留物	G^*/$sin\sigma$ (70℃)	2.54	≥ 2.2	T0628—2011
PAV 后残留物	S (−24℃)	213	≤ 300	T0627—2011
	m (−24℃)	0.357	≥ 0.3	

注：TFOT 为薄膜烘箱试验（thin film oven test）；RTFOT 为旋转薄膜烘箱试验（rolling thin film oven test）；PAV 为压力老化容器（pressure aging vessel）试验；G^*/$sin\delta$ 为车辙因子；S 为蠕变劲度模量；m 为蠕变速率。

2. 矿料的选择

采用玄武岩粗细集料及一定量的天然砂，集料洁净、干燥、颗粒形状好，各项性质均满足《公路沥青路面施工技术规范》（JTG F40—2004）的要求（表中"试验方法"相应内容）。矿质填料由优质石灰岩磨细而成，干燥、洁净，不含泥土、杂质和团粒，亲水系数小，安定性好。粗、细集料及矿粉的各项性能指标如表 5-33 ～表 5-35 所示。

表 5-33　粗集料各项指标试验结果

项目	试验结果	技术要求	试验方法
针片状颗粒含量 /%，不大于	12	18⁻	T0312—2005
洛杉矶磨耗值 /%，不大于	20	30	T0317—2005
石料压碎值 /%，不大于	15	28	T0316—2005
水洗法 <0.075mm 颗粒含量 /%，不大于	0.21	1	T0310—2005

表 5-34　细集料各项指标试验结果

项目	试验结果	技术要求	试验方法
含泥量（小于 0.075mm 的含量）/%，不大于	1.2	3	T0333—2000
砂当量 /%，不小于	88	60	T0334—2005
棱角性（流动时间）/s，不小于	65	30	T0345—2005

表 5-35　矿粉各项指标试验结果

项目	试验结果	技术要求	试验方法
含水量 /%，不大于	0.25	1	T0103—2000
外观	无团粒结块	无团粒结块	—
亲水系数，小于	0.65	1	T0353—2000
塑性指数，小于	2.5	4	T0354—2000

3. 沥青混合料设计与优化

根据对高寒地区高速铁路防水封闭层的工作条件与实施条件的分析，综合考虑材料、结构与施工工艺等因素，提出了自密实沥青混合料、半自密实沥青混合料两种沥青封闭层方案及其技术要求，用于两侧路基顶面及线间铺装。其具体方案如下：

1）自密实沥青混合料，目标孔隙率小于 2%。该方案以浇注式沥青混合料为蓝本，在确保防水、抗裂与耐久性等性能及施工流动性的情况下，通过控制矿粉用量、降低沥青用量等手段，降低建造成本。

2）半自密实沥青混合料，目标孔隙率为 1% ～ 3%。该方案以东北地区常用的细粒式沥青混合料 AC-10 为基础，适当增加矿粉与沥青用量，同时采用合适的降黏措施，以增加施工流动性，实现自密实目标。

对于自密实沥青混合料，选用 PMB 聚合物改性沥青作为胶结料，基于国内外自密实（浇筑式）沥青的设计级配范围及实际工程案例，改进并选用 3 种级配作为自密实沥青混合料设计级配，如表 5-36 所示。选择适宜的沥青用量，以其为中心误差为 ±0.5%，进行 3 组不同油石比的马歇尔试验、刘埃尔流动度试验、贯入度试验。将沥青混合料在马歇尔拌和锅内进行初拌，然后转移到小型 Cooker 车内拌和 2h 左右，温度控制在 200 ～ 240℃，进行刘埃尔流动度试验、马歇尔试验、贯入度等试验，每组相同油石比的试件数不少于 5 个。对于级配一、级配二，刘埃尔流动度试验满足不大于 60s 时，最佳油石比均较大。级配三在最佳沥青用量适中时，表现出较好性能，因此选用级配三。通过不同油石比情况下混合料各性能指标的对比，确定最佳油石比为 8.5%。

表 5-36　自密实沥青混合料设计级配

级配类型	通过下列各级筛孔的质量分数（方孔筛）								
	13.2/mm	9.5/mm	4.75/mm	2.36/mm	1.18/mm	0.6/mm	0.3/mm	0.15/mm	0.075/mm
级配一 /%	100	99.9	78.9	54.1	40.9	31.3	25.0	22.4	19.9
级配二 /%	100	99.4	76.3	54.2	42.3	34.5	29.0	26.0	22.0
级配三 /%	100	98.6	72.5	55.0	47.2	40.1	31.1	26.1	25.1

半自密实沥青混合料是在 SAMI、AC 等基础上，调整级配，降低击实功。半自密实沥青混合料设计级配如表 5-37 所示。按照表中两种级配，在不同击实功（单面击实 25 次和 50 次）的情况下，成型不同油石比（5%、6%、7%、8%）的马歇尔试件。

表 5-37　半自密实沥青混合料设计级配

级配类型	通过下列各级筛孔的质量分数（方孔筛）								
	13.2/mm	9.5/mm	4.75/mm	2.36/mm	1.18/mm	0.6/mm	0.3/mm	0.15/mm	0.075/mm
级配一 /%	100	98.8	74.9	53.3	42.2	31.6	17.9	10.3	9.2
级配二 /%	100	98.9	76.7	55.6	45.2	35.3	22.4	15.2	14.1

通过对比两种级配条件下不同油石比试件的稳定度 MS、孔隙率 VV、流值 FL、矿料间隙率 VMA、沥青饱和度 VFA 等指标,拟选用级配二。选用 PMB 作为胶结料时,级配二单面击实 25 次,最佳油石比为 6.5%。

5.8.3　沥青混合料防水层试验段封闭效果监测

自 2014 年 11 月起,课题组先后多次对试验段的使用状况与封闭效果进行了跟踪监测。

2015 年 2 月 8 日,课题组进行了第一次现场调查,如图 5-109～图 5-112 所示。沥青防水封闭层未见松散、剥落、老化起皮等病害,保持良好的整体性;沥青防水封闭层与相邻构造物界面总体上接触良好。

图 5-109　试验段全景(2015 年 2 月 8 日)

图 5-110　与相邻构造物界面的情况(2015 年 2 月 8 日)

（a）沥青混合料   （b）纤维混凝土

图 5-111   沥青混合料边侧的反射裂缝及纤维混凝土的贯通裂缝（2015 年 2 月 8 日）

（a）沥青混合料   （b）纤维混凝土

图 5-112   沥青混合料与纤维混凝土的角隅裂缝（2015 年 2 月 8 日）

2015 年 5 月 9 日，课题组人员对沥青封闭层试验段进行了详细调查，同时对临近的纤维混凝土（DK96+850 ～ DK97+020）的使用状况进行了调查。

调查结果显示，经过北方极端严寒气候后，自密实沥青混合料防水封闭层总体情况仍然非常良好（图 5-113），除一些小的病害（图 5-114）外，轨道板南侧、轨道板间和轨道板北侧 3 部分沥青混合料防水封闭层表面均密实完整，沥青混合料与轨道板的接缝的密封情况良好，未出现大面积剥落而导致渗水的情况。

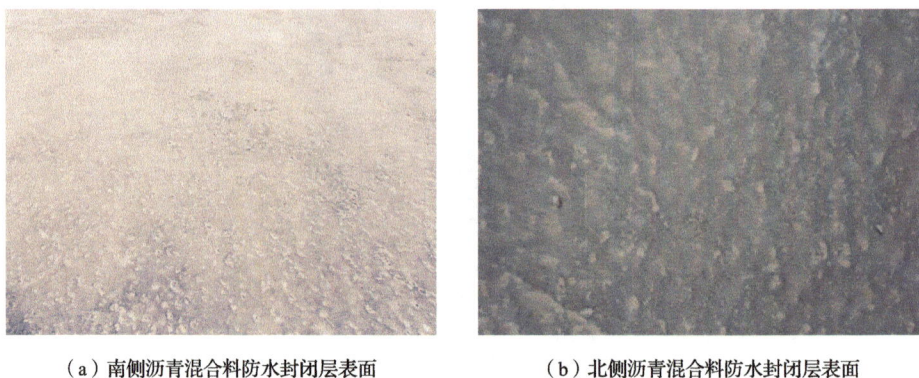

（a）南侧沥青混合料防水封闭层表面   （b）北侧沥青混合料防水封闭层表面

图 5-113   沥青混合料防水封闭层表面（2015 年 5 月 9 日）

（a）南侧路肩代表性裂缝　　　　　　（b）北侧路肩代表性裂缝

图 5-114　沥青混合料防水封闭层代表性病害（2015 年 5 月 9 日）

2015 年 11 月 6 日，课题组人员对沥青封闭层试验段再次进行了详细调查，同时对相邻的纤维混凝土的使用状况进行了调查。从最新现场监测结果看，试验段的自密实沥青混合料表面均密实平整、整体性好，未见松散、剥落、掉块或粉化等病害，总体情况优良，如图 5-115 所示。

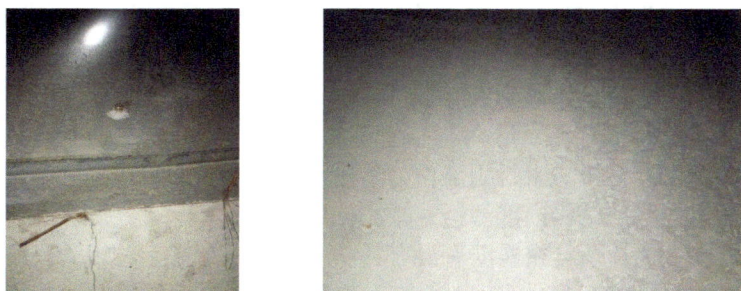

（a）轨道板与路肩接缝　　　　　　　（b）路肩处

图 5-115　南侧路肩自密实沥青混合料防水封闭层的状况（2015 年 11 月 6 日）

现场调查发现，目前绝大多数构造物接缝良好，如图 5-116 所示。仅在北侧路肩 K96+815 接触网支座边缘和 K96+800 电缆槽井边出现剥落破坏的情况，如图 5-117 所示。

图 5-116　接缝良好的接触网支座　　　图 5-117　接触网支座的接缝剥落

5 月和 11 月两次调查结果对比如图 5-118 所示。

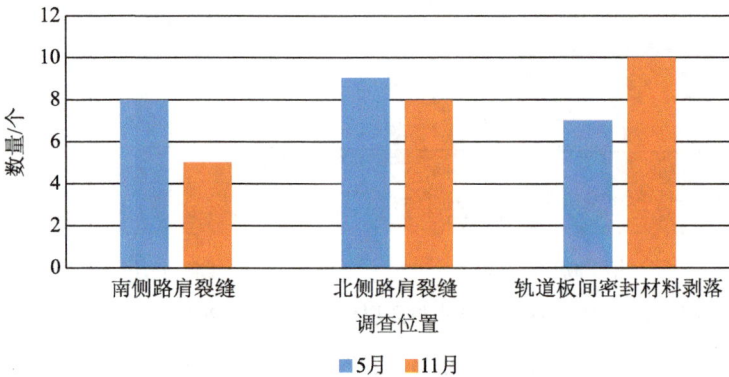

图 5-118　5 月和 11 月调查结果对比

由图 5-118 可知，自哈齐客运专线运营以来，自密实沥青混合料防水封闭层经过处理维护，加之其自身具备一定的自愈合能力，防水封闭层两侧路肩裂缝明显减少，但轨道板板边密封材料剥落的情况有所增加。根据两次调查结果显示，长度小于 30cm 的裂缝能够部分愈合，部分小于 15cm 的裂缝能够完全愈合。从两组数据对比来看，自密实沥青混合料防水封闭层性能保持良好，能够继续发挥预期的功能与效果。

自密实沥青混合料防水封闭层作为防排水体系的重要组成部分，其核心功能是阻止表面水向路基结构内部渗透，减小冻胀、融沉等病害，确保高速铁路路基长期服役性能。为检验自密实沥青混合料防水封闭层效果，在试验段路基内埋设传感器，对试验段路基内含水率、温度和变形进行长期跟踪监测。

含水率是土体中水的体积与土体的总体积的比值，可有效表征土体内含水量的变化情况，监测期内自密实沥青混合料防水封闭层试验段路基土体含水率监测结果如图 5-119 所示。

由图 5-119 可知，监测期内，各监测断面土体含水率均呈先急剧减小、保持稳定，再急剧增长、趋于稳定，最后再次急剧减小的变化规律，这样的结果也与东北季冻区的气候变化特征相符。从 9 月开始，气温快速下降，路基内水分冻结，土体含水率急剧下降，并在整个冬季保持稳定；进入 4 月后，气温回升，路基内冰体解冻，土体含水率又开始迅速增加，并在夏季内保持稳定。

从断面的监测结果可以看出，除外界温度变化而导致的土体含水率变化外，路基内含水率趋于稳定，且含水率数值较小，土体内水分没有明显增加，说明自密实沥青混合料防水封闭层很好地起到了预期的防水效果。

相较于现有的高速铁路防水封闭层方案，沥青混合料防水封闭层具有以下优势：良好的防水与排水疏干特性；较好的抗裂性与变形适应能力；耐久性更好；施工简便，易于组织实施，施工品质可控，且整体工期短；后期维护成本低。

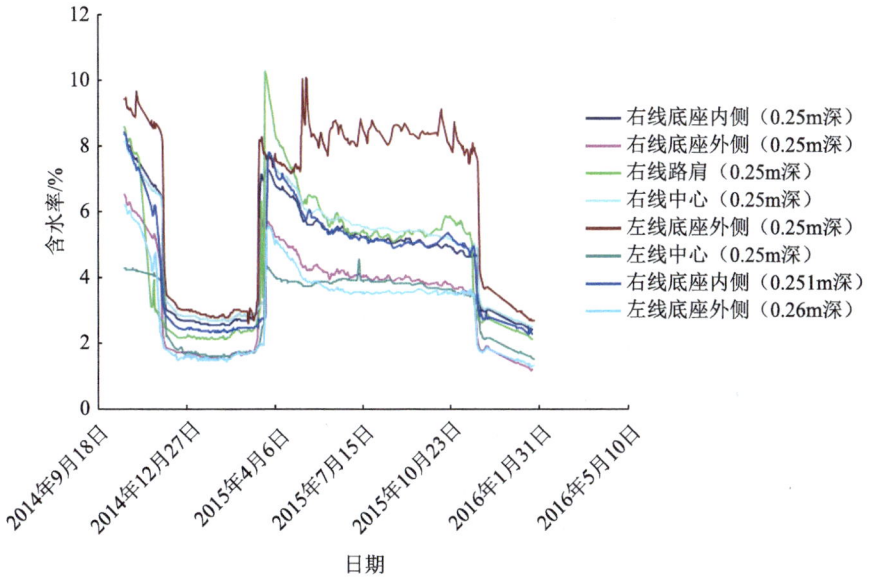

（a）DK96+665含水率监测结果

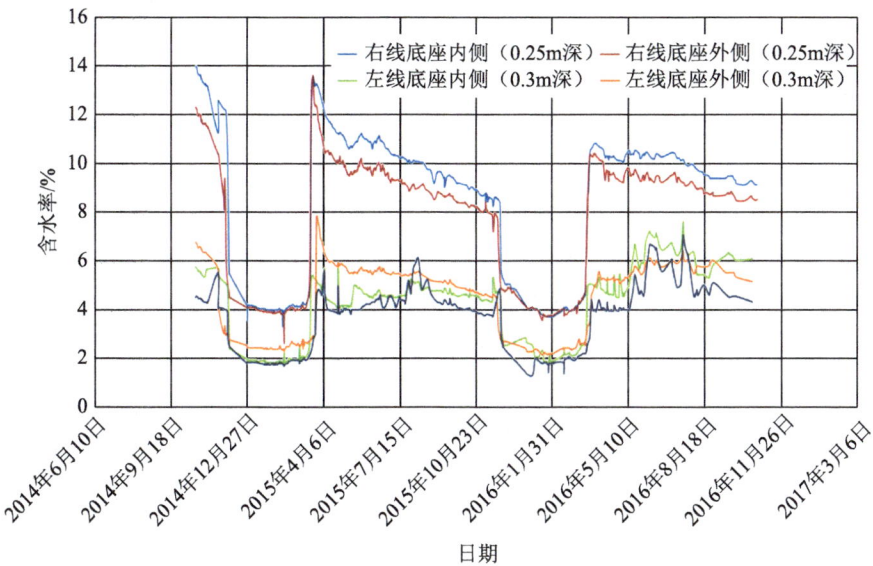

（b）DK96+740含水率监测结果

图 5-119　防水封闭层试验段路基土体含水率监测结果

小　结

1）采用渗透性级配碎石填筑的路基基床满足了抗冻和压实要求。根据我国气候特征及不同类型规定结构对级配碎石功能及要求的不同，将现有级配碎石细分为Ⅰ型、Ⅱ型级配碎石，其中Ⅱ型级配碎石适用于严寒地区高速铁路建造，现已纳入规范。

2）级配碎石掺加5%的水泥能明显提高材料的抗冻胀性能。基于材料的基本力学、干燥收缩、抗冻胀等性能，结合CT三维重构技术及定量分析，从水化过程、填充与胶结作用、水分传输等过程，揭示了级配碎石掺入水泥后，填料的填充率明显提高，同时水泥的胶结作用增强了颗粒之间的黏结强度，减少了冻胀发展。

3）根据哈齐全线水位调查情况，地下水位变化幅度较小，路基基床底层与地下水位距离多大于2m，在此间距下路基冻胀受水位变化的影响并不明显。对地下水水位低、地表排水困难的低路堤段落采用渗水盲沟措施，结合数值分析及实际监测结果，发现渗水盲沟措施对于加快路基本体水量的疏散是必要的，通过降低路基本体局部含水率，能够有效减小不均匀冻胀，对控制路基冻胀作用显著。

4）地下水水位较高或者排水困难的低路堤地段，采用填料基床可能造成地下水或地表水浸泡路基，使路基本体含水率增高，不利于控制路基冻胀。因此，利用混凝土冻胀后变形小的特性，采用混凝土基床形式的路基以达到控制冻胀的目的。

5）通过室内外试验研究了保温基床的防冻胀效果，从试验结果来看，全断面保温基床冻结深度未能穿透保温板，全断面保温法能够有效减少路基冻胀。

6）综合现场实施情况，自密实沥青混合料具有非常良好的整体性与防水性，同时具有良好的承载能力与柔韧性，能够有效阻止地表水进入路基本体。

第6章 高速铁路路基冻胀综合监测及维护系统

监测和检测一直伴随着高速铁路的建设及后期的运行维护，已经成为一项对保障工程质量和列车安全运行至关重要的辅助手段。哈大高速铁路作为我国第一条开通运行的季节性冻土区高速铁路，在其整个建设、运营过程中，构建较为完善的高速铁路路基冻胀综合监测及维护系统，能够为我国乃至世界同类工程的建设施工提供参考。

6.1 哈大高速铁路综合监测及维护系统

目前，在哈大高速铁路建设期间主要采用水准监测、自动监测及轨道监测相结合的方法。水准监测观察数据范围较广，但费时费力，应以掌握初值、冻胀最大值及融沉值为原则优化监测次数。自动监测包括冻胀、冻结深度、水分等参数的监测，主要是对重点和典型地段的实时监测，以掌握冻胀发生、发展的规律和特征。线路铺轨后可采用轨道检查仪进行冻胀静态测量，运营期间冻胀监测应主要采用列车综合监测，同时辅助采用人工添乘仪和晃车仪进行测试，在路基冻胀上涨和回落期，对轨道几何状态进行动态监测，实时掌握高速铁路全线轨道变化状态。运营单位针对动态监测发现的Ⅰ级及以上超限处所，应采用轨道检查仪、水准仪、人工弦线及激光弦线等测量设备进行静态复核，确定超限处所和病害的准确位置。

水准监测、轨道监测和自动监测结果应相互比对，验证各监测手段，对存在的偏差分析原因，必要时更换和维修设备。应依据路基冻害整治效果和线路维护水平确定各种监测手段的监测周期。此外，还应收集气候、工程地质、设计等资料，并在自动监测传感器埋设时进行填料取样，作为数据分析的基础。

路基冻胀监测工作应体现信息化的特色，应建立完善的数据库系统，形成具有信息查询、发布、数据处理和综合分析的信息化体系，并实现监测单位、建设单位及运营单位的数据共享。

6.2 水 准 监 测

水准监测用于线路纵、横断面的路基冻胀测量，应根据需要布设监测点。监测点可在路肩、线间、轨道结构、轨面等固定位置布设。水准监测的范围和监测频率应根据当地气候条件及项目实际情况综合考虑确定。

1. 仪器要求

东北地区高速铁路处于严寒地区，冬季夜晚最冷时温度一般在 –20℃以下，而电子水准仪工作温度一般为 –20 ～ +50℃。因此，在这种条件下必须对仪器采取保暖措施，以保证仪器的正常使用。常用的方法是采用电热毯对电子水准仪加热，同时必须配备发电机。

2. 精度要求

高速铁路路基冻胀变形测量等级与精度要求应符合表 6-1 规定。

表 6-1　冻胀变形测量等级与精度要求

（单位：mm）

冻胀变形测量等级	观测点高程中误差	相邻观测点高差中误差
三等	±1.0	±0.5

3. 冻胀变形监测基准网技术要求

监测基准网宜采用与高速铁路高程控制网一致的高程系统和精度等级。监测基准网应布设成闭合环状或环形网等形式。水准基点应埋设在所监测的冻胀变形区以外的稳固基岩上，也可利用稳固的建筑物、构筑物设立墙上水准点。监测基准网的主要技术要求应符合表 6-2 的规定。

表 6-2　冻胀变形监测基准网的主要技术要求

（单位：mm）

等级	相邻基准点高差中误差	每站高差中误差	往返校差、附合或环线闭合差	检测已测高差校差	使用仪器、观测方法及要求
三等	1.0	0.3	$0.6\sqrt{n}$	$0.8\sqrt{n}$	DS1 型仪器，按国家二等水准测量的技术要求施测

注：n 为测站数。

4. 冻胀变形测量点布置要求

变形监测点分为基准点、工作基点和冻胀变形监测点，其布设要求如下。

1）基准点：每个独立的监测网应设置不少于 3 个稳固可靠的基准点，且基准点的间距不宜大于 1km。基准点可使用全线稳固的基岩点、深埋水准点、CPⅠ、CPⅡ和二等水准点，如需增设则应按国家二等水准测量的相关要求执行。

2）工作基点：工作基点应选在稳定区域，作为高程和坐标的传递点。

3）冻胀变形监测点：应采用稳定的变形监测桩。建设期的变形监测桩可采用设置短桩方法，运营期可采用钻孔植入钢桩的方法。

5. 冻胀变形测量点布置要求

路基表面监测点宜根据工程建设或运营的需要，在两侧路肩、上下行底座板边缘、凸台、路基中心等位置布设冻胀变形观测点。若无特殊需要，铺轨前可仅在路基表面上、下行中心、路基中心设置监测点，铺轨后无砟轨道路基可只在上、下行凸台及路基中心位置进行设置，对于有砟轨道可仅在两侧路肩和路基中心设置监测点。

轨道变形监测点宜根据工程需要，在上、下行轨道板边缘布设冻胀变形观测点，轨面冻胀变形可在做好标记后直接测量，不需另设监测点。

6. 监测范围、频率与周期

路基表面冻胀变形监测应根据当地气象条件，在临近地层冻结之前开展监测工作，获取首期监测值。

冻胀变形监测频率应根据当地气候条件与冻胀变形速率进行设计，在能够系统地反映冻胀变形过程的前提下，减少监测工作量。在冻胀监测实施过程中，监测时间间隔应根据冻胀变形值和冻胀速率进行调整，当出现冻胀变形值突变、地下水变化及降雨等外部环境变化时应增加监测频次。

建设期间应对全线路基地段冻胀进行水准监测。第一个冬季，在高速铁路路基起冻之前一个月，水准监测不少于 1 次；冻胀发展阶段，水准监测至少 1 次 / 月；路基融化前，监测不少于 1 次；路基融化后，监测不少于 1 次。第一个冬季之后，冻胀发展阶段可不用监测。运营期间，应依据轨道平顺性和线路维护整治的要求，结合轨道监测、自动监测结果综合确定水准监测范围，监测次数可适当减少。

6.3　自动监测

自动监测用于路基典型断面或冻胀重点段落的分层冻胀变形、地温和水分变化的连续监测，应根据冻胀的情况合理设置监测断面。

6.3.1　冻胀自动监测

冻胀自动监测用于高速铁路路基不同深度的冻胀与融沉变形发展过程监测，采用冻胀计进行自动监测，适用于各种结构形式的高速铁路路基观测。冻胀计主要由测量盘、锚固端、电测位移传感器及测杆等部件组成，如图 6-1 所示。将锚固端设置在相对不动点，测量盘设置在监测高程。利用测量盘与路基同步变形，使电测位移传感器内部发生相对滑移，达到冻胀变形监测的目的。也可采用满足技术要求的其他方法，如激光位移监测等。

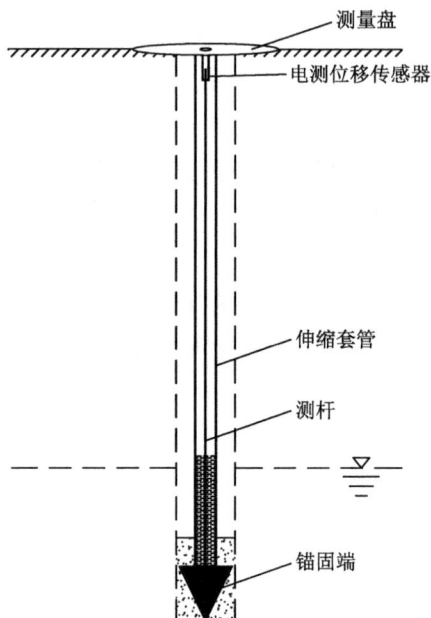

图 6-1　冻胀计示意图

1. 仪器设备要求

冻胀计精度不低于 0.10mm，分辨率不低于 0.05mm；工作温度为 $-40 \sim +80$℃。若为数字信号输出，采集精度不低于 16 位。量程宜选择冻胀变形预估量的 $1.5 \sim 2.0$ 倍，且不小于 50mm。冻胀计及采集设备的正常使用寿命不低于 5 年，且应便于更换。测杆、顶部测量盘和底部固定锥应为不锈钢材质，具有较低的线膨胀系数，其中测杆的线膨胀系数宜小于 10^{-5}℃$^{-1}$。护管采用波纹管或在垂直方向可自由伸缩变形。采集、传输、控制、供电系统的工作温度为 $-40 \sim +80$℃，电源线和信号线的胶皮应具有一定的耐低温性能。

2. 设置要求

建设期间应针对典型断面、特殊结构和病害地段，设置冻胀自动监测断面，间距不大于 50km。运营后，应根据轨检车动态检测、水准观测结果划定的冻害地段增加相应冻胀监测断面。监测点可设置在轨道结构下部、混凝土底座外缘、线间、路肩、坡角外的原地面。轨道结构下部监测点宜在高速铁路建设期间进行设置；否则，冻胀计顶部测量盘应与混凝土底座固定在一起。运营期间，如无其他要求，新增监测断面点可只设一个监测点，可设在混凝土底座外缘。

冻胀分层监测时，冻胀计锚固端宜设置在不同填料性质或路基结构的设计深度，如图 6-2 所示。当监测点位置同时进行地温监测时，可不必进行冻胀分层监测。

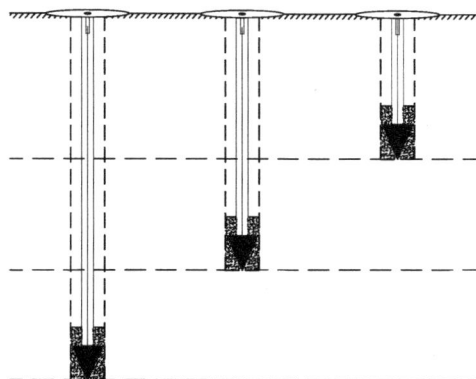

图 6-2 冻胀分层监测

3. 设备埋设和安装要点

采用成孔设备进行钻孔，不能用水钻，孔径不宜超过 10cm。钻孔时宜采用临时护管进行保护，以防塌孔。钻孔过程宜同时进行分层取样。钻孔达到设计孔深后，对孔底进行夯实。在孔底灌注 8 ～ 10cm 的快凝水泥，将测杆插入水泥中。

在底部混凝土硬化之后，下放套管，并保证测杆和护管垂直。对于测杆位于水位以下部分，宜灌满防冻胀剂，并高出水位线 10cm。采用路基原填料分层夯填，每层厚度不大于 20cm，保证达到初始路基压实状态。

对顶部测量盘进行固定，膨胀螺栓的长度不宜太长。运营期间轨道结构冻胀变形监测，位移计顶部宜与混凝土底座连接。前端采集箱高度应尽量小，路肩位置的前端采集箱宜设置在路肩外侧混凝土护肩上。线间位置的前端采集箱高度不能超过限界规定。太阳能采集传输控制系统须固定在混凝土基础上。路堤地段宜设置在路基坡角，路堑地段宜设置在堑顶，尽量避免对高速铁路行车的影响。太阳能板须避开植被的遮蔽。

4. 监测要点

应在日平均温度达到 0℃ 之前 15d 进行数据采集，作为冻胀变形初值。采集传输频率可为 1 次 /d，入冬、春融期间或气象剧烈变化时期应增加监测频率，可设为 1 次 /h。

5. 根据监测结果绘制图形

监测数据应实时绘图，及时从图形中发现冻胀发展情况，冻胀变形时程曲线如图 6-3 所示。在每一个监测周期完成后，应就冻胀变形时程曲线对该地段的冻胀情况进行分析，结合水准观测和轨道检测数据进行复核，提出造成冻胀的主要因素，以期服务于工务部门的整治工作。

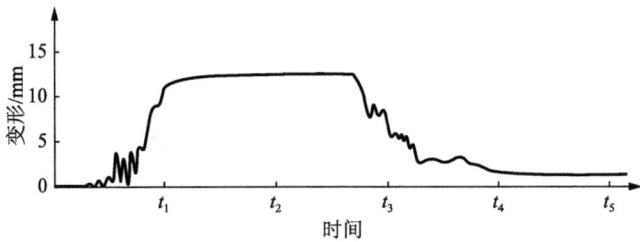

图 6-3 冻胀变形时程曲线

6.3.2 冻结深度自动监测

冻结深度监测用于现场测定路基冻结深度的发展变化，适用于各种结构形式的高速铁路路基。本节通过在路基中不同深度设置温度传感器，采集路基中地温，跟踪路基冻结深度的发展变化。

1. 仪器设备要求

温度传感器选用三线制或四线制温度计，精度 0.01℃，分辨率 0.005℃，温度传感器的正常使用寿命不低于 5 年，其他设备要求与冻胀变形自动监测系统一致。

2. 传感器误差修订

须对温度传感器的导线长度影响进行评估和修订，须对测试系统的温度误差影响进行评估和修订，其他设备要求参照冻胀变形自动监测系统。

3. 设置要求

断面选取可参考冻胀监测的方法，在基床冻结深度影响范围内可取 10 ～ 15cm，其下间距可增加至 30 ～ 50cm。

4. 设备埋设和安装要求

成孔过程可参照冻胀自动监测传感器埋设方式。成孔后，温度传感器下部挂重物，保持温度传感器处于拉直状态，确保各温度传感器设置在设计深度，如有不同须详细记录各温度传感器所处深度。采用原路基填料进行分层夯填，每层厚度不大于 20cm，保证达到初始路基压实状态。埋设过程中，温度传感器须保持垂直拉伸状态。检查并记录各个温度传感器的埋设深度。其他设备的埋设和安装参照冻胀变形自动监测系统。

5. 监测要点

须在日平均温度达到 0℃之前 15d 进行数据采集，作为温度初值。采集传输频率可为 1 次 /d，入冬、春融期间或气象剧烈变化时期应增加监测频率，可设为 1 次 /h。

6. 监测数据处理

监测数据应制作表格妥善保存，并绘制地温和冻结深度的时程曲线，如图 6-4 和图 6-5 所示。对比分析冻结深度监测数据和冻胀数据可知该冻胀地段的主要冻结深度，有助于冻胀整治时精确选择整治深度。

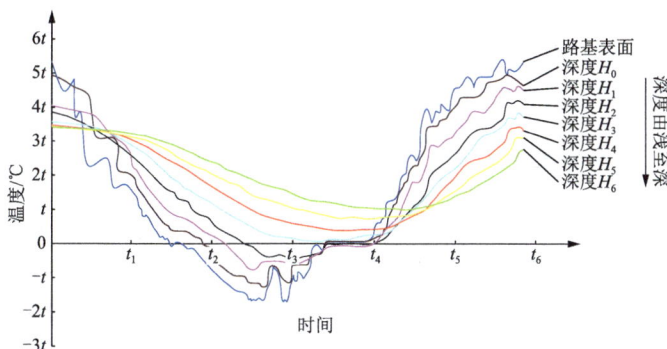

图 6-4　不同深度温度 – 时间曲线

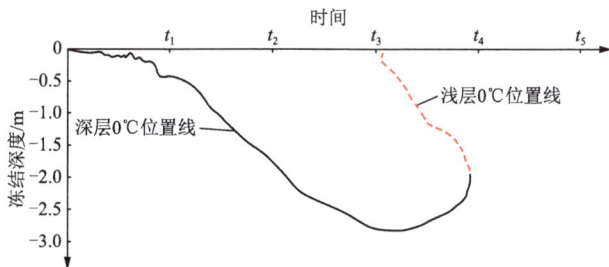

图 6-5　冻结深度 – 时间曲线

6.3.3　水分自动监测

路基中的含水率是影响冻胀的重要因素之一。自动监测水分传感器用于现场监测高速铁路路基在冻结过程中基床填料水分发展变化过程。水分传感器是个电容传感器，根据不同含水率的路基填料的介电常数不同，电容量也发生变化的原理进行测量。标定填料含水率和电信号之间的对应关系，可通过监测路基中电信号的变化来反映路基中含水率的变化。

1. 仪器设备要求

水分传感器分辨率应不大于 0.1%，精度为 ±2%，水分传感器的正常使用寿命不低于 5 年，其他设备要求与冻胀变形自动监测系统一致。

2. 传感器及系统误差修定

须对水分传感器在实际介质条件下的测试性能进行评估和标定；须对测试系统的温度误差影响进行评估和修订；其他设备要求参照冻胀变形自动监测系统。

3. 设置要点

断面和测点的设置可参照冻胀监测断面的设置，水分传感器垂直间距的设置可根据不同层位进行，间距可设为 30 ～ 50cm。

4. 设备埋设和安装要点

成孔同冻胀自动监测一致，成孔时，应测试其原位含水率，水分传感器也需埋设到不同深度。采用路基原料分层回填，每层厚度不大于 20cm，确保其状态接近初始路基状态，避免对传感器及传导线造成损伤。电缆线铺设、采集控制系统位置选择、太阳能系统架设与冻胀自动监测一致。

5. 监测结果处理

监测数据应制作表格妥善保存，绘制含水率 – 时间关系曲线，如图 6-6 所示。

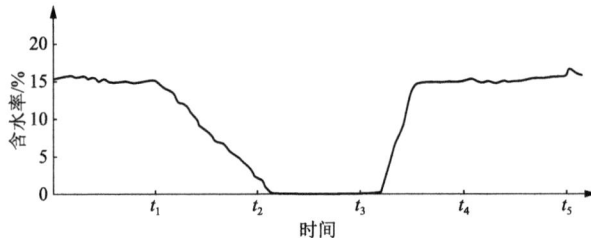

图 6-6　含水率 – 时间曲线

6.4 轨道检测

轨道不平顺是引起列车、线路及线下基础等耦合振动的主要原因之一，轨道不平顺的产生会加剧轮轨相互作用和铁路系统振动水平，是影响列车运营安全、旅客舒适性和铁路系统长期运营可靠性的重要因素。

高速铁路轨道检测技术主要是指有载作用连续测量方式，主要采用综合检测列车和轨道检查车两种方式，区别于静态测量技术，能同时反映钢轨平顺性和轨道刚度平顺性等。我国高速铁路主要采用高速综合检测列车安装的轨道不平顺检测系统、车辆动态响应检测系统和轮轨力系统，按照每月两三次的周期进行轨道平顺性检查。此外，在运营动车组上安装车载式线路检查仪进行全天候监测轨道平顺性状态，或者利用便携式线路检查仪人工添乘方式定期监测。

6.4.1　综合检测列车

综合检测列车是指安装了轨道几何、弓网、轮轨力、车辆动态响应、通信、信号、综合等多个检测系统的动车组，综合检测列车按照一定的运行图对高速铁路线路进行检测，具有对各系统参数进行同步实时检测及综合处理的能力。轨道不平顺主要依靠轨道不平顺检测系统和车辆动态响应检测系统进行检测。

1. 轨道不平顺检测系统

我国高速综合检测列车安装的轨道不平顺检测系统是 GJ-6 型轨道不平顺检测系统，主要检测项目包括轨距、轨向、高低、水平、三角坑、车体横向加速度、车体垂向加速度、超高、曲率、地埋标志、速度和里程等，最高检测速度可达 350km/h。

GJ-6 型轨道不平顺检测系统的基本原理为相对位移测量和捷联式惯性导航组合原理：采用激光摄像系统或位移计测量惯性基准相对于钢轨轨距点的横向位移和高低点的垂向位移；通过惯性传感器加速度计、陀螺等多种传感器测量车体和检测梁的姿态变化。将传感器感知的位移、速度、加速度等物理量转换为相应的模拟电信号，经过放大和模拟滤波处理，传送到数据采集和处理计算机。计算机对输入模拟信号进行数字转换、存储、滤波、修正及补偿处理，经过综合运算，合成得到所需轨道几何参数，并按照一定的检测标准，摘取超限数据，输出统计报表，实时显示及存储轨道几何波形图。GJ-6 型轨道检查车构架图如图 6-7 所示。GJ-6 型轨道不平顺检测系统

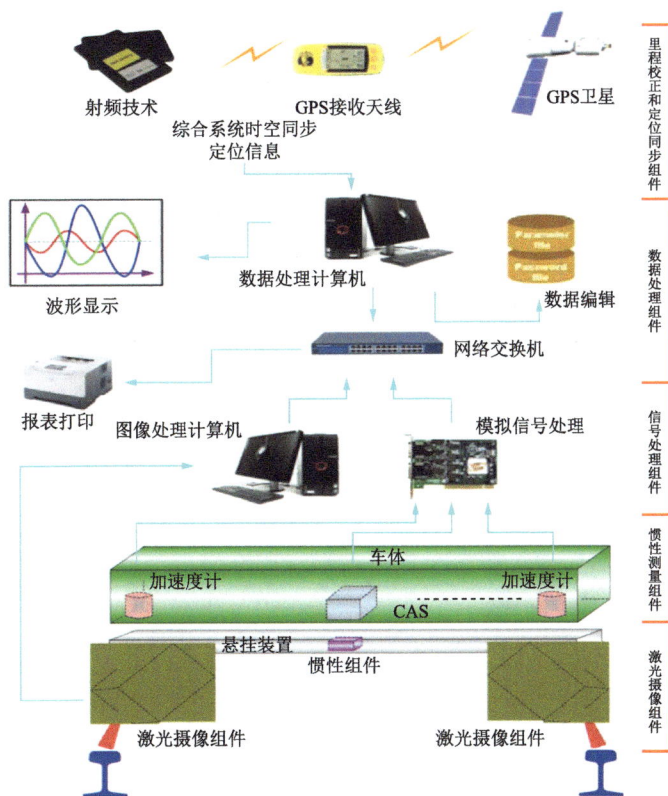

图 6-7　GJ-6 型轨道检查车构架图

关键技术包括惯性测量基准技术和激光摄像图像处理技术。

GJ-6 型轨道不平顺检测系统主要技术指标如表 6-3 所示。高低和轨向检测有最低检测速度要求，不同波长范围检测速度要求不同。GJ-6 型轨道不平顺检测系统的高低和轨向检测项目属于相对测量，可检测波长范围的轨道不平顺，这基本能反映轨道平顺性影响安全和舒适性的问题，但不能检测轨道短波平顺性（如钢轨顶面不平顺）和超常波平顺性（如波长 120m 以上）的基础变形问题。轨道不平顺检测系统检测结果在可测速度范围内重复性较好，受外界环境影响较小，如图 6-8 和图 6-9 所示。检测速度对轨道不平顺检测影响较小，对车体加速度检测影响较大。相同条件下车体加速度也具备重复性。

表 6-3　GJ-6 型轨道不平顺检测系统主要技术指标

检测项目	测量范围 /mm	准确度 /mm	波长 /m	最低检测速度 /（km/h）
轨距	1420~1485	±0.8	—	0
轨向	±50	±1.5	1.5 ～ 42	24
	±100	±3.0	1.5 ～ 70	40
	±300	±5.0	1.5 ～ 120	70
高低	±50	±1.0	1.5 ～ 42	15
	±100	±3.0	1.5 ～ 70	40
	±300	±5.0	1.5 ～ 120	70
水平	±50	±1.5	—	0
三角坑	±50	±1.5	—	0
超高	±225	±5.0	—	0

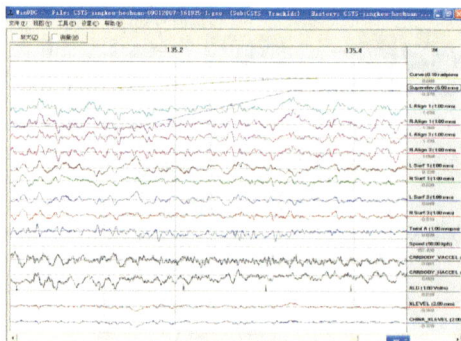

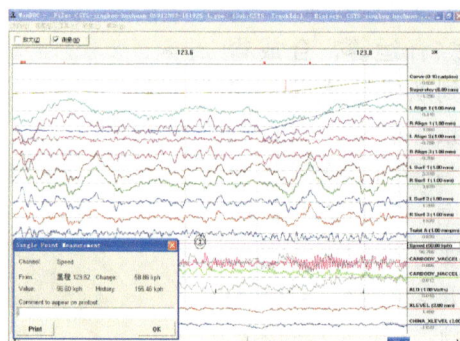

（a）相同速度　　　　　　　　　　　　　（b）不同速度

图 6-8　轨道不平顺检测波形重复性对比

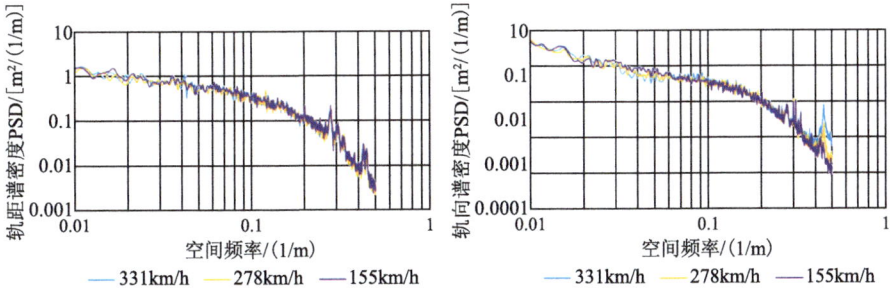

图 6-9　轨道不平顺谱不同速度对比图

2. 车辆动态响应检测系统

车辆动态响应检测系统主要检测 2 个或 3 个断面的轴箱、构架、车体加速度，采用分布式采集技术对安装在综合检测列车不同断面的加速度信号进行同步采集处理，同时接收综合系统的时空同步信息，为检测数据打上时间、里程标签，将检测数据通过网络传输到中央处理计算机，进行数据处理、存储、统计分析和展示，可同时显示里程、速度、加速度波形、台账等信息。通过高速综合检测列车的车辆加速度动态响应，可以识别轨道缺陷，特别是轨道短波不平顺情况，可用于辅助评价轨道平顺性状态。车辆动态响应检测系统结构框架如图 6-10 所示。车辆动态响应检测结果常受速度、车辆状态和环境等影响，检测结果一致性差，如图 6-11 所示。检测速度差异较大时，车辆加速度响应谱幅值差异也较大，轨道周期性不平顺强迫振动谱峰频率位置发生偏移，但共振谱峰频率位置基本不变。相同条件下车辆加速度响应具备一定重复性，如图 6-12 所示，两次检测速度相差 1km/h，车辆加速度响应谱基本重合。

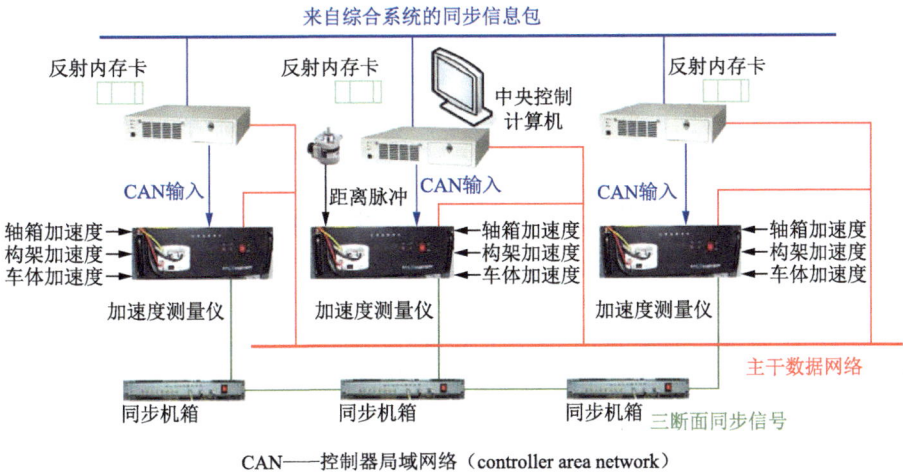

CAN——控制器局域网络（controller area network）

图 6-10　车辆动态响应检测系统结构框架图

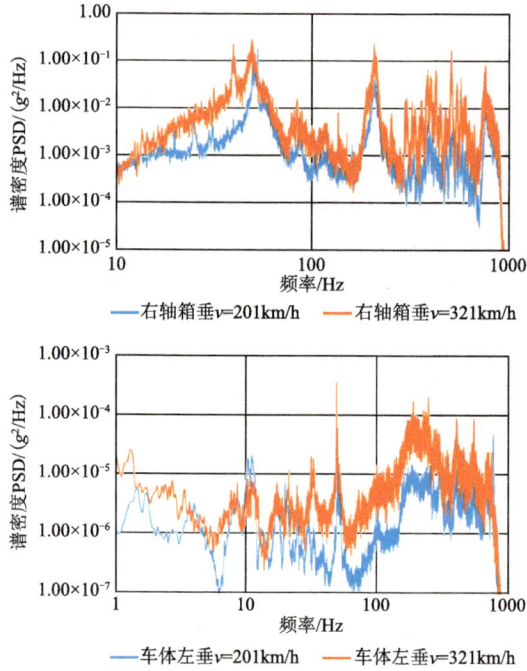

图 6-11　不同检测速度轴箱和车体垂向加速度谱对比图

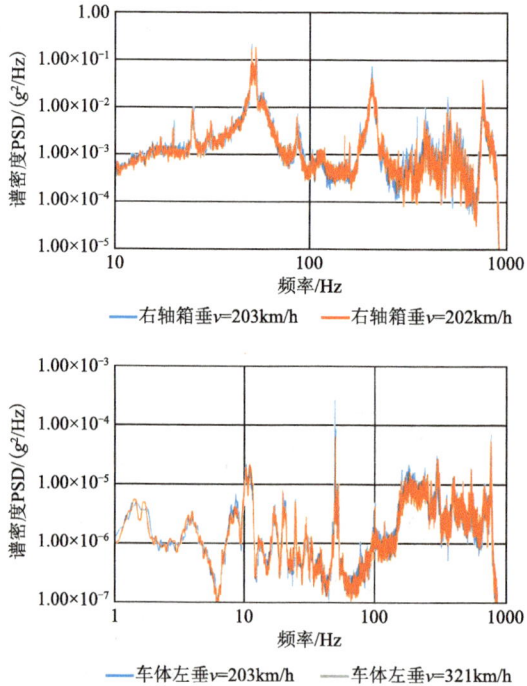

图 6-12　检测速度近似时轴箱和车体垂向加速度谱对比图

6.4.2　运营动车组车载检测系统

运营动车组车载检测系统主要依靠线路检查仪进行检测，分车载式和便携式线路检查仪两类。

车载式线路检查仪：固定安装在机车或动车组内，利用嵌入式智能传感器获得机车或动车组运行过程中水平、垂直方向振动信号，与机车安全信息综合检测装置（TAX2）或列控设备动态监测系统中的日期、时间、机车号、车次、里程、速度、线路编号等信息，综合生成一个能够反映轨道状态的综合数据信息包，及时发现线路晃车不良处所，并无线传输到用户终端。

便携式线路检查仪：由添乘人员携带、临时安装在机车或动车组内，采用嵌入式智能传感器采集机车或动车组车体垂向、横向振动情况，结合全球定位系统精确定位，实时计算列车运行速度，或通过蓝牙与车载式线路检查仪共享机车运行数据，根据运行速度动态调整晃车门限，自动分析、记录晃车结果，具备实时打印和报警功能，如图 6-13 所示。

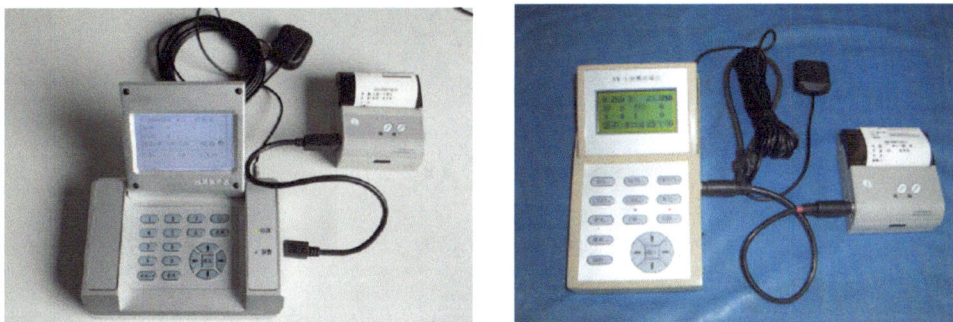

图 6-13　便携式线路检查仪

线路检查仪的车体加速度计采用带通滤波器滤波，滤波器带通范围为 $0.3 \sim 10Hz$。线路检查仪检测结果常受速度、车辆状态和环境等影响，检测结果一致性较差，但可用于线路突发变形值较大情况的监测。

6.4.3　轨道不平顺分析方法

轨道不平顺是指轨道几何形状、尺寸和空间位置的偏差。广义而言，凡是直线轨道不平、不直，偏离中心线位置，偏离轨道正确的高度、宽度，曲线轨道偏离正确曲率，偏离顺坡变化尺寸等，通称轨道不平顺。通过综合检测列车或车载检测系统获取的数据，一般可运用局部幅值评价、区段统计量分析、频域分析等方法进行轨道不平顺分析评价，下面就各个方法进行简单介绍。

1. 局部幅值评价方法

轨道不平顺局部幅值评价是轨道不平顺随里程变化的极值分析方法，一般包括极值位置、幅值和超限长度等信息。

2. 区段统计量分析方法

设 X 为轨道不平顺的一个样本，N 为样本数，x_i $(i=1,2,\cdots,N)$ 为样本数据。由此可以定义算术平均值、中值、均方根值、标准差、偏度、峰度、百分位数和相关系数等。

1）算术平均值定义为

$$\bar{x} = \frac{1}{N}\sum_{i=1}^{N} x_i \tag{6-1}$$

2）中值：中值 m 定义为样本数据的中间值，50% 样本数据大于或小于该值。

3）均方根定义为

$$\text{RMS} = \sqrt{\frac{1}{N}\sum_{i=1}^{N} x_i^2} \tag{6-2}$$

4）标准差定义为

$$\sigma = \sqrt{\frac{1}{N-1}\sum_{i=1}^{N}\left(x_i - \bar{x}\right)^2} \tag{6-3}$$

标准差反映样本数据偏离均值的离散程度。

5）偏度定义为

$$\text{sk} = \frac{\dfrac{1}{N}\sum_{i=1}^{N}\left(x_i - \bar{x}\right)^3}{\sigma^3} \tag{6-4}$$

偏度用于衡量样本均值的对称性，若偏度为负，则数值均值左侧的离散性比右侧的强；若偏度为正，则数据均值右侧的离散性比左侧的强。正态分布（或任何严格对称分布）的偏度为 0。

6）峰度定义为

$$\text{ku} = \frac{\dfrac{1}{N}\sum_{i=1}^{N}\left(x_i - \bar{x}\right)^4}{\sigma^4} \tag{6-5}$$

峰度用于度量样本数据偏离某分布的情况，正态分布的峰度为 3。当样本数据的曲线峰度值比正态分布的高时，峰度大于 3；当样本数据的曲线峰度值比正态分布的低时，峰度小于 3。

7）百分位数：单侧百分位数 x_p 定义为大于 X 中 $p\%$ 的值，如当 $p=50$ 时，单侧百分位数 x_{50} 就是中值。双侧百分位数 x_p^d 定义为大于 $|X-\overline{X}|$ 中 $p\%$ 的值。百分位数反映样本数据的分布情况。

8）相关系数是用以反映两组样本数据之间相关关系密切程度的统计指标，计算公式为

$$r = \frac{\sum\limits_{i=1}^{N}(x_i-\overline{x})\sum\limits_{i=1}^{N}(y_i-\overline{y})}{\sqrt{\sum\limits_{i=1}^{N}(x_i-\overline{x})^2\sum\limits_{i=1}^{N}(y_i-\overline{y})^2}}$$

3. 频域分析方法

（1）轨道不平顺谱计算方法

轨道不平顺谱是轨道不平顺单边功率谱密度的简称。轨道不平顺谱计算方法很多，主要分为经典谱估计方法和现在谱估计方法两种。经典谱估计分间接法、直接法（周期图法）、改进的直接法［平均周期图法（Bartlett 法）和加窗重叠平均周期图法（Welch 法）］、直接法和间接法结合法（Nuttall 法）。现在谱估计按方法分为参数模型法和非参数模型法两种。谱估计参数模型法分为自回归（auto-regressive，AR）、移动平均（moving average，MA）、自回归滑动平均（auto-regressive and moving average，ARMA）和 Prony 谱估计法；谱估计非参数模型法分为特征向量谱估计法和 MUSIC 谱估计法。本节采用 Welch 法进行轨道不平顺谱估计。

Welch 法谱估计是对 Bartlett 法谱估计的改进。Welch 法谱估计允许参与计算的各段数据重叠；对每段数据采用不同的数据窗以减小矩形窗的泄漏。对于采样频率为 1、均值为 0[$E(X)=0$] 的实平稳随机信号 X，可以分成相互重叠的 L 段，每段长度为 N，每段样本数据点设为 $x(n)$（$n=0,1,2,\cdots,N-1$），则加窗后每段数据周期图谱估计为

$$\hat{S}_{\text{PER·W}}^{j}(\omega) = \frac{1}{NU}\left|\sum_{n=0}^{N-1}x(n)w(n)\mathrm{e}^{-\mathrm{i}\omega n}\right|^2 \qquad j=1,2,\cdots,L \qquad (6\text{-}6)$$

式中，$w(n)$ 为施加的数据窗；U 为施加数据窗的归一化因子，其计算公式为

$$U = \frac{1}{N}\sum_{n=0}^{N-1}w^2(n) \qquad (6\text{-}7)$$

对于矩形数据窗，$w(n)=1$（$n=0,1,2,\cdots,N-1$），$U=1$。

利用式（6-7）可以计算每段功率谱，然后计算 L 段功率谱平均谱，这种方法即称为 Welch 谱估计，其计算公式为

$$\hat{S}_{\text{PER}}^{\text{W}}(\omega) = \frac{1}{L}\sum_{j=1}^{L} S_{\text{PER·W}}^{j}(\omega) \tag{6-8}$$

（2）相干函数分析方法

两个信号的相干函数通过两个信号的互谱和自谱计算，其计算公式为

$$\gamma_{xy} = \frac{\left|S_{xy}\right|^2}{S_{xx}\cdot S_{yy}} \tag{6-9}$$

式中，γ_{xy} 为相干函数；S_{xy} 为互谱；S_{xx} 和 S_{yy} 为自谱。

γ_{xy} 的取值范围为

$$0 \leqslant \gamma_{xy} \leqslant 1 \tag{6-10}$$

4. 时频分析方法

时频分析方法较多，包括小波分析方法、短时 FFT 方法和 HHT 方法等，本节主要介绍小波分析方法。

（1）小波定义

设 $\psi \in L^2 \bigcap L^1$ 且 $\hat{\psi}(0)=0$，则按如下方式生成函数族 $\{\psi_{a,b}\}$：

$$\psi_{a,b}(t) = |a|^{-\frac{1}{2}}\psi\left(\frac{t-b}{a}\right) \qquad b\in\mathbf{R},\ a\in\mathbf{R}\,\text{且}\,a\notin\{0\} \tag{6-11}$$

式中，$\psi_{a,b}(t)$ 为分析小波或连续小波；ψ 为基小波或母小波（如果 ψ 为双窗函数，则 ψ 称为窗口小波函数）；a 为尺度因子；b 为平移因子；$\mathbf{R}$ 表示实数空间；L^1 和 L^2 分别表示连续可积和平方连续可积函数空间。

若取 $a=2^j$，$j\in\mathbf{Z}$，$b=2^j k$，$k\in\mathbf{Z}$，$\mathbf{Z}$ 表示整数，则可以得到相应二进小波变换

$$\psi_{jk}(t) = 2^{-\frac{j}{2}}\psi(2^{-j}t-k) \qquad j,k\in\mathbf{Z} \tag{6-12}$$

（2）小波变换

设 ψ 为基小波，$\{\psi_{a,b}\}$ 是按式（6-11）给出的连续小波，当 $f\in L^2$ 时，信号 f 的连续小波变换 $W_f(a,b)$ 为

$$W_f(a,b) = \langle f, \psi_{a,b} \rangle = \frac{1}{\sqrt{|a|}} \int_{-\infty}^{\infty} f(t) \overline{\psi\left(\frac{t-b}{a}\right)} dt \tag{6-13}$$

对应的二进小波变换为

$$W_f(j,k) = \langle f(t), \psi_k(t) \rangle \quad j,k \in Z \tag{6-14}$$

（3）信号分解与重构 Mallat 算法

实际上，基于小波变换的信号分解与重构是通过滤波器组实现的。

根据正交小波变换可以得到滤波器组 $h(j)$ 和 $g(j)$，其中 $h(j)$ 对应低通滤波器，$g(j)$ 对应高通滤波器，并且 $g(j)=(-1)^j h(1-k)$。令 $f(j)$ 为要分析信号，并取 $a_0(j)=f(j)$，则信号分解与重构 Mallat 算法为

$$\begin{cases} a_{i+1}(j) = \sum_{n=-\infty}^{\infty} a_i(n)h(n-2j) \\ d_{i+1}(j) = \sum_{n=-\infty}^{\infty} a_i(n)g(n-2j) \end{cases} \tag{6-15}$$

$$a_i(j) = \sum_{n=-\infty}^{\infty} a_{i+1}(n)h(j-2n) + \sum_{n=-\infty}^{\infty} d_{i+1}(n)g(j-2n) \tag{6-16}$$

式中，i 为分解级数。式（6-15）为分解算法，式（6-16）为重构算法。

对于双正交小波变换，可以得到滤波器组 $h(j)$、$\tilde{h}(j)$ 和 $g(j)$、$\tilde{g}(j)$，其中 $h(j)$、$\tilde{h}(j)$ 对应低通滤波器，$g(j)$、$\tilde{g}(j)$ 对应高通滤波器，则对应信号分解与重构 Mallat 算法为

$$\begin{cases} a_{i+1}(j) = \sum_{n=-\infty}^{\infty} a_i(n)h(n-2j) \\ d_{i+1}(j) = \sum_{n=-\infty}^{\infty} a_i(n)g(n-2j) \end{cases} \tag{6-17}$$

$$a_i(j) = \sum_{n=-\infty}^{\infty} a_{i+1}(n)\tilde{h}(j-2n) + \sum_{n=-\infty}^{\infty} d_{i+1}(n)\tilde{g}(j-2n) \tag{6-18}$$

式（6-17）为分解算法，式（6-18）为重构算法。

通过式（6-15）或式（6-17）对信号逐级分解，可以得到不同频带的带通信号 d_i（细节）和一个低频信号 a_i（近似）的小波系数。信号分解的目的就是对不同频带和低频信号小波系数进行相应处理。重构就是把处理后的各频带信号和低频信号小波系数合成新的带通细节或低通近似信号，进而挖掘信号特征。

（4）信号分解级数确定

Mallat 算法要求小波滤波器应具有理想截止特性，信号频带连续降半。设信

号采样频率为f_s，在2^1尺度上，理想的低通滤波器h的频率响应为

$$H(f)=\begin{cases}1 & |f|\leqslant \dfrac{f_s}{4}\\[3mm]0 & \dfrac{f_s}{4}<|f|<\dfrac{f_s}{2}\end{cases} \tag{6-19}$$

理想的高通滤波器g的频率响应为

$$H(f)=\begin{cases}0 & |f|<\dfrac{f_s}{4}\\[3mm]1 & \dfrac{f_s}{4}\leqslant |f|<\dfrac{f_s}{2}\end{cases} \tag{6-20}$$

因此，在2^j尺度上，h和g频率范围分别为$[0,f_s/2^{j+1}]$和$(f_s/2^{j+1},f_s/2^j]$。

但实际的小波滤波器并非理想滤波器，各相邻频带会有交叉，因此只能用此关系来估算要分解的级数。

6.4.4 某高速铁路轨道不平顺案例分析

某高速铁路全线铺设 CRTS Ⅰ型板式无砟轨道，路基段轨道板标准长度包括4.962m 和 4.856m 两种，4.962m 长的轨道板之间设置宽度为 7cm 的伸缩缝，4.865m长的轨道板之间设置宽度为 8cm 的伸缩缝，4.962m 轨道板和 4.865m 轨道板之间设置宽度为 7.5cm 的伸缩缝，路基段轨道板布置如图 6-14 所示。每块底座板布置两块轨道板，底座板间设伸缩缝；轨道板跨度为底座板跨度一半。

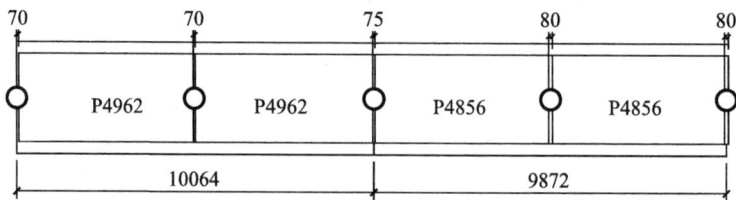

图 6-14　路基段轨道板布置图

某高速铁路桥梁跨度包括 32.6m 和 24.7m 两种，其中列车高速行驶地段的桥梁跨度都为 32.6m。桥梁段轨道板标准长度包括 4.962m 和 3.685m 两种。跨度32.6m 的桥梁中间布设 5 块 4.962m 轨道板，两端布设 2 块 3.685m 轨道板，轨道板之间设置宽度为 7cm 的伸缩缝，桥梁段轨道板布置如图 6-15 所示。

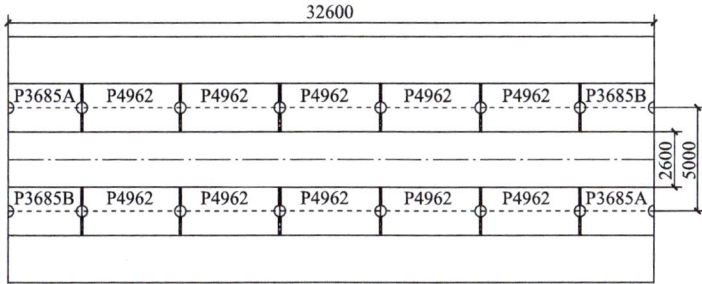

图 6-15　桥梁段轨道板布置图

1. 冻胀前某高速铁路轨道不平顺谱特征

为了研究某高速铁路冻胀前路基和桥梁不同基础结构区段轨道不平顺初始状态，对 2012 年 11 月 29 日开通运营前、冻胀初期某高速铁路路基和桥梁区段轨道不平顺谱进行计算，如图 6-16 所示。某高速铁路路基和桥梁区段轨距和轨向不平顺谱基本一致；而高低和水平不平顺谱差异较大，路基地段高低和水平不平顺状态明显比桥梁地段差；路基地段高低不平顺谱存在周期等于底座板和轨道板跨度的周期性不平顺；桥梁地段高低不平顺谱存在周期等于桥梁跨度（32.6m）的周期性不平顺；轨道板在桥梁区段采用不等长周期性布置，因此桥梁地段高低不平顺谱板长特征不明显，轨道板变形产生谱峰位置与桥梁跨度倍频位置重叠，相应能量增大。

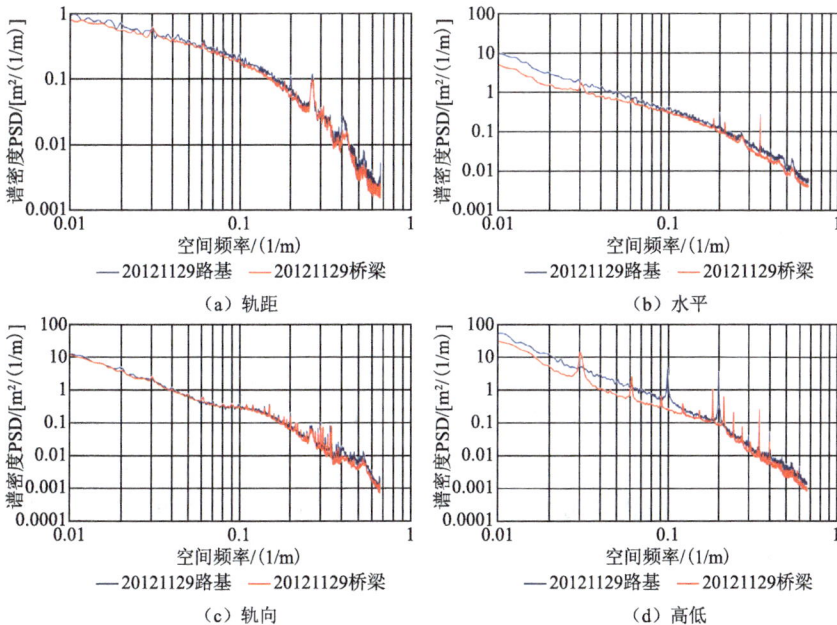

图 6-16　某高速铁路冻胀前轨道不平顺谱

2. 冻胀前和冻胀期间某高速铁路轨道不平顺变化特征

图 6-17 和图 6-18 分别为某高速铁路路基和桥梁地段冻胀前和冻胀期间轨道不平顺谱对比图。冻胀对路基地段 10m 以上的高低和水平不平顺谱影响较大，对 15m 以上的轨向不平顺谱略有影响，对轨距、10m 以下的高低和水平、15m 以下轨向不平顺谱影响很小；冻胀后，在路基地段高低不平顺谱中，波长等于底座板和轨道板跨度的谱峰明显增大，说明路基地段冻胀容易产生周期等于底座板跨度的周期性高低不平顺；冻胀前和冻胀期间某高速铁路桥梁地段轨道不平顺谱基本没有变化，轨道不平顺状态稳定。

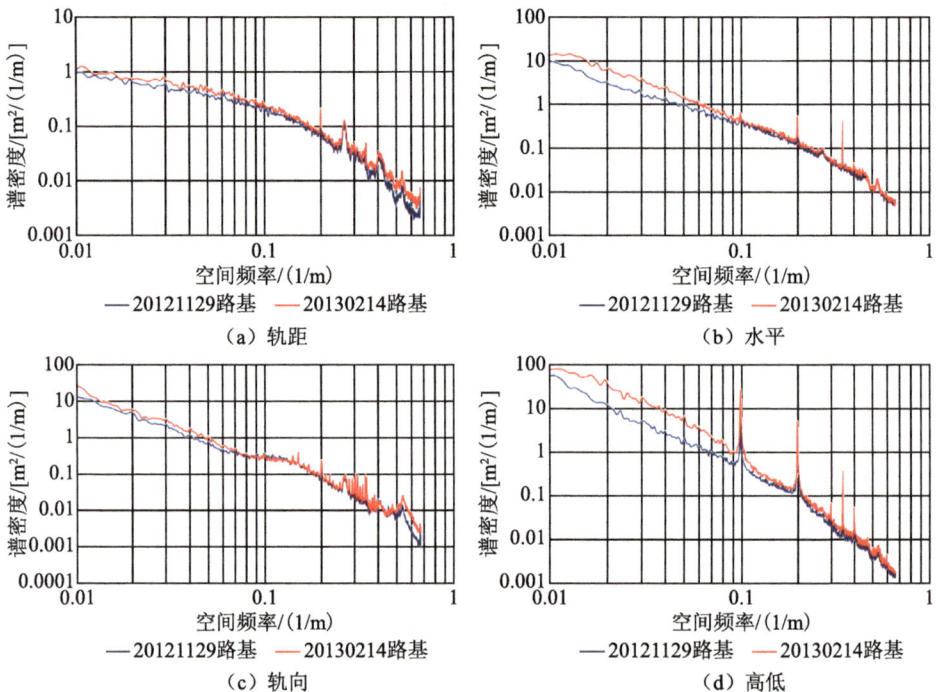

图 6-17 某高速铁路路基地段冻胀前和冻胀期间轨道不平顺谱对比图

图 6-19 为某高速铁路路基地段冻胀前和冻胀期间高低不平顺幅值累积分布（空间频率）对比图。冻胀后高低不平顺峰值明显增大，沈阳以南的峰值增大程度比沈阳以北大；冻胀后正峰值略大于负峰值。沈阳以南，冻胀前高低不平顺累积分布百分位数 2% 和 98% 分别为 –2.5mm 和 2.5mm，冻胀期间高低不平顺累积分布百分位数 2% 和 98% 分别为 –3.8mm 和 4.2mm；沈阳以北，冻胀前高低不平顺累积分布百分位数 2% 和 98% 分别为 –2.7mm 和 2.9mm，冻胀期间高低不平顺累积分布百分位数 2% 和 98% 分别为 –3.5mm 和 3.8mm。

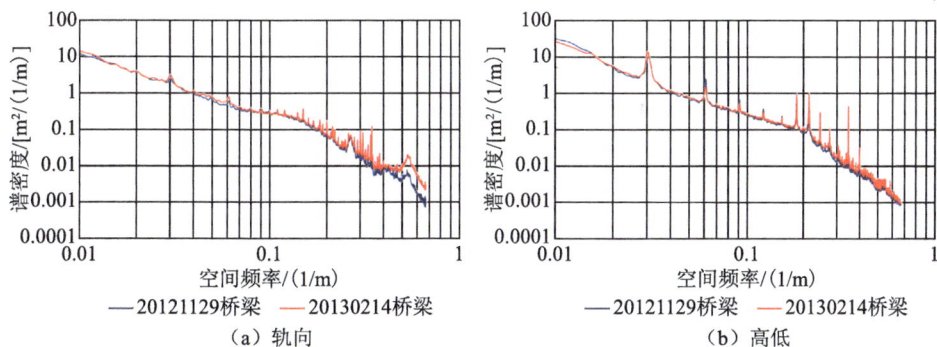

（a）轨向　　　　　　　　　　　　　　（b）高低

图 6-18　某高速铁路桥梁地段冻胀前和冻胀期间轨道不平顺谱对比

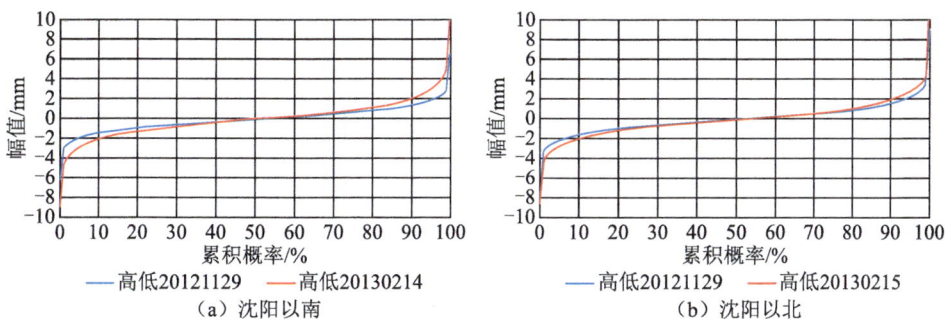

（a）沈阳以南　　　　　　　　　　　　（b）沈阳以北

图 6-19　某高速铁路路基地段冻胀前和冻胀期间高低不平顺幅值累积分布对比图

3．冻融前后某高速铁路轨道不平顺变化特征

图 6-20 为某高速铁路路基典型地段冻融前后轨道不平顺波形变化对比图，图 6-21 为某高速铁路路基典型地段 3 年同时期冻胀轨道不平顺波形对比图。通过波形图对比分析可以看出：冻胀对高低和水平不平顺影响较大，对某些位置的轨向略有影响，对轨距基本没有影响；冻融后轨道不平顺基本能恢复到初始状态；3 年同时期冻胀引起的高低不平顺位置、形状和幅值大小具有再现性，说明冻胀影响是可控的。

根据某铁路综合检测列车得到的数据，得到以下几点结论：

1）某高速铁路路基和桥梁区段轨距和轨向不平顺谱基本一致；而高低和水平不平顺谱差异较大，路基地段高低和水平不平顺状态明显比桥梁地段差。

2）路基地段高低不平顺谱存在周期等于底座板和轨道板跨度的周期性不平顺；桥梁地段高低不平顺谱存在周期等于桥梁跨度的周期性不平顺。

3）冻胀对路基地段 10m 以上的高低和水平影响较大，冻胀后高低不平顺峰值明显增大，沈阳以南高低不平顺峰值增大程度比沈阳以北大；某高速铁路桥梁地段冬季轨道不平顺变化较小。

　　4）冻融后轨道不平顺基本能恢复到初始状态，同时期冻胀引起的高低不平顺位置、形状和幅值大小具有再现性，说明冻胀影响可控。

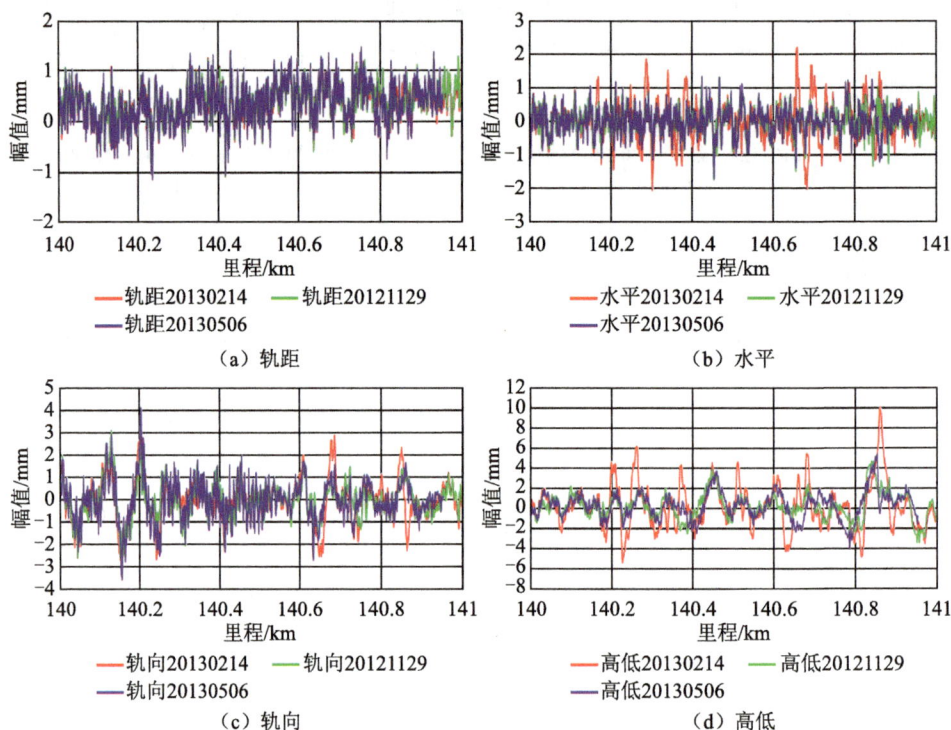

图 6-20　某高速铁路路基地段冻融前后轨道不平顺波形变化对比图

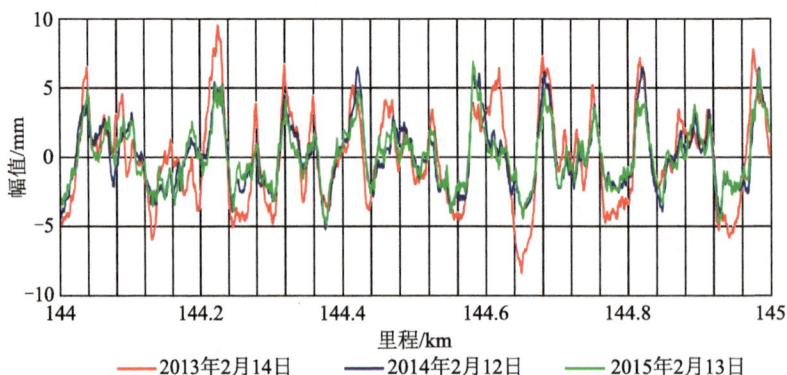

图 6-21　某高速铁路路基典型地段 3 年同时期冻胀轨道不平顺波形对比图

6.5　运营期高速铁路轨道维护技术

冻胀区段维护主要依靠动态检测，以消灭Ⅱ级、控制Ⅰ级为目标。不同的冻胀超限处所，处理方法也不相同。处理流程：动态检测图幅上超限处所确定绝对测量区段，并调查垫板情况，根据测量结果制定整修方案，核对动检车波峰波谷距离是否与整修方案中的垫板撤板距离相符，以确定最优方案，整修方案确定后上报审批，审批合格后进行轨道维护，保证线路平顺性达到要求。

6.5.1　轨道调整原则

在正线上垫入或撤除冻害垫板，两端顺坡率不应大于 $1/(10V_{max})$。超过扣件系统最大调高量的，根据情况采取限速或封锁措施后进行处理。

1）WJ-8C 型扣件。轨下垫板分 2mm、3mm、4mm、5mm 和 6mm 5 种厚度，正常安装时采用 6mm 厚轨下垫板。螺旋道钉在钢轨调高量不大于 15mm 时采用 S2 型，大于 15mm 时采用 S3 型。整治冻害时根据冻起高度的大小，先以撤板为主，根据冻起高度大小更换不同厚度的轨下垫板，剩余冻起高度以垫板顺坡。

当冻起高度 $h \leqslant 4mm$ 时，将 6mm 厚的轨下垫板更换为不同厚度垫板实现。

当冻起高度 $4mm < h \leqslant 12mm$ 时，将 6mm 厚的轨下垫板更换为 2mm，其余部分利用调高垫板进行整治，冻害两端做好顺坡。

当冻起高度 $12mm < h \leqslant 26mm$ 时，使用调高垫板整治冻害，冻害两端做好顺坡。两端顺坡之间应有不短于 40m 的平台过渡段，平台坡度与既有坡度一致。

2）WJ-7B 型扣件。正常情况下更换绝缘缓冲垫板可实现 −4mm 调整量。垫板时，较薄的应置于下层，每处调高垫板不得超过 2 块（0.5mm 可以用 3 块）。

当冻起高度 $h \leqslant 4mm$ 时，将 6mm 厚的绝缘缓冲垫板更换为 2mm 厚度，配合 1 ~ 3mm 厚调高垫板可实现 −4 ~ −1mm 调整量。

当冻起高度 $4mm < h \leqslant 12mm$ 时，更换绝缘缓冲垫板落道处理 4mm，其余部分使用调高垫板整治冻害，冻害两端做好顺坡。

当冻起高度 $12mm < h \leqslant 26mm$ 时，使用垫板整治冻害，冻害两端做好顺坡。两端顺坡之间应有不短于 40m 的平台过渡段，平台坡度与既有坡度一致。

3）道岔上冻害垫板作业应做到平顺，辙叉和转辙部分不得有变坡点。

道岔内冻害整治采取撤垫调高垫板相结合的办法。先撤除预铺的 4mm 调高垫板，其余部分采用硫化垫板下垫调高垫板进行顺坡。硫化垫板下调高垫板厚度 $\geqslant 15mm$ 时，将锚固螺栓更换为 B 型螺栓。

6.5.2 维护整治措施

在铁路运营期间,针对季节性冻土路基冻害的维护整治措施,建议采取以下几条措施:

1)在冻害上涨及回落期间,冻害整治要根据冻害变化情况及时采取不同的作业方法,坚决杜绝简化过程一次垫到位、一次撤到底的违章做法。

2)有砟轨道禁止采用撤除橡胶垫板的办法整治冻害。无砟轨道 WJ-8C 型扣件禁止撤除轨下垫板或改变弹性垫板厚度,WJ-7B 型扣件禁止采用非标准件弹性垫板。道岔内禁止撤除轨下橡胶垫板,转辙部及辙叉部严禁在轨底与硫化垫板间垫板。WJ-7 型扣件地段作业方案应优选轨下调高垫板顺坡,减少锚固螺栓作业。

3)有砟轨道橡胶垫板厚度不得小于 3mm,冻害回落后应及时恢复到设计标准。

4)冻害落道、垫撤板、螺栓紧固等作业要落实责任制,确保作业质量。小阻力扣件地段作业应利用扭力矩扳手检查扭力矩,确保扭力矩合格并均匀。作业后两日内要安排人员对螺栓进行复拧。

5)冻害回落后,应及时恢复原扣件系统结构,利用轨道测量仪对冻害及 TQI 偏大处所进行测量,数据分析时冻害地段应以调高为主,做好冻害预垫板。

某高速铁路自开通运营以来,经过 2012～2013 年、2013～2014 年两个冬季的监测、整治,运营部门取得了一些可以借鉴的经验和成果,提出了多种冻害处理措施。

1. 冻害上涨期维护措施

1)短波高低超限以撤板方式整治超限处所。撤板作业距离短,易操作,效果明显,冻害回落后容易恢复线路原始状态。例如,上行 K785+429 左侧高低不平顺,进行撤板作业,最大撤板量为 4.5mm,作业后 I 级超限消除,如图 6-22 所示。

2)短波高低超限撤垫结合方式整治超限处所。例如,上行 K956+555 左侧高低不平顺,进行垫撤板,最大垫板量为 3mm,最大撤板量为 4mm,作业后 II 级超限消除,如图 6-23 所示。

3)长波高低超限整治随垫随撤。冻害上涨期时间跨度较大,应以随垫随撤为原则,根据冻害实际情况制订相应整修方案。例如,2012 年 12 月 13 日上行 K130+276 进行撤板作业,最大撤板量为 4mm,作业后 II 级长波峰值消除。但此处冻害持续上涨,于 2 月 1 日对上行 K130+270 冻害两侧再次进行垫板作业,作业后 II 级峰值消除,对比如图 6-24 所示。

　　4）连续波峰波谷撤垫结合方式整治超限，如峰值较大且无负调整量，应对波谷处进行垫板作业，以消除动检车超限处所。例如，下行 K144+548 长波高低不平顺，对波谷地段进行垫板作业，能消除波峰处的超限，如图 6-25 所示。

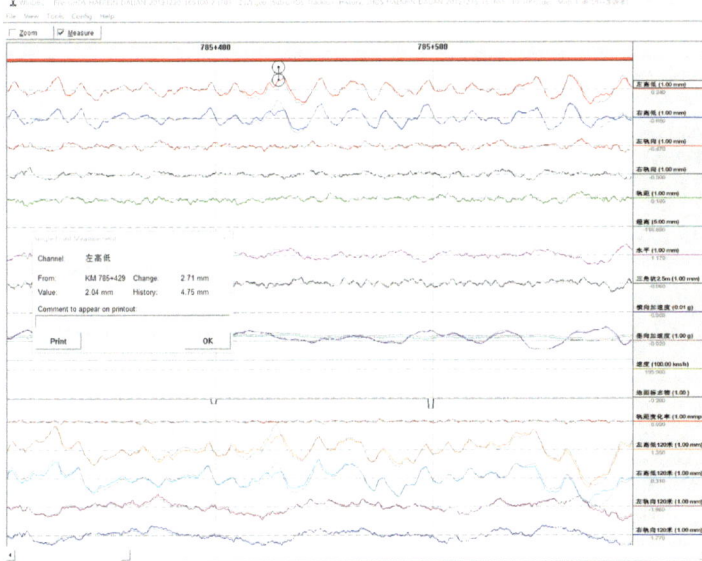

图 6-22　上行 K785+429 不平顺波形图

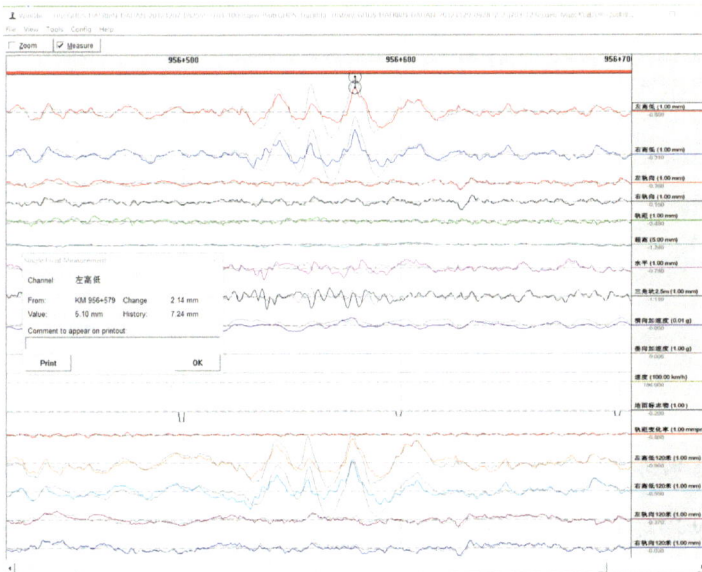

图 6-23　上行 K956+555 不平顺波形图

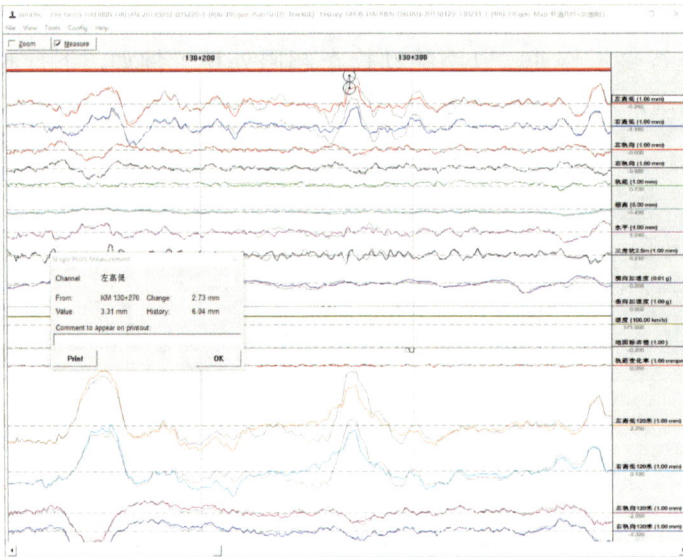

图 6-24　上行 K130+276 长波高低不平顺波形对比图

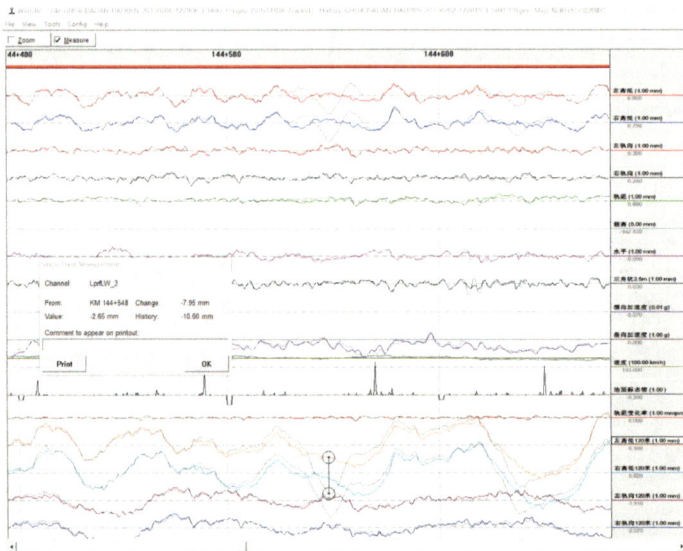

图 6-25　下行 K144+548 长波高低不平顺波形图

2. 冻害回落期维护措施

1）短波撬板恢复作业。例如，某线下行 K186+061 最大冻起高度为 4.55mm。冻害开始回落后，发现 2013 年 3 月 17 日综合检测波形图与 2012 年 12 月 24 日综合检测波形图比较两波峰间距较小，波谷比较尖锐，该种情况在冻害回落 2/3

左右时，可以将撤出的垫板一次恢复为线路原始状态，如图 6-26 所示。

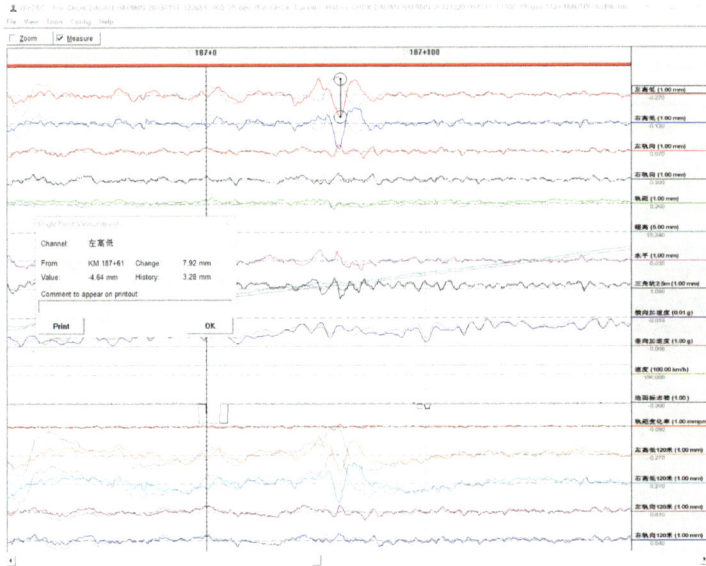

图 6-26　下行 K186+061 不平顺波形图

2）垫撤板结合恢复作业。例如，某线上行 K956+555，对该处进行了垫撤板作业，冻害回落后垫撤板造成波形突显，与冻害峰值相反。此类型冻害恢复必须对比冻害冻起时与回落后图幅，才能分析出是否可进行恢复作业，如图 6-27 所示。

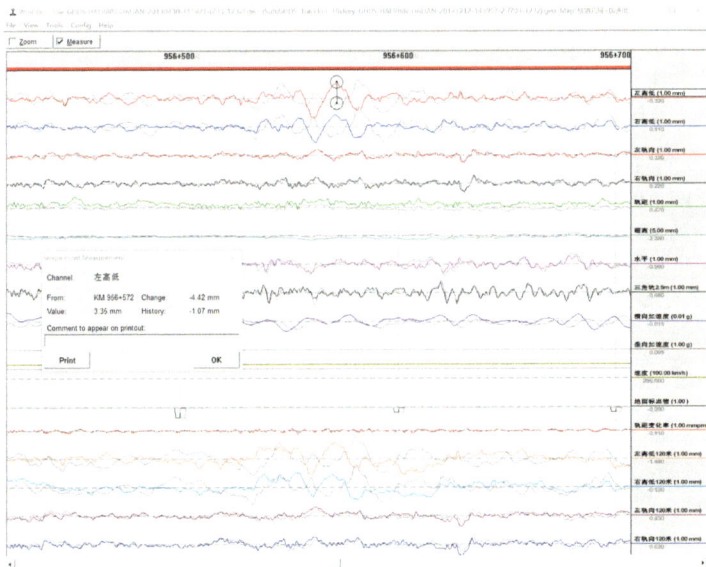

图 6-27　上行 K956+555 不平顺波形图

3）垫板顺撬恢复作业。例如，下行 K144+591 整治冻害时进行垫板顺撬作业，冻害回落后，该处由于垫板引起高低不平顺，可进行撤板恢复线路作业，如图 6-28 所示。

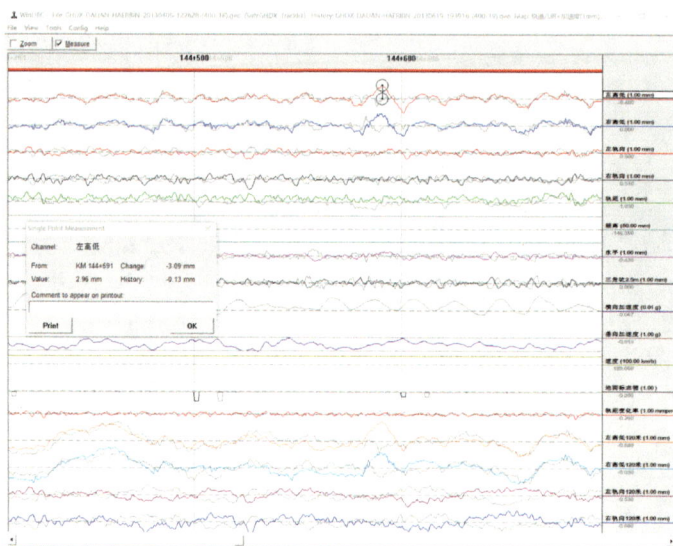

图 6-28　下行 K144+591 不平顺波形图

4）垫板顺撬区段大于 30m 以上线路恢复作业。例如，下行 K130+095～K130+139，累计最大垫板量为 18mm，顺撬长度为 43mm，冻害回落后，未造成较大超限，恢复线路应对应两侧波谷处进行垫板作业，对顺撬部分进行平顺作业，实现冻害反垫，为来年整治冻害打下基础，如图 6-29 所示。

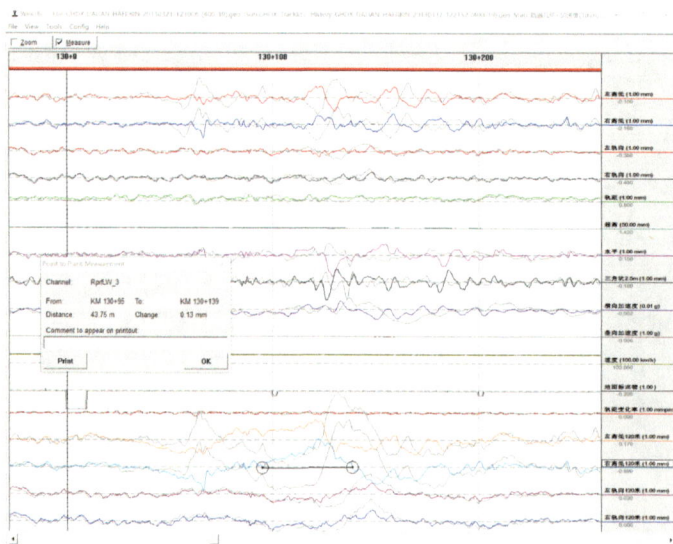

图 6-29　下行 K130+095～K130+139 不平顺波形图

3．预垫板作业

在 2012～2013 年冬季冻害整治过程中发现，路基冻胀严重区段由于现场扣件系统负调整量不足，依靠顺撬垫板处理工作量极大。为了确保 2014 年冻害整治效果，综合分析 2013 年 240 处冻害发生位置及冻起高度情况，确定在 37 处冻起高度在 4.5mm 以上的涵洞上方，以及 15 处冻害集中、峰值较大区段进行预垫板处理。

从 2014 年处理冻害发生情况来看，30 处涵洞上方预垫板区段中，16 处未产生 I 级及以上超限病害，占 53%，发生冻害区段幅值大幅度降低，可见科学预垫为整治冻害起到了有效作用。以下行线 K148+022～K148+073 为例，2013 年 11 月 22 日对该处进行了预垫板处理,预垫厚度 5mm,长度 76m,两侧按 1/3000 顺坡，至今未出现 I 级及以上报警。对比 2012 年 2 月 20 日该处最大冻起高度时期，可以看出，涵洞两侧冻害继续发展后将与预垫区段达到同一高度，仍不会出现峰值超限，效果明显。

路桥、路涵过渡段产生的冻害是由于路基发生冻胀，而桥头、涵顶不发生冻胀引起的。因此，入冬前对涵顶、桥上进行一定量的预垫板作业，可将路基产生的相对冻胀有效降低，甚至消除。

其原理是，入冬前对路桥过渡冻胀区段进行预垫板作业，抬高桥梁梁端轨道基线顶面高程，冬季线路发生冻胀后，过渡段轨道冻胀后轨面高程与预垫后的轨道顶面高程相互齐平，实现动态检测数据不超限，如图 6-30 所示。

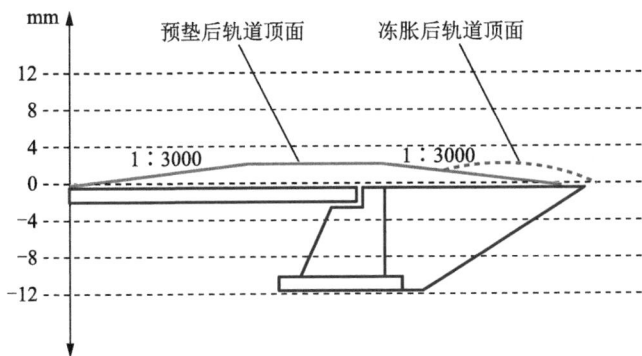

图 6-30　路桥过渡冻胀区段入冬前预垫板原理

入冬前对路基连续不均匀冻胀区段进行预垫板作业，预先抬高冻胀区段间轨道基线顶面高程，冬季预垫区两侧轨道冻胀后顶面高程将与预垫后的轨道顶面高程相互齐平，动态检测数据仍不超限，如图 6-31 所示。

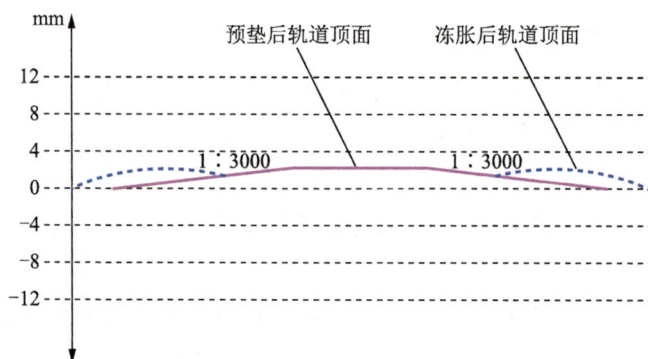

图 6-31　路基地段连续不均匀冻胀入冬前预垫板原理

4. 预撤板作业

路基地段不均匀冻胀入冬前、后预撤板原理如图 6-32 和图 6-33 所示。

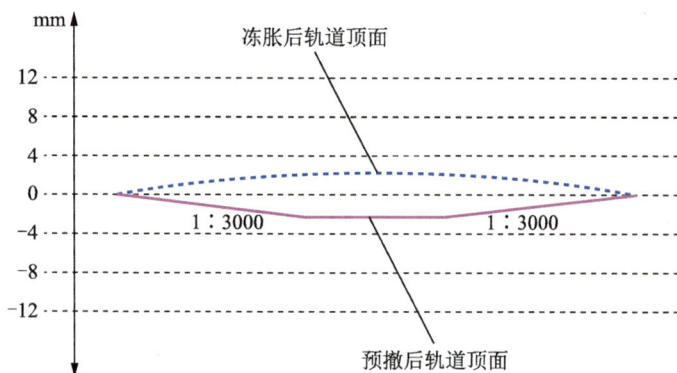

图 6-32　路基地段不均匀冻胀入冬前预撤板原理

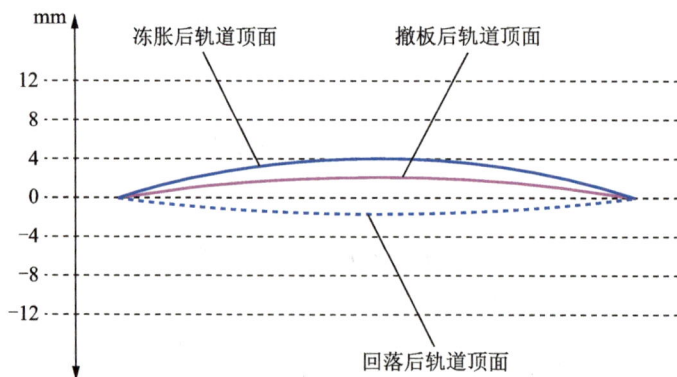

图 6-33　路基地段不均匀冻胀入冬后预撤板原理

夏季对路基冻胀区段进行预撤板作业，预先降低轨道基线顶面高程。冬季线路发生冻胀后，预撤区段轨道冻胀量与预撤量相互抵消，实现动态检测数据不超限。

病害处理时对Ⅰ、Ⅱ级高低病害超限点进行撤板作业，撤板量为高低超限的一半，待冻害完全回落后，冻害区段呈现 4mm 以内的"小坑"，动态检测不超限。次年即使该区段冻害发生，数据也不超限。

5. 调低铁垫板

沈阳铁路局与中国铁道科学研究院共同研制调低铁垫板（图 6-34），将普通垫板厚度由原来的 14mm 调整到 8mm，调整量由 –4mm 增加到 –10mm，减少了冬季使用调高垫板数量，大大降低了维修工作量。从 2013 年 12 月 3 日开始，陆续在 110 处冻害处所安装使用了该种调低铁垫板，共计 423 块，其中直线 228 块，曲线 195 块。

从图 6-35 可以看出，调低铁垫板的使用使轨道线型得到了明显改善。

图 6-34　调低铁垫板

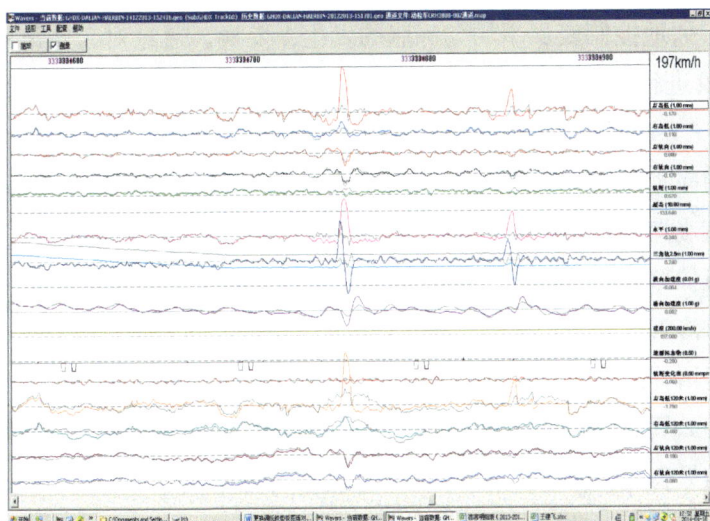

图 6-35　使用调低铁垫板时的不平顺波形对比

6. 轨道维护效果分析及统计

根据对现场冻害整治情况的统计，冻害维护主要集中在路基段。经统计，某高速铁路 2012 ~ 2013 年度路基冻胀维修量如下：出动 18816 人次，作业长度 32km，调整垫板 22 万块；2013 ~ 2014 年度路基冻胀维修量如下：出动 5512 人次，作业长度 28km，使用调高垫板 42 万块，使用调低铁垫板 441 块。从两年的维修工作量可以看出，寒区高速铁路的维修工作量在逐年降低，说明路基冻胀是安全可控的。

6.5.3　其他维护措施

1. 地下排水疏通

为降低基床底层路基含水率，减少不均匀冻胀发生，入冬前组织人力对渗水盲沟和检查井进行全面检查、疏通。

2. 路基面封闭

底座板伸缩缝及路基防水层粉化处发生不均匀冻胀相对较多，占不均匀冻胀总量的 74%，主要原因为夏秋季节的地表水渗入导致冬季路基不均匀冻胀。通过实践摸索发现，对路基段进行表面封闭，可阻止地表水渗入路基本体，能够有效地控制表层不均匀冻胀的发生、发展。通过对 3 处路基不均匀冻胀重点地段进行防水层封闭处理，有效地缓解了路基不均匀冻胀的发生。以 K130+100 ~ K130+877 为例，2013 年发生不均匀冻胀 8 处 /177 延米，2014 年未发生不均匀冻胀。

通过某高速铁路 2012 ~ 2013 年度的冻害数据分析，发现 76.13% 的冻害发生在底座板伸缩缝处，初步分析原因是底座板伸缩缝在温度力的作用下产生离缝，导致地表水渗入产生表层冻害。我们对路基冻害处失效的伸缩缝全部进行了重新封堵，共封堵伸缩缝 261 条，累计长度 2140m。针对某高速铁路防水层粉化、脱落问题，由公司组织，于 2013 年 8 ~ 9 月对桥梁及路基地段进行聚氨酯封闭整治试验，结果表明，经过整治冻害得到了较好的控制。

地表水的渗入对冻害的发生、发展起到重要作用，对路基段进行表面封闭，可阻止地表水渗入路基本体，有效地控制表层冻害的发生和发展。

小　　结

1）高速铁路路基冻胀监测采用水准监测、自动监测、轨道检测等多种技术相结合的方式进行，简述了各监测技术的具体要求。

2）提出了建设期间主要采用水准观测、自动监测相结合的方法，运营期间冻胀检测应主要采用综合检测列车和自动监测技术的监测思路。

3）轨道不平顺局部幅值评价是轨道不平顺随里程变化的极值分析方法，一般包括极值位置、幅值和超限长度等信息，本章提出了局部幅值评价、区段统计量分析、频域分析及时频分析的方法。

4）针对高寒地区高速铁路路基冻胀区轨道不平顺变化规律进行充分调研，探究路基冻胀对于轨道不平顺的影响，并以某高速铁路冻胀情况为例，研究了无砟轨道不平顺变形规律。

5）经过维护实践，形成了较为系统的路基冻胀维护措施。针对季节性冻土路基冻胀融沉特点，基于"冬病夏治"理念，采用预垫板作业和调低铁垫板的方法，有效控制了路基病害，降低了维护工作量，保障了高速铁路的安全运营。

参 考 文 献

[1] 李甲林. 渠道衬砌冻胀破坏力学模型及防冻胀结构研究 [D]. 咸阳：西北农林科技大学，2009.

[2] EVERETT D H. The thermodynamics of frost damage to porous solids[J]. Transactions of the Faraday society, 1961, 57(5): 1541-1551.

[3] MILLER R D. Freezing and heaving of saturated and unsaturated soil[J]. Highway research record, 1972, 393: 1-11.

[4] O'NEILL K, MILLER R D. Exploration of a rigid ice model of frost heave[J]. Water resources research, 1985, 21(3): 281-296.

[5] TAKAGI S. The adsorption force theory of frost heaving[J]. Cold regions science and technology, 1980, 3(1): 57-81.

[6] Deutschen Bahn Netze AktienGesellschaft (DB Netze AG). Earthworks and geotechnical structures design, construction and maintainance: RIL 836.0501—2014 [S]. Frankfurt: DB Netze AG, 2014.

[7] 华丽晶. 中德铁路路基填料分类对比研究 [J]. 铁道标准设计，2018，62(7): 57-63.

[8] 叶阳升，罗梅云. 浅谈客运专线路基结构与填料标准 [C]// 康熊，钱立新. 铁道科学技术新进展——铁道科学研究院五十五周年论文集. 北京：中国铁道学会，2005: 216-225.

[9] 叶阳升，周镜. 铁路路基结构设计的探讨 [J]. 铁道工程学报，2005(1): 39-46.

[10] MATSUMARU T, KOJIMA K, TOMIMAGA M, et al. Method of calculating frost penetration depth for railway subgrade considering thermal characteristics of multilayer materials [J]. Quarterly report of RTRI, 2007, 48(3): 142-147.

[11] 国家铁路局. 高速铁路设计规范：TB 10621—2014 [S]. 北京：中国铁道出版社，2014.

[12] 孙英潮，闫宏业，蔡德钩，等. 高速铁路路基冻胀综合监测体系研究 [J]. 铁道建筑，2015(6): 92-95.

[13] 蔡德钩. 高速铁路季节性冻土路基冻胀时空分布规律试验 [J]. 中国铁道科学，2016，37(3): 16-21.

[14] 闫宏业，蔡德钩，杨国涛，等. 高寒地区高速铁路路基冻深试验研究 [J]. 中国铁道科学，2015，36(3): 1-6.

[15] 童长江，管枫年. 土的冻胀与建筑物冻害防治 [M]. 北京：水利电力出版社，1985.

[16] 王正秋. 粒度成分对细砂冻胀性的影响 [J]. 冰川冻土，1980，2(3): 24-28.

[17] 崔托维奇 H A. 冻土力学 [M]. 张长庆，朱元林，译. 北京：科学出版社，1985.

[18] KONRAD J M, MORGENSTERN N R. The segregation potential of a freezing soil[J]. Canadian geotechnical journal, 1981, 18(4): 482-491.

[19] PENNER E. Aspects of ice lens growth in soils[J]. Cold region science and technology, 1986, 13(1): 91-100.

[20] TAKEDA K, OKAMURA A. Microstructure of freezing front in freezing soils[D]. Lule ā, Sweden: Lulea University of Technology, 1997.

[21] 何平，程国栋，朱元林. 土体冻结过程中的热质迁移研究进展 [J]. 冰川冻土，2001，23(1): 92-98.

[22] 李萍，徐学祖，王家澄，等. 不连续分凝冰发育规律的研究 [J]. 兰州大学学报，2000，36(5): 126-133.

[23] 王家澄，徐学祖，张立新，等. 温度和压力条件对正冻土中成冰过程和冷生组构的影响 [J]. 冰川冻土，1995，17(3): 250-257.

[24] 徐学祖. 冻土中水分迁移的实验研究 [M]. 北京：科学出版社，1991.

[25] HARLAN R L. Analysis of coupled heat-fluid transport in partially frozen soil[J]. Water resources research, 1973:

9(5): 1314-1323.

[26] SHENG D C. Thermodynamics of freezing soils[D]. Lule ā, Sweden: Lulea University of Technology, 1994.

[27] 徐学祖，王家澄，张立新，等．土体冻胀和盐胀机理 [M]．北京：科学出版社，1995.

[28] FREMOND M, MIKKOLA M. Thermo mechanical of freezing soil[C]. YU X, WANG C S. Proceedings of the Sixth
International Symposium on Ground Freezing. Rotterdam: Balkema,1991: 17-24.

[29] ABOUSTIT B L, ADVANI S H, LEE J K,et al. Finite element evaluations of thermo-elastic consolidation[C]//
GOODMAN R E, HEUZE F E. Proceedings of the 23rd U.S Symposium on Rock Mechanics USRMS. New York:
AIME, 1982: 25-27.

[30] MCTIGUE D E. Thermo-elastic response of fluid saturated porous rock[J]. Journal of geophysical research, 1986(91):
9553-9542.

[31] NOORISHED J, TANG C F, WITHERSPOON P A. Coupled thermal-hydraulic-mechanical phenomena in saturated
fractured porous rocks: Numerical Approach[J].Journal of geophysical research, 1984, 89(B12): 10365-10373.

[32] THOMAS H R, HE Y. Analysis of coupled heat, moisture and air transfer in a deformable unsaturated soil[J].
Geotechnique, 1995, 45(4): 677-689.

[33] GATMIRI B, DELAGE P. A new formulation of fully coupled thermal-hydro-mechanical behavior of saturated
porous media numerical approach[J]. International journal for numerical and analytical methods in geomechanics,
1997, 21(3): 199-225.

[34] ARAKAWA K. Theoretical studies of ice segregation in soil[J]. Journal of glaciology, 1966, 44(6): 255-260.

[35] KNUTSON A. Frost action on roads[R]. Paris: OECD Symposium, 1973.

[36] TAKASHI T, YAMAMOTO H, OHRAI T, et al. Effect of penetration rate of freezing and confining stress on the frost
heave ratio of soil[C]// Proceedings of the 3rd International Conference on Permafrost. Ottawa: National Research
Council, 1978: 737-742 .

[37] 陈肖柏，王雅卿．粘性土冻胀预报新模型 [J].中国科学 B 辑，1991(3): 296-306.

[38] HOLDEN J T, PIPER D, JONES R H. A mathematical model of frost heave in granular materials[C] //Proceedings of
the 4th International Conference on Permafrost. Washington: National Academy Press, 1983: 498-530.

[39] PIPER D, HOLDEN J T, JONES R H. A mathematical model of frost heave in granular materials[C] //Proceedings of
the 5th International Conference on Permafrost. Trondheim. Norway: Tapir Publishers, 1988: 370-376.

[40] ISHIZAKI T, NISHIO N. Experimental study of frost heaving of a saturated soils[C] //Proceedings of the 5th
International Symposium on Ground Freezing. Rotterdam: Balkema, 1988: 65-72.

[41] DUQUENNOI C, FREMOND M, LEVY M. Modelling of thermal soil behaviour[R]. Espoo, Finland: Valtion
Teknillinen Tutkimuskeskus, 1989: 895-915.

[42] FREMOND M, MIKKOLA M. Thermo-mechanical of freezing soil[C]. BLACK P B. Proceedings of the sixth
International Symposium on Ground Freezing. Rotterdam: Balkema, 1991: 17-24.

[43] SHEN MU, LADANYI B. Modelling of coupled heat, moisture and stress field in freezing soil[J]. Cold regions
science and technology, 1987, 14: 237-246.

[44] 黄新文，崔俊杰，易菊香．吉珲客运专线路基冻胀变形及影响因素分析 [J].铁道标准设计，2015，59(8): 39-42.

[45] 曹密．丹大铁路路基冻害原因分析及整治对策 [J].铁道建筑，2019，59(9): 84-87.

[46] 张以晨，李欣，张喜发，等. 季冻区公路路基粗粒土的冻胀敏感性及分类研究 [J]. 岩土工程学报，2007，29(10): 1522-1526.

[47] 王天亮，岳祖润. 细粒含量对粗粒土冻胀特性影响的试验研究 [J]. 岩土力学，2013，34(2): 359-364+388.

[48] 李安原，牛永红，牛富俊，等. 粗颗粒土冻胀特性和防治措施研究现状 [J]. 冰川冻土，2015，37(1): 202-210.

[49] CHAMBERLAIN E J. Comparative evaluation of frost-susceptibility tests[M]. Washington: Transportation Research Record, 1981.

[50] BILODEAU J P, DORE G, PIERRE P. Gradation influence on frost susceptibility of base granular materials[J]. International journal of pavement engineering, 2008, 9(6): 397-411.

[51] VINSON T S, AHMAD F, RIDKE R. Factors important to the development of frost heave susceptibly criteria for coarse grained soils [J]. Transportation research record, 1986, 5: 124-131.

[52] KONRAD J M, LEMIENX N. Influence of fines on frost heave characteristics of a well-graded base-course material[J].Canadian geotechnical journal, 2005, 42(2): 515-527.

[53] RIEKE R, VINSON T S, MAGEAU D W. The role of specific surface area and related index properties in the frost heave susceptibility of soils [C]// Proceedings of the 4th International Conference on Permafrost. Washington: National Academy Press, 1983: 1066-1071.

[54] FOURIE W J, BARNES D L, SHUR Y. The Formation of ice from the infiltration of water into a frozen coarse grained soil[J]. Cold regions science and technology, 2007, 48(2): 118-128.

[55] 姜龙，王连俊，张喜发. 季冻区公路路基砂类土冻胀分类研究 [J]. 工程地质学报，2007(5): 639-645.

[56] 彭万巍. 不同掺合料砂砾石的冻胀实验研究 [J]. 冰川冻土，1988(1): 22-27.

[57] 陈肖柏，王雅卿，何平. 砂砾料之冻胀敏感性 [J]. 岩土工程学报，1988，10(3): 23-29.

[58] 田亚护，刘建坤，彭丽云. 动、静荷载作用下细粒土的冻胀特性实验研究 [J]. 岩土工程学报，2010，32(12): 1882-1887.

[59] 姜洪举，程恩远. 荷载对地基土冻胀的影响 [J]. 冰川冻土，1990，12(1): 41-47.

[60] 施斌，李生林，TOLKACHEV M. 粘性土微观结构 SEM 图象的定量研究 [J]. 中国科学 A 辑，1995(6): 666-672.

[61] 施斌. 粘性土击实过程中微观结构的定量评价 [J]. 岩土工程学报，1996，18(4): 57-62.

[62] 施斌. 粘性土微观结构研究回顾与展望 [J]. 工程地质学报，1996，4(1): 39-44.

[63] 卢再华，陈正汉，蒲毅彬. 膨胀土干湿循环胀缩裂隙演化的 CT 试验研究 [J]. 岩土力学，2002(4): 417-422.

[64] 卢再华，陈正汉，蒲毅彬. 原状膨胀土损伤演化的三轴 CT 试验研究 [J]. 水利学报，2002(6): 106-112.

[65] 刘增利，李洪升，朱元林，等. 冻土初始与附加细观损伤的 CT 识别模型 [J]. 冰川冻土，2002(5): 676-680.

[66] 刘增利，张小鹏，李洪升. 基于动态 CT 识别的冻土单轴压缩损伤本构模型 [J]. 岩土力学，2005(4): 542-546.

[67] 孙星亮，汪稔，胡明鉴. 冻土三轴剪切过程中细观损伤演化 CT 动态试验 [J]. 岩土力学，2005(8): 1298-1302+1311.

[68] 徐春华. 地震荷载下冻土弱化效应及 CT 扫描分析 [D]. 哈尔滨：哈尔滨工业大学，2002.

[69] 郑剑锋，赵淑萍，马巍，等. CT 检测技术在土样初始损伤研究中的应用 [J]. 兰州大学学报（自然科学版），2009，45(2): 20-25.

[70] 郑剑锋，马巍，赵淑萍，等. 冻结方式影响试样内部结构变化的 CT 研究 [J]. 中国矿业大学学报，2010，39(1): 80-86.

[71] 赵淑萍，马巍，郑剑锋，等 . 不同温度条件下冻结兰州黄土单轴试验的 CT 实时动态监测 [J]. 岩土力学，2010(S2): 92-97.

[72] 赵国堂，蒋金洋，崔颖辉，等 . 高速铁路路基填料中细颗粒分布特征及其对冻胀的影响 [J]. 铁道学报，2017，39(10): 1-9.

[73] 曹宏章 . 饱和颗粒土冻结过程中的多场耦合研究 [D]. 北京：中国科学院工程热物理研究所，2006.

[74] 胡坤 . 冻土水热耦合分离冰冻胀模型的发展 [D]. 徐州：中国矿业大学，2011.

[75] 赵国堂 . 严寒地区高速铁路无砟轨道路基冻胀管理标准的研究 [J]. 铁道学报，2016，38(3): 1-8.

[76] 张先军 . 哈大高速铁路路基冻胀规律及影响因素分析 [J]. 铁道标准设计，2013(7): 8-12.

[77] 闫宏业，赵国堂，蔡德钧，等 . 高速铁路渗透性基床防冻胀结构研究 [J]. 铁道建筑，2015(5): 98-102.

[78] 朱忠林，蔡德钧，陈峰，等 . 高速铁路路基冻害防治中保温层动载试验研究 [J]. 铁道建筑，2015(4): 98-100.

[79] 王征 . 高寒地区高速铁路路基沥青混凝土封闭层研究 [D]. 南京：东南大学，2015.